edition suhrkamp 2643

Sowjetunion, Sommer 1930. Im ganzen Land entstehen neue Industriestandorte, die Regierung engagiert den Architekten Ernst May. Mit seiner »Brigade« ausländischer Spezialisten (darunter Margarete Schütte-Lihotzky, die Erfinderin der »Frankfurter Küche«) soll er in großem Maßstab neue Arbeiterstädte errichten. Voller Enthusiasmus macht sich May an die Arbeit, plant »Standardstädte« und Typenbauten. Doch dann gerät er zwischen die Fronten von Avantgardisten und stalinistischen Historisten. Seine Hoffnung auf eine egalitäre und funktionale Moderne zerbricht.
Thomas Flierl hat die Texte gesammelt, die in diesen Jahren von und über Ernst May erschienen. Ergänzt wird die Sammlung durch Dokumente zur Situation Mays. Gestützt auf neue Archivfunde, erhellt Flierl erstmals die tatsächliche Stellung Ernst Mays im sowjetischen Städtebau, die Hintergründe seiner Ablösung und seine zunehmende Distanz gegenüber dem sowjetischen Experiment.

Ernst May (1886-1970) war ein deutscher Architekt und Stadtplaner. Seine Zeit als Stadtbaurat in Frankfurt am Main (1925-1930) ließ ihn als Protagonist des »Neuen Bauens« berühmt werden. Bis 1933 arbeitete er als Stadtplaner für die Sowjetunion. Bis 1954 Aufenthalt in Kenia, Uganda und Tanganjika (heute Tansania) und Tätigkeit zunächst als Farmer, danach erneut als Stadtplaner und Architekt. 1954 kehrt May nach Deutschland zurück und wird kurzzeitig Chefplaner der »Neuen Heimat«.
Thomas Flierl, geboren 1957, studierte Philosophie und Ästhetik an der Humboldt-Universität zu Berlin, 1985 Promotion. Von 1998 bis 2000 war er Baustadtrat in Berlin-Mitte, von 2002 bis 2006 Kultur- und Wissenschaftssenator von Berlin.

Standardstädte

Ernst May in der Sowjetunion 1930-1933
Texte und Dokumente

Herausgegeben und eingeleitet von Thomas Flierl
Unter Mitarbeit von Anne Flierl
Mit Abbildungen

Suhrkamp

Umschlagabbildung: Ernst May, Werner Hebebrand u. a., *Generalplan für Magnitogorsk* (1932), Akademie der Künste, Berlin, Werner-Hebebrand-Archiv (WHA-12-118)

1. Auflage 2012

edition suhrkamp 2643

Originalausgabe

Satz: TypoForum GmbH, Seelbach
Druck: Druckhaus Nomos, Sinzheim
Umschlag gestaltet nach einem Konzept von Willy Fleckhaus und Rolf Staudt unter Verwendung eines Planentwurfs von Ernst May u. a. für Magnitogorsk (1932).
Printed in Germany
ISBN 978-3-518-12643-1

Inhalt

Aufsätze, Interviews, Reiseberichte

1930

Dokumente

30 Jahre später

Anhang

Standardstädte

ВСНХ·СССР
СТАНДАРТГОРПРОЕКТ
ГЛАВ. ИНЖЕНЕР
СТ. АРХИТЕКТОР
РУК. СЕКТОРА
ЗАКАЗ N
192
ЧЕРТЕЖ N
448
РАЗН. ОТМЕТКИ
ДАТА
СОГЛАСОВАНО
7000
7500
8000
8500
9000

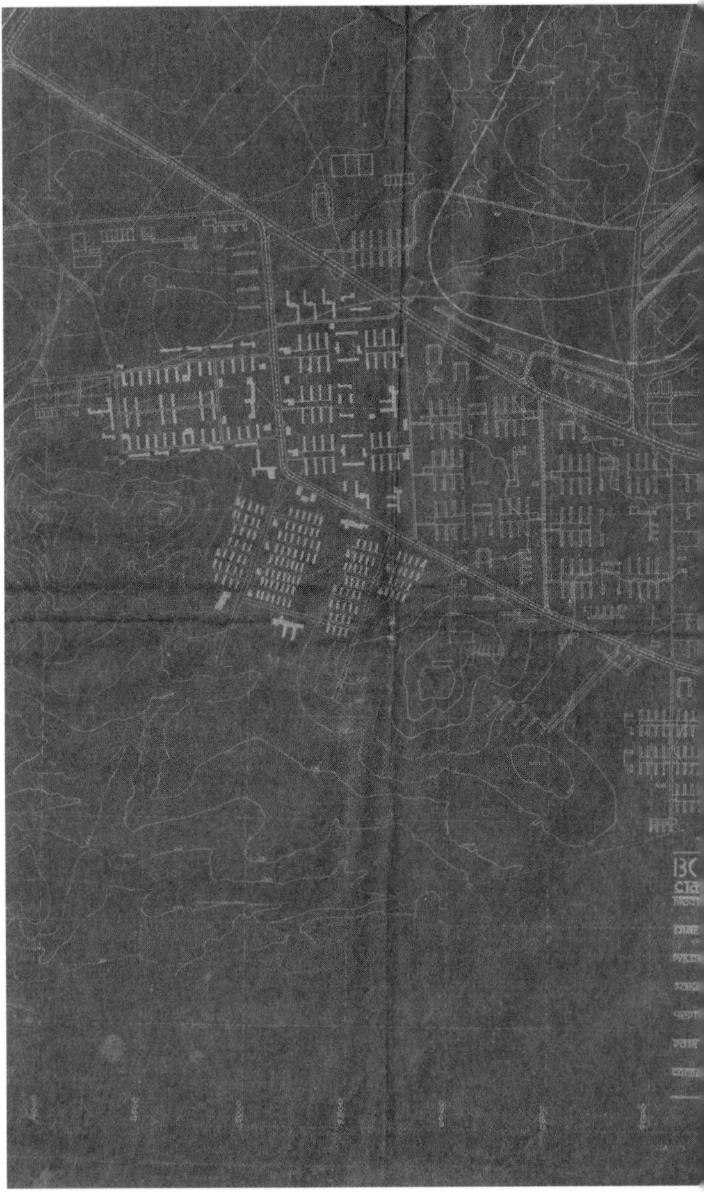

СССР

SMOKE

Planstädte für ein planloses Land
Ernst May in der Sowjetunion 1930-1933

I.
Blick zurück nach vorn

Die »Wohnung für das Existenzminimum«, wie sie der deutsche Architekt und Stadtplaner Ernst May in seiner Zeit als Stadtbaurat in Frankfurt am Main mit den Siedlungen des Neuen Frankfurt ab 1925 geschaffen hatte, bildete den konzeptionellen Dreh- und Angelpunkt seines lebenslangen Bemühens um einen sozialen Wohnungs- und Städtebau. In der Sowjetunion hoffte er zwischen 1930 und 1933, das Neue Bauen im großen Maßstab, durch den Bau ganzer Städte realisieren zu können.

Die Schaffung elementarer Wohn- und Lebensbedingungen für alle Menschen ist auch heute keine erledigte Aufgabe. Im Gegenteil. Die sich vertiefende ökonomische und soziale Spaltung in und zwischen den Regionen, die sich einerseits in forcierten Urbanisierungsprozessen im Zuge nachholender Industrialisierung, andererseits in Armut, Bürgerkriegen und globalen Migrationsströmen äußern, zudem die weltweiten, in der medialen Berichterstattung allzu schnell vergessenen und zum Teil immer mehr vom Menschen selbst herbeigeführten Naturkatastrophen (Erdbeben bzw. Tsunamis, Überschwemmungen, Vulkanausbrüche, Tornados) sowie die offenkundig nicht beherrschbaren Risiken komplexer Technologien wie der Atomenergie vernichten bzw. bedrohen auch heutzutage die bloße Existenz vieler Menschen. Hinzu kommt das weiterhin dramatische Bevölkerungswachstum. Schon jetzt leben sieben Milliarden Menschen auf der Erde. Allein aus diesen Gründen gewinnt die Forderung nach einem sozialen Wohnungsbau, der für viele Menschen in kurzer Zeit gesunde und gleich gute Lebensbedingungen herstellt und eine Neugründung von Gemeinwesen ermöglichen soll, globale Aktualität. Erst auf der Grundlage elementar gesicherter Existenzgrundlagen können die Menschen sich über das für sie angemessene Verhältnis von Freiheit, Gleichheit und Gerechtigkeit verständigen und ein reiches und erfülltes Leben zu verwirklichen suchen.

Nachdem weite Gebiete um das 2011 havarierte japanische Atomkraftwerk Fukushima auf Jahrzehnte von Menschen nicht mehr bewohnt werden können, plant die japanische Regierung nun den Bau einer neuen Stadt für die evakuierten Menschen: »Aus der Sicht von Ministerpräsident Naoto Kan könnte die umweltfreundliche Stadt im Stil der sogenannten Gartenstädte Wohnraum für bis zu 100 000 Menschen bieten.«[1] Während deutsche Zeitungen sofort über eine »Öko-Stadt nach deutschem Vorbild«[2] schrieben, erinnerte eine schweizerische Zeitung an die *europäischen* Wurzeln der »Gartenstadt«-Bewegung, die vom Briten Ebenezer Howard 1898 konzeptionell entwickelt und insbesondere in Deutschland in der ersten Hälfte des 20. Jahrhunderts mit Begeisterung aufgegriffen wurde: »Eine sozialistische Idee aus Europa soll jenen Japanern helfen, die wegen des AKW Fukushima ihre Heimat verlassen mußten: Die Regierung plant offenbar eine Gartenstadt nach europäischem Vorbild.« Gartenstädte basierten auf gemeinschaftlich verwaltetem Grund und Boden und boten ihren Bewohnern lebenslanges Mietrecht. Sie entstanden außerhalb der Industriestädte und abseits der Bodenspekulation in den Städten. Ob die japanische Regierung allerdings »tatsächlich eine genossenschaftlich verwaltete Stadt plant oder lediglich eine Siedlung mit vielen Parkanlagen, ist offen«.[3] Offen ist auch, ob die zukünftige Stadt modern, traditionell oder postmodern gestaltet wird.

Die von der Postmoderne vor mehr als fünfundzwanzig Jahren ausgerufene »Revision der Moderne«[4] kritisierte mit ihrem Plädoyer gegen den modernen Städtebau zu Recht den staatskapitalistischen »Bauwirtschaftsfunktionalismus« und die Auswirkungen der funktionsgeteilten und autogerechten Stadt der sechziger bis achtziger Jahre in West und Ost. Die Kritik an der Moderne trug dazu bei, die Mängel und Grenzen einer historischen Epoche kapitalistischer Produktions- und Lebensweise aufzuzeigen, die den Produktivitätszuwachs unmittelbar an die vor allem extensive Steigerung des privaten Konsums koppelte, und die allgemein als fordistisch bezeichnet wird. Die Signatur dieser Epoche ist das Auto. Allerdings hatten die Revisionisten der Moderne sogleich die Pioniere des sozialreformerischen und sozialistischen Neuen Bauens der zwanziger und dreißiger Jahre bzw. des nachkriegsmodernen Aufbruchs für die Resultate ihrer Nachfolger haftbar gemacht und damit zugleich deren Anspruch auf soziale Gleichheit zurückgewiesen. Die Revision der Moderne erfolgte im historischen Moment des Scheiterns und des Zusammenbruchs des Staatssozialismus und schien durch diesen Epochenwandel zusätzliche Beweiskraft zu erlangen – als Rückkehr in die bürgerliche Gesellschaft. Dabei hatte diese sowohl die Moderne als auch den Sozialismus hervorgebracht.

Die alternative Anrufung einer Kontinuität der europäischen Stadt (orientiert an der Stadt um 1900), die historisch gewachsen, kompakt, funktional und sozial durchmischt sein sollte, blieb aber nicht nur eurozentristisch blind gegenüber den megametropolitanen Entwicklungen in den neuen Entwicklungszentren in China, Südostasien, den Golfstaaten und in anderen Schwellenländern. Sie hat bislang auch vor der praktischen Herausforderung versagt, für die in vielen Regionen dieser Welt ablaufenden gigantischen Industrialisierungsprozesse in kurzer Zeit neue Wohnungen und Städte zu errichten oder die bestehenden umzugestalten. Gleiches gilt für die Erfordernisse in den von Natur- oder Umweltkatastrophen verwüsteten Gebieten sowie für die neuen sozialen Aufgaben bzw. den ökologischen Umbau der entwickelten Industriegesellschaften. Indem die Kritiker der Moderne – deren Protagonisten ganz ähnlich – die räumlich-gegenständlichen Bedingungen unmittelbar mit den Lebensverhältnissen identifizierten, nahmen sie auch dem Spannungsverhältnis von Gegenstand und Verhalten, von Gesellschaft und Gemeinschaft ihre evolutionäre Dynamik. Sowenig das Neue Bauen für sich aber den Neuen Menschen und die Neue Gesellschaft hervorbringen konnte, so wenig kann die alte, vormoderne Stadt die Kontinuität einer sich im radikalen Wandel begriffenen bürgerlichen Gesellschaft garantieren.

Der unabweisbar vor uns stehende sozialökologische Umbau der entwickelten Industriegesellschaften wird hingegen eine radikale Transformation der räumlich-gegenständlichen Lebensbedingungen notwendig machen: Der Energiewende, das heißt dem Ausstieg aus der Atomenergie und der schrittweisen Ablösung fossiler Energiequellen, wird die durchgreifende Reduzierung des privaten Automobilismus in den Städten folgen. Die Pluralisierung und Individualisierung der Lebensweisen, neue Verkehrskonzepte, die Rückgewinnung des öffentlichen Raums einschließlich einer Neudefinition öffentlicher Güter und Institutionen, all das erfordert eine »zweite Moderne«. Im Unterschied zur ersten, bedenkenlos fortschrittbesessenen wird diese Moderne selbstkritisch, »reflektiert«[5] sein müssen. Die abstrakte Verallgemeinerung einmal für richtig erkannter, von Experten ausgearbeiteter Fertiglösungen, ihre bloße Durchsetzung – gar staatlich dekretiert – verbieten sich ebenso, wie spontane Selbstorganisation und Partizipation der Betroffenen allein nicht genügen, sondern der professionellen Unterstützung und der Absicherung durch systemisch-institutionelle Rahmenbedingungen bedürfen.

Mehr denn je wird unsere Gegenwart durch die Gleichzeitigkeit des historisch Ungleichzeitigen bestimmt. Die Gewährleistung dauerhafter elementarer Existenzsicherung in Katastrophengebieten weltweit, die Kritik und Umsteuerung der nachholenden fordistischen Industrialisierung in den Schwellenländern und die Erkundung neuer Entwicklungspfade in den entwickelten Gesellschaften sind keine nacheinander zu lösenden Aufgaben mehr. Improvisation, Um- und Zwischennutzungen einer dem Typ nach nomadisierenden Raumaneignung werden zu einem zukunftöffnenden Entwicklungsmodus in modernen Großstädten. Umgekehrt sichert die Verfügbarkeit standardisierter, industriell gefertigter Wohneinheiten und einer damit verbundenen elementaren hygienischen und sozialen Infrastruktur noch immer das Überleben in Extremsituationen. Neben den zunehmend durch den Menschen induzierten Naturkatastrophen stellt sich nach wie vor die von Menschen gemachte Industrialisierung, insbesondere für die ihrer ökonomischen Existenz beraubte Landbevölkerung, als eine Art Naturkatastrophe dar. In einer zweiten Moderne sollten vormoderne Elemente systematisch reintegriert werden: Industrie und Handwerk, standardisierte Vorfertigung und Selbstbau, Modularisierung und Kombinationsfähigkeit, Vergesellschaftung und Selbstentfaltung, Zentralisierung und Dezentralisierung. Was braucht der Mensch? »Existenzminimum« und »Reichtum« markieren die Pole der aktuellen Debatten um »gutes« Leben, das ein selbstbestimmtes und sinnerfülltes Leben sein möge.

Das weiterhin aktuelle Konzept des Existenzminimums benötigt neue, zeitgemäße Formen seiner Umsetzung, hin zu Existenz*erweiterung*. Das Existenzminimum hat wohl anthropologische Voraussetzungen, ist aber soziale Konstruktion, Resultat politischer, sozialer und kultureller Aushandlung. Die Minimalwohnung, wie May und Le Corbusier sie im Sinn hatten, die den »öffentlichen und sozialen Wohnungsbau der Nachkriegszeit in Deutschland, Europa und darüber hinaus auch vielen anderen Ländern der Welt« dominierte, war (und ist) so lange sinnvoll, »als sie für die Betroffenen in der Tat noch eine Verbesserung ihrer bisherigen Wohnbedingungen darstellte«. Heute hingegen ist die »Wohnung für das Existenzminimum [...] in der öffentlichen Wahrnehmung zum darwinistischen Wohnschließfach verkommen, in dem nur wohnt, wer nichts Besseres bekommt – sie signalisiert die unterste Position auf der sozialen Leiter«.[6] Zahlreiche junge internationale Architekten und Stadtplaner[7] arbeiten seit einigen Jahren daran, das Konzept des Existenzminimums zu erneuern. Was diese Planer von Ernst May und Le Corbusier unterscheidet,

> »ist ihre Weigerung, die Größe und Qualität des Wohnraums einzig und allein vom zur Verfügung stehenden Budget abhängig zu machen. Sie lehnen die vulgärarithmetische Gleichung ab, der zu Folge ein großes Budget viel Wohnraum bedeutet und umgekehrt. Sie zeigen neue Strategien auf, wie man die sozialdarwinistische Schraubzwinge des Minimalraums aufbiegen kann und mit einem Betrag x ein *Mehr* an Wohnraum und Wohnqualität erzeugen kann.«[8]

So sucht der Architekt Alejandro Aravena aus Chile nach Wegen, die Fläche von Kleinstwohnungen des staatlichen sozialen Wohnungsbaus durch Eigenbau zu verdoppeln. Die Bewohner, häufig aus informellen Siedlungen, haben Erfahrung im Selbstbau. »Diese Konsolidierung von vorher informellen Siedlungen zu formellen Wohnkomplexen ermöglicht es den Bewohnern [...], ihrer drohenden Vertreibung aus zentralen Quartieren der Stadt zu widerstehen und ihren zivilgesellschaftlichen Status zu behaupten.«[9]

Um eine reflektierte zweite Moderne zu begründen, ist die Bestimmung der Momente wichtig, an denen die »erste« Moderne ihre paradigmatische Kraft verlor. Für den ambivalenten Zusammenhang von westeuropäischer Kolonialherrschaft und modernistischen Konzepten wurde dies unlängst geleistet. Die Ausstellung »In der Wüste der Moderne« im

Berliner Haus der Kulturen der Welt (2008) verdeutlichte etwa, wie die französischen Kolonien Nordafrikas in der Nachkriegszeit zum Experimentierfeld jener Konzepte wurden, die später den sozialen Massenwohnungsbau in Frankreich und in anderen westlichen Ländern bestimmten.[10] Was die mißglückte Begegnung zwischen Moderne und osteuropäischem Staatssozialismus anbelangt, ist die Analyse von Leben und Werk Ernst Mays aufschlußreich. Dem sozialen Gedanken des Bauens verpflichtet, spiegelt sich in Mays Arbeit exemplarisch die typologische Entwicklung des Wohnungsbaus im 20. Jahrhundert: von der Gartenstadt über den ländlichen Siedlungsbau zur Stadterweiterung mit »Trabanten« (oder »Satelliten«) bis zur Projektierung und zum Bau von gänzlich neuen Wohnstädten (in der Sowjetunion) und zu den nachkriegsmodernen Großsiedlungen des sozialen Wohnungsbaus. Der Bogen spannt sich vom »Kommunalsozialismus«[11] der Weimarer Republik über den »Staatssozialismus« sowjetischer Prägung zum bundesdeutschen Sozialstaatsmodell der Nachkriegsjahrzehnte. Zugleich hat sich wohl kein westlicher Architekt, der nicht selbst Mitglied einer kommunistischen Partei war, so sehr auf die Sowjetunion eingelassen wie Ernst May.

Aus noch darzustellenden Gründen ist die Tätigkeit von Ernst May in der Sowjetunion bislang kaum erforscht und weithin unbekannt. Woran lag es, daß die Übertragung der Erfahrungen des sozialen Wohnungsbaus der Weimarer Republik auf den Städtebau der Sowjetunion mißlang? Lag es an der Moderne selbst mit ihrer kollektivistisch-egalitären Orientierung und ihrer Fixierung auf die Staatsplanwirtschaft? Scheiterte das Neue Bauen in der Sowjetunion, weil es sich dort im Großexperiment verwirklicht hatte? Oder scheiterte das Neue Bauen am Stalinismus, der die Verwirklichung des Neuen Bauens verhinderte? Hat der Stalinismus mit seiner städtebaulichen Wende der Jahre 1931 und 1932 gar die Welt vor einer ungezügelten kollektivistischen Moderne des Neuen Bauens bewahrt? Die heute auffindbaren Antworten Ernst Mays sind eindeutig. Am Ende seiner Zeit in der Sowjetunion 1933 erkannte er, daß der Sowjetkommunismus Stalinscher Prägung den deklarierten Anspruch auf die Sicherung des Exi-

Abb. 1: Ernst May 1927

stenzminimums für alle seine Bürgerinnen und Bürger nicht einlöste, sich vielmehr in eine neue hierarchisch gegliederte Klassengesellschaft umbildete, die zur politischen Stabilisierung und zur Überkompensation sozialen Mangels überkommene ästhetische Gestaltungskonzepte bemühte und deshalb das Neue Bauen verwarf. Nicht die Industrialisierung als solche, sondern die brutale Kollektivierung der Landwirtschaft, nicht die Staatsplanwirtschaft, sondern die Desorganisation einer autokratischen Diktatur betrachtete May als die eigentliche Katastrophe der sowjetischen Entwicklung. Dennoch

hielt May zeitlebens am utopisch-sozialistischen Anspruch der Schaffung gesunder und gleich guter Lebensbedingungen für alle Menschen und an der notwendigen Überwindung der kapitalistischen Ökonomie des Grundeigentums fest.
Heute kann weder unmittelbar an das Neue Bauen noch gar an das diktatorische Modell der Sowjetunion angeknüpft werden. Dennoch ist unverkennbar, daß die erneuerte Fragestellung nach der Gewährleistung des Existenzminimums für alle Menschen in einer zweiten Moderne zugleich die Frage nach einem größeren Maß an Gleichheit als Bedingung eines Lebens in Freiheit und Gerechtigkeit für alle aufwirft. Diese zweite Moderne muß die Ressourcenproduktivität schneller als die Arbeitsproduktivität steigern und den Produktivitätszuwachs vom privaten Konsum abkoppeln und ihn statt dessen stärker mit der Produktion und der Aneignung nur gemeinsam zu konsumierender öffentlicher Güter wie Umweltschutz, Gesundheit, Bildung, Kultur und mit der Ausbildung selbstbestimmter Lebensweisen verbinden. Der kommende Ökokapitalismus wird ein Mehr an Demokratie und Sozialismus benötigen.
Die Rekonstruktion der Tätigkeit von Ernst May in der Sowjetunion zwischen 1930 und 1933 erlaubt es, das Scheitern des Neuen Bauens in der Sowjetunion genauer zu verstehen. Neben dem historischen Interesse an ungenutzten Alternativen in der sowjetischen Entwicklung sind darüber hinaus die Fragen nach der Faszination des ›großen Auftrags‹ für Architekten und Stadtplaner und nach der Kollaboration mit autoritären Regimes aktuell,[12] die industrielle Modernisierungsprozesse durchsetzen – man denke nur an das heutige Engagement deutscher Architekten in der Volksrepublik China.

Abb. 2: Titelbild der Zeitschrift *Das Neue Frankfurt* 9/1930[13]

II.
Aufbruch nach Moskau

»May, berauscht von der zukünftigen Arbeit, schlug vor, statt mit der Bahn mit dem großen Zeppelin-Luftschiff nach Moskau zu fliegen. Zufällig sollte dieses zur selben Zeit nach Moskau fliegen. May hatte sogar schon mit dem Leiter der Expedition, Dr. Eckener, über unsere Mitreise verhandelt. Die meisten von uns waren entsetzt über diesen Plan. Wir fanden es unmöglich, so sensationell-anspruchsvoll aus der Luft niederzusteigen, in ein Land, das wir gar nicht kannten und in dem wir uns erst bewähren mußten. Glücklicherweise zerschlug sich der Plan, wie ersonnen, so zerronnen.«[14]

So berichtet Margarete Schütte-Lihotzky über die Faszination der neuen Aufgabe, die Ernst May im Sommer 1930 ergriffen hatte. Nicht mit dem Luftschiff, sondern mit der Eisenbahn begab sich Ernst May am 5. Oktober 1930 mit 17 seiner Arbeitskollegen – vor allem aus dem Frankfurter Bauamt selbst – vom Schlesischen Bahnhof in Berlin aus auf eine der bemerkenswertesten Expeditionen der damaligen Zeit. Gemeinsam mit ihren Familienangehörigen waren es insgesamt 40 Rußlandfahrer. Die Zeitschrift *Das Neue Frankfurt* verabschiedete im Heft 9 des Jahres 1930 folgende Mitreisende: Hans Burkart, Max Frühauf, Werner Hebebrand, S. Kolpenitzky, Walter Kratz, Hans Leistikow, Karl Lehmann, Albert Löcher, Erich Mauthner, Hans Schmidt, Wilhelm Schütte, Margarete Schütte-Lihotzky, Walther Schulz, Walter Schwagenscheidt, Mart Stam, Albert Winter und Ulrich Wolf – mit Ernst May also 18 Personen. Kolpenitzky wurde die Einreise verweigert. Später kam noch der Regierungsbaurat Reinhold Niemeyer aus Essen dazu. Die May in seinem Arbeitsvertrag zugestandenen 23 eigenen Mitarbeiter bildeten im engeren Sinne die »Gruppe« oder »Brigade May«, die im wesentlichen bis Ende 1933 bestehenblieb.[15]

Die jahrzehntelange Verleugnung des Anteils ausländischer Spezialisten in der Frühphase der sowjetischen Industrialisierung durch den Stalinismus und die eigentümliche Verdrängung des Themas nach dem Zweiten Weltkrieg in Ost und West erlauben bis heute keine abschließende Beurteilung der Tätigkeit Ernst Mays in der Sowjetunion. Gesichert ist jedoch, daß die Bedeutung Ernst Mays für den sowjetischen Städtebau über lange Zeit hinweg unterschätzt wurde. Sprach man in der DDR von der »Mitarbeit antifaschistischer Architekten am sozialistischen Aufbau während der ersten beiden Fünfjahrpläne« in der Sowjetunion[16] und stellte hierbei May in eine Reihe mit anderen in der Sowjetunion tätigen ausländischen Architekten, so konzentrierte man sich in bundesdeutschen Darstellungen eher auf sein Scheitern, auf die zunehmende Einschränkungen seiner Handlungsmöglichkeiten und die enttäuschte Rückkehr des Großteils seiner Gruppe, ohne jedoch die institutionelle Verankerung und die städtebaupolitische Programmatik Mays in der Sowjetunion näher zu untersuchen.[17] Die Gründe dieser verspäteten Aufarbeitung sind offenkundig und wurden dennoch bislang nicht zusammenhängend dargelegt.[18]

Die erste, mit May abgestimmte Monographie von Justus Buekschmitt[19] aus dem Jahr 1963 ging zwar auch auf die sowjetische Zeit ein, offenbarte aber weder die tatsächliche Stellung Mays in der Sowjetunion, noch reflektierte sie die von May selbst erlebten politischen Brüche. Offenbar ermutigt durch die 1958 von Nikita Chruščëv deklarierte Abkehr vom repräsentativen Historismus in der Architektur und seine Forderung nach dem Übergang zum industriellen Bauen – sogar zur Errichtung von Satelliten-Städten[20] – sowie möglicherweise auch aus Rücksicht auf Mays Kontakte in die DDR und in die UdSSR tilgten May/Buekschmitt viele kritische Passagen aus Mays eigenen biographischen Notizen. So hatte May selbst keinen geringen Anteil daran, daß seine Rolle im sowjetischen Städtebau undeutlich blieb.[21] Was die Zeitgenossen wußten, muß heute mühsam rekonstruiert werden: May war keineswegs nur Leiter seiner Brigade, sondern auf dem Höhepunkt seiner Tätigkeit in der Sowjetunion 1931/32 bei Standartgorproekt (dt.: Standard-Stadt-Projekt)[22] Vorgesetzter von 800 Mitarbeitern, darunter etwa 150 ausländische Spezialisten, einschließlich der Gruppe May,[23] und als Chefingenieur war er zugleich Vorstandsmitglied der übergreifenden Vereinigung Sojuzstandartžilstroj (dt.: Unions-Standard-Wohnungsbau).[24] Ebenso muß die Zahl der von May bearbeiteten Projekte deutlich nach oben korrigiert werden. War lange Zeit nur von Magnitogorsk, Novokuzneck, Leninsk, Tyrgan, Kemerovo, Karaganda, dem Doneckbecken und von Moskau die Rede, kann heute von mindestens zwanzig Orten ausgegangen werden, mit denen er zumindest mittelbar befaßt war.[25]

Aufgrund der Einsicht in unveröffentlichte Akten ist es zu-

Abb. 3: Pläne und Projekte Ernst Mays in der Sowjetunion 1930-1933

gleich möglich, hier zum ersten Mal Mays herausgehobene Funktion für den sowjetischen Städtebau 1930/31, die Auswirkungen des innersowjetischen Machtkampfes und der städtebaupolitischen Wende 1931/32, die zu seiner Kündigung bzw. Degradierung führten, und schließlich seine damals gewonnene Distanz zum Sowjetsystem darzustellen.

Die Berufung Mays nach Moskau hatte im Sommer 1930 in Deutschland ein heftiges Presseecho hervorgerufen. In der *Frankfurter Zeitung* vom 1. August 1930 erläuterte May seinen Schritt: »Bestand meine bisherige Tätigkeit, wie die fast aller Städtebauer der westlichen Länder, vorwiegend in der Stadterweiterung, wenn auch auf der neuen Basis der Trabantentheorie, so sollte ich nun Entwürfe für neue Städte aufstellen, die aus dem Nichts als selbständige Organismen zu schaffen waren.« Vor ihm stehe »vielleicht die größte [Aufgabe], die je einem Architekten gestellt wurde«, noch dazu in einem Land, in dem durch den von vornherein ausgeschalteten Gegensatz zwischen Staat und Wirtschaft die Voraussetzungen für ein unmittelbar produktives Arbeiten sehr viel günstiger lägen als irgendwo sonst. Auf Skepsis und Warnungen entgegnete er: »Mir ist [...] eine Mitarbeit an dieser gewaltigen und einmaligen Aufgabe selbst auf die Gefahr des Scheiterns hin unendlich wesentlicher als die ängstliche Besorgnis um die persönlich gesicherte Existenz.« Indem May sich selbst als »politischen Dingen gegenüber sträflich gleichgültig« charakterisierte und es ihm »von jeher widerstrebte«, sich »in parteipolitisches Gezänk einzulassen«,[26] präsentierte er seine Entscheidung zugleich als nicht von (partei)politischen Motiven getragen. Dennoch war es damals der politisch bewußte Schritt vom sozialen Wohnungsbau in Deutschland zum sozialistischen Städtebau in der Sowjetunion. In den sechziger Jahren begründete May seine Entscheidung für die Sowjetunion eher mit der Faszination der Avantgardekultur der vorstalinistischen Sowjetunion. »Architektur und Städtebau befanden sich im Zustande weit ausgreifenden Experimentierens. In den Planungszentren der Großstädte [...] lehnte man sich an die funktionelle Architektur des Westens an.«[27] Anfang der sechziger Jahre nahmen solche Sätze die spätere Wiederentdeckung der sowjetischen Avantgarde im Westen vorweg und ebneten mit einer differenzierteren Sicht auf die sowjetische Geschichte die Bereitschaft zur politischen Entspannung mit dem Ostblock. Aus heutiger Sicht führt die Aufarbeitung der Tätigkeit Mays in der Sowjetunion dagegen unmittelbar in das Zentrum der machtpolitischen und strategischen Auseinandersetzungen um den sowjetischen Modernisierungskurs Anfang der dreißiger Jahre. Das Scheitern des Neuen Bauens in der Sowjetunion und der Ernst May zugedachten und ansatzweise übertragenen Rolle im sowjetischen Bauwesen war die Niederlage einer bestimmten Modernisierungsfraktion, auf deren Unterwerfung und Vernichtung Stalin wenig später die Durchsetzung seiner totalen Herrschaft begründete.

III.
Vom Stadtbaurat in Frankfurt am Main zum Leiter des Städtebaus der UdSSR

Auf der Suche nach Lösungen für die Wohnungsprobleme in der Sowjetunion hatten in den zwanziger Jahren wiederholt sowjetische Delegationen den sozialen Wohnungsbau der Weimarer Republik studiert. Legendär wurde der Ausruf Anatolij Lunačarskijs, Volkskommissar für Bildung, beim Anblick der Hufeisensiedlung von Bruno Taut in Berlin-Britz, diese sei »gebauter Sozialismus«.[28]
Mit der 1925 beschlossenen und in den beiden ersten Fünfjahrplänen ab 1929 massiv eingeleiteten Industrialisierung gewann die Wohnungsfrage für die Sowjetunion eine völlig neue Dimension. Anknüpfend an Lenins Formel »Kommunismus ist Sowjetmacht plus Elektrifizierung des ganzen Landes« hatte es nach dem Beschluß 1925 zur Entwicklung der Schwerindustrie in den Jahren 1926 bis 1928 durchaus unterschiedliche Auffassungen zur Industrialisierung gegeben. Während Nikolaj Bucharin für eine behutsame Entwicklung unter Berücksichtigung der ökonomischen Gegebenheiten eintrat, bestand Leo Trockij auf einer beschleunigten Industrialisierung. Der Generalsekretär der Partei Josef Stalin war zunächst Anhänger der Bucharinschen evolutionären Sicht, nach dem Parteiausschluß Trockijs 1927 schwenkte er aber auf die Linie der beschleunigten Industrialisierung um. Voraussetzung für die Industrialisierung Rußlands war die systematische Enteignung der Bauernschaft. Diese »ursprüngliche Akkumulation« (im wesentlichen wurde die sowjetische Industrialisierung durch den Export requirierten Getreides finanziert) setzte zugleich die Arbeitskräfte für die neue Industrie frei.[29]
Bereits 1928 hatte die drei Jahre zuvor geschaffene Zentral-

bank für Kommunalwirtschaft und Wohnungsbau (Cekombank) in Rußland zur Mitarbeit langjährig erfahrener Architekten und Ingenieure auf dem Gebiet des Baus von Wohnungen und kommunaler Einrichtungen eingeladen.[30] Nachdem dies ohne Resonanz geblieben war und als mit Beginn des 1. Fünfjahrplans 1929 die Errichtung von Wohnsiedlungen im Rahmen der gigantischen Industrialisierungsprojekte immer dringlicher wurde, konzentrierte sich das sowjetische Interesse auf Frankfurt am Main und Ernst May. So erschien Anfang 1929 in der Zeitschrift *Der Bau Moskaus* ein Artikel,[31] in dem die Frankfurter Siedlungen Praunheim, Höhenblick und Bruchfeldstraße vorgestellt wurden. Die Cekombank gab im selben Jahr das Buch *Arbeiterwohnungen* heraus, das Beispiele des sowjetischen Wohnungsbaus darstellte und interessanterweise ein deutsch- und russischsprachiges Vorwort enthielt[32] – möglicherweise eine Geste an den CIAM-Kongress (Congrès Internationaux d'Architecture Moderne, [Internationale Kongresse Moderner Architektur]), der 1929 zum Thema »Die Wohnung für das Existenzminimum« in Frankfurt abgehalten wurde.

Entscheidend für die Kontaktanbahnung mit May dürfte dann auch der Besuch einer sowjetischen Delegation aus Anlaß des Kongresses 1929 in Frankfurt gewesen sein.[33] Wie sich May später erinnerte, überbrachte ihm »der Architekt Ginzburg« 1930 in Frankfurt das Angebot der sowjetischen Regierung, eine leitende Stelle im sowjetischen Städtebau anzutreten.[34] May wurde zudem zu einer Vortragsreise in die Sowjetunion eingeladen, die ihm die Möglichkeit zur Orientierung bieten sollte.[35] Im Mai 1930 hielt May Vorträge in Moskau, Leningrad und Char'kov über »Die neue Stadt«, den »Stand des Wohnungswesens in Deutschland« und die »Rationalisierung des Wohnungsbaues«.[36] Flankiert wurden diese von gleich mehreren Artikeln in der April-Ausgabe der Moskauer Fachzeitschrift *Bauindustrie* zu Fragen der Projektierung des Wohnens, über die Frankfurter Ausstellung sowie über den Zeilenbau von Arbeiterwohnungen.[37] May konnte selbst zwei Doppelhefte (Februar/März und April/Mai 1930) der Zeitschrift *Das Neue Frankfurt,*[38] das eine Bilanz seiner Frankfurter Zeit enthielt, mit auf die Reise nehmen. Für die Bewältigung des Sprachproblems seiner Vorträge hatte May eine gute Lösung gefunden: »Da er nicht die russische Sprache spricht, ließ er seinen Vortrag in Deutschland übersetzen und führte ihn mit einem Lichtbildapparat vor. Ein zweiter Apparat zeigte die begleitenden Lichtbilder dazu, und er selbst trug gleichzeitig in deutscher Sprache vor.«[39] Die Ausführungen des deutschen Architekten hinterließen offenbar großen Eindruck, und die sowjetische Regierung ersuchte ihn zunächst, »vor einem kleineren Kreis maßgebender Fachleute einen weiteren Vortrag über ›Organisationsvorschläge für russischen Städtebau und Siedlungswesen‹ zu halten«, und unterbreitete ihm schließlich das »Angebot, die Organisation mit einem Stab deutscher Hilfsarbeiter durchzuführen«.[40] Ausschlaggebend dafür dürfte sicherlich gewesen sein, daß May wie sonst nur Walter Gropius und Hans Schmidt für die Idee der sozialen Stadt und das Konzept der Minimalwohnung stand. Ein weiterer gewichtiger Grund dürfte in der vergleichsweise weitgehenden parteipolitischen Unabhängigkeit des Deutschen bestanden haben: Während in der Sowjetunion Architekten und Soziologen Grundsatzdebatten über die Zukunft der Stadt (Urbanisten vs. Desurbanisten[41]) und den damals anzustrebenden Grad der Vergesellschaftung der Wohnformen im Sozialismus (Kommune-Häuser vs. Einzelwohnungen) führten, mußte den Strategen der sowjetischen Industrialisierung May auch deshalb als die ideale Berufung erscheinen, weil er keiner der streitenden Fraktionen angehörte, sondern mit seiner fachlichen Autorität und seinen gemäßigten Positionen zu deren Verständigung würde beitragen können. Seine Methode bei der Bestimmung der Baustandorte und seine

Zonierung der städtischen Territorien erschien den Auftraggebern rationell und fortschrifttlich, und mit seiner Wahl versprachen sie sich die Herstellung möglichst egalitärer Wohnbedingungen auf höchstmöglichem Niveau bei gleichzeitig bestmöglicher Integration kommunaler Einrichtungen in die Siedlungsprojekte. Seine Erfahrungen bei der Entwicklung von Typenprojekten für einen standardisierten Wohnungsbau und deren serieller (Vor-)Fertigung versprachen zudem nicht weniger als die Lösung des sowjetischen Wohnungsproblems vermittels Fertigstellung von ganzen Städten nach dem Vorbild der industriellen Produktion.[42] Nicht zuletzt könnte ihn seine kritische Position gegenüber dem amerikanischen Städtebau für die Aufgabe prädestiniert haben. Eine Fehlannahme, wie sich später zeigte.[43]

May erwies sich während der Diskussionen im Mai 1930 als für die zukünftigen Aufgaben gut gerüstet und befand sich mit seinen ersten Positionierungen in den hitzigen Debatten über die Zukunft der Städte und den anzustrebenden Grad der Kollektivierung der Lebensweise offenbar im vollen Einvernehmen mit seinen zukünftigen Auftraggebern. So argumentierte er bei seinem Auftreten in der Arbeiter- und Bauern-Inspektion scharf gegen jene kollektiven Wohnformen, bei denen die Wohnzellen in Kommune-Häuser einseitig ausgerichtet sind und durch einen zentral gelegenen Flur erschlossen werden.[44] Er schilderte die Vorzüge des Zeilenbaus und die Chancen einer Standardisierung des Bauens und der Entwicklung neuer Baumaterialien, um bei gleichen Produktionskosten möglichst viel Wohnraum bereitstellen zu können. Weil die Aufgaben, den besten Typus des neuen Wohnhauses und der sozialistischen Stadt zu finden, »nur zum geringsten Teil von den Architekten gelöst werden können«, da Standortentscheidungen und Transportmöglichkeiten usw. »ebensoviele Unbekannte in der Rechnung [bleiben], die sich die Architekten zu lösen vorgenommen haben«, komme es darauf an, »Möglichkeiten auf[zu]weisen und unter den jeweils gegebenen Umständen durch die Anlage von Wohnbauten, die allen Anforderungen der geistigen und körperlichen Hygenie entsprechen, erzieherisch auf die Bevölkerung einzuwirken«.[45] Die Äußerungen erkannten sowohl das Primat der Politik an, wie sie auch als Appell zur Entideologisierung der architekturtheoretischen Debatten verstanden werden konnten, als deren Basis May eine funktionalistische Betrachtungsweise und mit ihr die Konzepte des Neuen Bauens anbot.

Bemerkenswerterweise beschloß das Zentralkomitee der KPdSU am 16. Mai 1930 seine wegweisende Resolution »Über die Arbeit bei der Umgestaltung der Lebensweise«, nur wenige Tage nach Mays Vorträgen in der Arbeiter- und Bauernkommission, die deutlich den Einfluß der Auffassungen Mays wie des damals einflußreichen Nikolaj A. Miljutins erkennen läßt.[46] Die Resolution machte die Ausarbeitung von Bauvorschriften für Arbeitersiedlungen und Einzelwohnungen einschließlich notwendiger kollektiver Dienstleistungseinrichtungen zur Pflicht und schrieb darüber hinaus die Anlage von Grüngürteln zwischen Industrie- und Wohnzonen vor, die der Sicherstellung der städtischen Infrastruktur und der Dienstleistungseinrichtungen in den neuen Industriestädten dienen sollte.[47] Schließlich sollte mit der Einrichtung von Wohnbaugenossenschaften eine Mobilisierung der Bevölkerung für den Wohnungsbau erreicht werden.

Mit dieser Resolution hatte sich innerhalb der KPdSU die modernistische Fraktion einstweilen durchgesetzt. Einer ihrer Vertreter war der im Volkskommissariat der Arbeiter- und Bauinspektion tonangebende Sergo Ordžonikidze. Er dürfte die Berufung Mays maßgeblich betrieben haben, und seine Organisation war es auch, die in der Folgezeit mit der Durchsetzung der Resolution betraut wurde.[48] Auf sowjetischer Seite waren damit die entscheidenden Voraussetzungen für Mays Tätigkeit geschaffen worden. Ausführendes Organ des bevorstehenden Städtebaus im großen Maßstab war jedoch nicht Ordžonikidze beziehungsweise das Volkskommissariat, sondern die ihr unterstellte Cekombank. Im Frühsommer 1930 war diese zum operativen und finanzpolitischen Zentrum des sowjetischen Wohnungsbaus und der Kommunalwirtschaft bestimmt worden. Bereits seit dem Frühjahr 1930 hatten ihr Vorsitzender Ėmmanuil Luganovskij und die ihn stützenden politischen Kräfte den Plan verfolgt, die Cekombank zum »Zentrum« des Finanzsystems zu machen, und sich schließlich gegen den heftigen Widerstand der Staatsbank durchgesetzt.[49] Auf dieser Grundlage einigten sich May und Luganovskij darauf, daß May »nicht lediglich eine beratende Stellung im russischen Siedlungswesen erhalten, sondern mit weitreichenden Vollmachten ausgestattet werden solle«.[50] Am 15. Juli 1930 kamen beide zum Vertragsabschluß zusammen.[51]

Mit seinem Eintreffen in Moskau am 7. Oktober 1930 wurde May offiziell Chefingenieur des Projektplanungsbüros bei der Cekombank und dadurch einer der maßgeblichen Planer des Städte- und Siedlungsbaus der UdSSR und mithin einer der wichtigsten Akteure im Zentrum der sowjetischen Industrialisierung. Wie der Chef der Cekombank Ėmmanuil Luganovskij im August 1930 an den Rat der Volkskommissare berichtete, belief sich »nach den Planziffern der Cekombank für 1930/31 der Wohnungs- und Kommunalbau der UdSSR auf mehr als 2 Milliarden Rubel«,[52] May war also mitverantwortlich für die sachgerechte Umsetzung eines Finanzvolumens, das in heutige Währung umgerechnet die für damalige Verhältnisse gigantische Summe von etwa neun Milliarden Euro ausmachte.[53] Entsprechend umfangreich waren die Aufgaben, die May laut seinem Arbeitsvertrag zu erfüllen hatte. Dazu zählten die Durchsicht, Bewertung und Korrektur von Projekten anderer Organisationen und Einrichtungen, die Ausarbeitung von Projekten zur Planung neuer Städte und Siedlungen sowie die Überarbeitung bereits bestehender Pläne, darüber hinaus der gesamte Bereich der Rationalisierung, Standardisierung und Typisierung von Wohn- und anderen kommunalen Bauten und damit zusammenhängend die Projektierung von Fabriken zur Herstellung von Standardwohnungen. Schließlich erwartete man auch die Begutachtung errichteter Bauten, Expertisen und Konsultationen vor Ort sowie die Veröffentlichung der Arbeiten des Büros in Artikel- und Buchform sowie die Präsentation der Ergebnisse vor Architekten, Ingenieuren und der weiteren Öffentlichkeit.[54] Das war nicht nur ein gewaltiges Arbeitsprogramm für May und seine Gruppe, das Dokument gibt zugleich Auskunft über die ehrgeizigen Ziele der sowjetischen Regierung in Hinblick auf die Stadtplanung und das Bauwesen in der Sowjetunion. Bis Anfang 1932 wurden diese tatsächlich weitgehend wie geplant realisiert, in der ersten Phase durch die Konzentration einer enormen Machtfülle bei der Cekombank (1930/31), später dann durch die Schaffung der Vereinigung Sojuzstandartžilstroj (1931), denen May jeweils als Chefingenieur vorstand.

IV. Magnitogorsk I (November 1930 bis Januar 1931)

Waren May und Kollegen in ihren ersten Moskauer Wochen damit beschäftigt, »Pläne hiesiger Fachleute zu prüfen, evtl. Ergänzungsvorschläge zu machen«[55] und an Bauinstruktionen für Arbeitersiedlungen federführend mitzuarbeiten, kamen bald ausgedehnte Exkursionen hinzu. Mit einem eigenen Eisenbahnwagen fuhr May mit seinen Mitarbeitern zu den zukünftigen Städten und nutzte den Waggon als Arbeits- und Wohndomizil. Mit Autos, Wagen oder Schlitten erfolgten dann Geländebesichtigungen, die zusammen mit dem greifbaren, oft unzulänglichen Kartenmaterial die Grundlage für die weiteren Planungen bildeten. »In irgendeinem uns zur

Verfügung gestellten Raum – meist dem Sitzungssaal des Ortssowjets – arbeiteten wir gemeinsam ein Skizzenprojekt aus. [...] Mittels Episkop, das wir stets mitführten, projizierten wir dann die Planung in öffentlicher Versammlung und ergänzten sie auf Grund der stattgehabten Diskussionen.« Nach der Rückkehr nach Moskau erfolgte dann die exakte Durcharbeitung der Pläne.[56]

Abb. 4: Projektbüro im Stadtsowjet, vorn links Walter Schwagenscheidt, dahinter sitzend von links Karl Lehmann, Wilhelm Hauss, Sekretärin Struwe und Ernst May (1931)

Die erste Reise führte May nach Magnitogorsk,[57] in jene Stadt, mit der er sich während seiner drei Jahre in der Sowjetunion am längsten und intensivsten beschäftigte und die zugleich als das Leitprojekt der sowjetischen Industrialisierung gelten kann.

»Wer das, was man ›sowjetische Zivilisation‹ nennen könnte, in reiner Form finden will, muß dorthin gehen, wo alles bereitstand für einen Anfang, der ohne Beispiel war: hinaus in ein Land, dessen Reichtum an natürlichen Ressourcen und Bodenschätzen Entwicklungen ohne Grenze versprach: in die Weite eines Raumes, der durch keine geschichtliche Tradition beengt war und in dem eine rücksichtslose Macht Wunder bewirken konnte. Nichts sollte der Selbsterschaffung des neuen Menschen im Wege stehen. Nur eine Tabula rasa kam als Bauplatz für die neue Welt in Frage.« (Karl Schlögel 1994)[58]

Die Reihe der Großbauten des Sozialismus nahm in Magnitogorsk 1929 ihren Anfang. Das zentrale Projekt des Plans, in kurzer Zeit neben dem Donezkgebiet in der Ukraine in der Sowjetunion eine zweite metallurgische Basis zu errichten, war das Magnitogorsker Metallurgische Kombinat.

»Es erstreckt sich über zwanzig Kilometer in der Länge und zehn Kilometer in der Breite. Das Magnitogorsker Kombinat ist soviel wie die Verdichtung der Region von Manchester bis Sheffield auf einen einzigen Punkt, ein Pittsburgh jenseits des Urals. Magnitogorsk liefert 12 Millionen Tonnen Gusseisen, 16 Millionen Tonnen Stahl, 12,5 Millionen Tonnen Walzstahl, 300 verschiedene Stahlsorten – fast soviel wie ganz England. An Magnitogorsk hingen in der alten Union mehr als 10 000 Betriebe – von der Panzer- bis zur Autoindustrie. Wenn der Ural das ›industrielle Herz der Union‹ war, dann war Magnitogorsk die Hauptstadt des Stahlimperiums.«[59]

Die Erforschung der Planungsgeschichte von Magnitogorsk[60] erlaubt es heute, Ernst Mays Position zwischen den verschiedenen Fraktionen und Konzepten des sowjetischen Städtebaus genauer zu verstehen. Für kurze Zeit schien mit Ernst May die Chance eines Ausgleichs zwischen den verschiedenen kulturellen und gesellschaftspolitischen Richtungen möglich. Auf der einen Seite der utopische Avantgardismus mit seiner unmittelbaren Orientierung an der Vergesellschaftung der Lebensweise (Kommune-Häuser), der die Jahre 1929/30 und damit die Wettbewerbe für die ersten neuen Industriestädte bestimmte. Auf der anderen Seite die realistische Orientierung auf die zügige und massenhafte Schaffung von Wohnungen mit elementarem Standard für die Industriearbeiter der neuen Betriebe. Mays Pläne für Magnitogorsk sind jedoch bis heute insgesamt unverwirklicht beziehungsweise Fragment geblieben: Lediglich das damals projektierte 1. Quartal der Stadt wurde in großen Zügen realisiert.

Von Anfang an stand das Projekt Magnitogorsk jedoch unter keinem guten Stern. Als Standort für das metallurgische Kombinat wurde 1929 das linke, östliche Ufer des Uralflusses festgelegt, in unmittelbarer Nähe des Magnetberges mit seinen gewaltigen, im Tagebau förderbaren Erzvorkommen, ohne auf die Lage der zukünftigen Stadt Rücksicht zu nehmen.[61] Unsicherheiten in der städtebaulichen Zielsetzung – Siedlung oder Stadt? –, die anfängliche Ausrichtung auf die »rein proletarische Stadt« mit ausschließlich vergesellschafteter Lebensweise (Kommune-Häuser) und die ununterbrochenen Erhöhungen der Produktionsziffern und der geplanten Einwohnerzahl hatten im Rahmen eines städtebaulichen Wettbewerbes im Frühjahr 1930 zu keinem brauchbaren Resultat geführt. Zudem hatte das Baukombinat Magnitostroj die Ausarbeitung der Projektplanung für die Wohnstadt im September 1930 an das Projektierungsbüro Giprogor[62] des Volkskommissariats für Inneres (NKVD) der RSFSR vergeben, das hierfür eigens den Moskauer Architekten Sergej E. Černyšev und seine Mitarbeiter vom Projektierungsbüro Gosproekt übernommen hatte. Černyšev, der bereits am städtebaulichen Wettbewerb im Frühjahr mitgewirkt hatte, konnte den vereinbarten Termin des 10. Oktober aber nicht halten.

Während der offenbar daraufhin angesetzten Reise vom 26. Oktober bis zum 8. November 1930 nach Magnitogorsk, an der für die Cekombank Ernst May, Karl Lehmann, Mart Stam und Hans Burkhard und für Giprogor unter anderem Černyšev sowie Vertreter des Volkskommissariats für Verkehr teilgenommen hatten, erhielt May den großen Auftrag: In seinem Reisebericht notierte May, er und der Leiter von

Abb. 5-7: Zelte, Jurten und Erdhütten in Magnitogorsk (um 1930)

Magnitostroj, Jakov Šmidt, hätten vereinbart, daß May bis zum 25. November 1930 »ein Projekt für die städtebauliche Gestaltung der Stadt sowie einen Arbeitsplan für den Aufbau der Stadt vorlegen solle«.[63] Das außerordentliche Tempo bei der Errichtung des metallurgischen Kombinates zwinge dazu, »den Bau der Wohnstadt mit größtmöglicher Beschleunigung zu betreiben, wenn nicht ein sehr unfreundliches Vakuum entstehen soll«.[64] Bereits zu dieser Zeit lebten dort 40000 Arbeiter in Zelten, Jurten, Erdhütten und Baracken. Euphorisch berichtete May wenig später in der *Frankfurter Zeitung* über diese erste Reise. Noch im Zug richteten May und Kollegen auf der Rückfahrt »ein Abteil als Zeichenbüro ein, skizzierten nun während der viertägigen Heimfahrt mit Samowarkohle auf Furnierholz als Reißbrettersatz die ersten Skizzen« ihres Entwurfes.

»In einem anderen Abteil hämmerte die Schreibmaschine die Berichte. Seitdem herrscht in unserem Moskauer Büro ein wenn möglich noch stärkeres Tempo als in Magnitogorsk, denn bis zum Ende des Monats gilt es, die umfassende Arbeit fertigzustellen. Jeder von uns empfindet stündlich, dass es uns hier vergönnt ist, Geschichte nicht nur zu erleben, sondern im Rahmen unserer bescheidenen Kräfte auch mitzumachen.«[65]

Seinem Moskauer Auftraggeber, dem Chef der Cekombank Luganovskij, erklärte May, daß seine »Expertise aus einem Gegenprojekt bestehen werde«, da er »nicht viel davon hielte, die Arbeiten anderer zu bekritteln«.[66] Wie Walther Schulz berichtete, hatte dies Folgen: »May hat dieses Projekt sofort nach seinem Eintreffen an sich zu reissen versucht und damit sofort erbitterte Gegnerschaft einer gewissen Behörde gefunden«,[67] denn auch das Planungsbüro Giprogor und Černyšev hatten einen neuen Entwurf ausgearbeitet. Die von Schulz erwähnte »gewisse Behörde« war zweifellos das NKVD.

Zum Termin legte May seinen ersten Generalplan für Magnitogorsk vor, der vorsah, eine »hygienisch und verkehrstechnisch einwandfreie Unterbringung einer Bevölkerungszahl von zunächst 100 000 und mit der Erweiterung 200 000 Menschen in möglichst vollkommener Weise und dabei die Schönheit des Stadtbildes in erster Linie aus der organischen Gliederung des Stadtganzen und ihrer engen Anschmiegung an die Geländeverhältnisse zu entwickeln«.[68] Den repräsentativen Städtebau lehnte May »als dem Charakter einer sozialistischen Stadt widersprechend« ab. Das geistige und architektonische Zentrum der Stadt sollte durch die Konzentration der sozialistischen Zentralgebäude auf einem Hügel in der Mitte der Stadt entstehen:

»Während die einzelnen Quartale nur an der Verkehrssammelstelle des in Richtung zur Fabrik flutenden Verkehrs eine Höhensteigerung in einer dort untergebrachten Gruppe von Kommunehäusern erhalten haben, ragt das sozialistische Zentrum nicht allein durch seine Lage auf einer Anhöhe, sondern auch durch die Höhenführung der dort errichteten Bauten über die Stadt heraus.«[69]

Am 3. Dezember 1930 kam die eigens zur Begutachtung der Entwürfe von Giprogor und Cekombank geschaffene Regierungskommission[70] unter Mitwirkung des May bereits aus Frankfurt bekannten German Krasin, von Luganovskij (Cekombank) und Šmidt (Magnitostroj) erstmals in Moskau zusammen. Die von diesem Gremium konsultierten Experten fällten jedoch zunächst ein einmütiges Urteil zugunsten von Giprogor. Die Kritik an May war fundamental und prägte das später wiederkehrende Argumentationsmuster:

»1. Das Projekt bietet nur eine karge, strenge und einförmige Bearbeitung des Plans, die aus dieser kasernenmäßigen Sicht herrührt. 2. Die besondere Herausforderung, die sich sozialistischen Städten stellt, wird vom Entwurf nicht bewältigt. Es ist ersichtlich, dass es der Bearbeitung nicht gelungen ist, sich auf die Bedingungen unserer Lebensweise einzustellen und sich hierfür zu befähigen. Ungeachtet dessen, dass es in der Gruppe eine Reihe talentierter Projektanten gibt, die viele wertvolle technische und planerische Motive in ihrer Arbeit gaben, wurde letztere in einer Form ausgeführt, die sich in nichts von einer rein kapitalistischen Stadt

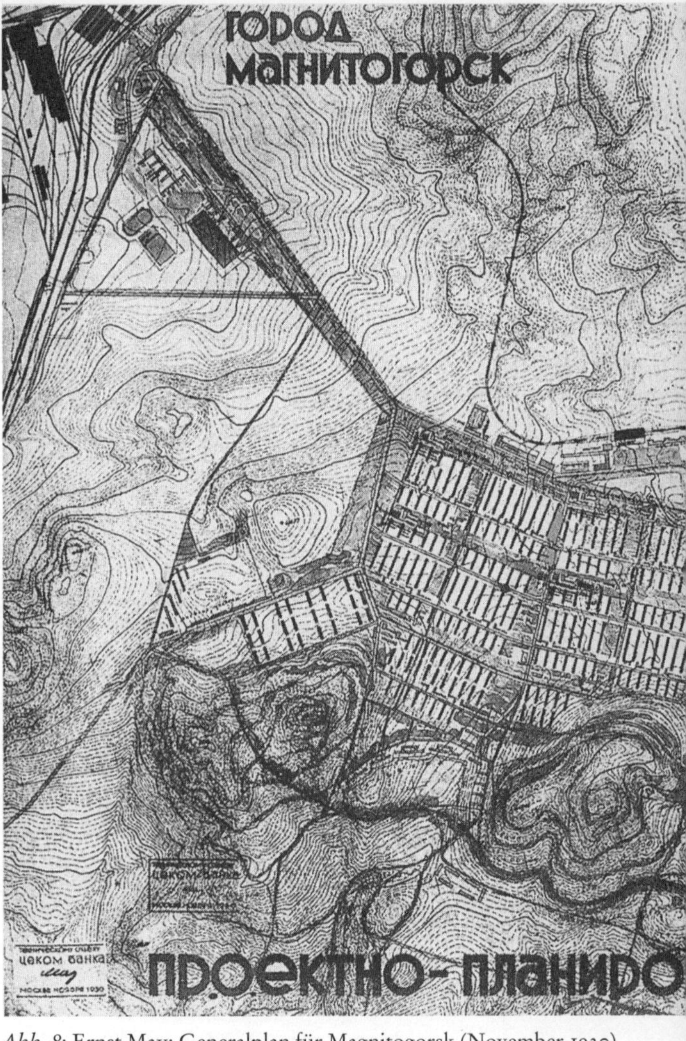

Abb. 8: Ernst May: Generalplan für Magnitogorsk (November 1930)

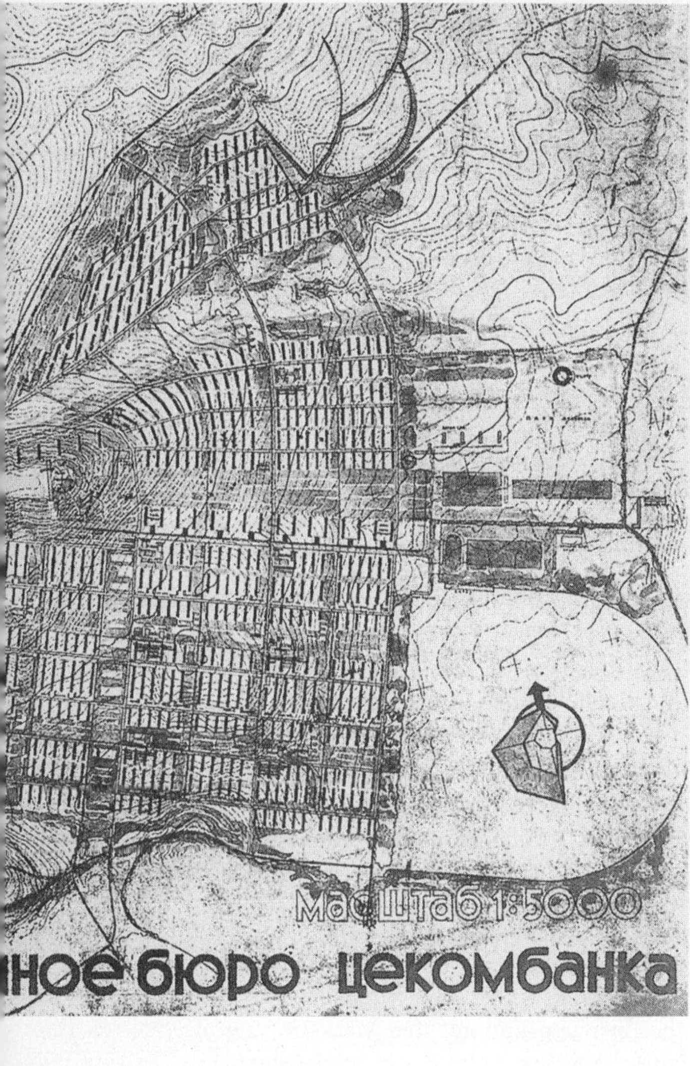
масштаб 1:5000
ное бюро цекомбанка

Abb. 9: Sergej Černyšev erläutert seinen Planentwurf für Magnitogorsk, hinter ihm Ernst May (1930/31)

unterscheidet, die danach strebt, das Wohnen gegen die gesunden Ansprüche der Bevölkerung zu konzentrieren.«[71]

Ebenso wie bei May fehle aber auch bei Černyšev »eine klare und deutliche Idee eines sozialistischen Wohnortes (die Form eines die Massen erziehenden Gemeinschaftslebens, die Verbindung mit der umgebenden Natur, die maximal hygienische und bequeme Form des Wohnens für jeden Bewohner usw.)«. May wird insbesondere für die ungleichmäßige Entfernung der Wohngebiete vom Stadtzentrum (eine Folge der Bandstruktur) und für eine zu große örtliche Nähe von politischem Zentrum (der politischen Institutionen und der Massenversammlungen) und dem funktionellen Zentrum (des Bahnhofs) kritisiert. Eine Vorstellung vom traditionellen, fächerförmigen und auf den Werkseingang orientierten Entwurf Černyševs[72] gibt das Foto, das ihn bei der Erläuterung seines Entwurfes, dahinter stehend May, zeigt.

Die Historiker Harald Bodenschatz und Christiane Post sowie Mark Meerovič und Evgenija Konyševa, die die Protokolle der Regierungskommission studierten, stellen den Verlauf der tagelangen Sitzung in Teilen unterschiedlich dar. Unstrittig ist jedoch, daß May am 10. Dezember 1930 als Sieger aus der Situation hervorging. Meerovič/Konyševa führen dies insbesondere auf die Durchsetzungskraft der »Wirtschafts- und Finanzlobby« auf Unionsebene (Ordžonikidze, Luganovskij und Šmidt) zurück, die sich gegen die lokalen Vertreter im Ural und den Volkskommissar für Inneres der RSFSR durchsetzen konnten.[73] Hinsichtlich der Standortfrage wurde die im Wettbewerb vom Frühjahr getroffene Festlegung auf das linke Ufer allerdings durch den Beschluß relativiert, für eine Bebauung auf dem rechten Ufer erforderliche Voruntersuchungen durchzuführen.

Nach der Entscheidung zugunsten der Mayschen Entwürfe für Magnitogorsk wurden diese in einer kleinen Ausstellung der Moskauer Öffentlichkeit präsentiert. Darüber berichtete die *Moskauer Rundschau* vom 21. Dezember 1930.[74] Ausführlich kam darin May zu Wort, der die städtebauliche Konzeption erklärte, die sich entgegen späteren Vorwürfen keineswegs auf eine schematische Anordnung von Wohnzeilen beschränkte:

> »Die Stadt wird etwa zwei Kilometer von den Werken entfernt liegen, durch elektrische Bahn und Autobus-Verkehr mit ihr verbunden; ihr natürliches Zentrum, ein Hügel, mit mächtiger Festhalle, Theater, Zentralwarenhaus usw. Die Häuserblocks selbst in Stadtvierteln (›Quartalen‹, wie man hierzulande sagt), für je 10000 Bewohner angeordnet, durch Grünflächen voneinander abgegrenzt. Der Mittelpunkt jedes Stadtviertels nicht in der räumlichen Mitte, sondern, als ›funktionelles Zentrum‹, exzentrisch gelegen, an der entsprechenden Tramway-Haltestelle, die jeder Arbeiter automatisch zweimal täglich passieren muss. Hier werden die Kollektivbauten jedes Stadtviertels liegen – Klub, Speisehaus, Schule, Warenhaus, Kindergarten, Krippe, Läden, Ambulatorium.«[75]

Abb. 10: Generalplan für Magnitogorsk (Frühjahr 1931)

Масштаб 1:5000
роектно-планировочное бюро

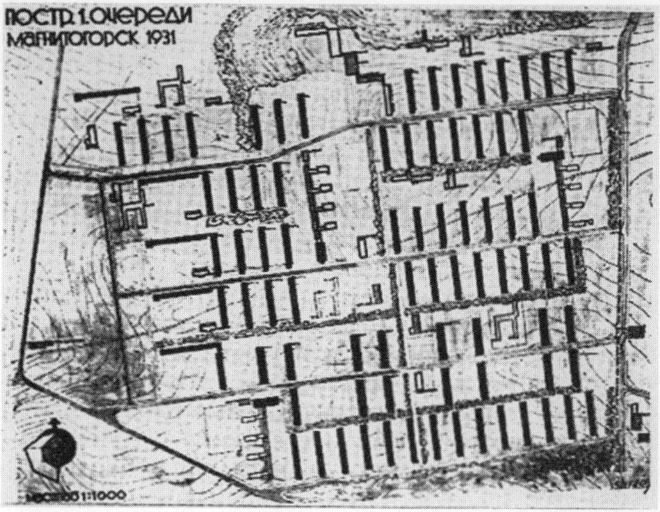

Abb. 11: Entwurf Ernst Mays für den 1. Bauabschnitt von Magnitogorsk (Frühjahr 1931)

Pragmatisch verhielt sich May gegenüber dem offenbar immer noch nicht ausgetragenen Streit zwischen den Fürsprechern der Einzelwohnungen und denen der Kollektivwohnungen. Er plante die Transformation sozialer Verhältnisse mit ein:

»Für die Wohnbauten ist zunächst ein Typ projektiert, der die allmähliche Entwicklung zur völligen Kollektivisierung vorsieht. Die Wohnungen, für je eine Familie gedacht, enthalten einen Wohnraum, zwei Schlafkammern, Sitzbad, Abort (nach außen belichtet und belüftet), Kochnische. Die Treppeneinmündungen liegen sämtlich an einem einzigen Verbindungskorridor: ist die nötige ›Reife für die Kollektivisierung‹ erreicht, hat sich bei der Mehrzahl der Bewohner die Einsicht in die Zweckmäßigkeit und Notwendigkeit zentralen Kochens usw. durchgesetzt, so können die Verbindungskorridore von je drei Häuserblocks einfach durch einen Quergang verbunden werden, an welchen dann Kindergärten, Zentralküchen usw. angebaut werden. Diese sind dann somit, ohne weitere bauliche Veränderungen, direkt mit den einzelnen Wohnungen verbunden.«[76]

Dieser Gebäudetyp wurde erstmals von Gosproekt für Novosibirsk, Avtostroj und Magnitogorsk (siehe S. 75) entwikkelt. May griff also auf vorliegende, von ihm vor Monaten selbst noch wegen der Mittelgangerschließung kritisierte Bauprojekte zurück, um seine städtebauliche Idee durchzusetzen. Erst nach und nach entwickelte er eigene, neue Typen. Auf der abschließenden Sitzung der Regierungskommission am 25. Januar 1931 wurde offiziell festgestellt, daß May mit seinem überarbeiteten Entwurf alle am 10. Dezember 1930 erteilten Auflagen erfüllt habe, und beschlossen, seinen Plan auszuführen. Vermutlich zeigt der im Nachlaß von Mart Stam bewahrte Generalplan diese Fassung. In seinem Artikel »Die sozialistische Stadt Magnitogorsk« erläuterte May im Informationsbulletin von *Magnitostroj* den überarbeiteten Gesamtplan.[77]

V.
Generalplanskizze für Stalingrad (Januar 1931)

Als Ernst May vom 6. bis 13. Januar 1931 im Auftrag der Cekombank, die zum großen Teil auch die Errichtung der Siedlungen (Wohnungen und Ausstattung mit kommunalen Einrichtungen) am Stalingrader Traktorenwerk durch den Bautrust Stalingradstroj finanzierte, nach Stalingrad reiste, begab er sich in eine komplizierte Situation. Auch hier lag schon eine vom NKVD beauftragte Planung vor. Die bereits 1929 durch diesen eingesetzte Regierungskommission hatte dem Mitglied der Regierungskommission, dem Moskauer Architekten Vladimir N. Semënov, den Auftrag erteilt, Stalingrad »auf konsequent sozialistischer Grundlage« zu planen.[78] Hierfür legte er Ende 1929 mit Valentin S. Popov und Dmitrij M. Sobolev einen Plan mit fünf Socgorods vor. (Die Abbildung 12 zeigt die Variante in Anlehnung an den Entwurf von Leonid und Alexander Vesnin.) Dennoch hatte sich eine Kommission des Volkskommissariats für Gesundheit und von Vertretern des Traktorenwerks am 26. Juni 1930 dafür ausgesprochen, Stalingradstroj und damit dem Obersten Volkswirtschaftsrat und nicht dem NKVD und Giprogor die weitere Planung zu übertragen.[79] Zu diesem Zeitpunkt waren bereits die Untere Siedlung und Teile der Oberen Siedlung am Traktorenwerk von Stalingradstroj errichtet.

Nachdem sich Ernst May im Januar 1931 durch eine Autofahrt über die ganze Länge der zukünftigen Stadt am westlichen Ufer und mit einer Schlittenfahrt auf der zugefrorenen Volga über die halbe Länge vom Zentrum nach Norden zum Traktorenwerk einen Überblick über Topographie und Gelände verschafft hatte, entwickelte er vor Ort anhand einer Skizze im Maßstab 1:10000 die Grundzüge eines Generalplans für die Stadt. In seinem Nachlaß befindet sich sein »Bericht über die Reise nach Stalingrad vom 6-ten Januar bis zum 13-ten 1931«.[80] Seine Skizze für den Generalplan ist verschollen. Entgegen den vorhergehenden Planungen von Semënov 1929/1930, der fünf Teilstädte mit zum Teil großen Entfernungen zu den Arbeitsstätten vorgeschlagen hatte (Metallstadt [Traktorenwerk und andere Schwermaschinenbaubetriebe], Zentralstadt [Verwaltung, Kultur], Holzstadt [holzverarbeitende Industrie], Energiestadt [Heizkraftwerk], Transportarbeiterstadt [Werften], vertrat May konsequent den Gedanken der sogenannten Bandstadt und ihrer Zonierung auf dem westlichen Volgaufer. Wegen der gerade erfolgten Ablehnung des Entwurfes von Černyšev für Magnitogorsk durch die betreffende Regierungskommission – dieser hatte eine Dreiteilung der Stadt vorgesehen – sah sich May zusätzlich bestätigt, daß eine Fünfteilung noch zwingender abzulehnen sei.[81]

Da die Industrie bereits am linken Ufer angesiedelt worden war (entgegen dem Plan Miljutins, der sinnvollerweise die Industrie vom Ufer wegrücken und durch einen Grünzug von den Wohnvierteln abtrennen wollte, das Wohnen dagegen durch einen Park mit dem Wasser verbinden wollte, vgl. Abbildung 13) und trotz der bereits direkt an der Volga errichteten Unteren Siedlung am Traktorenwerk, akzeptierte May die Gegebenheiten. Für den Güterumschlag zwischen Bahn und Schiff empfahl er die Anlage einer Ufereisenbahn und schlug folgende Zonierung von Osten her vor: Volga, Industrieband, Autostraße mit elektrischer Schnellbahn, eine etwa 1,2 km breite Grünzone, Wohnen am Fuße der ersten der beiden westlichen Uferterrassen, Grünzone am Hang der zweiten Terrasse. (Da Semënov von fünf Teilstädten ausging, wollte er in diesen das Wohnen bis auf die zweite Terrasse ziehen, der Grünzug wäre schmaler geworden und ihn hätten Straße und Eisenbahn durchschnitten.) Um dagegen eine Grünverbindung zwischen den Wohnquartieren und dem Volgaufer herzustellen, schlug May vor, die starke Schluchtenbildung zur Anlage von den »Grünzungen« zu nutzen. Wegen der ungünstigen Windverhältnisse und der daraus sich ergebenden gesundheitlichen Belastung für das Wohnen schlug er die Verlegung der geplanten »Chemiestadt« in den äußersten Norden und die Anschaffung von Filteranlagen für die Schwermaschinenbaubetriebe vor. Für das Gebiet der alten Stadt, dem die zentralen städtebaulichen Funktionen zukommen sollten, sah May die Ausarbeitung eines sorgfältigen Sanierungsplans und insbesondere die Verlegung der Eisenbahn vor, welche die Stadt (bis heute) teilt. Bis dahin sollte auf Eingriffe im Zentrum verzichtet werden. Aufgrund der geringen Baudichte bestünden hier ausreichend Reservepotentiale für weitere 80000 bis 100000 Einwohner.

Die Leitung von Stalingradstroj ersuchte May, sofort mit der Projektierung auf der dargestellten Grundlage zu beginnen und bis Ende Februar 1931 einen Entwurf vorzulegen (Bearbeitung eines Quartals im Maßstab 1:2000 mit Wasserversorgung, Kanalisation, Beleuchtung, Heizung und Verkehr, Vorschlag für Wohntypen, Gruppierung von Rayonzentren,

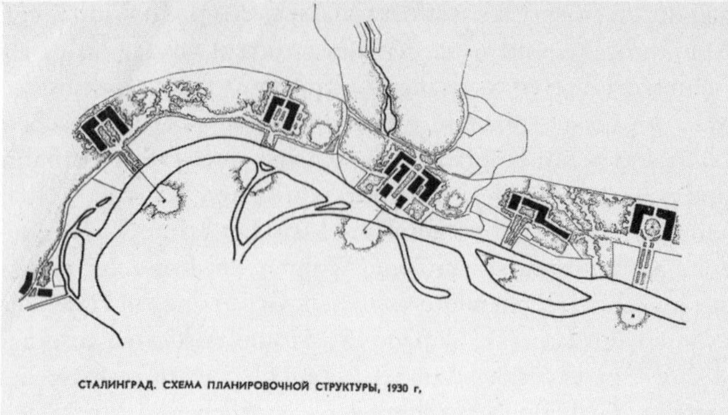

Abb. 12: V. Semënov u. a.: Planungsschema für Stalingrad (1930)

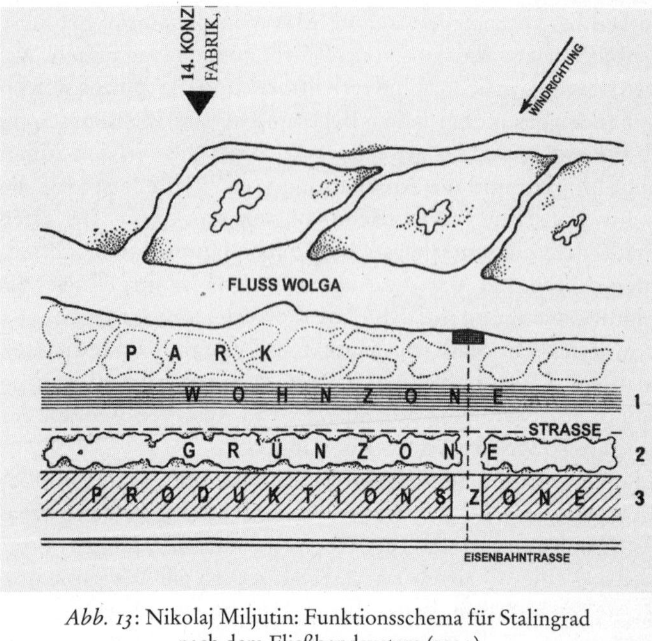

Abb. 13: Nikolaj Miljutin: Funktionsschema für Stalingrad nach dem Fließbandsystem (1930)

nähere Durcharbeitung der Metallstadt und des südlichsten Abschnittes westlich von Krasnoarmejsk). Dem Bericht ist zu entnehmen, daß die Cekombank eine eigene Gruppe Stalingrad unterhielt. Sie veranstaltete gerade eine Umfrage unter den Arbeitern der Betriebe, die zur Festlegung der Wohntypen herangezogen werden sollte. Ein Teil der nach Stalingrad gereisten Gruppe (May, Mauthner, Haus, Smolnitzki, Irlin, N. N.) blieb zurück, um die zur Fortsetzung der Arbeit erforderlichen örtlichen Studien anzustellen.[82] Unter dem Eindruck dieser zunächst positiven Erfahrung verfaßte May seinen Bericht für die *Frankfurter Zeitung*, der dort am 24. Januar 1931 erschien.[83]

Der weitere Fortgang der Arbeiten Mays am Generalplan für Stalingrad ist nicht bekannt. Gesichert ist nur, daß das NKVD (Giprogor) und Semënov schließlich die Generalplanung für Stalingrad übernahmen und sich gegen die Cekombank und Stalingradstroj durchsetzten.[84] So verlor May in Stalingrad, anders als zunächst in Magnitogorsk, noch im Jahre 1931 den Kampf gegen den Konkurrenten Giprogor hinsichtlich der stadtplanerischen Kompetenz. Ob in Stalingrad aber nicht auch Standardprojekte von Wohn- und Kommunalbauten realisiert wurden, an deren Planung May und seine Mitarbeiter Anteil hatten, bleibt offen. Waren es diese Auseinandersetzungen, die May meinte, als er in Berlin im Juni 1931 davon sprach, daß »Architektur und Städtebau« in der UdSSR »nicht mehr romantische Betätigung des Spieltriebes, sondern Kampf um Leben und Tod« seien?[85] Bemerkenswerterweise kam May in seiner Zeit in der Sowjetunion nicht wieder auf die Erfahrungen in Stalingrad zu sprechen, erwähnte seine Planungen aber erneut nach dem Krieg.[86] Zunächst jedoch wendete er sich anderen drängenden Planungsaufgaben zu. Die Niederlage gegen Giprogor und das NKVD schien zunächst nur eine Episode gewesen zu sein.

VI.
Novosibirsk und Kuzbass (Februar/März 1931)

Im Februar und März 1931 begab sich May auf eine fast zweimonatige Reise nach Westsibirien, zuerst nach Novosibirsk, dann ins Kohlegebiet Kuzbass. Ein Telegramm aus Moskau kündigt dem Sibirischen Exekutivkomitee die Ankunft mit seinem »internationalen Eisenbahnwaggon 9393« am 12. Februar in Novosibirsk an.[87] Für Novosibirsk standen der Neubau eines Stadtteils für 150000 Einwohner auf dem linken Ufer des Ob' sowie das Stadt- und Regionalplanungsprojekt auf der Tagesordnung, im Kuzbass ging es um die neuen Städte Novokuzneck, Leninsk (90000 bis 100000 Einwohner), Tyrgan-Prokop'evsk (45 000 Einwohner) und Ščeglovsk (135- bis 165 000 Einwohner).[88] Während der Reise entstanden unter anderem die im May-Nachlaß in Nürnberg erhalten gebliebenen Erläuterungsberichte für die neuen Städte Novokuzneck (18. Februar 1931), Leninsk (26. Februar 1931), Ščeglovsk (ohne Datum) und Novosibirsk (9. März 1931).[89] Ausführlich berichtete May – in einer dreiteiligen Artikelfolge – in der *Frankfurter Zeitung* über seine Mission.[90] Dem fließenden Charakter der Projektierung entsprachen Erörterung und Beschlußfassung: die Planungskommission des Gebietes Kuzbass erörterte die Pläne außerordentlich zügig: am 5. März Novokuzneck, am 20. März Tyrgan und am 30. März Leninsk. Das Planungsschema für Ščeglovsk wird Anfang März zur endgültigen Entscheidung nach Moskau an den Wissenschaftlich-technischen Rat der Hauptverwaltung für Kommunalwirtschaft gesandt. Nach Meinung von Irina Zacharova

> »kann man diese Zügigkeit nur mit einer unmittelbaren Anordnung aus der Zentrale erklären. Jedenfalls waren die Besprechungen vor Ort von erbitterten Streits und Auseinandersetzungen begleitet. Den Dokumenten

nach zu urteilen, wurde nur das Planungsschema für Novokuzneck von der Plankommission ohne besondere Bemerkungen gebilligt.«[91]

In der Publikation seines Berliner Vortrages (im Juni 1931, siehe unten)[92] waren nur die Planentwürfe für Novokuzneck, Tyrgan und Ščeglovsk veröffentlicht, hier kann nun auch das Planschema für Leninsk gezeigt werden (Abbildung 14-17). Während sich in Novokuzneck und Novosibirsk Spuren von Städtebau und Architektur aus der Periode May nachweisen lassen (siehe unten), bleibt dies für Leninsk und Tyrgan noch zu untersuchen. Sehr markant hat sich die von May entwikkelte ostwestlich ausgerichtete Bandstruktur von Kemerovo (bis 1932 Ščeglovsk) erhalten.[93] Ernst Mays bislang unveröffentlichter »Bericht über städtebauliche Planung in Nowosibirsk« vom 9. März 1931 beschäftigte sich vor allem mit der bestehenden Stadtplanung, formulierte Vorschläge für die Projektorganisation und kritisierte das bereits realisierte Bauprogramm im 1. Quartal der Socgorod Novosibirsk. Wie auch in Magnitogorsk, Stalingrad und Novokuzneck fand May in Novosibirsk jeweils Planungen vor, mit denen er sich auseinanderzusetzen hatte. Das war zum einen die Generalplanung für Novosibirsk, die vom Moskauer Architekten Boris Koršunov vorgelegt worden war, und zum anderen die Planung für die Socgorod auf dem linken Flußufer, die 1930/31 die Architekten Dmitrij Babenkov, Aleksandr Vlasov und Nikolaj Poljakov (Gruppe Vopra) erarbeitet hatten.
Mays Analyse ist insbesondere wegen seiner Kritik am Einfluß des »Amerikanischen Städtebaus der zweiten Hälfte des vergangenen Jahrhunderts« interessant:

»Die Planung des Linken Ufers ist insofern erfreulich, als der Verfasser offensichtlich bemüht war, ein klares Gestaltungssystem zu schaffen. Es muss aber festgestellt werden, daß die festzustellende Einfachheit der Planung nicht funktionell entwickelt ist, oder daß, soweit ein Eingehen auf die organischen Gegebenheiten der Lage versucht wurde, diese Ver-

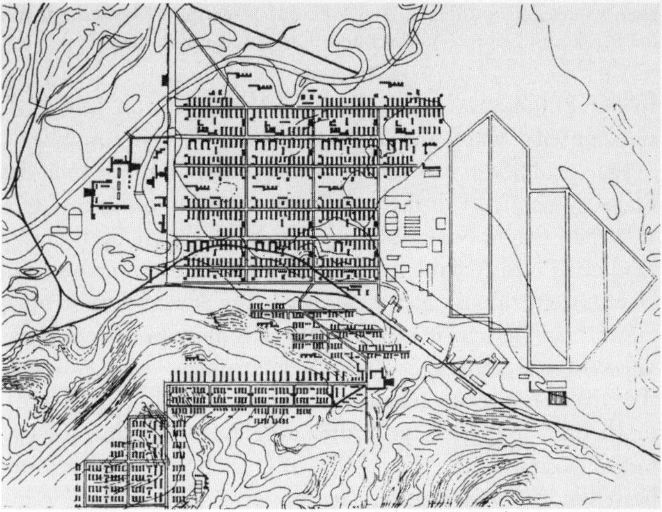

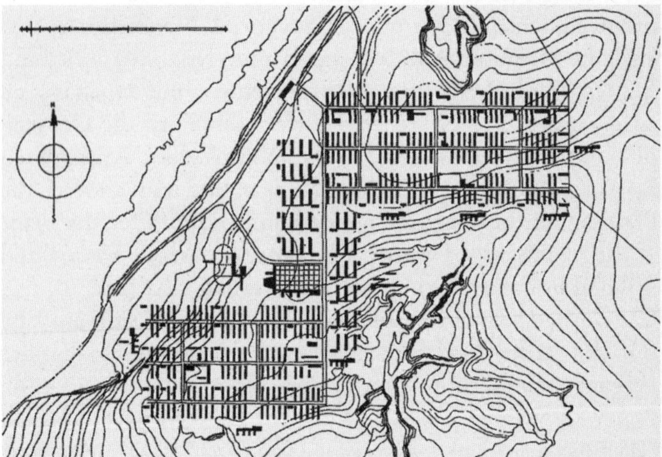

Abb. 14-17: Planungsschemata Ernst Mays für Kuzneck (2. Fassung, April/Mai 1931), Tyrgan, Ščeglovsk (Februar/März 1931) und Leninsk (im Uhrzeigersinn, beginnend links oben)

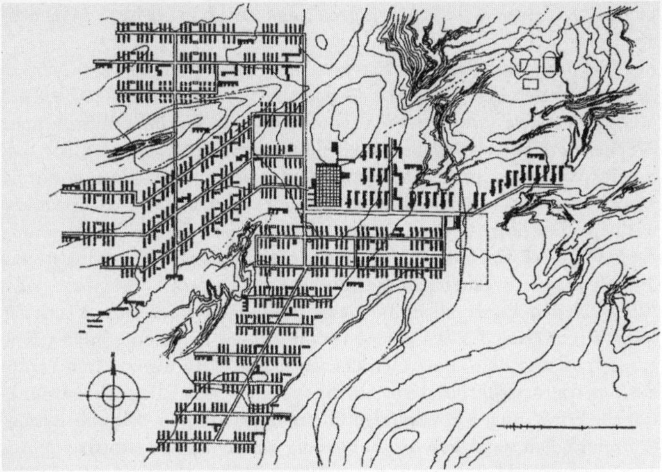

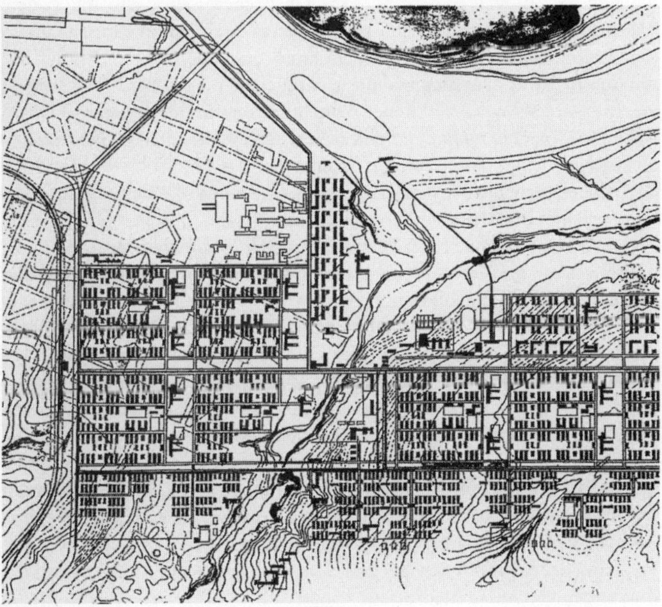

suche durch einen äußerlichen Formalismus ernsthaft beeinträchtigt wurden.
Zur Gesamtorganisation des Planes wäre festzustellen, daß die Quartaleinheiten wesentlich zu klein sind und auf mindestens 8 bis 10 Tausend Menschen zugeschnitten werden sollten. Die vom Nordufer über die neue Brücke einmündende Hauptaufschließungsstraße ist unorganisch. Sie zielt auf der Südseite auf die Nord-Ostecke der neuen Stadt hin und durchschneidet in rücksichtsloser Weise die Stadt diagonal, ohne auf irgendein wichtiges Ziel hinzusteuern. Ebenso unglücklich ist die Durchschneidung der Stadt durch die senkrecht zur ersten geführten zweite Diagonalstraße, die offenbar bezwecken soll die Spinnerei neben dem Sibkombain [russ. Abk. nach dem Engl.: Sibcombine – sibirische Mähdrescherfabrik] mit der südlich gelagerten Textilfabrik zu verbinden. Die Aufnahme solcher Diagonalstraßen erfolgte im Amerikanischen Städtebau der zweiten Hälfte des vergangenen Jahrhunderts, um die dort ohne jede Rücksicht auf funktionelle Forderungen in Eile aufgeführten schematischen Schachbrettstädte nachträglich bezüglich des notwendig werdenden Diagonalverkehres zu verbessern. Man konnte zu grundlegenden Sanierungen der Städte nicht schreiten, weil in dem hochkapitalistischen Lande enorme Bodenwerte angewachsen waren und häufig darauf noch massive Hochbauten, die gleichfalls große Werte repräsentierten, erstanden waren. Infolgedessen durchschnitt man diagonal die Quartalelemente der Stadt und kam so zu einer Unzahl spitzwinklicher Bauplätze von minderwertiger Qualität. Babenkow machte nicht den Fehler, diese spitzwinklichen Geländestücke zu bebauen, sondern teilte sie als Grünflächen ein. Da aber diesen Grünflächen die elementarste Voraussetzung für eine wertvolle Benützung, nämlich die Lage abseits des Verkehrs oder seitwärts des Verkehrs fehlt, so sind sie rein formalistische Freiflächen, die dank der zahlreichen Straßen, die sie durchkreuzen und infolge des besonders im Sommer dort aufgewirbelten Schmutzes für die Bevölkerung so gut wie unbenutzbar sind. Im übrigen sind auch die Ost-Westlich verlaufenden Zentralgrünflächen unbefriedigend und für ihren Zweck nur beschränkt verwendbar, weil sie aller 200 Meter von Straßen nord-südlich gekreuzt werden.
Am Nordrande der Stadt ist eine ebenfalls in zu geringen Abständen zerschnittene Grünfläche angelegt, nördlich deren an 7 Stellen die Bahnlinie südlich der Industrie gekreuzt wird. Praktisch dürften 2 oder 3 Kreuzungen in Frage kommen. Es würde zu weit führen, die Kritik im einzelnen vorzuführen. Die beigefügte Skizze zeigt in ganz großem Umrisse, wie man die gerügten Mängel vermeiden und dabei den organischen Zusammenhang der Stadt mit den aus ihrer Lage sich ergebenden besonderen Bedingungen wesentlich verbessern könnte.«[94]

Für »eine positive Mitarbeit der Technischen Abteilung der Zekombank« schlug May vor, den mit den Örtlichkeiten vertrauten Ingenieur, der »uns an Ort und Stelle ebenfalls Aufklärungen gab«, mit fünf bis sechs weiteren Ingenieuren nach Moskau abzukommandieren«. Der bisherige Bearbeiter der Südstadt, Babenko, sollte ebenso einem Stab der Cekombank unterstellt werden und nach deren Direktive arbeiten. Wie schon für Novokuzneck und Ščeglovsk, so sollte auch in Novosibirsk, so May, eine Bauorganisation aus vier bis fünf Deutschen und zehn bis zwanzig russischen Hilfskräften in Nowosibirsk geschaffen werden.[95]

Ob es zur Zusammenarbeit mit Dmitrij E. Babenkov in der vorgeschlagenen Weise kam, ist unbekannt.[96] Sicher ist, daß Standartgorproekt später in Novosibirsk und mindestens auch in Novokuzneck Filialen unterhielt und gegenüber den örtlichen Baukombinaten weisungsbefugt war. Im Nachlaß von Werner Hebebrand findet sich das später erarbeitete Planschema für Novosibirsk. May und seine Kollegen konzentrierten sich zunächst auf die städtebauliche Figur und die kommunalen Einrichtungen. Die Wohnungsbauprojekte kamen dagegen zunächst von Gosproekt. Ein Vergleich der realisierten Bauten im 1. Quartal der Socgorod von Novosibirsk weist große Ähnlichkeiten mit den dreigeschossigen Zeilenbauten in Magnitogorsk und Novokuzneck sowie den viergeschossigen Bauten in Avtostroj, Magnitogorsk und Novokuzneck auf. Auf der Basis von Projekten sowjetischer Architekten (Gosproekt) entstanden, wurden sie spätestens mit der Integration von Gosproekt in den von May geleiteten Trust Standartgorproekt (April bis September 1931) auch von May und Kollegen begleitet und weiterentwickelt.

VII.
Magnitogorsk II (Februar bis Mai 1931)

Gerade aus Westsibirien zurück in Moskau, erfuhr May, daß sich die Diskussionen um die Planung von Magnitogorsk in seiner Abwesenheit zugespitzt hatten. Mays Mitarbeiter Walther Schulz berichtete darüber in seinem Brief vom 2. Mai 1931 aus Moskau:

»Mussten wir uns im Januar darauf bescheiden, im ersten Quartal 17000 Menschen unterzubringen, wird jetzt die Stadt aufs andere Ufer verlegt! Das Quartal war unter der Leitung von Stam begonnen, nun telegraphiert er, dass neue Schwierigkeiten nur den Bau von [Wohnungen für] 10000 Menschen zuliessen. Wir müssen darauf unsere Arbeit einstellen und warten auf Bescheid von May, der sofort hingereist ist. Dabei soll im Herbst alles bezogen sein! Wer entscheidet nun? Beide entgegengesetzte Parteien führen sachliche Gründe ins Feld, dabei geht aber das Gerücht, die geplanten Fabrikbauten würden zum Herbst nicht fertig. Würden nun die Wohnungen vorher bezogen, so gäbe es eine Katastrophe für die Fabrikbauer.«[97]

Zu den bereits eingebrachten Argumenten gegen das linke Ufer (begrenztes Stadtwachstum auf dem linken Ufer, Notwendigkeit der Eisenbahnerschließung durch eine Zweigbahn) und gegen das rechte Ufer (Notwendigkeit der Errichtung von Dämmen/Brücken über den Stausee, Schaffung eines schienengebundenen Transportes der Arbeitskräfte) wurden inzwischen auch die bisher ungenügend berücksichtigten Windverhältnisse als Argumente für den Bau auf dem rechtsseitigen Ufer angeführt. Der Vorsitzende des Stadtsowjets N. Makarov befürchtete beim Bau der linksseitigen Variante, daß die Stadt dann ewig im Rauch stehen würde. Die Plankommission des Ural präferierte daher erneut das rechte Ufer. Das Exekutivkomitee des Gebiets schloß sich dem mit Beschluß vom 7. Februar 1931 an, sah aber ebenso die Notwendigkeit der Errichtung einer linksseitigen Arbeitersiedlung zur Inbetriebnahme des metallurgischen Kombinats. Im wissenschaftlich-technischen Rat der Hauptverwaltung für Kommunalwirtschaft des NKVD der RSFSR wurde die Debatte am 10. März 1931 fortgeführt, mit dem Vorschlag zur Errichtung von Magnitogorsk auf beiden Ufern des Ural, mit je 80000 Einwohnern. Nach teils heftigen Debatten[98] sprach sich der Expertenrat am 10. März für das rechte Ufer aus. Der Beschluß wurde am 16. März vom Kollegium der Hauptverwaltung der Kommunalwirtschaft des NKVD der RSFSR und am 20. März vom Rat der Volkskommissare der RSFSR bestätigt.[99]

Dies war der Hintergrund für Mays Reise nach Magnitogorsk, über die gleichwohl recht wenig bekannt ist.[100] Den Moskauer Akten nach wandte sich Luganovskij am 25. März 1931 dringlich an den Stellvertretenden Vorsitzenden des Rates der Volkskommissare, Jan Rudzutak.[101] Darin protestierte er gegen die Rücknahme der Entscheidung der Regierungskommission durch das Uraler Gebietsexekutivkomitee und schildert die absehbaren Verzögerungen einer erneuten Standortdebatte.[102] Zwei Tage nach dieser Intervention wurde eine gemeinsame Beratung der Hauptverwaltung für Kommunalwirtschaft, von Magnitstroj, der Cekombank und den beiden Projektorganisationen (Mays Projektierungsbüro bei der Cekombank und Giprogor) angesetzt, an der auch May teilnahm. Im Ergebnis erklärten sich die teilnehmenden Parteien damit einverstanden, daß auf dem linken Ufer Wohnungen für 20000 Arbeiter bis zur Inbetriebnahme des Werkes durch die Verwendung vereinfachter, billiger und möglichst standardisierter Bauten entstehen sollten. Über die Lokalisierung der Siedlung und deren Ausstattung mit kommunalen Einrichtungen sollte aber Magnitostroj selbst entscheiden. Der Bautrust sollte demnach unverzüglich ein Planungsschema für das rechte Ufer entwerfen, nach dessen Diskussion einen Monat später der zukünftige Standort der Stadt endgültig entschieden werden sollte.[103] Doch der Volkswirtschaftsrat der UdSSR lehnte diesen Beschluß kategorisch ab und zwang den Rat der Volkskommissare der RSFSR dazu, die Empfehlungen der Regierungskommission, die sich für das linke Ufer ausgesprochen hatte, anzunehmen und in Beschlüsse umzusetzen. Die Unionsregierung (der Rat der Volkskommissare der UdSSR) sanktionierte dies tags darauf durch Beschluß vom 28. Mai 1931.[104] Luganovskij und May hatten sich erneut durchgesetzt.

VIII.
Bericht in Berlin (Juni 1931)

Mit diesem Sieg im Rücken fuhr Ernst May zum CIAM-Kongreß nach Berlin und hielt am 5. Juni 1931 im überfüllten Saal des ehemaligen Preußischen Herrenhauses seinen berühmten Vortrag »Der Bau großer Städte in der U.d.S.S.R.«.[105] Dem Vortrag gingen Begrüßungen der Architekten Victor Bourgeois (Belgien), Cornelis van Eesteren (Holland) und Walter Gropius voraus. Die Resonanz auf diesen Vortrag, das belegen die Texte von Siegfried Kracauer und Martin Wagner, muß außerordentlich positiv gewesen sein. Kracauer berichtete in der *Frankfurter Zeitung*: »Das Publikum, das zum Teil aus Fachleuten bestand, folgte mit angespannter Aufmerksamkeit dem durch Lichtbilder unterstützten Vortrag, der wirklich einen Begriff von den Gedanken- und Arbeitsprozessen im heutigen Rußland vermittelte.« Wenn auch manches auf europäische Verhältnisse nicht übertragbar sein werde, »so zeigte er doch nicht minder deutlich, daß der ungeheure russische Systementwurf zu haltbaren Konstruktionen führt«.[106]
Noch euphorischer formulierte es Berlins Stadtbaurat Martin Wagner:

»Ironie des Schicksals: an dem gleichen Tage, an dem mehr als 1000 Städtebauer nach 5tägiger Schauobduktion an der Leiche der europäischen

Stadtkörper ihre Schlußsitzung abhielten und ihr ohnmächtiges ›wir können es nicht‹ und ›wir sind so klug als wie zuvor‹ hersagten, hielt Stadtbaurat a. D. *Ernst May* im Kreis junger begeisterter Architekten und neugieriger Bauunternehmer sein großes Referat über die *Probleme des russischen Städtebaus*. Die von May gezeigten Pläne, seine mündlichen Erläuterungen, die Form seines Vortrages, seine ungebrochene und frische Geistigkeit hätten allein wohl nicht ausgereicht, um die aus der Zuhörerschaft herausströmende Begeisterung und die über dem ganzen Sale des ›Herrenhauses‹ lagernde freudige Erregung und innere Spannung zu erzeugen. Die Jugend vom Bau fühlte instinktiv, daß von Rußland ein neues Leben ausgeht, daß dort Möglichkeiten wachsen und Erfüllung reifen, daß sich die Schöpferfreude des Städtebauers, von allen Fesseln der Besitzgrenzen und des privaten *Eigennutzes* befreit, *voll ausleben* kann. Und diese Vorfreude auf Kommendes, dieses Gliederrecken nach verquälter Arbeit, dieses Einströmen durchsonnter Luft in einen verdunkelten und muffigen Arbeitsraum – das war es, was den Vortrag von May den Berlinern zu einem *Ereignis* machte.«[107]

Es erscheint paradox: Wohl zu keinem Zeitpunkt seiner Tätigkeit in der Sowjetunion dürfte sich May so mit seiner Arbeit identifiziert haben wie während seines Vortrages in Berlin. Er hatte die größte städtebauliche Herausforderung gefunden und schien sie bewältigen zu können. Und er fand die begeisterte Zustimmung des Internationalen Kongresses für Neues Bauen. Die damals vor ihm stehende Perspektive deutete May in Berlin bereits an: »Nach dem Vorgesagten werden Sie verstehen, was es bedeutet, die Aufgabe zu organisieren, die *gegenwärtig auf Beschluß des Rats der Volkskommissare und auf persönliche Initiative Stalins hin unter meiner technischen Oberleitung durchgeführt wird, die Ansiedlung von 700 000 Arbeitern mit Familien bis 31. Dezember des Jahres.*«[108]

IX. Von der Cekombank zu Sojuzstandartžilstroj (April bis September 1931)

Bereits am 1. April 1931 war die lange avisierte Organisationsform Sojuzstandartžilstroj[109] unter Leitung von Jakov Šmidt[110] geschaffen worden, in die das Projektierungs- und Planungsbüro der Cekombank, Gosproekt 2 (Staatsprojektierungsbüro für Zivilbauten), Novstromtrust und Sojuzstrojmaterial (zwei Trusts für Baumaterialien), der Trust Standardhaus, die Vereinigung der Unionsholzindustrie, Standartžilstroj (Trust für die Herstellung und den Absatz standardisierter Bauelemente), der Trust Novostroj und ein Werk für Holzverschalungen eingingen. May war als Chefingenieur Vorstandsmitglied der neuen staatlichen Vereinigung. Anfang Mai 1931 berichtete Walther Schulz über diese Veränderung der Arbeitsstrukturen:

»Seit 14 Tagen haben wir die Zekombank verlassen und sind bei Orchonikidzes Organ WSHX [gemeint ist der Oberste Volkswirtschaftsrat der UdSSR] gelandet. Dieses Volkswirtschaftsministerium hat eine Behörde Sojus Standardgilstroi, zu deutsch A. G. für Normenwohnungsbau. Ihr Leiter ist der von uns wohlgeschätzte Vorsteher von Magnitogorsk, und *May ist als Hauptingenieur in den Vorstand gewählt worden*. So unterstehen ihm folgende Abteilungen: Projektbüro, Abteilung für Baustoffkunde und Normung, Abteilung für Bauausführung. Diese Abteilungen werden von Russen geleitet. Das Projektbüro gliedert sich in Städtebau (Leitung Schwagenscheidt), Hochbau (Leitung Schulz), Baustofffabriksbau (Leitung Hebebrand & Russe), Sanitär & Tiefbau (Leitung Lehmann), Kalkulation (Russe). Die Abteilung Hochbau gliedert sich wieder in Komplexbauten (Schulen, Kinderanstalten, Klubs, Bäder, Wäschereien pp.) und Wohnungsbau. // *Wir haben also im Gegensatz zu früher die Bauausführung völlig in der Hand. Die ganze Organisation ist noch im Wachsen begriffen und umfasst ein Personal von mehreren hundert Menschen.* Inwieweit sie besser ist als das seitherige konzentrierte Büro, bleibt abzuwarten.« [Hervorhebungen TF][111]

In einer späteren Darstellung brachte Schulz die Schaffung von Sojuzstandartžilstroj unmittelbar in Verbindung mit dem von May bereits in Berlin erwähnten Programm der Schaffung von 700 000 Quadratmetern Wohnfläche noch im Jahre 1931. Einerseits war der »gegnerische« Druck auf die Cekombank und die Monopolstellung des Projektbüros der Gruppe May gewachsen, andererseits konnte mit Sojuzstandartžilstroj nun endlich jene Organisationsstruktur verwirklicht werden, die mit May 1930 vertraglich vereinbart wurde:

»Die Gruppe May verließ nun im Frühjahr 1931 die Zekombank, weil die gegnerischen Einflüsse erreicht hatten, daß die Zekombank eine nur konsultierende Tätigkeit ausüben dürfe. Uns lag aber daran das Entworfene auch tatsächlich auszuführen, und diese Möglichkeit wurde uns bei dem Trust Sojusstandardjilstroi (Gesellschaft für Standardwohnungsbau) in Aussicht gestellt. [... Diese] Organisation (bot) durch ihre Struktur die Möglichkeit, Entwurf und Ausführung in einer Hand zu halten. Die Gesellschaft war nämlich eine Vereinigung, in deren Rahmen verschiedene Abteilungen – später wurden es selbständige Trusts – vereinigt waren, so eine Rationalisierungsabteilung zur Ausarbeitung neuer Konstruktionen, *eine Projektabteilung zur Anfertigung von Standardentwürfen, in welche die Gruppe May eingegliedert wurde,* eine Mechanisierungsabteilung, mehrere Ausführungsabteilungen und Fabriken zur Herstellung standardisierter Teile aus Holz und Beton. Der Umfang der Aufgaben geht aus der Tatsache hervor, daß allein im Jahr 1931 700 000 qm Wohnfläche bereitgestellt werden sollten!«[112]

Erst im zweiten Schritt wurde zum 1. September 1931 der Trust Standartgorproekt (Staatstrust zur Projektierung von Städten beim Volkswirtschaftsrat der UdSSR) im Rahmen von Sojuzstandartžilstroj gebildet.[113] Bisherige Darstellungen hatten sich immer nur auf die Umsetzung der Gruppe May von der Cekombank zu Standartgorproekt gestützt, die strategische Bedeutung der übergreifenden Vereinigung von Sojuzstandartžilstroj und der Rolle Mays als deren leitender Ingenieur aber vernachlässigt. Ich gehe davon aus, daß May bis zu seiner Degradierung am 5. Februar 1932 als Chefingenieur im

Vorstand der Vereinigung (Holding) von Sojuzstandartžilstroj tätig war und diese neben Jakov Šmidt leitete.[114]

Die Begriffe des »Standard-Wohnungsbaus« und der »Standardstadt«, die im Zusammenhang mit der sowjetischen Stadtplanung immer wieder Verwendung fanden und auf die die Bezeichnungen Sojuzstandartžilstroj und Standartgorproekt Bezug nehmen, bedürfen der Erläuterung. Wohl waren Ernst May und die anderen Protagonisten des Neuen Bauens der dreißiger Jahre strikte Anhänger der Standardisierung von Bauelementen und der Typisierung von Wohnungsgrundrissen, kommunalen Funktionsbauten und von Quartalsstrukturen. Standardisierung und Typisierung bezogen sich aber, zumindest vom Ansatz her, nie auf die Produkte selbst, auf das gebaute Haus, das errichtete Quartier oder gar auf die ganze Stadt. »Standardstadt« meint eine Produktionsweise neuer Städte für eine Gesellschaft tendenziell sozial Gleicher, unter Nutzung typisierter Projekte für Wohn- und Gemeinschaftsbauten und für Quartalsstrukturen. Die Berücksichtigung der topographischen, klimatischen und sozialen Gegebenheiten ließen für die uns bekannten Projekte neuer Städte Ernst Mays (etwa im Kuzbass) überaus charakteristische Generalpläne entstehen. Der serielle Charakter des Gebauten sagte auch für May und seine Mitarbeiter noch nichts über eine Standardisierung der es sich aneignenden und darin lebenden Menschen aus. Sie gingen davon aus, daß sich »standardisierte« architektonische Bauten stärker ihrer symbolischen Aufladung für symbolische soziale Distinktion entzogen als traditionelle Bauweisen. Die Durcharbeitung der tatsächlich dann realisierten Projekte für Magnitogorsk und Novokuzneck zeigt, daß May und Kollegen ihre typisierten Lösungen stets weiterentwickelt haben. In diesem Sinn ist der Begriff der Standard-Stadt hier keineswegs denunziatorisch gemeint.

Mit der Schaffung von Sojuzstandartžilstroj im Verlaufe des Jahres 1931 wurden viele neue Spezialisten aus Deutschland in die Arbeitsstrukturen integriert.[115] Dazu gehörten Personen, die May selbst ausgesucht hatte, und solche, die die sowjetische Handelsvertretung in Berlin nach Moskau vermittelt hatte. Zum Jahresende 1931 resümierte May zuversichtlich:

»In dem halben Jahre, das hinter uns liegt, haben wir unseren Apparat erheblich rationalisiert, wenn wir auch noch weit von reibungsloser Arbeit entfernt sind. [...] Die Parallelarbeit zahlreicher auf dem Gebiete des Städtebau- und Siedlungswesens tätigen Organisationen ist in energischer Weise abgebaut worden, die Aufgabenstellung bez. der Gesamt- und Einzelprobleme wesentlich geklärt. Immer schärfer ist auf Systematisierung der Arbeit hingearbeitet worden. Wohnungen, Verwaltungs- und Wirtschaftsbauten, Kindergärten, Schulen, Theater, Klubs und Kinos sind in typischen Projekten und verschiedenem Umfange durchgearbeitet, tabellarische Aufstellungen errechnet, die abzulesen gestatten, welche Gruppen von Standardbauten der vorgenannten Art innerhalb der Siedlungseinheiten kleineren und größeren Umfanges benötigt werden. Damit ist die rationelle Unterlage geschaffen für die systematische Projektierung der Unzahl von Städten und Siedlungen, die in kurzen Fristen zu projektieren und zu erbauen sind.«[116]

Für dieses Programm des »Abbaus der Parallelarbeit zahlreicher auf dem Gebiete des Städtebau- und Siedlungswesens tätigen Organisationen« hatte May Stalin persönlich gewinnen wollen. Am 7. September 1931 bat May Stalin in einem Brief um eine Audienz, um ihm seine Ideen zur Lösung der bisherigen Probleme im Städte- und Siedlungsbau zu präsentieren. Zu einer persönlichen Begegnung kam es offenbar nicht.[117] Man muß wohl davon ausgehen, daß May den Brief an Stalin nicht ohne Unterstützung ihm vertrauter Mitglieder des Obersten Volkswirtschaftsrates (VSNCh) geschrieben hat. Denn hinter den Kulissen war der Machtkampf zwischen dem VSNCh und dem NKVD (Leitung der Kommunalwirtschaft im Innenministerium), das heißt zwischen den Vertretern des Baus neuer Städte und den Vertretern der Umgestaltung bestehender Städte, und – weitgehend entsprechend – zwischen Modernisten und Traditionalisten weitergegangen. Die Kräf-

teverhältnisse begannen sich in dieser Zeit zuungunsten von May zu verschieben.
Noch auf dem Juniplenum des Zentralkomitees der KPdSU 1931 – nur kurze Zeit nach Mays Auftritt in Berlin – hatte sich Lazar' Kaganovič (Politbüromitglied und Moskauer Parteichef) zu Fragen des Städtebaus geäußert. Dabei hatte er eine Analogie gezogen zwischen den seiner Meinung nach gleichermaßen falschen Auffassungen vom baldigen Absterben des Staates im Zuge der sozialistischen Revolution und von der Auflösung der Städte. Scharf wandte er sich gegen Sabsovič und dessen Vorstellungen von Kommune-Häusern für zwei- bis dreitausend Menschen sowie gegen Miljutin, der für Moskau die Begrenzung der Einwohnerzahl auf eineinhalb bis zwei Millionen gefordert hatte. Während ›linke‹ Gruppierungen innerhalb der Partei in der Entwicklung einer sozialistischen Lebensweise die Gewähr für die Überwindung des gegenwärtigen staatskapitalistischen Charakters der Produktionsverhältnisse sahen und deshalb für Wohnkommunen eintraten, waren ›rechte‹ Gruppierungen der Meinung, daß sich der Klassenkampf nach der Revolution abschwächen sollte und eine wirtschaftlich balancierte Entwicklung anzustreben sei. Letzteren gegenüber vertrat Kaganovič die Position, daß »unsere Städte ihrem sozialen, politischen Wesen und ihrer Richtung nach, entsprechend den herrschenden Produktionsverhältnissen, proletarische, sozialistische Städte *sind* ...«[118] Die Industrialisierung lasse kleine Städte schneller wachsen als bestehende große, und neue Städte entstünden im raschem Tempo. »Wir schreiten zu einer Aufhebung des Gegensatzes von Stadt und Land nicht auf Grund einer Liquidierung der Städte, sondern auf Grund ihrer Umformung, auf Grund der sozialistischen Umgestaltung des Dorfes und seines Aufstiegs auf das Niveau der fortschrittlichen städtischen Kultur.«[119]
Alle diese Thesen hätte auch May unterstützen können, zum Teil benutzte er in seinem Berliner Vortrag dieselben Lenin-

Zitate (über die Öde des Landlebens). Auch der folgenden Forderung Kaganovič' stellten sich May und seine Kollegen konstruktiv:

»Wir stehen jetzt vor der Hauptaufgabe – wir müssen dem Arbeiter eine Wohnung geben. Wir müssen aber auch jetzt schon Häuser bauen, die als Vorbild für eine neue Lebensweise dienen können. Genauso wie wir solche Riesenwerke wie Magnitogorsk und gleichzeitig auch kleinere Hüttenwerke bauen, genauso müssen wir zu gleicher Zeit verbilligte Standardhäuser zur Linderung der krassen Wohnungsnot der Arbeiter und andererseits Häuser bauen, die mit den letzten Errungenschaften der Technik ausgestattet und mit entsprechenden öffentlichen Einrichtungen (wie Kinderkrippen, Kindergärten, Speisehäuser, Waschanstalten usw.) versehen sind.«[120]

Die Rede von Kaganovič führte zu einem breiteren Interesse der politischen Entscheidungsträger und in den Medien an Fragen des Städtebaus. Kaganovič zielte gleichwohl mit seiner Rede mit Blick auf die innersowjetische politische Auseinandersetzung auf einen Ausgleich der Positionen. Zum »Scheitelpunkt der Wende im sowjetischen Städtebau«,[121] der Wende vom Neuen Bauen zum »Städtebau im Schatten Stalins«,[122] wurden Kaganovič' Ausführungen erst in Verbindung mit Stalins Rede vom 23. Juni 1931, die den Titel »Neue Verhältnisse – neue Aufgaben des wirtschaftlichen Aufbaus« trug. Darin hatte Stalin angesichts der katastrophalen Fluktuation der qualifizierten Arbeitskräfte gegen die angebliche Gleichmacherei im Tarifsystem polemisiert und eine Verbesserung der Versorgung und der Wohnverhältnisse für die »führenden« Arbeitergruppen gefordert.[123]
Die Orientierung auf die Schaffung von Aufstiegsperspektiven für qualifizierte Arbeiter und deren Bindung in Stammbelegschaften führte ab Mitte 1931 allmählich zu einer sozialen und ästhetischen Entkopplung des standardisierten Massenwohnungsbaus vom gehobenen Wohnungsbau für die Funktionselite in den Städten. Hatte das Neue Bauen soziale Unter-

schiede zwar nicht aufheben können, aber durch Standardisierung und Typisierung, das heißt durch Ausdruck im selben Material, mildern können, sollten nun wieder traditionelle Ausdrucksweisen des Reichtums mobilisiert werden, um soziale Differenz auszudrücken und zu verstärken.

X.
Novokuzneck (1931-1933)

In der Kuzbass-Region konzentrierte sich die Tätigkeit von Ernst May und Standartgorproekt auf Kuzneck.[124] Zu Unrecht traten in bisherigen Darstellungen zu Mays Tätigkeit in der Sowjetunion die Planungen und Bauprojekte für Kuzneck hinter Magnitogorsk zurück. Ging es bei Magnitogorsk vordergründig um die Frage nach dem richtigen Standort der Socgorod (linkes oder rechtes Ufer des Ural), so lassen sich für Kuzneck die städtebaulichen und architektonischen Debatten, an denen May direkt oder indirekt beteiligt war, und der stalinistische Paradigmenwechsel der Baupolitik ab Mitte 1931 gut nachzeichnen. Überdies bietet die Stadt mehrere Generationen von Wohnungsbautypen, deren Entwicklung in die Zeit der Tätigkeit Mays fällt, sowie eine große Zahl ambitionierter kommunaler Bauten.

Als Ernst May im Februar nach Kuzneck kam, hatte er sich mit den Ergebnissen eines städtebaulichen Wettbewerbes auseinanderzusetzen, der im März/April 1930 vom lokalen Bautrust Kuzneckstroj ausgeschrieben worden war und die Ausarbeitung eines Schemas des Generalplans sowie von Wohnungstypen zur Aufgabe gestellt hatte. Entsprechend der damaligen Orientierung dominierten Entwürfe mit Wohnkombinaten und Kommune-Häusern.[125] Städtebaulich wirkten frühere Entwürfe – der Gartenstadtentwurf von 1917[126] und die radiale Planung mit einer auf das Werk ausgerichteten Achse von 1928 (Abbildung 18) – fort. Als beste der sechs

vorgestellten Projekte wurden das der Vesnin-Brüder (Abbildung 19) und das von Gosproekt betrachtet.
In seinem Bericht vom 18. Februar 1931 kritisierte May die vorgefundene Planung mit dominierenden Wohnkombinaten und Kommune-Häusern. Spitzwinklig zur bereits begonnenen Bebauung sei »die imperialistische Idee« einer mehrere Kilometer langen »Monumentalstraße« verfolgt worden, die keine Rücksicht auf die von May vertretene Nord-Süd-Orientierung der Wohnbauten nahm. Er forderte daher unter anderem ein Abknicken der Magistrale. Das Stadtzentrum sollte seiner Vorstellung nach »in Verlängerungen der die Stadt von Osten nach Westen durchziehenden Zentralgrünfläche« gebildet werden. »Hier sollen in landschaftlich besonders begünstigter Lage die Hochschule, ein Technikum sowie das sozialistische Zentrum der Stadt mit Sowjetgebäude, Gewerkschaftshaus, Volkshaus der Kultur, Zentraltheater usw. untergebracht werden«.[127]
Mit dem Bau der später so sehr kritisierten und May zugeschriebenen Zeilenbauten der ersten Generation war schon vor seiner Ankunft in Kuzneck begonnen worden.[128] May hatte diese bereits begonnenen Bauten einfach in seinen Generalplan übernommen, zumal er nur zu gern an die Nord-Süd-Orientierung dieser ersten Bauten anknüpfte. Der Generalplan Mays für Kuzneck war zunächst für 83 000 Einwohner konzipiert worden und wurde bereits am 5. März 1931 in der Gebietsplankommission erörtert und dort im Mai 1931 bestätigt (Abbildung 20).[129] Der von May in *Das Neue Frankfurt* (7/1931) veröffentlichte Generalplan (Abbildung 14) sah dagegen mit dem stärkeren Ausbau der Südstadt bereits eine größere Einwohnerzahl vor. Mit seinem Plan von 1932 (Abbildung 21) konnte sich May dann jedoch nicht mehr durchsetzen. Den Kampf gegen die »imperialistische Monumentalachse« zwischen dem Werk und dem Bahnhof verlor May, wenn jetzt auch keine Kommune-Häuser, sondern Wohnpaläste dort stehen. Die nach Mays Weggang von seinen frühe-

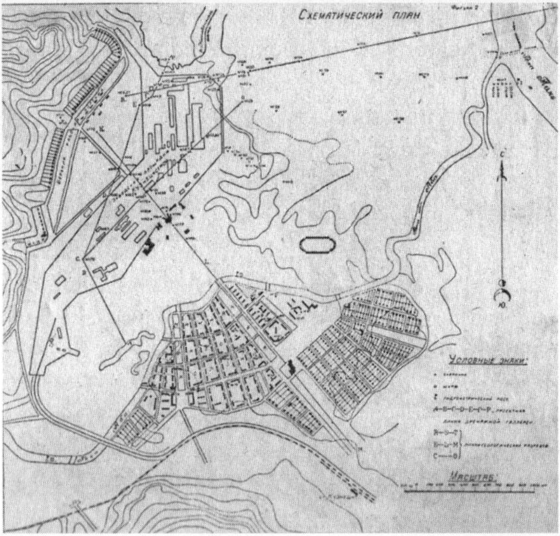

Abb. 18: Planungsschema für Kuzneck (1928): axiale Ausrichtung der Wohnsiedlung auf das Werk

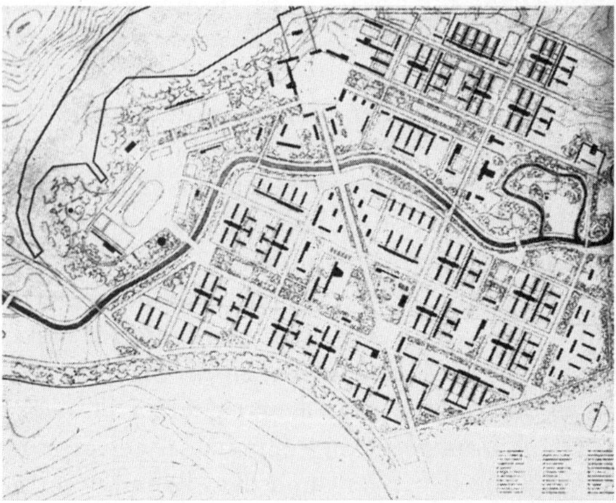

Abb. 19: Entwurf der Vesnin-Brüder Leonid und Alexander für Wohnkombinate (Großwohneinheiten) mit Kommune-Häusern (1930)

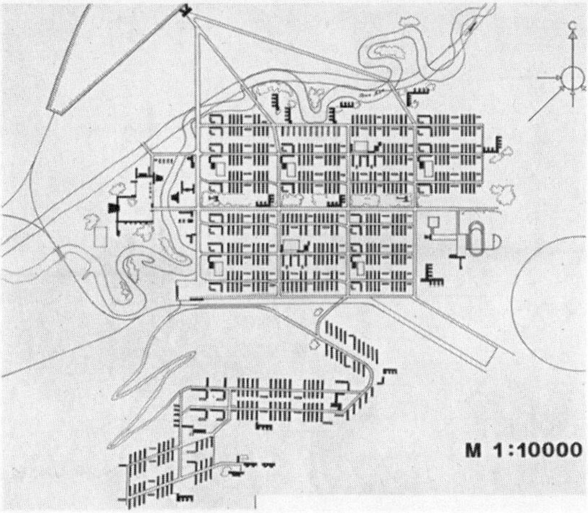

Abb. 20: Planungsschema Ernst Mays für Kuzneck (1. Fassung, Februar/ März 1931, nach Süden abgeknickte Magistrale zum Werk)

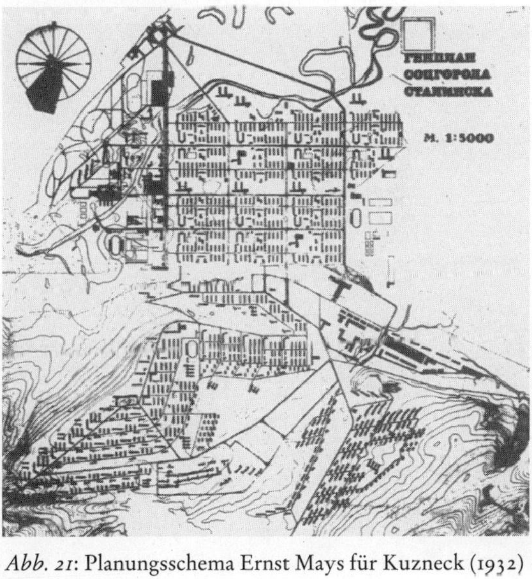

Abb. 21: Planungsschema Ernst Mays für Kuzneck (1932)

Дома соцгорода: № 29, 27, 25, 23, 21.

Abb. 22-24: Drei Generationen von Wohnbauten in Novokuzneck (1930, 1931/32 und 1932/34)

ren russischen Mitarbeitern A. S. Smolickij, L. M. Bukalova und I. S. Gurevič zwischen 1934 und 1936 entworfene Planung nahm genau diese große Achse zwischen dem Werk und dem Bahnhof auf und spiegelte sie in das schon im Wettbewerb 1930 von Gosproekt entworfene gleichseitige Dreieck, das heute vollständig den Stadtplan dominiert. Der offene Städtebau wird schamvoll hinter straßenbegleitender Wohnbebauung versteckt, die spitzwinkligen Bauflächen beugen sich nur mühsam der geometrischen Großfigur.
Die eigentliche Entdeckung im heutigen Novokuzneck sind die drei Generationen von Wohnbauten und die kommunalen Einrichtungen aus der Zeit Anfang der dreißiger Jahre. Die ersten dreigeschossigen Wohnbauten (1930) von Gosproekt (die sich auch in Novosibirsk finden) waren zunächst unverputzt. Eine nächste Generation unverputzter, viergeschossiger Wohnbauten (1931/32) zeigt große Ähnlichkeit mit Wohnbauten in Avtostroj, Novosibirsk und Magnito-

gorsk. Die dritte Generation der Wohnbauten (1932-1934) der Ära May hält zweifellos jedem zeitgenössischen europäischen Vergleich stand. So läßt sich in Novokuzneck eine mit Ernst May verbundene bemerkenswerte Entwicklung des sowjetischen Wohnungsbaus zwischen den Jahren 1930 und 1934 besichtigen (Abbildung 22-24).

Ebenso charakteristisch sind die damals errichteten Kommunalbauten. Mit großer Sicherheit stammt der »Kindergarten Nr. 1« von Margarete Schütte-Lihotzky. (Abbildung auf S. 20 oben) Die Autorschaft von Wilhelm Schütte für die Schulbauten in Kuzneck kann dagegen nur vermutet werden, ungeklärt ist sie bei der kommunalen Wäscherei (Abbildung auf S. 21 oben) und der Badeanstalt. Das Problem der Zuordnung hängt weniger mit dem kollektiven Produktionsprozeß und der Verwendung von »Standardprojekten« zusammen als vielmehr mit der späteren stalinistischen Verdrängung des Wirkens der internationalen Spezialisten, speziell der »Gruppe May«. Noch heute werden in russischen Publikationen als Autoren des Palastes der Kultur und Technik in Novokuzneck E. Umanskij und K. Licher und das Baujahr 1936 genannt.[130] In seinen Erinnerungen offenbarte dagegen Gerhard Kosel, der damals bei Kuzneckstroj als Bauleiter tätig war, daß das Kulturhaus von Mays Mitarbeiter Wilhelm Schütte entworfen, 1934 als Rohbau realisiert und vom Architekten Umanskij und ihm später nur umgeplant wurde.[131] Für die Bauforschung hat die Suche nach jenen realisierten Typenbauten, die May Ende 1931 in seinem Aufsatz »Städtebau in der Sowjetunion« erwähnte (»Wohnungen, Verwaltungs- und Wirtschaftsbauten, Kindergärten, Schulen, Theater, Klubs und Kinos«[132]), gerade erst begonnen.

In Novokuzneck finden sich heute an den Bauten bizarre Formen der Dekoration. Das von russischer Seite ebenfalls Gerhard Kosel zugeschriebene Kuznecker Kino *Kommunar* aus dem Jahre 1932[133] (Abbildung 26) stammt gewiß nicht von

Abb. 25: Kino *Metallist* in Novosibirsk (1931/32)

Abb. 26: Kino *Kommunar* in Novokuzneck (umdekoriert 1932)

ihm, er dürfte es wahrscheinlich lediglich seines konstruktivistischen Charakters beraubt haben. Kosel erwähnt es in seinen Erinnerungen nicht. Tatsächlich handelt es sich um einen Typenbau, der auch heute noch in Novosibirsk zu finden ist, offensichtlich ein »Standardprojekt« (Abbildung 25).
Absurd auch die nachträgliche »Verschönerungsaktion« der dreigeschossigen Wohnbauten der ersten Generation. Obgleich große Teile der Bevölkerung weiterhin in Baracken lebten, wurde 1932/1933 viel Mühe darauf verwandt, die bereits bewohnten Typenbauten mit Säulendekor zu versehen. Jedoch reichte die Kraft nicht zu einer durchgehenden Umgestaltung. Nach dem Krieg wurden die Häuser teilweise aufgestockt, die Scheinsäulen trugen nun auch symbolisch kein Dach mehr. So sind diese Bauten von Gosproekt mit ihren charakteristischen Veränderungen ein für den Kundigen lesbares Buch der Wendungen im sowjetischen Städtebau.
Zweifellos war es für Ernst May vor diesem Hintergrund bitter, daß ihm von der sowjetischen Propaganda gerade die heftig kritisierte erste Generation von Zeilenbauten mit ihren fensterlosen Giebeln zugeschrieben, nicht aber die unter seiner Leitung von Standartgorproekt vorgenommene funktionelle und ästhetische Qualifizierung gewürdigt wurde.[134]
Die radikale Änderung der Vorstellung von der sozialistischen Stadt in der Sowjetunion ab Anfang der dreißiger Jahre kann nur begrenzt auf eine (zum Teil berechtigte) Kritik an der städtebaulichen Moderne zurückgeführt werden. Insbesondere geht die Kritik an den vermeintlich fehlenden Stadtzentren ins Leere, waren diese in Mays Plänen doch stets enthalten, allerdings verzögerte sich deren Realisierung. Vielfach wurden diese einige Zeit später genau mit jenen nun nur dekorierten Typenprojekten für gesellschaftliche Einrichtungen an den bereits vorgesehenen Orten errichtet, nicht mehr aber mit May in Verbindung gebracht. Der kulturelle und gesellschaftliche Wandel gründete nicht in den Mängeln des

Neuen Bauens, er hatte tiefere Ursachen: An die Stelle der Idee der sozialen Gleichheit und der seriellen Ästhetik traten ästhetisch-kompositorische Fragen der Schaffung prächtiger städtebaulicher Ensembles und damit die Repräsentation neuer hierarchischer sozialer und ästhetischer Ordnungen – in tradierten Formen. Leitprojekte waren nicht mehr die Socgorods, sondern repräsentative zentrale Institutionen und die Wohnbauten »gehobenen Typs« in der Stadtmitte für die Nomenklatura (Partei- und Staatsfunktionäre, Betriebseliten und Bestarbeiter). Die Unterproduktion in den sozialräumlichen und funktionellen Beziehungen wurde überkompensiert durch eine Überproduktion am besonderen Gegenstand. Statt der Konzepte von »Haus und Landschaft« und »funktioneller Stadt« lebten nun erneut die überkommenen Vorstellungen von »Palast und Hütten« sowie von repräsentativem Stadt-»Zentrum« und Arbeits-»Peripherie« (Lager) auf. Ist die Bau-, Kultur- und Gesellschaftsgeschichte der Sowjetunion in Magnitogorsk auf die verschiedenen Stadtteile (Quartale) räumlich verteilt, überlagern sich in Novokuzneck die Schichten dieser Geschichte.

XI.
Socgorod Avtostroj bei Nižnij Novgorod (September 1931-1933)

Spätestens mit der Übertragung der Planungsaufgabe an Standartgorproekt im September 1931 übernahm May auch die verantwortliche Leitung der Generalplanung und der Projektierung der kommunalen Einrichtungen in der sozialistischen Autostadt, dem »sowjetischen Detroit«. Erste Planungen für die Wohnstadt der Automobilarbeiter gehen auf die Austin Company aus dem Jahr 1929 (Architekt Frank Crosby) zurück. Wegen ungenügender Berücksichtigung der angestrebten »Vergesellschaftung der Lebensweise« (Konzept der Kom-

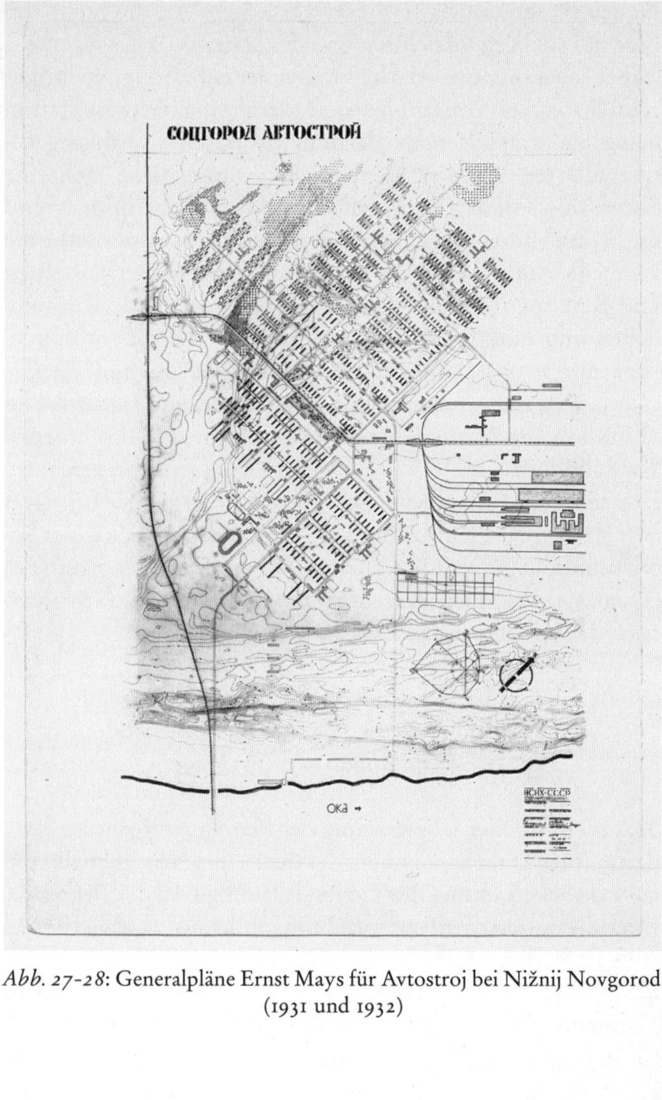

Abb. 27-28: Generalpläne Ernst Mays für Avtostroj bei Nižnij Novgorod (1931 und 1932)

Река
автострой
генплан М. 1:5000

Abb. 29-32: Socgorod Avtostroj – Standardhäuser aus Holz (1931): viergeschossige Wohnbauten, vorn mit Mittelgangerschließung, hinten Mehrsektionshäuser; dreigeschossige Wohnbauten; Schule (vermutlich Wilhelm Schütte, 1932)

Авто-Завод. Соцгород
г.Горький.

Пристроенные к школе Ф.З.У здания мастерски
физкультзал. Соцгород-гиз №271.

mune-Häuser) wurde durch die Allunions-Auto-Traktoren-Vereinigung (VATO) Ende 1929 ein beschränkter Wettbewerb durchgeführt, an dem sich auch die Cekombank und Austin beteiligten. Die Jury empfahl dann im März 1930 den Entwurf von Arkadij G. Mordvinov und der Moskauer Technischen Hochschule zur Ausführung. Im Frühjahr 1930 erfolgte eine Überarbeitung der Kommune-Häuser und des Generalplans durch den Architekten Abraham Silbert, vermutlich im Auftrag von VATO und Cekombank und in Abstimmung mit Austin. Die ersten 30 Gebäude des 1. Quartals entstanden zwischen Juni und Dezember 1930: zehn Gebäude als Kommune-Häuser mit Mittelgangerschließung der Wohnzellen und gedeckten Übergängen zwischen den Häusern zu den gesellschaftlichen Einrichtungen, die restlichen waren nach der Abkehr von der alleinigen Orientierung auf Kommune-Häuser doch »amerikanischen« Typs (Dreispänner mit Individualwohnungen). Beide Haustypen wurden anfangs auch mit amerikanischer Hilfe errichtet.

Der Generalplan 1931 mußte geändert werden, da wegen der akuten Wohnungsnot beschlossen wurde, nicht weniger als 300 zweigeschossige Holzhäuser zu errichten, allein 1931 wurden daraufhin 150 dieser Gebäude erstellt. Die Projektierung erfolgte in Zusammenarbeit von Standartgorproekt und Avtostroj. Nur vermutet werden kann, daß May und Standartgorproekt an der Errichtung der restlichen 30 Wohnhäuser des zweiten Quartals (1931-1934) beteiligt waren. Historische Fotos zeigen mittlerweile nicht mehr existente dreigeschossige Wohnbauten, die typologisch der Gruppe May zugeordnet werden könnten. Sie weisen Ähnlichkeiten mit den Bauten in Magnitogorsk und in Orsk auf, wurden in Avtostroj allerdings später – ebenso wie die Holz-Standard-Häuser – für die nördliche repräsentative Erweiterung der Wohnstadt abgerissen (Abbildung 29-31).

Die beiden im Nachlaß Mays in Kopie erhalten gebliebe-

nen Generalpläne stammen offenbar aus den Jahren 1931 und 1932 (Abbildung 27-28).
Den kommunalen Einrichtungen (Schulen, Kindergärten, Kulturhaus und Polikliniken) in der Socgorod Avtostroj liegen ganz offenbar Typenprojekte zugrunde, deren Chiffren sich auch in anderen Generalplänen Mays finden lassen. Die im ersten Quartal errichtete Schule zeigt Ähnlichkeiten mit Wilhelm Schüttes Magnitogorsker Bau (Abbildung 32). Archivfunde lassen ein »Magnitogorsker« Schulprojekt vermuten. Ungeklärt ist auch die Beteiligung von Standartgorproekt an den beiden Polikliniken, der Küchenfabrik, der Großbäckerei, dem Feuerwehrdepot und dem Badehaus.

XII.
Magnitogorsk III (1931/32)

Kann die Geschichte der städtebaulichen Planungen für Magnitogorsk mittlerweile in groben Zügen umrissen werden, liegt hinsichtlich der Baugeschichte noch immer viel im dunkeln. Einen Anhaltspunkt gibt das von Stephen Kotkin[135] veröffentlichte Luftbild aus dem Winter 1931/32 (Abbildung 33). Die imposante, das Quartal zentrierende Schule von Wilhelm Schütte entstand zur gleichen Zeit wie die viergeschossigen Wohnbauten in der Uliza Pionerskaja (Entwurf von Gosproekt), während die dreigeschossigen Wohnzeilen erst später folgten. Dieser erste, in großen Teilen realisierte Bauabschnitt ist im Entwurf mit der Grünplanung von Ulrich Wolf aus dem Jahre 1932 (Abbildung 34) gut zu erkennen. Die Schule weist mit ihren beiden versetzten Flügeln einen raffinierten Grundriß auf, der die Aula mit ihrem eigenen Baukörper quer zu den Schulfluren markant akzentuiert und jenen »Magnitogorsker« Schultyp prägt, der sich auch in anderen Städten findet (Abbildung 35-36). Die Kindereinrichtungen von Margarete Schütte-Lihotzky sind nicht erhalten.

Die historischen Aufnahmen der dreigeschossigen Wohnzeilen von Standartgorproekt in Magnitogorsk zeigen die gegenüber den ersten Wohnbauten von Gosproekt in Kuzneck gewonnene Qualität, die allerdings bei späteren Sanierungen und Umbauten weitgehend verlorenging (Abbildung 37-38).
Die Spezifikation zum Bebauungsplan vom 10. Januar 1932 (siehe Abbildung S. 12-13) benennt folgende Differenzierung der 26 Dreigeschosser: 5 Gebäude Typ INV (Individualwohnungen), 18 Gebäude Typ INKO-A (individuell/kollektiv) und 3 Gebäude Typ INKO-A (individuell/kollektiv) mit Korridor. Die viergeschossigen Wohnbauten in Magnitogorsk, die in vielen Punkten den Bauten in Avtostroj, Novosibirsk und Novokuzneck ähneln und nach Fedosichin[136] auf Černyšev (Gosproekt) zurückgehen (siehe Abbildung 14-15), wurden von May für die nächsten Quartale nicht mehr vorgesehen.

XIII.
Das Krisenjahr 1932. Die Degradierung Mays

Die brutale Kollektivierung der Landwirtschaft hatte in der Sowjetunion 1931 eine gewaltige Binnenmigration ausgelöst, insbesondere in die neuen Zentren der Schwerindustrie, die zwar Arbeitskräfte benötigten, sie aber kaum aufzunehmen vermochten. Zu der dadurch verursachten permanenten Wohnungskrise kam 1932 noch eine katastrophale Ernährungskrise hinzu, der Millionen Menschen zum Opfer fielen. Die mit Sojuzstandartžilstroj geschaffene Struktur des Bauwesens konnte den Bedarf an Wohnungen in den neuen Industriestädten bei weitem nicht decken. Die Normalform des Wohnens in den Industriezentren blieben Zelte, Erdhütten und vor allem Baracken.[137] Auch die verstärkte Produktion von vorgefertigten mehrgeschossigen Holzhäusern brachte nur wenig Entspannung. Für das Scheitern des von Stalin propagandistisch im Frühjahr 1931 verkündeten Programms,

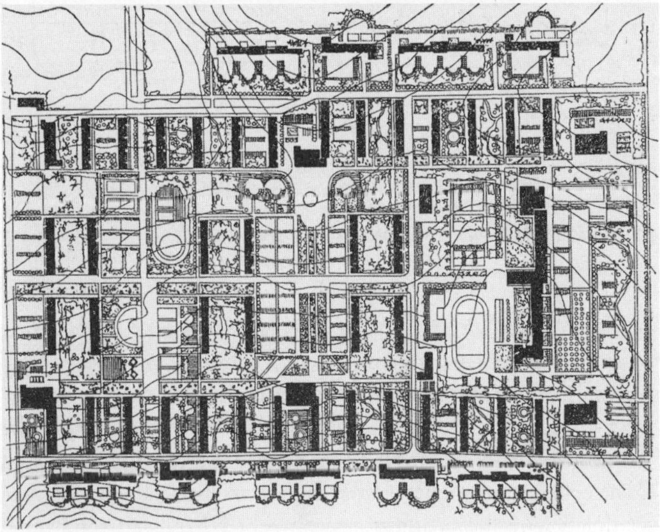

Abb. 33-34: Magnitogorsk – 1. Quartal, Luftbild aus östlicher Richtung (1931/32); 1. Quartal, Entwurf der Grünplanung (1932)

noch im selben Jahr Wohnungen mit einer Gesamtfläche von 700 000 Quadratmetern zu schaffen, wurde nun auch Ernst May verantwortlich gemacht: »Die Angriffe, welche erst auf die Zekombank gerichtet waren, wurden im Spätherbst 1931

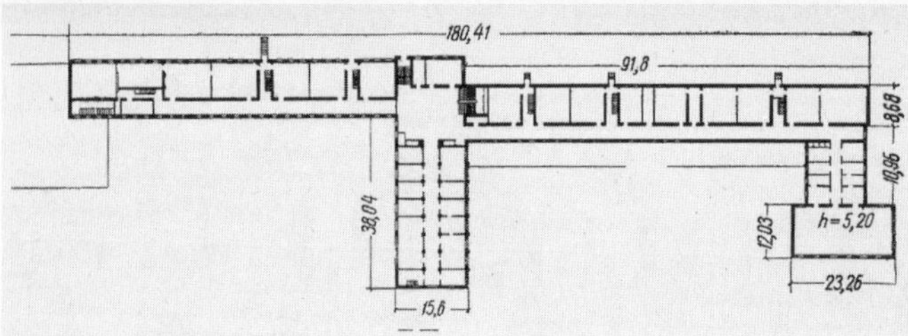

Abb. 35-36: Schule von Wilhelm Schütte (1931/1932), Ansicht und Grundriß (2. Obergeschoß)

gegen Architekt May persönlich gerichtet, weil [...] das erste Baujahr nur sehr geringe positive Ergebnisse aufwies.«[138] Aus scheinbar heiterem Himmel erhielt May am 30. Januar 1932 vom Leiter der Vereinigung Jakov Šmidt die schriftliche Kündigung zum 1. April 1932. May habe die Erwartungen nicht erfüllt und nicht verstanden, »sozialistische Städte, wie sie der Sowjetregierung vorgeschwebt hätten, zu schaffen«, so der Vorwurf. An den einzelnen Baustellen fehle es an einer straffen Organisation. May spielte diesen Vorgang gegenüber dem deutschen Botschafter, bei dem er Rat suchte,[139] als den Versuch einer erpreßten Valutaeinsparung herunter. Die Intervention Mays beim Stellvertretenden Volkskommissar für auswärtige Angelegenheiten Nikolaj N. Krestinskij und Verhandlungen mit Sojuzstandartžilstroj führten schließlich zur

Abb. 37-38: Magnitogorsk, dreigeschossige Bauten im nördlichen bzw. südlichen Bereich des 1. Quartals (1932/1933)

Rücknahme des Vorwurfs des Versagens – bei deutlicher Kürzung seiner monatlichen Valutaeinkünfte von 2000 auf 500 US-Dollar. Der dann am 5. Februar 1932 mit Sojuzstandartžilstroj geschlossene neue Arbeitsvertrag bedeutete aber de facto die Degradierung. Zwar wurde May mit dem neuen Arbeitsvertrag zum Leiter der Städtebauabteilung im Trust Standartgorproekt ernannt, zugleich verlor er aber drei Tage später seine Funktion als Chefingenieur von Standartgorproekt[140] und, so ist anzunehmen, damit seine Funktion als Vorstandsmitglied von Sojuzstandartžilstroj. Das Dokument hat sich im Moskauer Staatsarchiv für Ökonomie erhalten (Abbildung S. 440f.). Über seine Degradierung berichtete May dem Botschafter jedoch nichts.

War May seine Aufgabe über den Kopf gewachsen, hatte er seine Möglichkeiten überschätzt? Dem Botschafter gegenüber erklärte er jedenfalls frustriert, »daß das Vorgehen der Sowjetstellen ihm jede Lust an einer Weiterarbeit in der UdSSR genommen habe und er, falls es zu seinem weiteren Verbleiben in der UdSSR kommen sollte, damit rechne, daß es nur einige Monate dauern würde. Am liebsten wäre es ihm, wenn sich die Sowjetstellen bereit finden würden, ihn mit einer Zahlung für ein halbes Jahr im voraus abzufinden, worauf er dem Lande sofort den Rücken kehren würde.«[141]
Bis zum Jahreswechsel 1931/32 war May, wie sein Aufsatz »Städtebau in der Sowjetunion«[142] dokumentiert, von der Kontinuität der Tätigkeit von Sojuzstandartžilstroj ausgegangen – endlich hatte man die »rationelle Unterlage geschaffen für die systematische Projektierung der Unzahl von Städten und Siedlungen, die in kurzen Fristen zu projektieren und zu erbauen sind«.[143] Nur wenige Wochen später zeigte sich die sowjetische Seite enttäuscht in den Erwartungen, die man in den deutschen Stadtplaner gesetzt hatte. Dabei war May in seinem Aufsatz selbst ganz der bolschewistischen Logik erlegen:

»Die USSR muß aus politischen Gründen in einer bestimmten Frist ein bestimmtes Quantum ihres Industrieprogramms verwirklicht haben. [...] Wer in diesem Hochofentempo die Nerven verliert, wer grübelnde Erwägungen an Stelle entschiedener Tat setzt, ist für die Mitarbeit in diesem Lande nicht zu brauchen. [...] In einem Lande, das die lebende Generation der zukünftigen entschlossen opfert, und das Menschen der Menschheit zuliebe bedenkenlos vernichtet, wenn die Lage es erfordert, geht es nicht darum, Wandbekleidungen aus raffiniertestem Opakglas zu bilden, verchromte Metallgeländer, hochglänzende Wandputze, abgesperrte Türen jeder Dimension in genügender Menge zu verwenden, um damit raffinierte Wirkungen zu erzielen, hier geht es zunächst darum, den Menschen einmal in kürzesten Fristen elementarste Voraussetzungen für eine wettersichere Geborgenheit zu schaffen.«[144]

Nachvollziehbar die Orientierung an der Sicherung des Existenzminimums, verhängnisvoll das bloß instrumentelle Verständnis von Politik und Geschichte. Es ist jene Logik, die jede in der Sache liegende Differenz negiert und sie der abstrakten Einheit (des Willens, der Partei, des Plans) unterwirft, absolute Herrschaft durch absolute Unterwerfung hervorbringt. Mag der Text Ausdruck des Machtanspruchs von May und der hinter ihm stehenden politischen Kräfte gewesen sein, über die richtige Strategie für den sowjetischen Städtebau zu verfügen, oder auch der Versuch, aufkeimender Kritik zuvorzukommen, in der Unbedingtheit seiner Diktion und mit dem heutigen Wissen über den erst noch kommenden Stalinschen »Großen Terror« erschrecken diese Sätze. Fred Forbat – der ausgerechnet am 5. Februar 1932, dem Tag der Unterschrift Mays unter seinen zweiten Arbeitsvertrag, in Moskau angekommen war – berichtete Walter Gropius kurz nach seiner Ankunft über die neue Situation:

»über das gewicht und die art der berufung von may haben wir uns in berlin grundlegend falsche vorstellungen gemacht, die er selbst genährt hat. wenn möglichkeiten vorhanden war[en], sich dieses gewicht zu verschaffen, hat er alles in dieser richtung versäumt. Eine noch so geringe fühlung mit den russen, die an den problemen arbeiten, besteht nicht ... eine kolonialgesinnung, die hier am allerwenigsten am platze ist. Eine innige fühlung mit den mitarbeitern, die ihm gefolgt sind, besteht ebenso wenig, die bilanz ist nicht sehr erbaulich. [...] obwohl may überzeugt ist, dass seine abberufung und meine (forbat) ernennung längst beschlossen ist, toben im hintergrund kämpfe, über die er gar nicht im bilde ist.«[145]

Die politischen »Kämpfe im Hintergrund« lassen sich heute aufklären: am 5. Januar 1932 wurde Ordžonikidze als Vorsitzender des Obersten Volkswirtschaftsrates ab- und das Gremium aufgelöst. May dürfte sich getröstet haben, daß Ordžonikidze nun als Volkskommissar für Schwerindustrie sein Ansprechpartner blieb. Die Absetzung Ordžonikidzes als Bedingung seiner eigenen Entmachtung und als Teil des strukturellen Umbaus der innersowjetischen Machtstrukturen wird May damals wohl noch nicht in aller Konsequenz überblickt haben. Ebensowenig hat er wohl die Folgen des Ausschlusses von Jan Rudzutak als Mitglied des Politbüros am 4. Februar (siehe Anmerkung 101) einschätzen können. Mit der Liquidation des bis dahin obersten Gremiums der Staatsplanwirtschaft wurde der Weg endgültig geebnet für den Aufstieg des obersten Gremiums der Kommandowirtschaft, des Volkskommissariats für innere Angelegenheiten (NKVD). Was May in der Auseinandersetzung über Magnitogorsk und bei der Schaffung von Sojuzstandartžilstroj immer wieder gelungen war, die Durchsetzung der eigenen Pläne gegen die Hauptverwaltung für Kommunalwirtschaft des NKVD, wurde nun unmöglich. Bereits 1930 war die Hauptverwaltung für Kommunalwirtschaft aus dem Bestand des NKVD der RSFSR herausgelöst und beim Volkswirtschaftsrat der RSFSR angesiedelt und damit aufgewertet worden. 1931 wurde sie zum eigenen Volkskommissariat der RSFSR. Mit der Auflösung des Obersten Volkswirtschaftsrates der UdSSR Anfang 1932 war auch der Weg geebnet für die Schaffung des bis dahin auf Unionsebene nicht existenten NKVD im Jahre 1934. Aus heutiger Perspektive mögen Staatsplanwirtschaft und Kommandowirtschaft Synonyme sein, damals stellten sie sich als reale politische Alternativen dar.[146]

XIV.
Das Neue Bauen unterliegt

Spätestens mit der Entscheidung für drei traditionelle Entwürfe im Wettbewerb für den Sowjetpalast in Moskau im Februar 1932 hatte sich die offizielle sowjetische Baupolitik nun offen und endgültig gegen das Neue Bauen gewandt. Der Protest der Vertreter des CIAM gegen die Wettbewerbsentscheidung in Moskau führte auf der Barceloneser Delegiertenversammlung zu der Frage, ob »der Kongreß es verantworten könne, die russische Einladung anzunehmen«. Die in der Sowjetunion tätigen Architekten um May wandten sich daraufhin am 10. Juli 1932 an das Generalsekretariat des CIAM und erblickten in der Erwägung, daß aus Enttäuschung über den Ausgang des Wettbewerbes der für 1933 geplante Moskauer Kongreß abgesagt werden könnte, eine »Brüskierung der einladenden Organisationen und dadurch der Sowjetöffentlichkeit«. »Eine solche Konsequenz würde dem Kongreß, der von der Moskauer Tagung mit Recht eine wertvolle Bereicherung seiner Mitglieder erwarte und ebenso wertvolle Anregungen für die Sowjetöffentlichkeit verspricht, nur Schaden bringen.« Außerdem habe der Kongreß bisher »seine Tätigkeit jeweils an den Punkten eingesetzt [...], wo dieses am notwendigsten erschien«.[147] Als von sowjetischer Seite später eine Verschiebung des Kongresses auf 1934 angekündigt wurde, sagte der CIAM den Kongreß in Moskau schließlich ab und führte seinen legendären »Kongreß zur funktionalen Stadt« mit der Verabschiedung der »Charta von Athen« noch 1933 auf der Schiffsreise von Marseilles nach Athen und zurück durch.

Von Ernst May liegen nur wenige Äußerungen zum Paradigmenwechsel in der sowjetischen Architektur- und Städtebaupolitik vor. Er sah den Grund für das Scheitern des Neuen Bauens darin, daß die Russen den eingeschlagenen Weg

> »selbst ideologisch aufweichten, so daß der Fortschritt schon bald durch zähen Widerstand gehemmt wurde. Sie wollten sich die Vorteile des konsequenten Funktionalismus, der sich in den zwanziger Jahren im Städtebau der westlichen Länder durchgesetzt hatte, zunutze machen, aber sie waren nicht bereit, diesem neuen Stil ihre eigenen kleinbürgerlichen Ideale zu opfern.«[148]

Ähnlich hatte dies bereits Mays früherer Mitarbeiter, der Landschaftsarchitekt Ulrich Wolf, gesehen. Die deutschen Städtebauer hätten bald erkennen müssen,

> »daß die Russen zwar vom Zeilenbau zu reden verstanden, daß sie jedoch den Sinn dieser Stadtbauweise nicht durchdacht hatten und deshalb an

Äußerlichkeiten hängen blieben. Das galt vor allem für die Tatsache, daß der höhere Wohnwert der Zeilenbauweise durch einen Verzicht auf repräsentativen Städtebau erkauft werden mußte. Die Russen vermochten vor allem nicht zu begreifen, daß Grünflächen mit dem Zeilenbau notwendigerweise verbunden sind, daß sie ihm erst Sinn und Zusammenhang geben und die verlorene Architektur des alten Stadtbildes gewissermaßen ersetzen.«[149]

Mit großer Präzision bestimmt er den Punkt der Differenz und warum den deutschen Städtebauern eine Abänderung ihrer Position als architekturpolitische Niederlage erscheinen mußte. Der treffenden Argumentation wegen sei Wolf hier ausführlicher zitiert: Theoretisch hätten die Russen die Arbeiten des funktionellen Städtebaus sehr wohl anerkannt:

»Als die jedoch ganze Stadtbilder planmäßig in diesem System entstehen sahen, *zeigte sich, daß die das Ganze noch nie erlebnismäßig begriffen hatten*, sondern nur und allein theoretisierend. Nun brach der ihnen als Natur innewohnende Drang zum Repräsentativen hervor, durch die politische Phrase (einholen und überholen), durch das immer wieder geweckte Gefühl, daß es die UdSSR entscheidend besser als Westeuropa machen müsse, gestützt, d. h. umgesetzt in die Stadtplanung, der *Hang zur Stadtarchitektur, zum architektonischen Effekt.* Man entdeckte in den deutschen Arbeiten Militarismus (weil man ja von außen und nicht von inner her besah), man vermißte: *kommunistische Romantik*! Also doch: man wünschte sich ein ideales Stadtbild, von der Straße her gesehen, nicht vom Wohnen her. Es fehlten die bewährten Achsen, gewaltige repräsentative Boulevards, die man in einem System der rein funktionellen Wohnstadt nicht machen kann. [...] *Den deutschen Städtebauern war eine Abänderung prinzipieller Art unmöglich*, sie hätte ihnen als Aufgabe der Sache an sich erscheinen müssen.«

Da der Zeilenbau darauf angewiesen sei, daß

»der Hausbau von der ersten Stund an durch Grünflächenbau ergänzt und gefaßt wird, – so muß es vollkommen unverständlich bleiben, wenn zwar die Häuser stehen, die Versorgungsbauten aber fehlen und die Grünflächen in absehbarer Zeit nicht kommen werden. // So haben denn auch die beiden einzigen größeren Baustellen, wo Städtebau nach deutscher Planung erfolgte (allerdings durch ungezählte Kommissionsbeschlüsse bereits abgeändert) in Sibirien und im Ural die Russen enttäuscht. Das war klar: wie sollen denn Siedlungen mit unverputzten Häusern, mit unfertigen Straßen, mit dem Fehlen jeglichen Grüns ein Siedlungsbild ergeben? [...] // Diese Enttäuschung aus den ersten Bauabschnitten wirkte bald bei der Kritik an allen weiteren Arbeiten nach. Damit waren die Deutschen im Grunde genommen absolut festgefahren! // Es hat den Anschein, als ob die russische Stadt den Weg aller Städte gehen wird: in der Ferne das Reichwerden, daher der Wunsch nach der Prachtfassade (man denke an den erstehenden Sowjetpalast mit Renaissance von Stalins Gnaden!!), den Symmetrie-Achsen, ... *nicht der Mensch, der gesunde Mensch in der gesunden Wohnstadt, sondern die Stadt als Ausdruck der Macht nach historischem Muster.*«[150]

Fred Forbat fand für diese Differenz der Auffassungen die Formel, daß die am Neuen Bauen orientierten Deutschen die Architektur dem Städtebau unterordnen wollten, während die aufs Monumentale orientierten Russen den Städtebau der Architektur unterordneten.[151]
Im unmittelbaren Umfeld Mays war es vor allem der Schweizer Hans Schmidt, der die architektonische und städtebauliche Wende der Jahre 1931/32 reflektierte.[152] In *Die neue Stadt* erschien im Frühsommer 1932 sein Text »Die Sowjetunion und das Neue Bauen«, in dem er die Ereignisse stärker soziologisch zu betrachten versuchte:

»Der Sieg der Oktoberrevolution brachte eine Schar junger, für die Revolution eintretender Künstler nach vorn, die den Kampf mit der alten Architektengeneration aufnahm und dem Neuen Bauen zu einem scheinbar vollkommenen Sieg verhalf. Zu einer Zeit, wo in der Sowjetunion noch verhältnismäßig wenig gebaut werden konnte, gab diese junge, technisch wenig erfahrene Generation ihre ganze Kraft in phantastischen Projekten aus und suchte in vielen Fragen die reale Situation in der revolutionären Entwicklung zu überspringen. Der wirklich vorbereitete Boden fehlte sowohl in der Arbeit der Architekten selbst als auch in der Wirkung auf die Öffentlichkeit. Erst die Riesenaufgabe des Fünfjahresplans, mit dem für Sowjetrußland eine Periode der größten Anspannung und der vollkommenen Umstellung beginnt, bringt die wahre Lage zum Vorschein. Der Fünfjahresplan hat dem sozialistischen Staat statt schöner Träume eine ganz konkrete Aufgabe gestellt. Utopien gelten immer weniger. Der erfahrene Techniker, der geschulte Architekt hat das erste Wort. Inzwischen hat sich eine ganze Reihe früherer Architekten der Sowjetmacht zur Verfügung gestellt. Es ist einleuchtend, daß sie die Bresche ausnutzen, die Bresche der mangelnden technischen und kulturellen Vorbereitung. Das Neue Bauen ist unterlegen.«[153]

Die Niederlage des Neuen Bauens wurde noch durch die ideologische Argumentation verschärft, die Konstruktivismus und Funktionalismus als bloßes »Resultat des heutigen Kapitalismus, seiner rationalisierten und standardisierten Technik« auffaßte, die »Abkehr des Neuen Bauens von der Monumentalität und vom Symbol« als »Ausdruck für den Verfall der bürgerlichen Kultur«, als Versagen vor der »künstlerisch-ideologischen Aufgabe der Architektur« deutete und es statt dessen als Ziel des Sozialismus ansah, »die kulturellen Werte der Vergangenheit« zu übernehmen und weiterzuführen.[154]
Diese Deutung hatte sich mittlerweile auch Nikolaj Miljutin zu eigen gemacht, der 1930 mit seinem Buch *Socgorod* als Fürsprecher einer sowjetischen Moderne hervorgetreten war. Während der Eröffnung der Ausstellung zeitgenössischer deutscher Architektur in Moskau 1932 distanzierte er sich demonstrativ vom »Funktionalismus«, als dessen Repräsentant er selbst noch bis vor kurzem galt.[155] »Dieser Standpunkt, der sich unter den deutschen Baumeistern als extremste Entwicklung des Funktionalismus, als Folge der kapitalistischen Rationalisierung gebildet hat, bedeutet den Verzicht auf Ästhetik und verwandelt den Architekten und Künstler in einen Menschen, der jede[n] Gefühl[s] der Schönheit bar ist.« Für das architektonische Schaffen der Sowjetarchitekten sei »der neue soziale Inhalt der Baukunst, ihre ideologische Zielstellung und ihre Rolle als eines der Elemente des sozialistischen Aufbaus, mit anderen Worten, ihre konkrete organisierende und erzieherische künstlerische Rolle« »wichtig und wegweisend«. Wen mag Miljutin gemeint haben? War dies nicht eine öffentliche Distanzierung von May – vor den anwesenden deutschen Kollegen?

»Gerade darum ist es für uns unannehmbar, aus falsch verstandenen nebelhaften Grundsätzen, auf irgendein Element der architektonischen Ausrüstung, wie Skulptur, Ornamente, Fresken u.s.w. zu verzichten, Das bedeutet keineswegs, dass man überall, wie es die Eklektiker tun, kleben und schmieren soll etc. und umso weniger bedeutet es die Restauration und Wiederauferstehung von Vorbildern in der Architektur, die unseren Zielen feindlich gegenüber stehen. Einen ›prinzipiellen‹ Verzicht aber auf die Mittel der künstlerischen Einwirkung kann man nicht anders werten als Nihilismus, als Widerspiegelung des Niedergangs der kapitalistischen Rationalisierung, die alles der Aufgabe der Ausbeutung unterordnet, die Psyche des Menschen vergisst, die ästhetischen Bedürfnissen ignoriert und der Architektur ihre lebendige Seele – die Kunst – nimmt.«[156]

Die (erneute) Zentrierung der Architekturästhetik auf die Kunst entsprach ganz und gar dem »russisch-amerikanischen« Städtebau, wie er insbesondere vom Projektierungsbüro Giprogor vertreten wurde. Rudolf Wolters, der sich 1932 in Moskau aufhielt, führte den »von höchster Stelle aus Moskau« befohlenen Klassizismus auf den Einfluß der Amerikaner zurück, Giprogor beispielsweise sei in »Geist und Führung« »rein amerikanisch«:[157]

»Leider war aber auch das Bestreben der Architekten des Giprogor nicht so sehr darauf gerichtet, daß die Pläne der Einzelsiedlungen sich funktionell richtig einfügten in die gesamte Stadt, sondern auch sie stürzten [sich] sogleich mit dem dicken Bleistift stirnrunzelnd auf das architektonische Detail. Bekanntlich lieben unsere russisch-amerikanischen Städtebauer den geometrisch schönen Stadtplan mit sehr rechtwinkligem Straßennetz, viel Achsen, Sternplätzen usw. Chicago! Es scheint so, als ob diese Amerikaner über die Beringstraße nach Rußland gekommen sind, unbeeinflußt von der vor 30 Jahren schon begonnenen gewaltigen Städtebaurevolution Europas. Eine starre Schule des Städtebaus haben diese Amerikaner in Rußland herangezogen, die immer mehr Oberwasser gewinnt, besonders auch deshalb, weil neuerdings für das architektonische Detail von höchster Stelle aus Moskau der ›klassizistische Stil‹ als alleinseligmachend befohlen wurde: Sternplan und griechische Fassade! Unter diesem nagelneuen Kurs leidet ganz besonders die andere große Städteplanungsstelle der Union, das Standardgorprojekt mit seiner ›berühmten‹ Gruppe ›May‹. [...] Die Arbeiten dieser Stelle, [...] steh[en] ganz unter dem Einfluß der Gruppe ›May‹. Giprogor, die Russen-Amerikaner, und Standardgorprojekt, die Russen-Deutschen, hassen einander [...] Hier stehen sich zwei Weltanschauungen gegenüber. Hier gibt es keine Verständigung. Aber man kann leider schon jetzt sagen, daß ›May‹ mit seinen Leuten bereits unterlegen ist. [...] Heute ist der Frankfurter Architekt May ein gefallner Star in Rußland. Seine Jünger sind zusammengeschmolzen auf wenige Getreue, und traurig warnend ragen an allen Enden Rußlands die Anfänge des zu Tode gerittenen ›Zeilenbaues‹ aus dem Häusermeer der Holzhütten.«[158]

XV.
Berichte der Rückkehrer, Resolutionen aus Moskau

Die Lage Mays in Moskau wurde 1932 zusätzlich erschwert durch die Berichte der nach Deutschland zurückkehrenden Kollegen. Der prominenteste Fall war Walther Schulz, der bei einer Auseinandersetzung über die Änderung seines Vertrages die Beherrschung verloren hatte und nicht mehr zu halten gewesen war. In Vorträgen und Artikeln[159] hatte er daraufhin ernüchtert Bilanz gezogen, die eine breite Resonanz, insbesondere auch in der rechten deutschen Tagespresse, gefunden hatte. Prompt kam das »Echo aus Rußland« von May und 26 seiner Kollegen:

»Es ist ganz selbstverständlich, daß unter den heutigen Verhältnissen der fortschreitenden Faschisierung Deutschlands der Inhalt dieser Vorträge durch die verschiedenen Pressereferate mehr oder weniger grob verfälscht wurde. Außerdem gehört der Vortragende zu derjenigen Gruppe von Heimkehrenden, die ihre Arbeit mit durch ihr Verschulden verlassen mußten und die daraus entsprungene persönliche Mißstimmung auf ihre Darstellung der sowjetrussischen Verhältnisse übertragen. // Unter dem Vorbehalt einer eingehenden Erwiderung in der Fachpresse auf die einzelnen Entstellungen sowohl seiner Vorträge als auch seines Leitartikels in Nr. 26 der ›Bauwelt‹ bedauern und verurteilen wir als Mitglieder des Planbüros sozialistischer Städte der Schwerindustrie (Standardgorprojekt) alle ausnahmslos die Tätigkeit jener Kollegen, die, unberührt von den Tatsachen des sowjetrussischen Aufbaus, ihrer hier erworbenen Kenntnisse von seinen unvermeidlichen Wachstumsschwierigkeiten – bewußt oder unbewußt – in einer politisch entscheidenden Stunde in den Dienst der Gegner der Sowjetunion stellen.«[160]

Schulz antwortete in der *Bauwelt* und bezeichnete die Entschließung aus Moskau als »ein ebenso bezeichnendes wie tief bedauerliches Zeitdokument«. Den Vorwurf der antisowjetischen Propaganda zurückweisend, fragt er:

»Wie kann der Leser die Entschließung verstehen, wenn er obendrein erfährt, daß ich mit den Menschen, die sie unterschrieben haben, zum Teil jahrelang bestens zusammen gearbeitet, daß ich ihre Freundschaft gefunden habe, und daß ich mich von seiten der Russen und Deutschen einer besonderen beruflichen Wertschätzung erfreuen durfte, aus der heraus Herr May mich während seines Urlaubs mit seiner Vertretung als technischer Leiter des Trustes betraute.«

Schulz vermutete ein »Nachgeben auf einen Druck der russischen Verwaltung oder Betriebsversammlung«, ihm sei allerdings bekannt, daß

»von 60-70 Deutschen, die bei Standardgorprojekt arbeiten« »verschiedene Manns genug waren, ihre Unterschrift unter dieses Dokument zu versagen.« »Trotz des russischen Vertragsbruchs, der die Ursache – und trotz meines damals durchgegangenen Temperaments, das der Anlaß zur fristlosen Lösung meines Vertrages war, habe ich keinen Grund, der Sowjetunion für 1 ½ wertvolle Lebensjahre undankbar zu sein. Deswegen werde ich mich aber nicht scheuen, die Verhältnisse so zu schildern, wie ich sie mit offenen Augen gesehen habe, selbst auf die Gefahr hin, persönliche oder gesellschaftliche Eitelkeiten zu verletzen.«[161]

Das zielte auf May. Mitunter von Häme erfüllt war die Berichterstattung in der konservativen Presse, so etwa im *Frankfurter Generalanzeiger* vom 18. Juni 1932 unter dem Titel »Schicksal der Frankfurter May-Expedition. Vom Baudiktator Rußlands zum kleinen Architekten in Moskau«. Der Autor mutmaßte, daß

»keiner der Teilnehmer an der Frankfurter Rußlandexpedition nicht alles darum geben würde, wenn er den damaligen Schritt rückgängig machen könnte. *In erster Linie aber Ernst May selber.* Zum ersten Male hat man vor einigen Tagen gehört, daß Stadtrat May nicht mehr der Baudiktator des Sowjetstaates ist, sondern der Bauabteilung des Moskauer Stadtsowjets zugehört. Als solcher soll er einen neuen großzügigen Plan für den

Ausbau Moskaus ausgearbeitet haben, der demnächst zur öffentlichen Diskussion gestellt werden wird. Nicht also Herr May befindet darüber, daß dieser Plan zur Ausführung gelangt, sondern seine Vorgesetzten! Das ist ein gewaltiger Abstieg. Wir können aus bester Kenntnis der Dinge hinzufügen, daß Ernst May heute als einfacher Architekt in Moskau tätig ist und sein Büro mit zwei anderen Architekten oder Zeichnern teilt. // *Die ›Kinderkrankheiten‹ an den Mayschen Bauten in Frankfurt* haben sich mit der Zeit als Dauererscheinungen herausgestellt, was sich in den hohen Aufwendungen für Reparaturen äußerte.«

Als Folge der scharfen Kritik der Studentenschaft und der russischen Architekten und Ingenieure, die wieder stärker in das System integriert worden seien, habe sich

»so etwas wie eine Hetze gegen die Fremden herausgebildet, die offenbar von der Regierung nicht ungern gesehen worden ist, vor allen gegen Ernst May und seine Mitarbeiter. Diese Hetze hat der Regierung willkommenen Anlaß geboten, sich von unliebsam gewordenen Verträgen zu befreien, die einzuhalten, schon aus Geldmangel unmöglich geworden war. [...] *Herrn May und seinen Mitarbeitern geht es heute schlecht.* Schlechter als sie es verdient haben. Sie haben dem russischen System Vertrauen entgegengebracht, und dieses Vertrauen ist, so weit wir sehen können, überall enttäuscht worden.«[162]

Offenbar war es dieser Artikel, der May veranlaßte, einer »Berliner Montagszeitung« eine »Entgegnung auf Berichte, die von einem ›Mißerfolg‹ seiner Arbeiten in Rußland wissen wollen«, zuzusenden:

»Gegenüber den Berichten in der Tagespresse über die Arbeit der mit mir nach der Sowjetunion berufenen Gruppe mache ich folgende Feststellungen. Wir bearbeiten zur Zeit in Gemeinschaft mit russischen Kollegen unter meiner verantwortlichen Oberleitung folgende städtebaulichen Planungen: Magnitogorsk 200000 Menschen, Kusnetzk 150000 Menschen, Leninsk 200000, Schtscheklowsk 135000 Menschen, Orsk 50000 Menschen, Karaganda 250000 Menschen, Kaschira 100000, Makiewka 150000 Menschen, Leninakan 120000 Menschen. Neben diesen umfangreichen Planungen [...] wird unter meiner Oberleitung das Rayon- und Stadtprojekt für Nischi-Tagil im Ural bearbeitet – allein eine Projektierungsaufgabe im Werte von 6 Millionen Rubel. Gemeinsam mit den Architekten Hebebrand, Schmidt, Hassenpflug, Lehmann und den russischen Kollegen Frolov und Bertig bearbeite ich außerdem auf Grund besonderer Aufforderung seitens der Moskauer Verwaltung ein Generalplanschema für Groß-Moskau.«

Und dies seien nur die größeren Aufgaben. »Was die immer wieder auftauchende Benennung meiner Person als ›Baudiktator‹ anbetrifft, so zeugt eine solche Bezeichnung von der gänzlichen Verkennung der russischen Arbeitsweise.« Es habe »in der Sowjetunion nie eine Person gegeben, der allein verantwortlicher Einfluß auf die Gestaltung des Bauwesens oblag, und wird auch voraussichtlich nie eine solche geben, da sie der kollektiven Arbeitsweise, die die Grundlage der schöpferischen Tätigkeit dieses Landes bildet, diametral entgegengesetzt wäre«. Nur »absichtliche Unobjektivität« könne übersehen, daß ungeachtet aller »Hindernisse bei der Verwirklichung des Fünfjahresplanes bereits Gigantisches geleistet worden« sei.[163] Hier lagen wohl bei May – angesichts der realen Machtverschiebungen in der Sowjetunion – Beschwörung und Selbsttäuschung schon dicht beieinander.
Ein anderer Heimkehrer war Fritz Jaspert. Auch er hielt Vorträge über seine sowjetischen Erfahrungen und lieferte der *Frankfurter Zeitung* einen Artikel (vom 9. Oktober 1932), in dem er unter anderem auf den Vorgang der vertragswidrigen Behandlung ausländischer Spezialisten und die bereits zitierte Gegenerklärung von Standartgorproekt zu sprechen kam:

»Als durch die deutsche Presse vor kurzem Nachrichten gingen, daß die ausländischen Spezialisten vertragswidrig behandelt würden, wird von dem obersten Chef des Trusts das Verlangen gestellt, eine Gegenerklärung zu unterzeichnen, obwohl die geschilderten Zustände durchaus der Wahrheit entsprachen. Tatsächlich hat er bei verschiedenen gegen besseres Wissen, oft in Hinsicht auf noch letzte Teile von Valuta, sein Ziel erreicht.«[164]

Der Journalist und Gründer des *Bundes tätiger Altstadtfreunde* in Frankfurt am Main, Fried Lübbecke, nutzte die Gelegenheit zu einer »einfühlenden« Generalabrechnung mit May:

»Psychologie war leider nie die starke Seite der Deutschen, auch nicht von Ernst May, der menschlich gesehen, stets Mann und Kind zugleich war. Er hätte sonst nicht in dem Angebot der Russen ›die große Chance‹ seines Lebens gesehen. [...] *May* und seine Leute, willens zu jeder eifrigen und genauen Arbeit, gerieten in den tollen Betrieb von Ideologen und Propagandisten einer neuen Welt, die sich nun einmal in den Kopf setzten, aus einem technisch zurückgebliebenen Volk von halb hörigen Bauern in wenigen Jahren eine Industrienation höchsten Maschinenstandards zu machen. [...] Leider muß gesagt werden – was den Eingeweihten auch schon vor Jasperts Bekenntnissen wohl bekannt war – daß weder May, noch irgend einer seiner Mitarbeit diese erträumte Position erreichte. [...] Die »große Chance« ist endgültig verspielt, soweit sie überhaupt je bestand. [...] Welche Möglichkeiten mußten dem vielgerühmten Baumeister sich in Sowjet-Rußland eröffnen, in dem neuen Vaterland einer von kapitalistischen Bindungen befreiten, kollektiv fühlenden Menschheit: neue Städte für Hunderttausende, ausgerüstet mit allem Guten und Schönen, dem arbeitsgeplagten Erdenbürger ein paradiesisches Heim auf Erden zu bereiten, Fabrik- und Wohnungskabinette in nie gesehener Klarheit, Marktplätze, Bäder, Klubhäuser, Theater, Parks – sachlich geschieden, künstlerisch verbunden, noch in Jahrhunderten als der Anklang einer neuen Weltkultur gepriesen! *Alles*, alles *blieb Papier*, abgelehnt von einer anonymen, schlecht funktionierenden Verwaltungs-Subalternität, die es wagte, von einem Ernst May alberne Ornamente und platte Repräsentation zu verlangen. In bald verstaubten Zeichenrollen sonder Zahl verebbt die Kraft dieses tathungrigen Menschen, mitten in einem fremden Volke, fern der Heimat, die selbst keine Möglichkeiten mehr diesem unbändigen Willen zu bieten vermag.«[165]

Hinzu kam, daß May nicht entgangen sein dürfte, daß er auch bei seinen deutschen Kollegen in Moskau auf zunehmende Distanz stieß. Im Sommer/Herbst 1932 notierte Walter Hämer in seinem Tagebuch: »Wir bummeln durch die Stadt und stoßen dabei auf Ernst May. Dieser hünenhafte Recke läßt sich kaum übersehen. Man weiß bereits, daß er gescheitert ist, und er weiß es auch. Aber die vielen Mitarbeiter, die er in dieses Land geholt hat, die wissen anscheinend von nichts.«[166] Auch Bruno Taut übernahm die Perspektive eines seiner russischen Freunde, mit dem er sich in allen Fragen verstand, »wie z. B. in der Frage May, den er auch nur als Mann des

Umsatzes, als Besitzer eines geistigen Warenhauses« bezeichnet.[167]

May stand somit spätestens Ende 1932 sowohl in Deutschland als auch in der Sowjetunion auf verlorenem Posten. Als vermeintlich politisch Neutraler ganz auf die Unterstützung und die Durchsetzungskraft seiner Auftraggeber angewiesen, von den anderen deutschen Kollegen wegen seines Valuta-Vertrages beneidet und von den Neuankömmlingen wie Forbat und Taut, die dem neuen sowjetischen Kurs zunächst folgten, bereits als Mann der Vergangenheit wahrgenommen, stand er zwischen allen Fronten. May hatte ihnen sein Scheitern voraus. Abgesehen von den Reisereportagen für die *Frankfurter Zeitung* und dem Bericht in der *Bauwelt* über seine Planungen für Groß-Moskau, äußerte sich May öffentlich in dieser Phase nicht eingehender zu seiner Situation in der Sowjetunion.

In seinen nachgelassenen Erinnerungen verband May seine Ernüchterung und die spätere Entscheidung zum Weggang aus der Sowjetunion insbesondere mit zwei Ereignissen: der ablehnenden Haltung seiner Auftraggeber gegenüber seiner Generalplanung für Groß-Moskau und der Weigerung, eine klare Entscheidung zugunsten seiner Planungen für Magnitogorsk zu treffen.

XVI.
Generalplanung für Groß-Moskau (1932)

Bereits während seiner Vortragsreise im Mai 1930 hatte May Empfehlungen für die zukünftige Entwicklung Moskaus gegeben.[168] Gemeinsam mit Kollegen nahm er dann an dem im Herbst 1931 ausgeschriebenen beschränkten Wettbewerb zur Generalplanung für Groß-Moskau teil.[169] Im Vorfeld des Wettbewerbes hatte Vladimir Semënov einen dezentralisierten Entwurf vorgelegt und die »sozialistische Umplanung« von der

»kapitalistischen« unterschieden. Letztere würde eine Übertragung der Methode Raoul Haussmanns auf Moskau und damit Straßendurchbrüche und ein System von Magistralen bedeuten. Dagegen hatte der deutsche Stadtplaner Kurt Meyer »für eine Rekonstruktion und Erweiterung der bestehenden Stadt auf der Basis der vorhandenen Infrastruktur plädiert«, das heißt für »eine Stadterweiterung durch Ausdehnung der Bezirke in die Vorortzone und eine Dezentralisierung Moskaus durch administrative Stärkung der Bezirksstruktur«.[170] Das Stadtzentrum mit seinen administrativen Einrichtungen sollte dabei in der Nähe des Kremls »überragenden städtebaulichen Ausdruck« gewinnen. Das Planungsschema sollte die bestehende Struktur der Stadt berücksichtigen und sie sternförmig weiterentwickeln. Der städtebauliche Wettbewerb fiel nun genau in die architektur- und städtebaupolitische Wende der Jahre 1931/32. Die frühen Ansätze Semënovs und Meyers markierten die am Anfang noch vorhandene Breite der Vorstellungen.

May und Kollegen hielten sich mit ihrem Konzept an die Vorgaben der Ausschreibung: Begrenzung des Wachstums der Bevölkerung auf vier Millionen Einwohner, Anlage von Wohnkomplexen mit allen erforderlichen sozialen und kulturellen Einrichtungen, gute Erreichbarkeit der Arbeitsstätten, Gründurchmischung, Industrieansiedlungen nur noch außerhalb der Kernstadt und im Rahmen bereits vorhandener Areale, Reduzierung ungesunder Wohnsituationen in der Innenstadt. Als dringendste Aufgabe betrachtete May »die beschleunigte Verbesserung der Wohnverhältnisse für die heute in der Stadt zusammengedrängten Menschen und eine radikale Behebung der Verkehrsnot«. »Moskau muß ein Muster der durch den Sozialismus bedingten engen Verschmelzung von Wohn- und Arbeitsstadt werden.« May und Kollegen schlugen daher

»eine Stadtform vor, die bewußt den überlieferten Begriff ›Großstadt‹ abstreift und an ihre Stelle ein System setzt, das der natürlichen Entwicklung und Ausbreitung des neuen sozialistischen Lebens die Bahn bereitet. Diese Lösung: ›Das Stadt-Kollektiv‹ bietet die Möglichkeit, auch bei etappenweiser Durchführung der Projektierung in ihren einzelnen Elementen bereits ein getreues Abbild des neuen sozialistischen Lebens zu ermöglichen«.[171]

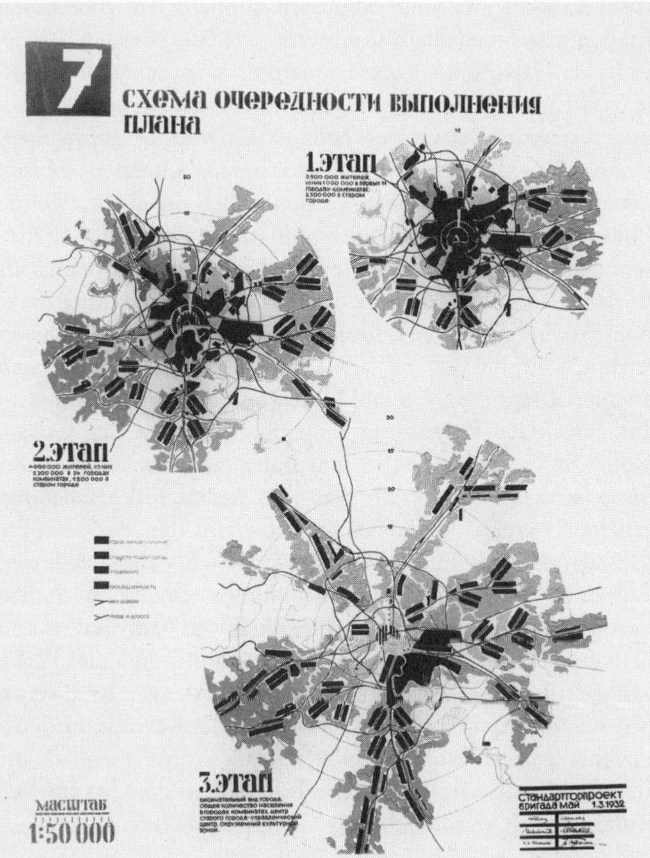

Abb. 39: Generalplan für Moskau der »Brigade Ernst May« (1932)

Geplant waren »Wohnkombinate« für durchschnittlich je 100000 Einwohner in der Umgebung anstelle von »systemlose[n] Aufstockungen und Neubauten im Rahmen der bestehenden Stadt«, »die sich wegen ihrer zerstreuten Lage doch nie zu einem geschlossenen Gesamtbild der neuen sozialistischen Stadt zusammenschließen können«. In einer ersten Etappe sollten elf Stadtkombinate errichtet werden, die jeweils als Trabanten konzipiert waren. Sie sollten über schnelle Verkehrswege jeweils mit der Innenstadt verbunden sein und zusammen etwa eine Million Einwohner aufnehmen, während die Bevölkerungszahl der Innenstadt auf 2,5 Millionen Einwohner reduziert werden sollte. In einer zweiten Phase wären dann 24 Wohnkombinate mit 2,2 Millionen Einwohnern vorgesehen gewesen, während in der Innenstadt noch 1,8 Millionen Menschen gelebt hätten. »Die dritte Etappe sieht eine gänzliche Befreiung des Stadtkernes von Dauerwohnungen vor und vollendet die bereits in der ersten und zweiten Etappe begonnene Umwandlung der Stadtmitte in ein gewaltiges Verwaltungszentrum, nicht nur des Gorod-Kollektivs, sondern darüber hinaus der gesamten UdSSR.« Der historische Mittelpunkt Moskaus, der Kreml, sollte unbedingt erhalten werden. Im ersten Stadtring um den Kreml sollte die City als »mustergültige Verwaltungsstadt« entwickelt werden, mit Hochhäusern für alle ökonomischen und politischen Verwaltungen der UdSSR, erschlossen durch Autostraßen und U-Bahn-Linien, eingebettet in große Grünflächen und Parks. »Innerhalb dieser Parks würden einzelne historisch oder kunsthistorisch wertvolle Bauten, besonders die Revolutionsdenkmäler eingelagert werden.« Hierfür wäre es unvermeidlich, die Innenstadt »allmählich niederzulegen«. Um die City als Verwaltungsstadt würde sich ein »Kulturgürtel« legen:

»Durch Niederlegen der dort befindlichen Baulichkeiten würde freier Raum geschaffen für die Anlage eines breiten Grünrings zwischen Verwaltungszentrum und Stadtwohnkombinaten. Gruppen historisch und architektonisch wertvoller Bauten, Museen, Theater und Klubs, vor allem aber mächtige Kongresshallen, wie der Sowjetpalast und andere Baulichkeiten würden in diesem Kulturgürtel das Ziel der breiten Massen der Bevölkerung aus dem ganzen Stadtkollektiv und über dessen Grenzen sein.« Statt durch enge Gassen würden die Massen »anlässlich der Gedächtnistage der Revolution oder zur Feier des ersten Mai« »durch die weiten Parks des Kulturgürtels der neuen Hauptstadt der Sowjetunion zur zentralen Demonstrationsfläche marschieren. Nach Beendigung der Demonstration werden die Massen sich in den Grünflächen zu festlichen Veranstaltungen versammeln, um sich am Abend wieder in ihre gesunden Wohnungen in den Wohnkombinaten zurückzuziehen.«

Die dritte Etappe war als Endzustand wohl mehr fiktiv gesetzt, May und seine Mitarbeiter wollten aber ausdrücklich sich selbst »auf Grund des heutigen Standes der Entwicklung des sozialistischen Lebens ein klares Ziel setzen«.
Mays besondere Aufmerksamkeit galt der »engen Verbindung zwischen Wohn- und Arbeitsstelle«. Wegen der besonderen Moskauer Verhältnisse einer sehr ungleichmäßigen Verteilung der Schwerindustrie (Konzentration im Südosten) und mehrerer Standorte der Leichtindustrie wurden zwei Typen von Wohnkombinaten vorgesehen, das Wohn-Industrie-Kombinat (in Verbindung mit Leichtindustrie) und das reine Wohnkombinat (in notwendiger Entfernung von der Schwerindustrie).[172]
Die Historiker Harald Bodenschatz und Christiane Post faßten die von der Wettbewerbskommission geäußerten Kritikpunkte an der Planung der hier erstmals tatsächlich als »Brigade May« auftretenden Autoren zusammen: May habe die Mängel des bestehenden Moskaus nicht durch die zeitgemäße Rekonstruktion der Stadt, sondern durch die Abschaffung der Stadt beseitigen wollen. Es sei nicht erkennbar, wie die einzelnen Trabanten untereinander verbunden worden wären. Da Ringverbindungen fehlten, hätte dies eine Überlastung des Zentrums durch den Verkehr zur Folge gehabt. Da die Orientierung der Stadtkombinate auf das Zentrum er-

halten blieb, sei auch ungeklärt, »inwieweit das alte und neue Zentrum die Aufgaben einer ausreichenden Versorgung des flächenmäßig stark erweiterten Moskaus gewährleisten« könne.[173]

Angesichts der städtebaupolitischen Wende in der Sowjetunion kann es nicht verwundern, daß der Entwurf von May für Groß-Moskau keine Chance hatte, ja die sowjetischen Vorstellungen von der sozialistischen Hauptstadt »brüskierte«.[174] Vor allem die Radikalität des Bruchs mit der historisch gewachsenen Innenstadt Moskaus in Form ihrer Zerstörung mußte die Kritiker Mays, insbesondere jene wie die vom Planungsbüro Giprogor, die für die Rekonstruktion »bestehender« Städte zuständig waren, darin bestätigen, daß Mays Ansatz für diese Aufgabe ungeeignet sei. Andererseits gab es zu diesem Zeitpunkt auch nicht mehr die geringste Möglichkeit, in öffentlicher Diskussion die Vorzüge der Entwürfe gegeneinander abzuwägen und etwa die Frage zu erörtern, ob sich die Kontinuität und Rekonstruktion der historischen Innenstadt mit der Erweiterung durch das Trabantenmodell verbinden ließe. Ohne formellen Abschluß setzte sich am Ende dieser Wettbewerbsphase ein radial-konzentrischer Ansatz mit Haussmannschen Achsen durch, der vor allem von Kurt Meyer und German Krasin vertreten wurde, zumal deren Konzept der gleichzeitigen, aber völlig unabgestimmt verlaufenden Moskauer Metro-Planung stadtstrukturell am nächsten stand.

May konnte nicht entgangen sein, daß in Moskau nun zwei seiner entschiedensten Kontrahenten, Sergej Černyšev und Vladimir Semënov, mit denen er bereits in Magnitogorsk und in Stalingrad im Wettstreit gestanden hatte, die im Gegensatz zu May die städtebauliche Wende mitvollzogen hatten, in der Moskauer Stadtplanung das Sagen hatten. (Semënov schob dann »kraß« Kurt Meyer beiseite,[175] Černyšev löste später Semënov als Chefarchitekt von Moskau ab.)

Aber auch Bruno Taut kritisierte damals Mays Entwurf in einem seiner Moskauer Briefe heftig: »Was ich nicht sagen kann, werden die Russen sicher untereinander sagen, nämlich: Quatsch!!« May habe »die kleinbürgerliche Anlage von Trabantenstädten« »in seinem Entwurf geradezu tot (ge)-hetzt«.[176]

In seinen späteren Erinnerungen bezeichnete May die Arbeit am Generalplan für Moskau neben Magnitogorsk einmal als seine »bedeutendste Aufgabe«. »Hatte ich anläßlich meines Wettbewerbentwurfes für Breslau im Jahre 1925 zum ersten Male den Begriff der Trabantenstadt für eine mittlere Stadt bzw. ihre Erweiterung geprägt, so übertrugen wir nunmehr diesen Gedanken auf eine Millionenstadt.« Jedoch war die Resonanz auf seine Planung enttäuschend. »Sie stieß auf keinerlei Verständnis der zuständigen Behörden und eine Generation mußte verstreichen, bis Moskau und Leningrad die Bedeutung des Trabantenprinzips erkannten und praktisch durchzuführen begannen.« Ein Überspringen von Entwicklungsstadien gäbe es auch im Städtebau nicht. »Damals bekannte man sich noch zu den überdimensionierten Achsen, einem Städtebau, der auf geometrischen Figuren aufbaute, der darauf abzielte, das Volk durch die Addition von Säulen und Pilastern und vor allem durch Baumassen zu beeindrukken.« An anderer Stelle projizierte May seine Enttäuschung nicht auf die »Behörden«, sondern direkt auf die »Machthaber« (in diesem Fall war es neben Stalin wohl vor allem der Moskauer Parteichef Lazar' Kaganovič):

»Ich glaubte, daß die Machthaber meinen Vorschlag, der an der Stelle veralteter Repräsentation eine neue Konzeption bot, die allein das Wohl des Menschen zum Ziele hatte, lebhaft begrüßen würden. Aber auch in diesem Falle erlebte ich wieder eine Enttäuschung. Man konnte sich zunächst nicht entscheiden und als man sich endlich entschied, wählte man das alte System monumentaler Straßen mit Blickabschlüssen auf Prunkbauten und Großdenkmäler.«[177]

Die Ernüchterung setzte sich jedenfalls 1932 fort: »Hatte die kühle Ablehnung des Moskauer Planes mich erheblich ernüchtert, so sollte bald eine weitere Enttäuschung folgen.«[178]

XVII.
Magnitogorsk IV: Besuch bei Ordžonikidze (1932)

Die Tätigkeit Ernst Mays und seiner Mitarbeiter in Magnitogorsk nach dem Wettbewerb um Groß-Moskau liegen weitgehend im dunkeln. Bekannt ist das Planfragment vom 10. Januar 1932 zu Magnitogorsk (siehe Abbildung S. 12-13) und der im Frühjahr 1933 veröffentlichte Artikel Ernst Mays in der *Sovetskaja Architektura*, der einen späteren Planungsstand des Jahres 1932 zu Magnitogorsk wiedergibt (Abbildung 40). Zwei wesentliche Unterschiede gegenüber älteren Entwürfen fallen auf: das Plangebiet und die Art der Darstellung. Gegenüber den früheren Plänen zeigen die späteren nicht nur die bekannte West-Ost-Ausdehnung der neuen Stadt, sondern auch eine Ausdehnung der Wohnstadt nach Norden bis zur nördlichen Siedlung Berëska. Und während bisher auf Mays Plänen die charakteristischen Gebäudechiffren der Wohnzeilen von Standartgorproekt zu erkennen waren, sind nun die Wohnquartiere nur flächig dargestellt, während die gesellschaftlichen Einrichtungen und das gesellschaftliche Zentrum am Bahnhof gut zu erkennen sind. In alter Präzision ist dagegen nun eine Barackensiedlung südöstlich des Werkes und am strategisch wichtigen Verbindungsort zwischen den nördlichen und den südlichen Stadtteilen erkennbar. Ganz offenbar unternahm May hier letztmalig den Versuch, die geforderte Zahl an Einwohnern auf dem linken, östlichen Ufer des Urals anzusiedeln. Die Zugeständnisse in Hinblick auf eine Abkehr vom Zeilenbau und die Einordnung der provisorischen Siedlung deuten sich an.

Mays Entscheidung, die Sowjetunion zu verlassen, dürfte auf

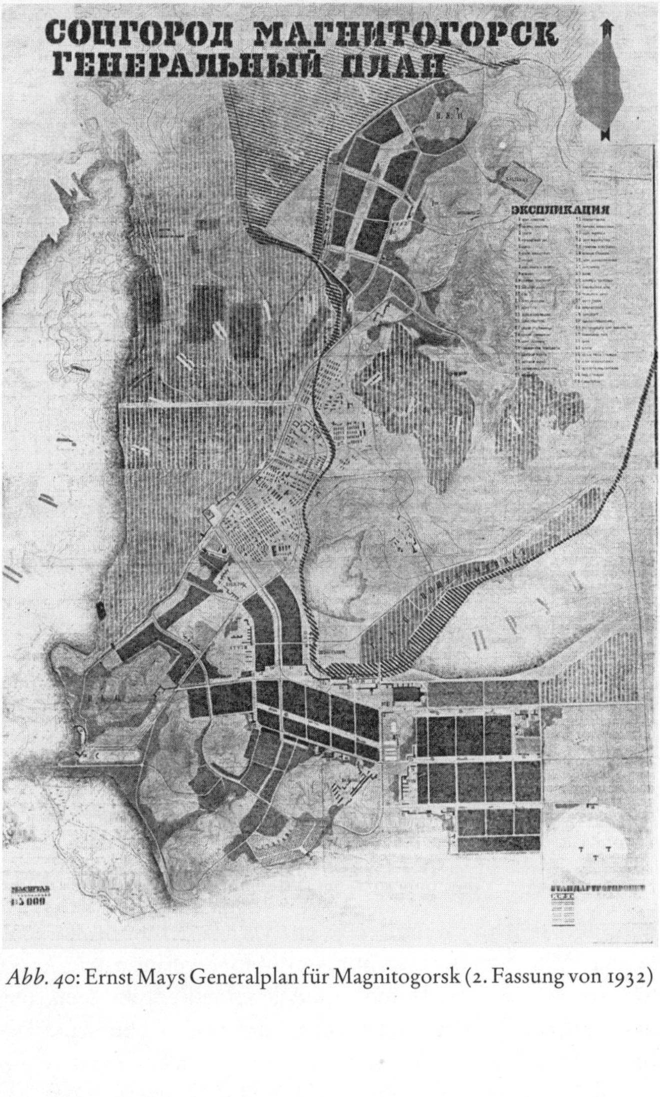

Abb. 40: Ernst Mays Generalplan für Magnitogorsk (2. Fassung von 1932)

Abb. 41: Hans Leistikow, »Magnitogorsk heute / Stadt / erstes Quartal« mit den Alternativen »linkes Ufer oder rechtes Ufer«, angefertigt für das Gespräch Ernst Mays mit Sergo Ordžonikidze (1932)

den Herbst 1932 zu datieren sein. Vermutlich in dieser Zeit stattete May dem Volkskommissar für Schwerindustrie Sergo Ordžonikidze einen Besuch ab. Alle seine Bemühungen, Ordžonikidze zu einer eindeutigen Entscheidung für eine Bebauung auf dem rechten oder linken Ufer zu bewegen, scheiterten jedoch. Auch eine von Hans Leistikow angefertigte

Pappdrehscheibe, die May als humoristische Entscheidungshilfe zu dem Gespräch mitbrachte (Abbildung 41), vermochte den Volkskommissar nicht umzustimmen:

»Ich hoffte, in ein schmunzelndes Gesicht zu blicken und dann eine energische Handbewegung zu sehen, die den Zeiger in die gewünschte Richtung drehte. Statt dessen schaut mich O. mit toternstem Gesicht an, legt die Uhr verkehrt herum auf den Tisch und verspricht mir endlich, es soll bald eine Entscheidung gefällt werden.«[179]

Nachdem die GPU (Politische Hauptverwaltung, später das Komitee für Staatssicherheit, d.h. der Geheimdienst) mitten auf der Zufahrtstraße zwischen Wohnstadt und Industriewerk eine Siedlung errichtet hatte und Mays Intervention dagegen erfolglos geblieben war, kam er immer klarer zu der Überzeugung, daß er die Sowjetunion verlassen mußte.

XVIII.
Entfremdung und Neuorientierung: Jenseits der beiden Welten

May wurde »selbst kaum noch zu Planungsaufgaben herangezogen und mußte, wie er erzählt, spazieren gehen«.[180] Bruno Taut berichtete am 23. August 1932 nach Berlin: May »ist mattgesetzt, macht Bebauungspläne, deren Ausführung ihm entzogen ist, tröstet sich mit den schönen Reisen, die er dafür macht, und – bleibt, um aus dem russischen Abenteuer solange und soviel herauszuschlagen (2000 Mark monatlich) wie es geht.« Und am 29. August meldete Taut: »das Kontrollkomitee der Partei hat den Betrieb Standardschilstroj (wo May ist) geprüft und gefunden, daß eine Reihe ausländischer Architekten dort überflüssig sei, die wir übernehmen könnten, darunter auch – Herrn May! Das ist das Ende.«[181]
Über seine Reisen in den Süden der Sowjetunion schrieb May unter dem bezeichnenden Titel »Ferien vom Städtebau« für die *Frankfurter Zeitung* eine mehrteilige Reportage.[182] Er ge-

wann offensichtlich Abstand zum Arbeitsalltag in Moskau und womöglich auch eine neue Perspektive auf das Land und seine Menschen.

»Einige Zeit, nachdem Hitler 1933 zur Macht gekommen war, teilte uns May völlig unerwartet mit, daß er die Sowjetunion verlassen und nach Kenya gehen wolle. Er habe sich dort eine Kaffeeplantage gekauft. Was seine Beweggründe für diesen Entschluß waren, ist mir unbekannt. Vielleicht ahnte er, was kommen würde, und wollte europafern leben.«[183]

Die Äußerung Schütte-Lihotzkys aus dem Jahre 1986 belegt, daß May über seine Entscheidung, die Sowjetunion zu verlassen, mit seinen Kollegen in Moskau nicht sprechen konnte oder wollte und dies offenbar auch später nicht getan hat. Kurt Liebknecht kolportierte in seiner Autobiographie als Grund für den Weggang Mays, daß »ganz sicher ... materielle Gründe bei ihm eine Rolle (spielten)«.[184] (Taut hatte vor allem materielle Gründe für sein Bleiben erkannt.) Merkwürdigerweise billigte Liebknecht May aber nicht »die einsetzende Tendenz zur Tradition« als Grund für das nachlassende Interesse am Bauen in der Sowjetunion zu, sondern vermutete bei May »eine gewisse Resignation darüber, in ihn gesetzte Erwartungen nicht völlig erfüllt zu haben«.[185] Die eigentliche Dramatik Ernst Mays – die Niederlage des Neuen Bauens und der gleichzeitige Verlust einer Perspektive in Stalins Sowjetunion und in Hitlers Deutschlands – wurde den Kollegen, die noch länger in der Sowjetunion blieben, oder auch jenen, die früher oder später nach Deutschland zurückkehrten, offenbar nicht zum Gegenstand ihres Nachdenkens.
May wählte mit Bedacht den Ausstieg aus beiden Welten und aus einer persönlichen Situation, deren Anspannung er vermutlich nur noch mühsam beherrschen konnte. Daß May nicht nach Deutschland zurückkehren konnte, war ihm spätestens im März 1933 deutlich geworden: »[N]achdem Goebbels im Radio verkündet hatte, ich sei dort, wo ich hinge-

hörte, war ich gewarnt und kehrte nicht nach Deutschland zurück.«[186] Möglicherweise kannte May auch den Text »Ein Schädling soll gutmachen« in der *Deutschen Bauhütte* vom Januar 1933, in dem »am Ende der Aera Landmann – May – Elsässer« mit offenem Antisemitismus darüber berichtet wurde, daß die Nazis unter Hinweis auf die Schulden der Stadt und der städtischen Gesellschaften, die teilweise auf die »berüchtigten Frankfurter Bauexperimente« zurückgeführt wurden, im Stadtrat den Antrag gestellt hätten, »die Pensionszahlungen an den früheren Oberbürgermeister einzustellen«. Die Beschlagnahmung seines Vermögens müsse folgen. »Schädlinge des Novembersystems« müßten »auch finanziell zur Rechenschaft gezogen werden«, es wäre »grundfalsch, sie mit den Früchten ihrer unseligen Tätigkeit in Frieden abziehen zu lassen«.[187] Insbesondere zwei Dokumente aus dem Frühjahr 1933 geben Aufschluß über Mays damaliges politisches Denken. Am 26. März 1933 schrieben Ernst und Ilse May während ihres Urlaubs am Gardasee an deren Mutter. Ihre Sondierungen hätten ergeben, daß eine Reise in die Heimat mit Pässen, in denen Moskau als Wohnsitz eingetragen sei, mit nichtkalkulierbaren Risiken verbunden wäre. Nach »eingehender Befassung mit den bisherigen Erklärungen« der Hitler-Regierung und nach dem »Studium des italienischen Faschismus« war May zu der Überzeugung gelangt,

> »dass für ein Volk, wie das deutsche, das gänzlich unreif ist für Parlamentarismus (5 Jahre Frankfurter Stadtparlament haben mir einen eindeutigen Beweis dafür erbracht) eine freiheitliche Regierungsform noch nicht möglich ist [...] Wir stehen also im Prinzip auf dem Standpunkt, dass für das heutige Deutschland eine Diktatur die wahrscheinlich zweckmässigste Staatsform darstellt. [...] Wenn wir heute trotzdem nicht unerhebliche Bedenken gegen die gegenwärtige Regierung haben, so wegen der feigen Gemeinheit, mit der sie ihre früheren Gegner behandelt.«

May sah realistisch, daß er nun als »prominenter Vertreter des alten Regimes« abgestempelt war. Haderte er einerseits, »weil ich zufällig meine Arbeit nicht unter dem Malermeister Hitler sondern unter dem Sattlermeister Ebert bzw. seinem Nachfolger ausgeführt habe«, wußte er doch, daß »die ganze zivilisierte Welt diese Arbeit als eindeutige Erfolge eines sozial regierten Staates«,[188] das heißt der Weimarer Republik, ansah. Mit der Sowjetunion brachen die Mays im Frühjahr 1933 allerdings endgültig:

»Einverstanden sind wir mit der restlosen Unterdrückung des Kommunismus in Deutschland. Wir sind durch jahrelange Beobachtung des Landes, in dem er verwirklicht ist, zu der Ueberzeugung gekommen, dass er zumindest bei dem heutigen Kulturstande der Menschheit zur Vernichtung der wesentlichen geistigen Güter einer Nation führt und nicht einmal seine grundsätzliche These, nämlich eine materiell befriedigende Versorgung der breiten Massen, hat realisieren können. In Russland herrscht Hungersnot.«[189]

Wenige Tage später, am 2. April 1933, und bereits auf der Rückreise nach Moskau waren die Mays zu Gast beim Schweizer Architekten Karl Moser und seiner Frau in Zürich. In seinem Tagebuch hielt Moser Notizen über das Treffen fest: »Verhältnisse in Deutschland bedrücken May. Er hält das jetzige Regime für brutal, rücksichtslos, kulturlos reaktionär.« Genauer notierte Moser Mays Analyse der sowjetischen Verhältnisse:

»Er schildert die Russische Situation in den düstersten Farben. Das Land ist der Spielball einer schwachen bzw. kleinen Partei, die planlos wirtschaftet und das Land terrorisiert, Menschen mordet, dem Hungertode preisgibt und Menschenumsiedlungen vornimmt, um den Mangel der Wirtschaft zu verdecken. / 5 Jahrplan hat vollständig versagt, an die bedeutendsten Stellen kommen unfähige Leute, eine Amtsstelle hebt Beschlüsse der anderen auf. Befehl u. Gegenbefehl, Verordnungen von widersprechendstem Inhalt folgen sich ohne jede Logik, kurz es herrscht in diesem Land keine Ordnung. Und an dieser Unordnung geht das Land und das Volk zugrunde. Begeisterung nimmt ab, Mutlosigkeit, Freudlosigkeit beginnen ihre Zerstörungsarbeit. / Russland Kornkammer Europas Verschiebung, Mord, Raub an den tüchtigen Landwirten. Niemand auf dem Lande will arbeiten – Hungersnot – Enttaeuschung – kaum neues gesetzt. Die Bauern sollen wieder reich werden!!!«[190]

Die Züricher Gastgeber nehmen May als »in Moskau depossediert« wahr, als »Gescheiterten«, »überreizt und nervös«: »May ist krank, schwer krank. Durch seine Überreiztheit möchte May seine innere Depression und vielleicht Haltlosigkeit übertönen.« Dennoch vertrauen Mosers der May »innewohnenden Vitalität« und wünschen ihm, daß er »sich unter den neuen Verhältnissen in Afrika erholen« möge.

So haltlos den Mosers May erschien, so hellsichtig war doch Mays Analyse der sowjetischen Zustände. Äußerlich verhielt er sich loyal zu seinem Auftraggeber und zurückhaltend gegenüber den Kollegen. Im Ausland konnte er sich Vertrauten gegenüber offenbaren und den Urlaub für die eigene Selbstverständigung nutzen. May dürfte sich in seinem Märzurlaub 1933 nicht nur mit der Vorbereitung der Zukunft in Afrika beschäftigt haben,[191] sondern sich insbesondere genau die von Moser notierte Analyse der sowjetischen Zustände erarbeitet haben. Auf ebendiese Argumente trifft man nämlich in einer in Mays Nachlaß aufzufindenden Artikelfolge eines »Ingenieur Henel«.[192] Ich vermute, daß sie May zu dieser Zeit selbst verfaßte und später unter Pseudonym in Deutschland veröffentlichen ließ – möglicherweise sogar als ein zur Sicherheit deponiertes Zeugnis seiner mittlerweile gewonnenen politischen Distanz zu den Verhältnissen in der Sowjetunion. Obgleich die Serie erst im Oktober 1933 im *Neuen Görlitzer Anzeiger* erschien, wurde sie offenbar sehr viel früher verfaßt, denn sie nimmt Bezug auf Ereignisse im November/Dezember des Vorjahres sowie des Januars desselben Jahres. Viele Motive entsprechen aber den Äußerungen Mays im Brief nach Deutschland beziehungsweise während seines Besuches bei den Mosers, etwa in der Darstellung der im Zeichen der einsetzenden katastrophalen Hungersnot schwindenden Euphorie für den Fünfjahresplan sowie in seiner Darstellung des tatsächlich konzeptionslosen Wirtschaftens in der Sowjetunion bei einer gleichzeitigen Beschwörung quantitativer

Planerfüllung in der Öffentlichkeit. Die strikt hierarchische Gesellschaft mit ihrem akklamativen, repressiven politischen System, so stellt der Autor Henel für sich fest, sei in Wahrheit keine Diktatur des Proletariats mehr, sondern die des »Sekretariats« der Partei, der Rätestaat stelle sich inzwischen als ein Klassenstaat dar, in dem der Blick auf die Realität wesentlich von der jeweiligen sozialen Position bestimmt werde. Trotzdem bemüht Henel weiter das Motiv, daß das Land »Objekt eines Experiments« sei, weit entfernt davon, abgeschlossen zu sein. Wenn »der Pendelschlag der inneren russischen geschichtlichen Entwicklung wieder ruhiger und gesünder geworden ist«, empfiehlt Henel durchaus einen mehrjährigen Aufenthalt als Werktätiger im »Fünfjahresplanrußland«.[193]

Die offizielle Trennung von Nazideutschland vollzog May dann nach seiner Rückkehr nach Moskau. In einem Brief an den deutschen Botschafter begründet er sein Fernbleiben beim Empfang zum 1. Mai 1933:

> »Inzwischen haben die Dinge in Deutschland einen Verlauf genommen, mit dem ich mich auch bei dem Bestreben nach weitherzigster Auffassung nicht mehr zu identifizieren vermag. Ich denke vor allem an die Unterdrückung der geistigen Freiheit an den Universitäten. Mein Erscheinen bei der Botschaftsfeier würde so gedeutet werden, als stellte ich mich auf den Boden der jüngsten Entwicklung. Mir liegt daran, daß meine persönliche Auffassung der Sachlage in der Oeffentlichkeit nicht anders gedeutet wird, als ich sie tatsächlich hege. Daher habe ich mich entschlossen, von einer Teilnahme an der Feier Abstand zu nehmen.«[194]

XIX.
Abschied von Moskau

Der am 5. Februar 1932 geänderte Arbeitsvertrag Mays war auf zwei Jahre befristet und endete automatisch am 31. Januar 1934, es bedurfte also keiner »Kündigung« oder eines »Abbruchs« des Vertrages, um die Sowjetunion Ende 1933 zu verlassen.[195] Wann May seinem Auftraggeber seinen Entschluß mitgeteilt hat, ist nicht bekannt. Später berichtete er nur über seinen Abschiedsbesuch beim Stellvertretenden Volkskommissar für auswärtige Angelegenheiten Nikolaij Krestinskij:

»Er stellte mir die Frage, welches meine Eindrücke in der UdSSR gewesen seien. Auch er wisse, daß Rußland Sonnen- und Schattenseiten hätte, aber er sei überzeugt, daß ich als intelligenter Mensch den Eindruck gewonnen hätte, daß die ersteren bei weitem überwögen. Ich antwortete ihm, daß ich so stark beeindruckt gewesen sei, daß ich mindest ein Jahr lang irgendwo in Europa oder Afrika auf einem hohen Berge sitzen [...], und das Erlebte in Ruhe überdenken [müsse], um zu einem endgültigen Urteil zu gelangen.«[196]

In den letzten Wochen seines Aufenthaltes machte May, möglicherweise im Hinblick auf sein zukünftiges Dasein als Farmer, in der Umgebung Moskaus Vermessungsübungen. Er traf Umzugsvorbereitungen. Das Mobiliar und der Hausrat wurden schließlich über Odessa verschifft:

»Alles klappt tadellos. Ich muss in aller Bescheidenheit sagen, dass der Umzug wohl sorgfältiger nicht vorbereitet werden kann. Von russischer Seite hat man sich ausserordentlich entgegenkommend gezeigt und uns die Umzugsformalitäten sehr erleichtert. So hat man uns, was sonst nur bei Diplomaten üblich die Verzollung im Hause ermöglicht usw. Am 23. gibt man uns zu Ehren ein offizielles Abschiedsfest im Grand-Hôtel. Moskau zeigt sich eben noch in aller seiner einzigartigen Schönheit. 20-25° Kälte Wolken und Rauhreifbildung, dazwischen die farbigen Häuser und goldenen Kuppeln. Der dreijährige Aufenthalt in Russland war für uns eine Lebenserfahrung, die wir um Nichts vermissen möchten. Wir leben nun einmal in einer Zeit, in der das alte stuerzt und da kann man den neuen Miszlichheiten ihren Wert oder Unwert dank eigener Erfahrung zusprechen. Wir werden unser endgültiges Urteil erst dann zu fällen vermögen, wenn wir die Dinge, ganz unbeeinflusst von Aussen betrachten. Es liegt offenbar im Wesen der Diktaturen, sei es nun Faschismus oder Kommunismus, dass Menschen, die dem Alltag dieser Systeme [unleserlich: engrosz?] auch immer so sehr der Suggestion der stets einseitigen Propaganda unterliegen, dass sie ihr freies Urteil über ihre Mitwelt verlieren.«[197]

Tatsächlich, so Margarete Schütte-Lihotzky, »veranstaltete ihm der Architektenverband eine ehrenvolle Abschiedsfeier«.[198] Auch Kurt Liebknecht bezeugte: May verabschiedete sich »ohne sichtlichen Groll im damaligen Grand-Hotel von einem größeren Kreis seiner deutschen und sowjetischen Kollegen«.[199] Öffentlich wurde weder über die Abschiedsfeier berichtet, noch gab es eine offizielle Würdigung der Tätigkeit Mays. Am 21. Dezember 1933 erschien Mays letztes Interview in der Sowjetunion. In der Zeitung *Technika* des Volkskommissariats für Schwerindustrie hatte er quasi seine eigene Laudatio verfassen dürfen. Diplomatisch bezeichnete er darin den Bau sozialistischer Städte als die für den Architekten »interessanteste und dankbarste, aber in dieser Zeit auch die schwierigste« Aufgabe:[200]

»Anfangs wurde angenommen, dass bis 50 Prozent der Wohnhäuser ›Kommune-Häuser‹ sein sollten. Später begannen wir hauptsächlich Häuser mit Individualwohnungen zu bauen. Dieser Bautyp führte zur Aufgabe der sachgerechten Organisation und Gestaltung der Dienstleistungseinrichtungen (Klubs, Krippen, Kindergärten usw.). Zuerst dachten wir, die Methode des funktionellen Bauens sei hier nicht anwendbar. Denn der Funktionalismus, so wie er in Westeuropa entstanden war, enthielt sich jeder monumentalen repräsentativen Architektur. Heute halten wir es für möglich, einfache, strenge Formen mit Dekorativität, zu der die breiten Massen der Sowjetunion streben, zu verbinden.«

Nach diesem Zugeständnis an die neuere Architekturdoktrin kommt May auf eine weitere Schwierigkeit zu sprechen, die Forderung nämlich, »daß die Architektur Formen finden soll, welchen den sozialistischen Charakter der Stadt ausdrücken«. Gerade weil May dieser (kunst)ideologischen Forderung stets skeptisch gegenüberstand, ist es um so bemerkenswerter, daß er hier – scheinbar neutral – die Argumentationsebene wechselt und einen offenen Pluralismus einfordert, wie er politisch gerade im Verschwinden begriffen war:

»Die Mehrzahl der Architekten sucht den Stil der neuen Stadt in der klassischen Architektur. Eine andere Gruppe geht den Weg der Verbindung moderner und retrospektiver Architektur. Und schließlich eine dritte Gruppe sehr begabter sowjetischer Architekten sucht einen neuen Stil, der die Gestaltungsregeln der westlichen Architektur nutzt. Ich denke, daß der Kampf der verschiedenen Richtungen für die sowjetische Architektur außerordentlich nützlich ist. Er ermöglicht, daß sich breite Bevölkerungsmassen für Architektur interessieren und dies hilft zweifellos dem architektonischen Denken, den richtigen Weg zu finden.«[201]

Mit dem Datum der Abfahrt am 25. Dezember 1933 erhielt May von den Leitern von Sojuzstandartžilstroj und Gorstrojproekt sein Abschlußzeugnis.[202] Kollegen verabschiedeten Ernst und Ilse May am Bahnhof.[203] Über Wien und Venedig erreichten sie Genua und schifften sich von dort nach Kenia ein.[204]

XX.
Nachsatz

May hatte in Afrika jahrelang keine Kontakte in die Sowjetunion. Später erfuhr er, daß alle ihm verbundenen sowjetischen Akteure einer modernen Städtebaupolitik ermordet worden waren: Der Vorsitzende des Obersten Volkswirtschaftsrates und spätere Volkskommissar für Schwerindustrie Sergo Ordžonikidze kam im Februar 1937 unter bis heute ungeklärten Umständen zu Tode. Der Leiter von Sojuzstandartžilstroj Jakov Šmidt wurde »wegen Mitgliedschaft in einer antisowjetischen terroristischen Organisation« vom Militärkollegium des Obersten Gerichts der UdSSR am 26. Oktober 1937 zum Tode verurteilt und erschossen. Der Stellvertretende Vorsitzende des Rates der Volkskommissare Jan Rudzutak und der Stellvertretende Volkskommissar für auswärtige Angelegenheiten Nikolaj Krestinskij wurden 1938 hingerichtet. Der Leiter der Cekombank Ėmmanuil Luganovskij wurde am 16. Juli 1938 verhaftet und »wegen Mitgliedschaft in einer konterrevolutionären Organisation« vom Militärkollegium des Obersten Gerichts der UdSSR am 19. Juni 1940 zum Tode verurteilt und tags darauf erschossen. Obgleich in den biogra-

phischen Vorarbeiten notiert, erwähnte May in den sechziger Jahren öffentlich das Schicksal von Luganovskij und Šmidt nicht. War dies Teilnahmlosigkeit und/oder Opportunität in einer politisch geteilten Welt, Existenzsicherung im Westen und Rücksichtnahme auf den Osten?
Heute wissen wir, daß 1937/1938 allein aus Mays früherem Moskauer Wohnhaus in der Karetnyj pereulok 17 zehn Personen im Zuge des »Großen Terrors« ermordet wurden.[205]

Anmerkungen

1 o. A., »Japan plant Gartenstadt für 100 000 Evakuierte«, Meldung der dpa am 13. April 2011.
2 o. A., »Japan plant Gartenstadt für Umgesiedelte«, in: *Spiegel online* vom 14. April 2011, online verfügbar unter {www.spiegel.de/panorama/0,1518,druck-756892,00.html} (Stand: Oktober 2011).
3 o. A., »Japan plant Gartenstadt für Fukushima-Flüchtlinge«, in: *Berner Zeitung* vom 14. April 2011, online verfügbar unter {http://tt.bernerzeitung.ch/ausland/die-tsunami-katastrophe/Japan-plant-Gartenstadt-fuer-FukushimaFluechtlinge/story/31994112/print.html} (Stand: Oktober 2011).
4 Vgl. *Revision der Moderne. Postmoderne Architektur 1960-1980*, Katalog zur Ausstellung des Deutschen Architekturmuseums Frankfurt, herausgegeben von Heinrich Klotz, München 1984.
5 Die Begriffe »Zweite Moderne« bzw. »Reflexive Modernisierung« werden hier im Anschluß an Jürgen Habermas, Ulrich Beck, Anthony Giddens und Richard Sennett verwendet.
6 Andreas Ruby, »Existenzminimum revisited«, Manuskript 2011.
7 Vgl. *Urban Trans Formation*, herausgegeben von Ilka und Adreas Ruby, Berlin/Zürich 2008.
8 Andreas Ruby, »Existenzminimum revisited«, Manuskript 2011.
9 Ebd.
10 Die meisten der daran beteiligten, damals jungen Architekten hatten sich bei Le Corbusier auf der Unité d'habitation in Marseille kennengelernt; »In der Wüste der Moderne«, Ausstellung im Berliner Haus der Kulturen der Welt (August bis Oktober 2008). Vgl. auch *Colonial Modern: Aesthetics of the Past. Rebellions for the Future*, herausgegeben von Tom Avermaete, Serhat Karakayali und Marion von Osten, London 2010.

11 Zu Begriff und Konzept des »Kommunalsozialismus« (auch »Munizipal- oder Gemeindesozialismus« und im Unterschied zum »Staatssozialismus«) vgl. *Geschichte der sozialen Ideen in Deutschland*, herausgegeben von Helga Grebing, Wiesbaden 2005, S. 213 ff.

12 Immer wieder betonte Ernst May, daß er »nicht aus politischen Gründen nach Rußland« gegangen war, »sondern lediglich, weil es sich damals um die größte städtebauliche Aufgabe handelte, die zu bewältigen war«. (Biographische Notizen, DKA, I,B-1)

13 Carl Hebebrand meint, am Hut seinen Vater Werner Hebebrand auf der Fotomontage erkannt zu haben.

14 Margarete Schütte-Lihotzky, *Warum ich Architektin wurde*, Salzburg 2004, S. 210. Tatsächlich flog das Luftschiff Zeppelin LH 127 im September 1930 nach Moskau. In seinem Glückwunschschreiben an May vom 5. August 1930 (aus Anlaß von Mays Vertragsabschluß) befürwortete der deutsche Botschafter in Moskau Mays Idee, »die Reise nach Moskau mit dem Graf Zeppelin zu machen«. Er könne ihn leider nicht begrüßen, da er voraussichtlich auf Urlaub sein werde (DKA).

15 Vgl. Arbeitsvertrag mit der Cekombank vom 15. Juli 1930, DKA, I,B-13, in diesem Band S. 417 ff. Zu Niemeyer vgl. *Das Neue Frankfurt* 10/1930.

16 So die Überschrift des von Christian Borngräber verfaßten Kapitels in dem 1979 parallel in der DDR und der Bundesrepublik erschienenen Band *Exil in der UdSSR* (bei Reclam in Leipzig bzw. bei Röderberg in Frankfurt am Main). Zuvor schon ders.: »Ausländische Architekten in der UdSSR: Bruno Taut, die Brigaden Ernst May, Hannes Meyer und Hans Schmidt«, in: *Wem gehört die Welt – Kunst und Gesellschaft in der Weimarer Republik*, herausgegeben von der Neuen Gesellschaft für Bildende Kunst e. V. (NGBK), Berlin (West) 1977, S. 109-137.

17 Einen ersten zusammenhängenden Zugang bietet der von Harald Bodenschatz und Christiane Post herausgegebene Band *Städtebau im Schatten Stalins. Die internationale Suche nach der sozialistischen Stadt in der Sowjetunion 1929-1935*, Berlin 2003. Allerdings verführt der konzeptionelle Ansatz im Zeichen einer unterstellten »Kontinuität der europäischen Stadt« und des Scheiterns der Moderne über weite Strekken zu einer Rehabilitierung von Theorie und Praxis des stalinistischen Städtebaus.

18 Sie können hier nur angedeutet werden:
1. In der Sowjetunion wurde dieses Erbe jahrzehntelang unmittelbar durch den Stalinismus verdrängt, durch die seit 1931/32 einsetzende und ab 1934 verbindliche Ächtung von Konstruktivismus, Neuem Bauen und Funktionalismus selbst, durch die Verfolgung und Ermordung von Kadern der Modernisierung im Großen Terror 1937-1939 und durch die »Säuberung« der Akten.

2. Die späte Rückkehr Ernst Mays nach Deutschland aus dem Exil in Afrika (1953/54), zunächst als Generalplaner der gewerkschaftseigenen Wohnungsbaugesellschaft Neue Heimat, vermittelt durch den alten Kontakt zu Werner Hebebrand (damals Oberbaudirektor in Hamburg), ließ in der restaurativen Atmosphäre der frühen Bundesrepublik weder eine Auseinandersetzung über die Tätigkeit deutscher Architekten während der Zeit des Nationalsozialismus noch eine sachgerechte Aufarbeitung der Tätigkeit deutscher Spezialisten in der Sowjetunion zu.

3. Die Mehrzahl der kommunistischen Mitarbeiter Mays in der Sowjetunion, etwa Hans Schmidt, Mart Stam, Kurt Liebknecht und andere Sowjetunion-Emigranten wie Ule Lammert, Werner Schneidratus, Gerhard Kosel, Benny Heumann, kehrten nach 1945 in die DDR zurück und waren später teilweise an maßgeblicher Stelle des dortigen Bauwesens tätig und insofern in die offizielle Geschichtspolitik eingebunden, zu der die weitgehende Tabuisierung der problematischen Erfahrungen des sowjetischen Exils gehörte.

4. Die in Ost und West verteilten früheren Mitarbeiter Mays hinterließen Erinnerungen und Nachlässe, die heute als Quellen der Forschung erschlossen werden können. Zu ihren Lebzeiten erlebte jedoch nur die kurz vor ihrem 103. Geburtstag im Jahre 2000 verstorbene Margarete Schütte-Lihotzky gleichermaßen Anerkennung in Ost- und Westdeutschland.

5. Eine erste Beschäftigung mit der »Brigade May« in der Bundesrepublik und der DDR fällt in die Mitte der sechziger Jahre, nachdem May 1956 am städtebaulichen Wettbewerb für das Ostberliner Wohngebiet Fennpfuhl teilgenommen und 1959 (und nochmals 1964) die Sowjetunion besucht hatte. Erwähnt seien Justus Buekschmitt, *Ernst May, Bauten und Planungen*, Stuttgart 1963 sowie *Hans Schmidt. Beiträge zur Architektur 1924-1964*, herausgegeben von Bruno Flierl, Berlin (DDR) 1965.

6. Eine weitergehende Beschäftigung sowie eine vorsichtige Annäherung zwischen Ost und West begann im Zeichen der einsetzenden Exilforschung in den siebziger und achtziger Jahren, etwa im Rahmen der Internationalen Bauhaus-Kolloquien in Weimar und mit den Veröffentlichungen von Kurt Junghanns, Klaus-Jürgen Winkler (DDR) sowie Christian Borngräber und Jonas Geist (Bundesrepublik). Eine initiative Funktion kam hierbei auch der eurokommunistischen Venezianer Schule um Aldo Rossi und Marco de Michelis zu. Parallel begann auch in der Sowjetunion eine erste Auseinandersetzung mit dem Erbe Ernst Mays (Irina V. Kokkinaki). Die kulturelle Wiederaneignung der Avantgarde-Bewegungen und des Neuen Bauens war in

den sechziger bis achtziger Jahren politisch auf eine demokratische Erneuerung des Sozialismus gerichtet, sie zielte auf eine neue wechselseitige Produktivität von ästhetischer und politischer Moderne.
7. Das Ende der Sowjetunion und des osteuropäischen Staatssozialismus fiel später zusammen mit dem im Westen deklarierten »Ende der Moderne«: Aus dieser Perspektive ist nun May in der Sowjetunion gescheitert, weil er am Projekt der Moderne festhielt, und nicht, weil die autoritäre, gewalttätige und antimoderne Wendung Stalins und seiner »zweiten Kultur« (vgl. Vladimir Papernyj, *Kul'tura Dva* [Kultur zwei], Jaroslavl' 2006) den Sozialismus und das Neue Bauen verrieten.
8. Heute kann die Forschung nur international angelegt sein: es geht um das Studium der Modernisierungsprozesse im 20. Jahrhundert in ihren verschiedenen Varianten und um die Erkundung von Anknüpfungspunkten für die unabwendbar erforderliche globale sozialökologische Zweite Moderne. Deutschland und Rußland haben heute das Projekt einer »Modernisierungspartnerschaft« beider Staaten vereinbart, die wissenschaftliche und publizistische Aufarbeitung der Tätigkeit der deutschen Spezialisten in der Sowjetunion gehört zweifellos dazu.

19 Justus Buekschmitt, *Ernst May*.

20 Vgl. den Stellenwert der Rede von Nikita Chruščëv vom 12. April 1958 auf der Allunions-Baukonferenz im Kapitel zur Sowjetunion in: Justus Buekschmitt, *Ernst May*, S. 62.

21 Die in Zusammenarbeit mit Rolf Italiaander geplante Autobiographie Mays kam nicht zustande. Im May-Nachlass in Nürnberg finden sich sowohl Notizen Mays als auch erste, von May z.T. redigierte Vorarbeiten von Italiaander für diese Biographie. Auf diese Texte griff auch Justus Buekschmitt zurück. Der Vergleich der Varianten wird hier erstmals geführt.

22 Standartgorproekt: Staatlicher Trust der Projektierung von Arbeiterstädten und -siedlungen in der Staatlichen Vereinigung für die Projektierung, Planung und den Bau von Arbeiterstädten der Unionsindustrie, zur Herstellung und Montage standardisierter Wohnbauten und der Produktion von neuen Baumaterialien für den standardisierten Wohnungsbau (Sojuzstandartžilstroj) beim Obersten Volkswirtschaftsrat der UdSSR.

23 Igor' A. Kazus', *Sovetskaja Architektura 1920-ch godov. Organizacija Proektirovanija* (Sowjetische Architektur der zwanziger Jahre. Die Organisation der Projektierung), Moskau 2009, S. 158. Übereinstimmend: Fritz Jaspert, »Streiflichter aus russischen Betrieben«, in: *Frankfurter Zeitung* vom 9. Oktober 1932, S. 3. Kurt Liebknecht nennt in *Mein bewegtes Leben*, Berlin (DDR) 1986, S. 49, siebenhundert bis achthundert Mitarbeiter sowie einhundert ausländische Spezialisten.

May selbst sprach im Januar 1932 von achthundert Mitarbeitern, vgl. Ernst May, »Städtebau in der Sowjetunion«, in: *Das neue Rußland* 1,2/1932, S. 29, in diesem Band S. 309.

24 Diese Passage fehlt bei Buekschmitt. So erinnerte sich auch May später, daß er »den Ruf der Regierung der Sowjetunion als Leiter von Sojus Standard Gilstroy« erhalten habe. DKA, I,B-1.

25 Eine seriöse Verifizierung der von Ernst May in der Sowjetunion verantworteten städtebaulichen Generalplanungen kann sich zunächst auf folgende Quellen stützen: 1. Mays Vortrag vor dem CIAM-Kongress 1931 in Berlin, 2. seine eigenen Veröffentlichungen zu Magnitogorsk und Moskau, 3. seinen Artikel »Wohnungen für 1400000 Menschen. Der frühere Frankfurter Stadtrat May über seine russischen Pläne«, in: *Neueste Zeitung* vom 8. August 1932, in diesem Band S. 328ff., 4. die im May-Nachlaß im Germanischen Nationalmuseum Nürnberg befindlichen Berichte von Erkundungsreisen und Fotos von Generalplanentwürfen sowie 5. die Berichte und Veröffentlichungen von Mitarbeitern Ernst Mays bzw. Berichte Dritter, wie die von Fred Forbat, Mart Stam und Hans Schmidt. Folgende Orte können eindeutig identifiziert werden: Avtostroj, Balchaš, Bogoslovsk, Donezkbecken/Makeevka, Jagunovo, Karaganda, Kašira, Leninakan, Leninsk, Lopatinski, Magnitogorsk, Mašinostroiteli, Moskau, Nižnij Tagil, Novokuzneck, Novosibirsk, Orsk, Ščeglovsk/Kemerovo, Stalingrad, Tyrgan/Prokop'evsk. Nach dem Weggang Mays veröffentlichte 1934 die Moskauer Zeitschrift *Planirovka i stroitel'stvo gorodov* (Die Planung und der Bau von Städten) in Heft 7/8 eine umfangreiche Bilanz der dreijährigen Tätigkeit des Trustes Standartgorproekt, der nach der Auflösung der Vereinigung Sojuzstandartžilstroj seit Anfang 1934 die Stadtplanung unter dem Namen Gorstrojproekt (Städtebau-Projekt) fortsetzte. Es kann vermutet werden, daß Ernst May in seiner Verantwortung als Chef des Planungssektors von Standartgorproekt neben den bereits identifizierten Orten auch mit den in dieser Veröffentlichung genannten (S. 3f.) bzw. in einer Landkarte gezeigten (S. 5) Orten wie Anžerka, Brjansk, Čeljabinsk, Chabarovsk, Daschesan, Molotovo, Krasnojarsk, Lipeck, Majneft', Nikopol und Tula zumindest anfangs befaßt war. Im Jahre 1935 berichtete dieselbe Zeitschrift im Heft 5 erneut über den Stand der Generalbebauungsplanungen. Darin findet sich auch eine Projektliste der verschiedenen Planungstruste, darunter von Gorstrojproekt, Giprogor und andere. Für Gorstrojproekt werden nun neben den bereits bekannten Hauptprojekten auch Groznyj und Omsk ausgewiesen. Die verantwortliche Mitwirkung Ernst Mays für diesen weiteren Kreis von Projekten muß in der weiteren Forschung verifiziert werden.
Weitaus schwieriger stellt sich die systematische Erfassung der unter

Leitung Mays erarbeiteten Standardprojekte für Wohn- und Kommunalbauten dar, die, wenn auch örtlich angepaßt, weite Verbreitung gefunden haben müssen. Die wenigen bisher bekannten Pläne und Entwürfe sind allein aus den Nachlässen von Margarete Schütte-Lihotzky, Mart Stam und Johan Niegeman bekannt. Russische Quellen konnten bislang nicht identifiziert werden.

26 Ernst May, »Warum ich Frankfurt verlasse«, in: *Frankfurter Zeitung* vom 1. August 1930, in diesem Band S. 191 ff.

27 Ernst May, »Städtebau und Wohnungswesen in der UdSSR nach 30 Jahren«, in: *Bauwelt* 3/1960, S. 63-72, in diesem Band S. 457 ff. Und bei Buekschmitt: »Die Sowjetunion stand zu jener Zeit inmitten einer industriellen Revolution [...]. Obwohl Lenin bereits fünf Jahre tot und Trotzki bereits verbannt war, war der Geist des Oktobers 1917 noch nicht erstorben. Stalin hatte (als Sekretär des Zentralkomitees der KPdSU) bereits alle Macht in Händen, aber noch lag das Land nicht unter den düsteren Schatten der Schauprozesse und Massenliquidationen. Der gigantische Aufschwung, den die Revolution trotz Niederlagen, Hungersnöten und den Interventionskriegen fremder Mächte bewirkt hatte, war bewundernswert, zumal auch die kulturelle Arbeit damals noch literarische, musikalische und filmische Werke von Weltbedeutung hervorbrachte. Dieses geistige Klima muß man sich vergegenwärtigen, um nicht nur Mays eigenen Entschluß zu begreifen, sondern auch zu verstehen, daß er eine große Anzahl junger, begabter Architekten und Städtebauer hinter sich herzog [...]« (Buekschmitt, *Ernst May*, S. 59).

28 Vgl. Kurt Junghanns, *Bruno Taut 1880-1938*, Berlin (DDR) 1979, S. 83. Barbara Kreis gibt als Quelle dieser Äußerung Lunačarskijs Bruno Tauts Sohn Heinrich an, vgl. *Bruno Taut. Moskauer Briefe 1932-1933*, herausgegeben von Barbara Kreis, Berlin 2006, S. 66.

29 Die Politik der beschleunigten Industrialisierung, vor allem die forcierte »Entkulakisierung« und Kollektivierung der Landwirtschaft führte 1932 zu einer allgemeinen Krise, die Stalin beinahe seine Führungsposition gekostet hätte.

30 *Izvestija* Nr. 174/1928, vgl. Kazus', *Sowjetische Architektur*, S. 268.

31 »Žiliščnoe stroitel'stvo v gorode Frankfurte na Majne« (Der Wohnungsbau in Frankfurt am Main), in: *Stroitel'stvo Moskvy* (Der Bau Moskaus), Moskau 1/1929, S. 35-38.

32 Cekombank, *Proekty rabočnych žilišč* (Projekte des Arbeiterwohnungsbaus), Moskau 1929.

33 *Das Neue Frankfurt* benannte als sowjetischen Gast German Krasin, damals Vorsitzender der Kommission für Wohnungsbau beim GIS (dem Staatlichen wissenschaftlich-experimentellen Institut für Zivil-, Industrie und Ingenieurbauten beim Obersten Volkswirtschaftsrat der

UdSSR), vgl. Kazus', *Sowjetische Architektur*, S. 224f. Krasin war später Mitglied der Regierungskommission zu Magnitogorsk.

34 »Nachdem schon vorher der französische Arbeitsminister Loucheur eine Delegation nach Frankfurt geschickt hatte zum Studium der dortigen Bau- und Städtebauarbeiten, entsandte die Sowjetunion im Jahre 1930 eine Delegation unter Leitung des Architekten Ginsburg nach Frankfurt am Main. Ich erhielt darauf einen Ruf in die Sowjetunion.« (Biographische Notizen, DKA, I,B-1). Obgleich May hier die Assoziation mit Moisej Jakovlevič Ginzburg, dem Architekten des berühmten Narkomfin-Hauses in Moskau von 1928/30, weckte, handelte es sich wahrscheinlich um den Bauingenieur Semën Z. Ginzburg, der zu dieser Zeit in der Projektorganisation des Obersten Volkswirtschaftsrates tätig und ab 1932 Leiter der Hauptverwaltung für die Bauindustrie des Volkskommissariats für Schwermaschinenbau war. Vgl. Kazus', *Sowjetische Architektur*, S. 135 und 226, vgl. auch die Charakteristik von S. Ginzburg in Walter Hämer, *Tagebücher der Russlandjahre/Kunstgeschichtliches*, herausgegeben von Hardt-Walter Hämer und Peter Hämer, Berlin 2010, S. 115.

35 Zu seiner Vortragsreise wurde May von der Baukommission des Volkswirtschaftsrates eingeladen. Als Organisator nach außen trat die Russisch-Deutsche Gesellschaft für Kultur und Technik auf, die der Baukommission anschließend berichtete. Vgl. RGAĖ, 5741/5/73, sowie die Ausgaben 101 und 109 (1930) der Zeitung *Večernaja Moskva* (Abendliches Moskau).

36 Vgl. Werner Friedmann, »Ein deutscher Baumeister baut Städte in Rußland. Ein Interview mit dem Frankfurter Stadtrat Ernst May, der einen Ruf von der Sowjet-Regierung erhalten hat«, in: *Neue Leipziger Zeitung* vom 29. August 1930, in diesem Band S. 197ff. May faßte seine Vorträge in dem Artikel »Planirovka gorodov i novoe žiliščnoe stroitel'stvo Germanii« (Stadtplanung und neuer Wohnungsbau in Deutschland) zusammen, in: *Russko-germanskij Vestnik nauki i techniki* (Russisch-deutscher Bote für Wissenschaft und Technik), Moskau/Berlin 6,7/1930, S. 69-76, in diesem Band S. 169ff.

37 G. Krasin, »K voprosu planirovanija žilišč« (Zur Frage der Planung des Wohnens); L. Vygodskij, »Meždunarodnaja vystavka proektov žilišča sootvetsvujuščego prožitočnomu minimumu. Sročnaja zastrojka iz oblasti rabočego stroitel'stva« (Internationale Ausstellung von Wohnprojekten für das Existenzminimum. Der Zeilenbau im Arbeiterwohnungsbau), in: *Stroitel'naja Promyšlennost'* (Bauindustrie), Moskau 4/1930, S. 320-328 und 346-363.

38 »Fünf Jahre Wohnungsbau in Frankfurt a. M.«, *Das Neue Frankfurt* 2,3/1930, S. 20-70 sowie 4,5/1930, S. 76-132.

39 Friedmann, »Ein deutscher Baumeister baut Städte in Rußland«, in diesem Band S. 200f.

40 Ebd. Die deutsche Botschaft in Moskau unterstützte May ausdrücklich: »Stadtbaurat May-Frankfurth, der hier auf Einladung der Sowjetregierung Vorträge gehalten hat, ist von Sowjetregierung aufgefordert, sie als Berater bei der Durchführung grosszügigen Programms für Wohnungs- und Siedlungswesen zu unterstützen. Mit Eintritt May's in Sowjetdienst würden deutscher Einfluss auf diesem wichtigen Gebiet sichergestellt sein und für deutsche Wirtschaft sehr grosse Bestellungen in Aussicht stehen. Bitte May, der persönlich dort vorsprechen wird, bei seinen Bemühungen, Beurlaubung aus Komunaldienst zu erwirken, zu unterstützen.« (Telegramm von Botschafter Dirksen am 15. Mai 1930 an das Auswärtige Amt in Berlin.) Am 23. Mai 1930 wendet sich das Auswärtige Amt mit dieser Bitte an den Frankfurter Oberbürgermeister Landmann. Vgl. AA R84016.

41 Zum Streit von Urbanisten und Desurbanisten vgl. die Anmerkung auf Seite 511ff.

42 Kein Zweifel, daß Ginzburg und German Krasin, ebenso der Leiter der Cekombank Ėmmanuil Luganovskij, an den sich May noch Jahrzehnte später als »einen außerordentlich kultivierten und großzügigen Menschen« erinnerte (Biographische Notizen, DKA, I,B-1, vgl. auch Ernst May, »Städtebau und Wohnungswesen in der UdSSR nach 30 Jahren«, in diesem Band, S. 457ff.), alles unternahmen, um May von der Übernahme einer verantwortungsvollen Tätigkeit in der Sowjetunion zu überzeugen. Und die interessierte und so positive Aufnahme während seiner Vortragsreise wird ebenfalls nicht ohne Einfluß auf seine Entscheidung geblieben sein. Dennoch dürften nicht sie es gewesen sein, die die maßgebliche Entscheidung für die Berufung Mays trafen. Es ist daher sehr wahrscheinlich, daß May im Mai 1930 auch mit einem »Machthaber«, seinem eigentlichen »Auftraggeber«, in Moskau zusammengetroffen ist, über dessen »Versagen« er sich noch Jahrzehnte später so enttäuscht äußerte. Nach Lage der Dinge kann dies wohl nur Sergo Ordžonikidze gewesen sein, der damals als Volkskommissar Chef der Arbeiter- und Bauerninspektion (ABI) und Vorsitzender der Zentralen Kontrollkommission der Kommunistischen Partei und dann ab 10. November 1930 Vorsitzender des mächtigen Volkswirtschaftsrates war. Er bildete das eigentliche politische Zentrum der sowjetischen Industrialisierung jener Jahre. Wie der interne Bericht über Mays Aufenthalt im Mai 1930 vermerkt, war May auch Gast der Arbeiter- und Bauerninspektion: »Außerdem beteiligte sich Architekt May an der Arbeit des Volkskommissariats der ABI zur Klärung von Fragen der Planung des Wohnungsbaus des Landes.« (Vgl. den Bericht der Gesell-

schaft für Kultur und Technik über Mays Aufenthalt in der Sowjetunion [RGAĖ 5741/5/73].) Dies muß jener »kleine Kreis maßgeblicher Fachleute« gewesen sein, vor dem May »einen weiteren Vortrag über ›Organisationsvorschläge für russischen Städtebau und Siedlungswesen‹« gehalten hatte. (Vgl. Friedmann, »Ein deutscher Baumeister baut Städte in Rußland«, in diesem Band S. 201.)

43 Unabhängig davon, mit welchem Mitglied der sowjetischen Partei- und Staatsführung May nun im Frühjahr/Sommer 1930 zusammengetroffen war, kann Ernst May in seiner Bedeutung für die sowjetische Führung im Hinblick auf den Wohnungsbau nur mit dem US-Amerikaner Albert Kahn verglichen werden. (Diese These vertreten seit einiger Zeit Mark Meerovič, Dmitrij Chmel'nickij, Evgenija Konyševa und Irina Zacharova). Albert Kahn (geb. 1869 in Rhaunen/Hunsrück, gest. 1942 in Detroit), jüdisch-deutscher Herkunft, Sohn einer Rabbinerfamilie, Auswanderung mit den Eltern 1880, Pionier des amerikanischen Industriebaus (vor allem für die Automobilindustrie in Detroit und Michigan), baute mit seinem Moskauer Büro 1929-1932 mehr als 500 Fabriken in der Sowjetunion, vertrat eine gemäßigt moderne bis konservative Architekturauffassung.

44 Vgl. L.S., »Aktuelle Fragen des Städtebaus«, in: *Moskauer Rundschau* 22/1930 vom 1. Juni 1930, S. 3, in diesem Band S. 189.

45 Ebd., S. 190.

46 Vgl. die Anmerkung zu Nikolaj A. Miljutin, in diesem Band S. 510f.

47 »Die sanitären Voraussetzungen und die hygienischen Einrichtungen in Neubauten müssen so gut wie möglich sein. Gleichzeitig müssen alle Maßnahmen ergriffen werden, um die Baukosten so niedrig wie möglich zu halten.« (Quelle: Resolution des ZK der KPdSU(B) vom 16. Mai 1930, zitiert nach *Der Architektenstreit nach der Revolution. Zeitgenössische Texte 1920-1932*, herausgegeben von Elke Pistorius, Basel/Berlin/Boston 1992, S. 112f.)

48 Ebd. Der Kommune-Bewegung wurde in der Resolution im übrigen zwar »jede erdenkliche Hilfe« versprochen, die »Durchführung der gefährlichen utopischen Grundsätze« von der »vollständigen und sofortigen Vergesellschaftung aller Aspekte der Lebensweise der Arbeiter: Ernährung, Unterkunft und Erziehung der Kinder getrennt von ihren Eltern, Aufhebung aller Beziehungen zwischen den Familienmitgliedern, amtliches Verbot individueller Essenszubereitung usw.« aber scharf zurückgewiesen. Man könne sich nicht »›mit einem Sprung‹ über alle Hindernisse auf dem Weg des sozialistischen Umbaus unserer Lebensweise hinwegsetzen, die ihren Grund einerseits in der ökonomischen und kulturellen Rückständigkeit unseres Landes haben, andererseits in der gegenwärtigen Notwendigkeit einer äußersten Konzen-

tration all unserer Mittel auf die schnellstmögliche Industrialisierung unseres Landes«. (Ebd.)

49 Am 11. Juli 1930 beschloß der Rat der Volkskommissare (zu Luganovskij vgl. Anmerkung S. 539f.): »Die Finanzierung des Wohnungs- und Kommunalbaus aus dem Allunionbudget wird zweckgebunden über die Zentralbank für Wohnungsbau und Kommunalwirtschaft realisiert. Dies gilt unabhängig davon, ob diese Mittel im Finanzplan von Behörden und Einrichtungen oder in den Einzelplänen der Volkswirtschaft geführt werden.« (Vgl. RGAĖ 9028/1/13.) Luganovskij hatte argumentiert, daß die Diskussionen über eine »Vergesellschaftung der Lebensweise«, die mit der Bewegung der Kommune-Häuser entstanden sei, an den tatsächlichen Bedürfnissen der Arbeitenden vorbeigehe. Heute komme es darauf an, der Arbeiterklasse angesichts ihrer schwierigen Wohnbedingungen einen Mindestwohnraum zur Verfügung zu stellen, so Luganovskij. Als negatives Beispiel dienten ihm hier unter anderem die Projektanträge von Avtostroj. Vgl. RGAĖ 9028/1/12.

50 So berichtete May am 22. Juli 1930 dem Auswärtigen Amt in Berlin und bat zugleich, daß dieses »bei vorzeitiger Beendigung seines Vertrages auf Grund irgendwelcher unvorhergesehenen Ereignisse die Garantie dafür übernehme, daß er eine seiner jetzigen gleichwertige Stellung in Deutschland wiederbekäme«. (AAA 84016) Das Auswärtige Amt war hierzu nicht in der Lage und verwies auf die Verantwortung der Stadt Frankfurt. Es verärgerte May, für den die Angelegenheit damit erledigt gewesen war, daß das Auswärtige Amt dennoch in Frankfurt anfragte (ebd.).

51 Kazus' (*Sowjetische Architektur*, S. 151) erwähnt, daß Luganovskij selbst in Deutschland gewesen sei, Anlaß und Datum sind bislang unbekannt. Der Arbeitsvertrag wurde vom Volkskommissariat für die Arbeiter- und Bauerninspektion, d.h. von Sergo Ordžonikidze, genehmigt. Vgl. den Arbeitsvertrag vom 15. Juli 1930, DKA, I,B-13, in diesem Band S. 417ff.

52 Bericht Luganovskijs an den Rat der Volkskommissare vom August 1930, RGAĖ, 9028/1/14.

53 Im »Bericht der Cekombank für die Jahre 1929-1930 und speziell das Quartal Oktober-Dezember 1930« vom April 1931 liest sich das nüchtern so: »Im Zusammenhang mit der schnellen Erweiterung der Tätigkeit beim Bau neuer Städte und ihrer Finanzierung wurde im speziellen Quartal bei der Cekombank das aus ausländischen Spezialisten bestehende und vom Architekten Ė. May geleitete Projektierungs- und Planungsbüro geschaffen.« Entscheidend die Formulierung, daß es sich um das Projektierungs- und Planungsbüro des Baus neuer Städte und Siedlungen *bei* und nicht *der* Cekombank handelt. Vgl. Otčet za 1929-

30 g., osobyj kvartal (oktjabr'-dekabr') 1930 g. (Bericht der Cekombank für die Jahre 1929-1930 und speziell das Quartal Oktober-Dezember 1930), RGAĖ 9028/1/488. Dies würde auch erklären, warum May später notierte, er sei von der sowjetischen Regierung zum Leiter des (damals noch nicht geschaffenen) Trustes Sojuzstandartžilstroj berufen worden (Biographische Notizen, DKA, I,B-1). Wahrscheinlich war genau das der Plan des Jahres 1930! Analog formulierte Ernst May in einem Schreiben an das Auswärtige Amt vom 18. September 1930: »[...] fahre ich am 1. Oktober d.J. mit einem Stabe von Mitarbeitern nach Moskau, um die Organisation des Städtebau- und Siedlungswesens der U.d.S.S.R. bei der Zekombank zu organisieren [sic!].« (AAA 84016) Im Jahre 1930 war 1 US-Dollar 1,94 russische Rubel wert (vgl. E. A. Osokina, *Zoloto dlja industrializacii* [Gold für die Industrialisierung: Torgsin], Moskau 2009, S. 549, 23), für die historische Wertumrechnung von US-Dollar in Euro für die Jahre 1930/2011 setze ich den Faktor 12,74 an, vgl. die Onlinequelle {www.dollartimes.com} (Stand: Oktober 2011).

54 Vgl. Arbeitsvertrag mit der Cekombank vom 15. Juli 1930, DKA, I,B-13, in diesem Band S. 417ff.

55 »Die Arbeitspläne des Architekten Ernst May«, in: *Moskauer Rundschau* vom 26. Oktober 1930, in diesem Band S. 207.

56 DKA, I,B-8, ähnlich in: Ernst May, »Städtebau und Wohnungswesen in der UdSSR nach 30 Jahren«, in diesem Band, S. 461f.

57 Vgl. Ernst May, »Vom Neuen Frankfurt nach dem Neuen Rußland«, in: *Frankfurter Zeitung* vom 30. November 1930, S. 1, in diesem Band, S. 208ff.

58 Karl Schlögel, »Es werde Stadt! Am Ostrand des Urals schufen Ingenieure seit den dreißiger Jahren einen der größten Industriekomplexe der Welt. Wer wissen will, was die Sowjetunion wirklich war, muß dorthin fahren – nach Magnitogorsk«, in: *Die Zeit* vom 18. März 1994, S. 57. Vgl. auch ders., »Der Mythos von Magnitka«, in: *StadtBauwelt* 128/1995, S. 2800-2807.

59 Ebd. Stephen Kotkin ist dieser Spur Schlögels gefolgt und hat bei seiner umfassenden sozial- und kulturgeschichtlichen Rekonstruktion des »Stalinism as a Civilization« auch die Entwicklung der Socgorod, der sozialistischen Wohnstadt von Magnitogorsk, berührt. Vgl. ders., *Magnetic Mountain. Stalinism as a Civilization*, Berkeley/Los Angeles/London 1997.

60 Zur Planungsgeschichte: Mark G. Meerovič/Evgenija V. Konyševa, »›Bereg levyj, bereg pravyj‹: Ėrnst Maj i otkrytye voprosy istorii sovetskoj architektury (na primere proektirovanija socgoroda Magnitogorska)« (»Linkes Ufer, rechtes Ufer«: Ernst May und offene Fragen

der sowjetischen Architekturgeschichte [am Beispiel der Projektierung der Socgorod Magnitogorsk]), online verfügbar unter {http://archvuz.ru/numbers/2010_2/018} (Stand: Oktober 2011); Bodenschatz/Post, *Städtebau im Schatten Stalins*; Vladimir S. Fedosichin, »Nasledie školy Bauchauza v Magnitogorske« (Das Erbe der Bauhaus-Schule in Magnitogorsk), in: *Bauchauza na Urale ot Solikamska do Orska* (Bauhaus im Ural von Solikamsk bis Orsk), herausgegeben von Ludmilla Tokmeninova und Astrid Volpert, Jekaterinburg 2008.

61 Wie auch in Stalingrad kam der Vorschlag Miljutins zur funktionellen Zonierung zu spät. Vgl. Nikolaj Miljutin, *Sozgorod. Probleme des Baus sozialistischer Städte, Grundfragen der rationellen Planung und des Baus von Siedlungen der UdSSR*, Moskau und Leningrad 1930. Als Faksimile-Ausgabe auf deutsch und russisch neu herausgegeben und kommentiert von Dmitrij Chmel'nickij, Berlin 2010.

62 Das NKVD der RSFSR (Russische Föderative Sowjetrepublik) leitete die Kommunalwirtschaft und hatte zur sozialistischen Umgestaltung »bestehender Städte« im Oktober oder November 1930 das Staatliche Institut Giprogor zur Projektierung von Siedlungen und Zivilbauten geschaffen. Im Unterschied dazu unterstanden die Cekombank und ihr Projektierungsbüro mit seinem Leiter Ernst May dem Volkswirtschaftsrat der UdSSR und sollten sich mit dem Aufbau »neuer« Wohnstädte im Zuge der Industrialisierung beschäftigen. Die Aufgabenteilung war aber nicht eindeutig und von Anfang an umkämpft. Vgl. Anmerkung hierzu in diesem Band, S. 519f.

63 »Reisebericht betr. die Reise nach Magnitogorsk v. 26. Oktober bis z. 8. Nov. [1930]«, S. 7, DKA, I,B-12.

64 Ebd.

65 Ernst May, »Vom Neuen Frankfurt zum Neuen Rußland«, in diesem Band, S. 213.

66 Biographische Notizen, DKA, I,B-8.

67 Walther Schulz, Vierter Brief vom 2. Mai 1931, DAM, 160-902-013, S. 4.

68 »Erläuterungsbericht zu dem Projekt der Technischen Abteilung der Zekombank für Magnitogorsk«, November 1930, S. 1 f., DKA, I,B-12.

69 Ebd.

70 Vgl. Beschluß Nr. 686 des Rates der Volkskommissare der UdSSR vom 27. November 1930, RGAĖ 9028/1/15 Bl. 140.

71 Zitiert und übersetzt nach: Meerovič/Konyševa, »Linkes Ufer, rechtes Ufer«, S. 26.

72 Ernst May charakterisiert die Alternative in seinem Berliner Vortrag im Juni 1931: »Zwei Systeme standen sich bei der Generalplanung für Magnitogorsk zuletzt noch gegenüber: Der Vorschlag von Tschernitschow, der eine Dreiteilung der Stadt vorsah und jede Gruppe mit

einem Zentrum ausstattete, und der Vorschlag, den ich mit meinen engsten Mitarbeitern ausgearbeitet hatte, der davon ausging, daß die sozialistische Stadt eine Einheit sein müsse, die Dreiteilung daher also als willkürlich abzulehnen sei, und Organisations-Elemente zu schaffen seien, die sich aus der günstigsten Versorgungsmöglichkeit mit gemeinschaftlichen Einrichtungen errechneten.« Vgl. Ernst May, »Der Bau neuer Städte in der U.d.S.S.R. «, in: *DNF* 7/1931, S. 117-135, in diesem Band insbesondere S. 281.

73 Vgl. Meerovič/Konyševa, »Linkes Ufer, rechtes Ufer«, S. 27.

74 Vgl. »Architekt May in Magnitogorsk«, in: *Moskauer Rundschau* vom 21. Dezember 1930, in diesem Band, S. 220.

75 Ebd., S. 221.

76 Ebd.

77 Vgl. Ernst May, »Socialističeskij gorod Magnitogorsk« (Die sozialistische Stadt Magnitogorsk), in: Magnitostroj. Informationsbulletin, Magnitogorsk, Nr. 9-12/1931, S. 39-41, in diesem Band, S. 233 ff.

78 »Stalingrad stroilsja bez plana« (Stalingrad wird ohne Plan gebaut), in: *Bor'ba* [Der Kampf] vom 18. Juli 1929, zitiert nach Ju. V. Januškina, »Osobennosti architekturnogo formoobrazovanija v Stalingrade v istoriko-kul'turnom kontekste 1930-1950-ch gg.« (Besonderheiten der architektonischen Gestaltung in Stalingrad im historisch-kulturellen Kontext der dreißiger bis fünfziger Jahre), Manuskript o. J. (in Privatbesitz)

79 GAVO 71/1/442, Bl. 30f., Vgl. Caricyn – Stalingrad – Volgograd v dokumentach (Caricyn – Stalingrad – Volgograd in Dokumenten), Band 5, Volgograd, im Erscheinen.

80 »Bericht über die Reise nach Stalingrad vom 6-ten Januar bis zum 13-ten 1931«, DKA, I,B-12.

81 Vgl. Ernst May, »Der Bau neuer Städte in der U.d.S.S.R.«, in diesem Band, S. 281.

82 Vgl. »Bericht über die Reise nach Stalingrad vom 6-ten Januar bis zum 13-ten 1931«.

83 Vgl. Ernst May, »Stalingrad«, in: *Frankfurter Zeitung* vom 24. Januar 1931, in diesem Band S. 225 ff.

84 Bereits seit längerem gibt es Unstimmigkeiten zwischen Stalingradstroj und Giprogor über die Zusammenarbeit, so soll z.B. der erst am 2. Dezember 1930 geschlossene Vertrag über die Zusammenarbeit schon im Februar 1931 wieder revidiert werden. Die dem NKVD unterstellte Leitung der Kommunalwirtschaft des Regionalexekutivkomitees macht am 11. März 1931 mit Schreiben an das Präsidium des Regionalen Exekutivkomitees in Saratov deutlich, daß es für die Planungsaufgaben in der Region eine Filiale des Giprogor, des Instituts für die Vermessung,

Planung und Projektierung von Städten, gäbe. Die erarbeitete Vertrauenswürdigkeit von Giprogor erweise sich durch die Zustimmung, daß Giprogor in der Region eine Filiale eröffnen dürfe – ein Beschluß, der nur wenige Wochen zuvor gefaßt wurde, am 15. Februar 1931! (Vgl. GAVO: 313/1/1146) Am 20. April 1931 trägt Architekt Semënov dem Präsidium des Stalingrader Stadtsowjets die Grundzüge seiner Planung vor. Das Präsidium billigt diese zunächst im allgemeinen, überträgt aber die redaktionelle Endfassung Stalingradstroj und erteilt hierzu bestimmte Auflagen bei der weiteren Planung. Im November 1931 beschäftigt sich die Plankommission der Region Untere Volga mit dem Generalplan und stellt fest, daß dies angesichts der Komplexität eine Aufgabe für Giprogor sei. Das Präsidium des Regionalen Exekutivkomitees Untere Volga billigt schließlich am 18. November 1931 nach Vortrag Semënovs die Planung. (Vgl. GAVO 537/1/275, Bl. 34. Vgl. Caricyn – Stalingrad – Volgograd in Dokumenten, Bd. 5, im Erscheinen begriffen. Von mir auch gefunden unter GAVO 313/1/764, allerdings unter dem Datum des 1. Dezember 1931.) Von Stalingradstroj ist nicht mehr nur keine Rede mehr, vielmehr wird der regionale Bautrust mit Beschluß vom 17. Februar 1932 aufgelöst und reorganisiert (vgl. GAVO 313/1/1169)!

Der Generalplan kommt noch einmal ins Stocken, weil mit der Bildung eines eigenen Stalingrader Gebietes 1932 die Stadt Hauptstadtfunktionen erhält. Der von Semënov und Giprogor entwickelte Plan wird schließlich am 21. April 1933 im Rat der Volkskommissare bestätigt (Beschluß 376, vgl. GAVO 313/1/121).

85 Vgl. in diesem Band, S. 524.

86 Vgl. Buekschmitt, *Ernst May*, S. 63.

87 Захарова Ирина В. [Irina V. Zacharova], »Ėrnst Maj i planirovka socialističeskich gorodov Kuzbassa« [Ernst May und die Planung der sozialistischen Städte des Kuzbass], in: *Sibirskaja architekturno-chudožestvennaja škola. XX let* [*20 Jahre Architektur- und Kunst-Schule Sibiriens*], Novosibirsk 2009, S. 147-152.

88 Ebd.

89 DKA, I,B-12. Ein weiterer Bericht für Tyrgan-Prokop'evsk mit Datum vom 23. November 1931 hat sich dort ebenfalls erhalten.

90 Ernst May, »Kusbaß«, in: *Frankfurter Zeitung* vom 27., 28. und 29. Mai 1931, in diesem Band S. 240 ff.

91 Vgl. Zacharova, »Ernst May«.

92 Ernst May, »Der Bau neuer Städte in der U.d.S.S.R«, *Das neue Frankfurt* 7/1931, in diesem Band S. 268 ff.

93 Wichtige Vorarbeiten zur Erforschung der Planungsgeschichte im Kuzbass leiste Evgenij N. Blinov. Vgl. seine Dissertation: *Architekturno-planirovočnoe razvitie gorodov Sibiri v gody pervych pjatiletok* [Die

architektonisch-planerische Entwicklung der Städte Sibiriens in den Jahren der ersten Fünfjahrpläne], Novosibirsk 1993. Vgl. auch E. Blinov/V. Filippov, »Die Rolle der Ernst-May-Gruppe bei der Bebauung sibirischer Städte«, in: *Die alte Stadt* 3/1996, S. 262-275.

94 Ernst May, »Bericht über [die] städtebauliche Planung in Novosibirsk vom 9. März 1931«, DKA, I,B-12.

95 Ebd.

96 Bis in die Gegenwart ist das Wirken von Ernst May in Novosibirsk weitgehend unbekannt. In einer spätsowjetischen Darstellung findet sich der Satz: »Die Projektierung der ›Sozialistischen Stadt‹ auf dem linken Ufer des Ob', die Erkundung der exakten Variante des zukünftigen Novosibirsk wurde einer Magnitogorsker Kommission von Projektanten übertragen.« Ist damit die Brigade May gemeint? (Auch in Avtostroj findet sich ein Hinweis auf *Magnitogorsker* Projekte, s. u.). Vgl. Sergej Baladin (1930-2004), *Novosibirsk. Istorija gradostroitel'stva 1893-1945, Glava VII. Architektura pervych pjatiletok (Novosibirsk, Geschichte des Städtebaus 1893-1945,* 7. Kapitel: Die Architektur der ersten Fünfjahrpläne), o. J., {http://arx.novosibdom.ru/node/2294} (Stand: Oktober 2011).

97 Walther Schulz, Vierter Brief vom 2. Mai 1931.

98 Der anwesende German Krasin, Mitglied der Regierungsdelegation zu Magnitogorsk, polemisierte gegen eine solche Teilung der Stadt mit der Frage, »in wessen Händen wird sich die politische Macht befinden? Die Stadt dort [auf dem rechten Ufer] wird nur eine der Führungskader sein.« In der Tat stand hinter der ganzen Debatte auch die Frage nach dem zukünftigen Charakter von Magnitogorsk. Krasin vertrat die Position einer nicht so großen Stadt mit Bezug zum Kombinat und einzelnen Satelliten-Siedlungen, während die Anhänger des rechten Ufers »Magnitogorsk als zukünftiges administrativ-politisches, industrielles und sozial-kulturelles Zentrum des Südurals« betrachteten und eine Bevölkerungszahl von 300000 anvisierten. Vgl. Meerovič/Konyševa, »Linkes Ufer, rechtes Ufer«.

99 Alle Angaben nach Meerovič/Konyševa, »Linkes Ufer, rechtes Ufer«.

100 Allerdings findet sich im Moskauer Archiv eine Notiz von Ernst May an die Leitung der Cekombank vom 22. März 1931 aus Moskau: »Gestern um 10 Uhr abends rief mich Hr. Keil aus Magnitogorsk an und teilte mit, dass er gestern morgen ein Telegramm aus Moskau erhalten hatte, wonach die Arbeit am Bau der Stadt auf dem linken Ufer vor der Einstellung stehe und dass man die Stadt auf dem rechten Ufer bauen müsse. Das führt die bereits arbeitende Maschine zum Bau der Stadt vollständig in die Desorganisation, da niemand weiss, was wird. / Ich teilte Keil mit, dass Hr. Luganovskij jede weitere Sabotage der GPU

[Staatliche politische Verwaltung, Vorgänger des Komitees für Staatssicherheit (KGB)] zur Anzeige bringen wird, und bitte entsprechende entschiedene Schritte zu unternehmen. – / In Zusammenhang damit stellte ich während des Telefonats fest, dass ich das vor zwei Tagen abgeschickte Blitztelegramm bis jetzt nicht erhalten habe. – May« (RGAĖ 9028/1/15/109, russ.).

101 Vgl. Anmerkung zu Jan Rudzutak, in diesem Band S. 536f.

102 Schreiben von Luganovskij an Rudzutak vom 25. März 1931, vgl. RGAĖ 9028/1/15/45,46.

103 Protokoll vom 27. März 1931, RGAĖ 9028/1/15/100.

104 Vgl. Meerovič/Konyševa, »Linkes Ufer, rechtes Ufer«.

105 Vgl. Ernst May, »Der Bau neuer Städte in der U.d.S.S.R.«, in diesem Band S. 268ff.

106 Siegfried Kracauer, »Sozialistische Städte. Zu einem Vortrag von Ernst May«, in: *Frankfurter Zeitung* vom 9. Juni 1931, S. 14. Soweit nicht anders angegeben, finden sich alle Hervorhebungen in Zitaten im Original.

107 Martin Wagner, »Russischer Städtebau«, in: *Das neue Rußland*, 6,7/1931, S. 53-56. Kritischer Walter Hämer: May hätte »mit bestrickender Rhetorik« gesprochen. »Uns aber schien, er erzähle Kindern Märchen. Lästermäuler konnten es sich nicht versagen, zu bemerken, dass May ein tüchtiger Reklamefachmann sei, speziell pro domo.« Hämer ging selbst wenig später nach Rußland. Vgl. Walter Hämer, Tagebücher der Russlandjahre, S. 12.

108 Ernst May, »Der Bau neuer Städte in der U.d.S.S.R«, in diesem Band S. 285.

109 »Staatliche Vereinigung für die Projektierung, die Planung und den Bau von Arbeiterstädten der Allunionsindustrie, die fabrikmäßige Herstellung und Montage von Standardwohnungen und für die Produktion neuer Baustoffe für den Standardwohnungsbau beim Volkswirtschaftsrat der UdSSR«, vgl. Beschluß Nr. 175 des Obersten Volkswirtschaftsrates der UdSSR vom 1. April 1931. Nach Kazus' (*Sowjetische Architektur*, S. 280) ging die Initiative hierzu vom Leiter des Bausektors des Volkswirtschaftsrates S. Ginzburg aus.

110 Siehe biographische Notiz zu Jakov Šmidt, in diesem Band S. 517f.

111 Walther Schulz, Vierter Brief vom 2. Mai 1931, Hervorhebungen TF.

112 Walther Schulz, »Wie arbeitet die Gruppe May in Moskau«, in: *Die neue Stadt* 3/32, S. 66f. Sprach May in Berlin von »700000 Arbeitern mit Familien«, für die bis 31. Dezember 1931 Wohnraum geschaffen werden soll (vgl. in diesem Band S. 285), spricht Schultz hier von »700000 qm Wohnfläche«.

113 Vgl. Kazus', *Sowjetische Architektur*, S. 284. Bereits Ende 1930/An-

fang 1931 trat die Cekombank nach außen mit einer Abteilung für Standardstädte auf. So enthalten z. B. Schreiben der Cekombank vom 6. Dezember 1930 (GAVO 313/1/1134) im Briefkopf das Kürzel »ОСГ« (Отделение Стандартных Городов [Abteilung für Standardstädte]) bzw. vom 25. März 1931 (GAVO 313/1/1149) die Abkürzung »СГ« (Стандартгор [Standardstadt]).

114 In Mays biographischen Aufzeichnungen werden auch nur die Cekombank, Sojuzstandartžilstroj und später Gorstrojproekt als Dienststellen genannt. Anders als Bodenschatz und Post, die meinen, daß mit dem Ausscheiden aus der Cekombank »die bis dahin herausragende Stellung von Ernst May im sozialistischen Städtebau gebrochen« worden war (vgl. Bodenschatz/Post, *Städtebau im Schatten Stalins*, S. 63), denke ich, daß die Konzentration der Städtebauprojektierung beim Volkswirtschaftsrat May zunächst weiter stärkte.

115 Liebknecht spricht von einer »2. Brigade May«, die 1931 nach Moskau kam und zu der er neben sich selbst folgende Personen zählt: Ingenieur Bartoschat, Grafiker Hüffner, die Architekten Hüffner, Ernst Zerath, Fred Forbat, den Österreicher Mossetig und den Holländer Bert Nienhuis. Vgl. Kurt Liebknecht, *Mein bewegtes Leben*, Berlin (DDR) 1986, S. 48.

116 Ernst May, »Städtebau in der Sowjetunion«, in: *Das neue Rußland* 1,2/1932, S. 28, in diesem Band S. 305 f.

117 Ernst May, Brief an Stalin vom 7. September 1931, RGASPI, 558/11/775, Bl. 69 f., in diesem Band S. 424 ff. Die näheren Umstände des Briefes sind nicht bekannt. Gegen ein Treffen mit Stalin spricht, daß sich Stalin vom 20. August bis zum 5. Oktober 1931 im Urlaub befand. May gehörte wohl nicht zu den Besuchern Stalins im Kreml, vgl. *Na prieme u Stalina. Žurnaly zapisej lic, prinjatych I. V. Stalinym (1924-1953 gg.). Naučnyj redactor A. A. Čërnobaev* (Zu Empfang bei Stalin. Das Verzeichnis der von Stalin empfangenen Gäste [1924-1953], wissenschaftliche Redaktion von A. A. Čërnobaev), Moskau 2010. Auch der Band *Stalin i Kaganovič. Perepiska 1931-1936* (Stalin und Kaganovič, Briefwechsel 1931-1936), herausgegeben von O. V. Chlevnjuk, R. U. Dėvis, L. P. Košelëva, Ė. A. Ris, L.A. Rogovaja, Moskau 2001, gibt keinen Hinweis auf ein Treffen.

118 Lazar' M. Kaganovič, »Für die sozialistische Rekonstruktion Moskaus und der Städte der UdSSR«, Rede auf dem Juni-Plenum des ZK der KPdSU (11.-15. Juni 1931), zitiert nach Bodenschatz/Post, *Städtebau im Schatten Stalins*, S. 369 f., Hervorhebung des Herausgebers.

119 Ebd., S. 374.

120 Ebd., S. 370.

121 Bodenschatz/Post, *Städtebau im Schatten Stalins*, S. 368.

122 So der Titel bei Bodenschatz/Post 2003.

123 »Der programmatische Abschied von der ›Gleichmacherei‹ implizierte auch die Anerkennung ungleicher Wohnverhältnisse und ein Konzept von sozialistischer Stadt, das diese Verhältnisse widerspiegelt. Stalin selbst deutete an, daß es keineswegs nur um Löhne im engeren Sinne ging. Die Rede zeigte auch, daß die Kritik an der ›Gleichmacherei‹ eine Antwort auf die außer Kontrolle geratene Dynamik des ersten Fünfjahrplans war. Die Partei war gezwungen, auf den Engpaß an qualifizierten Arbeitskräften zu reagieren, auf die Konkurrenz der Betriebe um qualifizierte Arbeitskräfte und die große Fluktuation.« (Ebd., S. 374)

124 Kuznetsk (russ. Кузнецк, d. h. Schmied), 1618 auf dem östlichen Ufer des Tom' von Kosaken gegründet, bis ins 18. Jahrhundert Festungsstadt. Ab 1929 Errichtung des Metallurgischen Kombinates und zugehöriger Arbeitersiedlungen (Socgorod) auf dem östlichen Ufer. 1931-1932 Novokuzneck, 1932-1961 Stalinsk, seit 1961 wieder Novokuzneck, gegenwärtig 363 000 Einwohner (2009).

125 Der Wettbewerb wird dokumentiert bei Evgenij N. Blinov, *Städte Sibiriens.*

126 Noch 1929 träumte Vladimir Majakovskij die Zukunft von Kuzneck als »Gartenstadt«, vgl. »Erzählung vom Kusnezkstroi und den Leuten von Kusnezk«, in: ders., *Gedichte*, herausgegeben von Leonhard Kossuth, Berlin (DDR) 1975, S. 358 ff.

127 »Erlaeuterungsbericht zu dem Projekt der Technischen Abteilung der Zekombank fuer den Ausbau der sozialistischen Stadt Kusnetzk« vom 8. Februar 1931, DKA, I,B-18.

128 »Die 17 m breite Straße der blinden Giebel in Stalinsk erinnert an eine von Grabdenkmälern gebildete Friedhofsallee; nicht ohne Grund nennen sie die Arbeiter von Stalinsk die ›Straße der Gräber‹.« (Aleksandr M. Mostakov, »Bezobraznoe ›nasledstvo‹ architektora Ė. Maja« [Das häßliche ›Erbe‹ des Architekten E. May], in: Architektura SSSR [Architektur der UdSSR] 9/1937, S. 62.); »Obwohl das Projekt der Planung der Stadt nicht bestätigt war, wurden schon im Juni 1930 auf dem für die zukünftige Stadt (heute Prospekt der Enthusiasten) bestimmten Territorium die Grundsteine für zehn dreigeschossige Typenbauten mit je 32 Wohnungen gelegt, die für Arbeiter des KMK [Kuznekker Metallurgisches Kombinat] bestimmt waren und von Gosproekt ausgearbeitet waren.« (Irina V. Zacharova, *Architekturnoe nasledie Kuzbassa* [Das Architekturerbe des Kuzbass der 1910er bis 1930er Jahre], Kemerovo 2005, S. 58.)

129 Vgl. Zacharova, »Ernst May«.

130 Vgl. Zacharova, *Architekturerbe des Kuzbass*, S. 68.

131 »Die neue Etappe des ›sozialistischen Realismus‹ in der Architektur wurde in Novokusnezk mit dem Bau des Klubs der Metallurgen eingeleitet. Das Gebäude war im Rohbau bereits nach dem Entwurf des deutschen Architekten Walter Schütte, der der Gruppe Ernst May in Moskau angehörte, fertiggestellt worden. Die Baumassen waren klar gegliedert, die Fensteröffnungen nach dem Prinzip der einfachen Reihung angeordnet. In Deutschland wäre auf der Grundlage dieses Entwurfs bei Verwendung hochwertiger Baumaterialien und einer einwandfreien Ausführung ein akzeptables Bauwerk im Stil der ›neuen Sachlichkeit‹ errichtet worden. In Nowokusnezk konnte ein solches Resultat unter den damaligen Bedingungen nicht erreicht werden. Es wäre ein Gebäude entstanden, das die Vorstellungen von einem großen Schuppen, keinesfalls aber von einem Klub der Metallurgen hervorgerufen hätte. Die erforderliche Umprojektierung des Klubgebäudes wurde dem sowjetischen Architekten Umanski und mir übertragen. [...] Der nach den neuen Prinzipien gestaltete Klub der Metallurgen war Gegenstand vieler Diskussionen und wurde allgemein als große Errungenschaft anerkannt.« Gerhard Kosel, *Unternehmen Wissenschaft, Erinnerungen*, Berlin (DDR) 1989, S. 48 f. Der Vorgang läßt die Vermutung zu, daß das ganz ähnliche Kulturhaus in Magnitogorsk ebenso von Schütte entworfen und später »verbessert« wurde.

132 Vgl. Ernst May, »Städtebau in der Sowjetunion«, in diesem Band S. 306.

133 Zacharova, *Architekturerbe des Kuzbass*, S. 60.

134 »Gerade die offenbar späteren Häuser Mays heben sich positiv heraus, weil ›Standartgorproekt 1932 einige Maßnahmen zur Verbesserung der architektonischen Gestaltung vorgenommen hatte, die sich in der Überarbeitung der Fassade, der Variation der Anzahl der Sektionen und schließlich in Fensterdurchbrüchen und der Anbringung von Balkonen an bereits errichteten Häusern ausdrückte‹« (GANO, 47/1/1210, Bl. 62), zitiert nach Zacharova »Ernst May«, S. 151. Die Rekonstruktion der tatsächlichen Chronologie der Ereignisse erweist sich dabei als ein wesentlicher Faktor des Verständnisses und der Rehabilitierung der Tätigkeit von Ernst May in der Sowjetunion. Im Heft 3 meldete *Die neue Stadt* schon 1932: »Wir wissen heute, daß [...] zwar Teile der von ihr [der Gruppe May] geplanten Städte Magnitogorsk und Kusnjetzk [...] ausgeführt sind, aber nach Plänen, für die Ernst May schwerlich verantwortlich gemacht werden kann.« (Ebd., S. 66).

135 Vgl. Stephen Kotkin, *Magnetic Mountain. Stalinism as a Civilization*, Berkeley und Los Angeles 1995, S. 159.

136 Vgl. Fedosichin, »Das Erbe der Bauhaus-Schule in Magnitogorsk«, S. 149.

137 »Zweihundertzwanzigtausend Menschen wirkten am Aufbau [des Werkes und der Stadt von Kuzneck, Anm. d. Verf.] mit. Tag und Nacht errichteten die Arbeiter Baracken, doch der Baracken waren zu wenig.« (Ilja Ehrenburg, *Der zweite Tag*, Berlin (DDR) 1958, S. 11.

138 Walther Schulz, »Wie arbeitet die Gruppe May in Moskau?«, S. 66 f.

139 Die Kündigung erwähnte May später nie, sie wurde allein überliefert durch die diplomatische Notiz aus Moskau. Vgl. in diesem Band S. 428.

140 Sojuzstandartžilstroj, Anordnung vom 5. Februar 1932, RGAĖ, 8022/1/5/54b, in diesem Band S. 440 f.

141 Vgl. »Schwierigkeiten des Stadtbaurats May«, in diesem Band S. 428 ff. Noch Jahrzehnte später markierte der Jahresbeginn 1932 für Ernst May einen tiefen Bruch mit dem Sowjetsystem: »Als jedoch die mit der zunehmenden Verschärfung der innenpolitischen Lage und dem Beginn der stalinistischen Säuberungsaktionen den Russen auch die Gruppe May verdächtig wurde, setzten sie ihm einen russischen Ingenieur vor die Nase und rückten ihn an die zweite Stelle.« (Biographische Notizen, DKA, I,B-1. Interessanterweise fehlt auch diese Passage in der Veröffentlichung von Buekschmitt 1963. Die tatsächliche Funktion Mays und seine Degradierung als Chefingenieur wird bei Buekschmitt verschleiert durch die Bemerkung: »May selbst leitete die Gruppe zunächst unter dem Titel eines Chefingenieurs, selbstverständlich im Rahmen der jeweiligen Dienststelle. Ihm zur Seite stand ein russischer Politkommissar namens Gasparjan, der als Verwaltungsdirektor tätig war.« Justus Buekschmitt, *Ernst May*, S. 60. Gasparjan war Leiter von Standartgorproekt bzw. später von Gorproekt.)

142 Ernst May, »Städtebau in der Sowjetunion«, in diesem Band S. 299 ff.

143 Ebd., S. 306.

144 Ebd., S. 302 f.

145 Zitat Forbat im Brief von Walter Gropius an Siegried Giedion vom 4. März 1932, Institut für Geschicht und Theorie der Architektur (gta) an der ETH Zürich, S. 2. Forbat zeigte noch den Elan des Neuankömmlings, hielt sich jedoch nur ein Jahr in Moskau auf. Vermutlich unterschätzte Forbat Mays interne Kenntnisse der sowjetischen Verhältnisse. Vgl. Fred Forbat, *Ein Architekt in vier Ländern*, Manuskript im Besitz des Architekturmuseums Stockholm, darin das Kapitel »Ein Jahr in der UdSSR« (1969-1972), Kopie auch im Bauhaus-Archiv in Berlin und im Hamburgischen Architekturarchiv. Walter Hämer notierte in diesem Zusammenhang über die Arbeit bei Standartgorproekt: »Das Arbeiten dort, ist, wie mir Kollegen berichten, im höchsten Grade unerfreulich. Man hockt in den Zeichenställen derart eng, mehr auf- als nebeneinander, so dass gegenseitige Störun-

gen unvermeidlich sind. Abgesehen davon gibt es ständig Differenzen zwischen Russen und Deutschen, zwischen Kommunisten und politisch Neutralen, zwischen denen mit Valuta-Verträgen und denen, die von Tag zu Tag mehr entwertenden Sowjetrubel bekommen. Wie wenig angenehmen unter solchen Umständen kollektives Arbeiten ist, lässt sich denken.« (Walter Hämer, *Tagebücher der Russlandjahre*, S. 97).

146 Planwirtschaftliche Ansätze waren auch in anderen Ländern, wie in Deutschland, bereits aus der Kriegsökonomie im Ersten Weltkrieg sowie der Kommunalwirtschaft der Weimarer Republik bekannt. In Reaktion auf die Weltwirtschaftskrise 1929 entwickelten insbesondere die USA mit ihrem keysianisch geprägten New Deal plan- bzw. zentralverwaltungswirtschaftliche Züge. Mit der politischen Liquidation ökonomisch selbständiger Akteure durch deren Verstaatlichung wurde in der Sowjetunion die Plankommission (Gosplan) zur zentralen ökonomischen Steuerungsinstanz. Wenn die so konstituierte sozialistische Planwirtschaft auch das staatliche Machtmonopol voraussetzte, so tendierte auch hier jede *ökonomische* Betrachtung notwendig dazu, die Reproduktion *verschiedener* Wirtschaftssubjekte zu betrachten. Kommandowirtschaft dagegen exekutiert Planziele gegen wirtschaftliche Reproduktionserfordernisse. VNSCh und NKVD verfolgten unterschiedliche Dominanzkonzepte im Verhältnis von Ökonomie und Politik. Weil der demokratisch-institutionelle Rahmen für das Austragen dieses Konfliktes fehlte, konnte sich das NKVD durchsetzen, die Folgen für die Sowjetunion waren katastrophal. Die Nationalsozialisten etablierten eine Kommandowirtschaft unter der Voraussetzung privater Eigentümer – bei gleichzeitiger Enteignung und Ausbeutung von Millionen europäischer privater Eigentümer – durch die Verfolgung der Juden und die Unterwerfung und Ausbeutung der okkupierten Nachbarstaaten im Krieg. Der New Deal in den USA war so erfolgreich, weil er – unter Voraussetzung privater Marktteilnehmer und eines demokratisch-institutionellen Rahmens – ein für Jahrzehnte stabiles Regulationssystem zwischen Produktivitätsentwicklung und privatem Konsum entwickelte, das sich erst mit dem Ende des Fordismus erschöpft hat.

147 »An den Internationalen Kongreß für neues Bauen, Generalsekretariat«, in: *Die neue Stadt* 6,7/1932, S. 146. Siehe dazu auch Bodenschatz/Post, *Städtebau im Schatten Stalins*, S. 109-116, und Kees Somer, *The Functional City. The CIAM and Cornelis van Eesteren. 1928-1960*, Amsterdam 2007, S. 113-123.

148 Buekschmitt, *Ernst May*, S. 60f.

149 Zitiert nach ebd., S. 62.

150 Vgl. Ulrich Wolf, »Als Grünflächen-Bearbeiter bei der Planung in Russland«, in: *Gartenkunst* 7/1933, S. 105-111, Zitate auf S. 108 und 110.

151 »Wir sind aus der stark sozial eingestellten grosszügigen Wohnungsbautätigkeit in Deutschland gewohnt gewesen, das Wohnhaus als möglichst neutrales Element des Städtebaus zu betrachten und architektonische Akzente auf Bauten der Gemeinschaft aufzusparen. Einige massgebliche russische Kollegen des Trusts sind leider anderer Meinung gewesen; sie wollten jedes Gebäude als ›Architektur‹ behandeln und überhaupt den Städtebau der Architektur unterordnen, statt die Architektur dem Städtebau, nicht bedenkend, dass lauter Akzente gar kein Akzent sind und dass der Aufbau draussen jeden Ansatz zu ›Architektur‹ einstweilen durch schlechte Qualität der Ausführung lächerlich macht.« (Fred Forbat, *Ein Architekt in vier Ländern*, S. 159f.)

152 Vgl. dazu mehrere Texte in Hans Schmidt, *Beiträge zur Architektur 1924-1964*, zusammengestellt und eingeleitet von Bruno Flierl, Berlin (DDR) 1965, neu herausgegeben und zusätzlich eingeleitet von Aldo Rossi, Zürich 1993.

153 Ebd., S. 147.

154 Ebd.

155 Zur Entwicklung der Positionen Miljutins vgl. Dmitrij Chmel'nickij, »Nikolaj Miljutins ›Sozgorod‹ vor dem Hintergrund der sowjetischen Geschichte«, in: *Nikolaj Miljutin, Sozgorod*, herausgegeben von Dimitrij Chmel'nickij, Faksimile der russischen Erstausgabe von 1930: Berlin 2008, S. I-XVII, siehe auch die Anmerkung zu Miljutin auf S. 510f.

156 Nikolaj Miljutin (Stellvertretender Volkskommissar für Volksaufklärung der RSFSR), Ansprache zur Eröffnung der Ausstellung zeitgenössischer deutscher Architektur am 18. September 1932, in: *Sovetskaja Architektura* 5,6/1932, S. 19 (im Original auch auf deutsch).

157 Der Amerikaner bei Giprogor konnte noch nicht identifiziert werden. Dmitrij Chmel'nickij vermutet, es handle sich um Albert Kahn selbst.

158 Rudolf Wolters, *Spezialist in Sibirien*, Berlin 1933, S. 83 f.

159 Walther Schulz, »Planmäßiger Städtebau in der UdSSR in Theorie – und Praxis«, in: *Bauwelt* 26/1932, S. 633 f.; Walther Schulz, »Wie arbeitet die Gruppe May in Moskau?«, S. 66f.

160 Ernst May und 26 Kollegen von Standartgorproekt, »Brief an die Bauwelt: Echo aus Rußland«, in: *Bauwelt* 31/1932, S. 764, in diesem Band S. 324f.

161 Walther Schulz, »Zuschrift zum Brief aus Moskau«, in: *Bauwelt* 31/1932, S. 764f.

162 »Schicksal der Frankfurter May-Expedition. Vom Baudiktator Rußlands zum kleinen Architekten in Moskau«, in: *Frankfurter Generalanzeiger* vom 18. Juni 1932 (Zeitungsausriß im Nachlaß Ernst Mays, DKA, I,B-16).

163 »Wohnungen für 1 400 000 Menschen. Der frühere Stadtrat May über seine russischen Pläne«, in: *Neueste Zeitung* vom 8. August 1932 (Zeitungsausriß im Nachlaß von Ernst May, DKA, I,B-16), in diesem Band S. 328 ff.

164 Fritz Jaspert, »Streiflichter aus russischen Betrieben«, in: *Frankfurter Zeitung* vom 9. Oktober 1932, S. 3 f.

165 Fried Lübbecke, »Deutsches Schicksal in Rußland. Architekt Jaspert über seine russischen Eindrücke«, in: *Frankfurter Nachrichten* vom 12. Oktober 1932, S. 5.

166 Walter Hämer, *Tagebücher der Russlandjahre*, S. 128.

167 Bruno Taut, Brief Nr. 23 vom 4. Dezember 1932, in: Barbara Kreis, *Bruno Taut*, S. 306. An anderer Stelle bescheinigt Taut May »geschäftliche Gerissenheit«, vgl. Bruno Taut, Brief Nr. 26 vom 27. Januar 1933, ebd., S. 339.

168 Vgl. Ernst May u. a., »Račoie, političeskie dejateli i architektora o planirovke Moskvy (anketa)« [Arbeiter, Politiker und Architekten über die Planung Moskaus (Umfrage)]«, in: Stroitel'stvo Moskvy (*Der Bau Moskaus*), Moskau Nr. 6/1930, S. 27-31, in diesem Band S. 183 ff. »Noch in Frankfurt entwickelte May für Moskau ein Konzept aus Trabantensiedlungen mit viergeschossigen Häusern und großzügigen Grünanlagen. Dieser Plan wird knapp zwei Jahre später weiterbearbeitet.« Einen Beleg für die These Borngräbers, daß May bereits in Frankfurt daran gearbeitet hätte, habe ich bislang nicht gefunden. Vgl. Borngräber, »Mitarbeit antifaschistischer Architekten am sozialistischen Aufbau während der ersten beiden Fünfjahrpläne«, S. 335 f.

169 Zu den »Kollegen« vgl. die Anmerkung auf S. 534. Zur Geschichte des schließlich 1935 beschlossenen Generalplans für Moskau vgl. Bodenschatz/Post, *Städtebau im Schatten Stalins*.

170 Ebd., S. 135.

171 Ernst May, »Neuer Generalbebauungsplan für Groß-Moskau«, in: *Bauwelt* 38/1932, S. 948 f., in diesem Band S. 331 ff.

172 Ebd.

173 Bodenschatz/Post, *Städtebau im Schatten Stalins*, S. 141 f.

174 Barbara Kreis, *Bruno Taut*, S. 229.

175 Bruno Taut, Brief Nr. 19 vom 10. Oktober Juli 1932, in: Barbara Kreis, *Bruno Taut*, S. 273.

176 Bruno Taut, Brief Nr. 13 vom 30. Juli 1932, in: Barbara Kreis, *Bruno Taut*, S. 222. Vgl. auch ders. am 10. Oktober 1932: »Moskau ist in sei-

nen sehr weiten Stadtgebieten noch wie ein Dorf und richtig ist deshalb Kaganowitschs und Semjonows Auffassung, daß die vorhandene Größe genügt [...] und daß die Aufgabe darin besteht, aus *diesem* Stadtkörper ein gut funktionierendes Instrument zu machen.« (Ebd., S. 274)

177 Biographische Notizen, DKA, I,B-1.

178 Ebd.

179 Ebd.

180 Ebd.

181 Bruno Taut, Brief Nr. 15 vom 23./29. August 1932, in: Barbara Kreis, *Bruno Taut*, S. 236. Taut leitete zu dieser Zeit das Büro zur Projektierung des Hotels Intourist in Moskau.

182 Die fünfteilige Artikelserie »Ferien vom Städtebau« erschien im *Stadt-Blatt* der *Frankfurter Zeitung* am 25. Dezember 1932 sowie am 1., 8. und 19. Januar und 1. Februar 1933; in diesem Band S. 338 ff.

183 Margarete Schütte-Lihotzky, »Meine Arbeit mit Ernst May in Frankfurt a. M. und Moskau«, in: *Bauwelt* 28/1986, S. 1054.

184 Kurt Liebknecht, *Mein bewegtes Leben.* Aufgeschrieben von Steffi Knop, Berlin (DDR) 1986. S. 71.

185 Ebd.

186 Biographische Notizen, DKA, I,B-1. Das am 9. März 1933 aufgezeichnete Gespräch Goebbels' wurde vor dem 12. März 1933 gesendet.

187 »Ein Schädling soll gutmachen«, in: *Deutsche Bauhütte*, Januar 1933, S. 176. Siehe auch die Anmerkung zum Frankfurter Oberbürgermeister Landmann in diesem Band S. 515.

188 Ernst und Ilse May, Brief vom 26. März 1933 an Ilses Mutter, DAM, 160-902-015, in diesem Band S. 442 ff.

189 Ebd.

190 gta, ETH Zürich, KM-1933-TGB-1. Den Tagebucheintrag veröffentlichte Hubertus Adam unter dem Titel »Resignation nach russischen Erfahrungen« in *archithese* 5/2010, S. 107.

191 Offenbar war May zwischen dem 26. März und dem 2. April 1933 für wenige Tage in London, um Farmer aus Kenia zu treffen. Vgl. den Brief von Ernst und Ilse May vom 26. März 1933 und die Notiz von Karl Moser über den 2. April 1933, gta, ETH Zürich, gta, KM-1933-TGB-1.

192 »Das Rußland von heute, gesehen und erzählt von Ingenieur Henel«, in: *Neuer Görlitzer Anzeiger* vom 1., 3., 4., 5., 6., und 7. Oktober 1933, in diesem Band S. 382 ff. Die ersten fünf Ausschnitte befinden sich im Nachlaß Mays in Nürnberg (DKA, I,B-16). May hatte ansonsten nahezu ausschließlich eigene Artikel bzw. ihn betreffende Zeitungsausschnitte aufgehoben.

193 *Neuer Görlitzer Anzeiger* vom 7. Oktober 1933, in diesem Band S. 409f.

194 Botschafter Dirksen faßte dies als Ablehnung Mays auf, gegenüber dem »[...] an Sie wie jeden Auslandsdeutschen ergangenen Ruf der nationalen Regierung, am Wiederaufbau Deutschlands mitzuarbeiten«. (Vermerk der deutschen Botschaft in Moskau vom 22.5.1933 nach Besuch Mays und nachfolgender Briefwechsel), AAA R83636, in diesem Band S. 451 bzw. 452.

195 Vgl. auch Buekschmitt, *Ernst May*, S. 76: »Im Jahre 1933 entschloß sich May, die Konsequenzen zu ziehen, seinen Vertrag zu kündigen und die Sowjetunion zu verlassen.« Bislang nicht zu belegen ist auch die Äußerung Mays: »Man versuchte mich mit allen Mitteln zu halten. Ich war aber fest entschlossen, meine Arbeit aufzugeben.« Biographische Notizen, DKA, I,B-1.

196 Ebd.

197 Ernst May, Brief vom 18. Dezember 1933 an seine Schwiegermutter aus Moskau, DAM, 160-902-015.

198 Margarete Schütte-Lihotzky, »Meine Arbeit mit Ernst May in Frankfurt a. M. und Moskau«, S. 1054.

199 Kurt Liebknecht, *Mein bewegtes Leben*, S. 71.

200 »Tri goda raboty v Sovetskom Sojuze. Beseda s architektorom Ėrnstom Maj« (Drei Jahre Arbeit in der Sowjetunion. Gespräch mit dem Architekten Ernst May), in: *Technika* (Die Technik) vom 21. Dezember 1933, S. 2, in diesem Band S. 411 ff.

201 Ebd.

202 Vgl. das Arbeitszeugnis vom 25. Dezember 1933, Original auf russisch und deutsch, DKA, I,B-26, in diesem Band S. 454.

203 »Lange noch winkten Mays uns aus dem Waggonfenster zu, als sich der Zug langsam in Bewegung setzte.« (Margarete Schütte-Lihotzky, »Meine Arbeit mit Ernst May in Frankfurt a. M. und Moskau«, S. 1054).

204 Über die Zeit Mays in Afrika vgl. Eckhard Herrel, *Ernst May. Architekt und Stadtplaner in Afrika 1934-1953*, Schriftenreihe des DAM, herausgegeben von Evelyn Hils-Brockhoff und Wolfgang Voigt, Tübingen/Berlin 2001.

205 Information von Slawik Hedeler. Interessanterweise wohnte auch Jakov Šmidt im selben Haus (Wohnung 88) wie Ernst May (Wohnung 83), bislang ungeklärt ist allerdings, ob auch zur selben Zeit (1930-1933).

Aufsätze, Interviews, Reiseberichte

1930

[*Russisch-deutscher Bote für Wissenschaft und Technik* 6/7, 1930]

Ernst May
Stadtplanung und neuer Wohnungsbau in Deutschland

Zur Linderung der Wohnungsnot legte die Stadtverwaltung von Frankfurt am Main im Jahre 1925 ein auf zehn Jahre bemessenes Wohnungsbauprogramm auf.

Es war notwendig, nicht nur die Folgen des Baustillstands der Kriegs- und der Nachkriegszeit auszugleichen, sondern auch den gestiegenen Bedarf an Wohnräumen zu befriedigen.

Bereits 1926 konnte das Programm im Zusammenhang mit dem Wirtschaftsaufschwung ausgedehnt werden, statt 1200 im Programm vorgesehener Wohnungen wurden rund 2200 gebaut.

Im Jahr 1927 wurden statt geplanter 1400 Wohnungen 2855 errichtet, und im Jahr 1926 lag die Zahl neugebauter Wohnungen bei 3259.

Obwohl der Plan übererfüllt wurde, ließ die Wohnungsnot nicht in dem Maße nach, wie man es erwartet hatte. Deshalb wurde im Jahr 1928 ein neues Bauprogramm entworfen, das für die nächsten vier Jahre die Errichtung von jährlich 4000 Wohnungen vorsah.

Die Erfahrung der vergangenen Jahre führte notwendig zu der Schlußfolgerung, daß in erster Linie Kleinstwohnungen erforderlich waren, damit den am wenigsten vermögenden Bevölkerungsschichten die Zahlung der Wohnmiete erleichtert werde.

Die Durchführung dieses Programms traf jedoch auf besondere Hindernisse, da es inzwischen an Kapital mangelte. So konnten im Jahr 1929 statt der geplanten 4000 Wohnungen nur 3650 Wohnungen gebaut werden, und im Laufe des Jahres 1930 erfuhr das Programm eine weitere Kürzung auf 3200 Wohnungen.

Die ökonomische Voraussetzung des planmäßigen Wohnungsbaus für die Bevölkerungsmehrheit bestand in der finanziellen Unterstützung durch staatliche oder kommunale Mittel, ohne die in der Nachkriegszeit der Wohnungsbau unmöglich oder unrentabel gewesen wäre. Die Inflation zerstörte die Vermögen der Kleinaktionäre, die nicht in festen Werten angelegt waren. Für Kreise, die ihr Kapital erhalten konnten, war die Investition in den Wohnungsbau unvorteilhaft wegen der strengen Gesetze über die Miethöhe und die Unzulässigkeit einseitiger Kündigung der Mietverträge, die zum Schutz der Mieter erlassen worden waren. Außerdem brachte die Nachkriegszeit den Aufschwung verschiedener Wirtschaftszweige mit sich und förderte damit die Anhäufung des freien Kapitals in der Industrie.

Die Finanzierung des Wohnungsbaus wurde außerdem aufgrund seiner Wertsteigerung erschwert, die im Vergleich zu Vorkriegszeit bis auf 190 % anstieg, sowie aufgrund der beträchtlichen Steigerung der Kapitalerträge.

Die Stadt Frankfurt am Main verwirklichte die Finanzierung des Wohnungsbaus, indem sie Darlehen aus den Mitteln der sogenannten »Hauszinssteuer« zur Verfügung stellte, worauf 3 oder teilweise 1 Prozent Zinsen erhoben wurden. Außerdem nahm die Stadtverwaltung an der Verteilung der ersten beliehenen Grundstücke teil.

Die so konzentrierten öffentlichen Mittel riefen natürlich bei der Stadtverwaltung das Bestreben hervor, einen deutlich höheren Einfluß auf den Wohnungsbau auszuüben und diesen als Auftraggeberin in die eigenen Hände zu nehmen. Infolgedessen konnte man gleichzeitig große Erfolge bei der Errichtung billiger Kleinstwohnungen erzielen, für die es teilweise die sogenannten nichtrückzahlbaren Zuschüsse gab.

Diese – im wesentlichen wirtschaftlichen – Voraussetzungen ermöglichten es der Stadtverwaltung, ausgehend von bestimmten allgemeinen Gesichtspunkten, den Wohnungsbau zu organisieren. Damit wurde die Grundlage für ein planmäßiges Aufbauwerk gelegt, das in vielem der in dieser Richtung geführten Planungsarbeit in der UdSSR gleichkommt, die wegen ihrer vielen Vorzüge als Vorbild dienen kann.
Die Maßnahmen zur planmäßigen Entfaltung des Wohnungsbaus betrafen in erster Linie die Schaffung natürlicher, gesunder Lebensbedingungen in neuen Wohnstätten.
Die Entwicklung des Wohnungsbaus in Frankfurt am Main seit der Mitte des vergangenen Jahrhunderts spiegelt deutlich die prinzipielle Änderung der Ansichten zur Methode der Grundstücksbebauung wider.
Die privatkapitalistische Bebauung führt im Gegensatz zur planmäßig-sozialen zu übermäßiger Nutzung sowohl des Baugrundstücks wie auch der Baufläche des einzelnen Hauses. Die Ausnutzung der Baugrundstücke nahe des Frankfurter Hauptbahnhofs in den 90er Jahren des vergangenen Jahrhunderts gibt ein anschauliches Beispiel für die Skrupellosigkeit der damaligen Grundbesitzer und Bauspekulanten: In lichtlosen Stadtvierteln nisteten Krankheiten und Amoralität. Um die Gesundheit der Bevölkerung zu schützen, zeigte sich bald die Notwendigkeit, die bauliche Verdichtung einzelner Grundstücke zu verringern. Zunächst wurde die Bebauung einzelner Quartiere mit Wohnbauten auf den Höfen eingeschränkt. Die Generalbebauungspläne aus der Zeit um 1900 zeigen, wie bereits diese verhältnismäßig spät im Blockinneren errichteten Hofbauten die Licht- und Luftdurchlässigkeit in die Hauptgebäude erschwerten. Die einzelnen Entwicklungsphasen, die in Bebauungsplänen der letzten 30 Jahre durchlaufen wurden, können am besten mit Hilfe einer schematischen Darlegung vor Augen geführt werden (Abb. 1).
Das Schema I zeigt ein Stadtquartier aus den 1890er Jahren:

Die Bemühung um eine hohe Grundrente schloß alle anderen Überlegungen der Grundstücksbebauung aus. Allmählich verschwand die Hofbebauung, das sogenannte Hinterhaus. Der von allen Seiten bebaute Block entstand, allerdings frei von Bauten im Inneren. Die Anordnung nach dem Schema II bildete bis in die letzten Jahre den einzigen Fortschritt in dieser Hinsicht. Die systematische wissenschaftliche Arbeit unterstrich dagegen all die negativen Seiten einer solchen Anordnung und stellte das Prinzip auf, daß für jedes menschliche Wohnen gleichgünstige Bedingungen im Hinblick auf Luft und Sonne, die Versorgung mit Grünflächen und eine bequeme Lage im Hinblick auf die städtische Fortbewegung vorzusehen sind.

Die nächste Entwicklungsstufe führte zu zweireihiger Bebauung. Dabei wurde das Grundstück in Richtung von Norden nach Süden in Quartiere aufgeteilt, wobei nur die beiden Längsseiten der Quartiere bebaut wurden. Die zweireihige Bebauung (Schema III) stellt bereits einen revolutionären Fortschritt dar, hat aber den Nachteil, daß die gegenüberliegenden Bebauungsreihen jeweils unterschiedliche Lösungen erfordern. Will man den Hauptraum mit dem Garten verbinden, so wird der Garten bei der einen Reihe zum Osten hin angelegt, bei der anderen zum Westen.

Die einreihige Bebauung schließt diese Nachteile aus und führt zu einer Bebauungsmethode, bei der entlang von in einfachster Weise organisierten Wohndurchgängen nur eine einzelne Häuserreihe errichtet wird (Schema IV).

Die Straßen werden quer durch die Reihe der Häuser und Durchgänge angelegt, was die Bewohner vor jeglicher Störung durch den Straßenverkehr bewahrt.

Die Bebauung des Grundstücks in dieser Anordnung bezeugt die soziale Haltung, bildet aber nur die eine Seite notwendiger Maßnahmen, die dem Wohnen seinen maximalen Wert verleihen. Die Hauptentscheidungen in bezug auf die

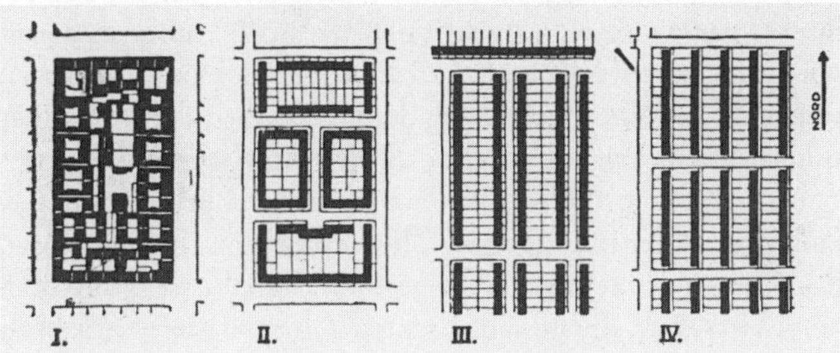

Abb. 1: Von der Blockbebauung zur Zeilenstruktur

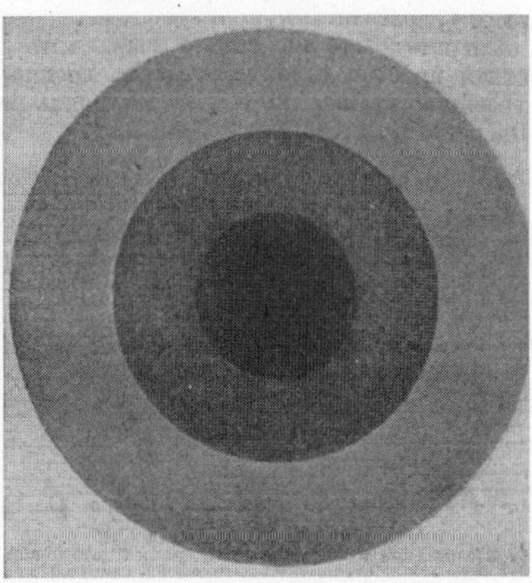

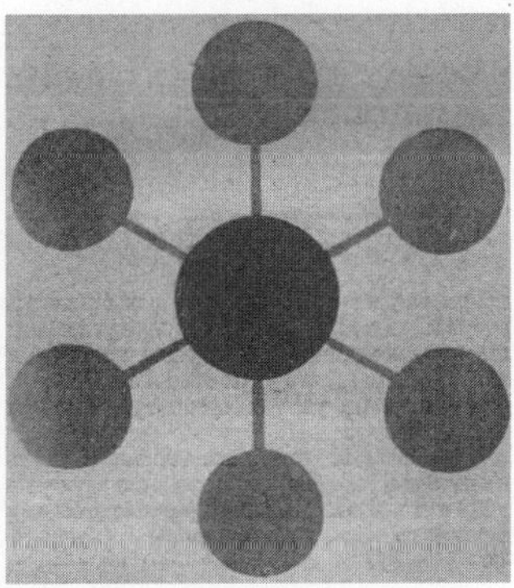

Abb. 2 und 3: Konzentrische Stadt und Satellitenstadt (Skizze Ernst Mays)

Grundlagen des Wohnungsbaus werden bereits bei der Aufstellung des Generalbebauungsplans der Stadt getroffen.

Die Zusammendrängung der Bevölkerung in den Großstädten vergangener Zeit muß als Folge der noch immer als naturwüchsig akzeptierten Konzentrationsentwicklung angesehen werden. Die Verschlechterung der Gesundheit der Bewohner solcher Städte zog nach sich, daß die Ausgaben für Sozialversicherung sowie für Krankenhäuser und schließlich für Gefängnisse außerordentliche Höhen erreichten. Es war nötig, das Übel auszumerzen. Man gewann die Überzeugung, daß eine Wirtschaft, die nur auf nackten Ziffern basiert, sehr kostspielig sei, und man versuchte ein anderes wirtschaftliches Maß zu finden, das vielmehr auf die Erhaltung der Gesundheit der Menschen setzt. Diese neue soziale Ökonomie verlangt nachdrücklich die Auflockerung der städtischen Baumassen und die Errichtung von ausgedehnten Grünanlagen im Stadtinneren. Lange Zeit waren die Stadtgrenzen eng umrissen, bis die Entwicklung moderner Fortbewegungsmittel die Überwindung großer Entfernungen innerhalb kürzester Zeit ermöglichte. Aus diesem Umstand wurde der Schluß gezogen, daß die Erweiterung bestehender Städte auf dem Wege der einfachen Verlängerung städtischer Radien und des Baus immer neuer konzentrischer Kreise erfolgen sollte (Abb. 2).

Welche Folgen diese irrtümlichen Annahmen hatten, läßt sich am besten an den Zuständen sehen, die im Zentrum Moskaus herrschten.

Die Ausgaben für die Beseitigung der Mißstände in modernen Großstädten sind derart hoch, daß man zwangsläufig überall nach einem Ausweg aus der gegebenen Lage gesucht hat. Heute ist bereits bekannt, daß die wertvollsten Ideen im Konzept der Satellitenstädte liegen, deren Wesen die Errichtung einzelner Siedlungen in der Umgebung der Stadt ist (Abb. 3).

Dieser Entwicklung des Städtebaus stehen in Frankfurt am Main wie in ganz Deutschland noch administrative Hindernisse im Wege, die zu überwinden aber nur eine Frage der Zeit ist.
In den Verwaltungsstrukturen einzelner Städte besteht bereits heute die Möglichkeit zur Errichtung von Satellitenstädten, die mit allem Nötigen für die Befriedigung der wirtschaftlichen und kulturellen Bedürfnisse ihrer Bewohner ausgestattet sind. In diesen Satellitenstädten werden Handwerksbetriebe und Industrieunternehmen gegründet, um sich allmählich dem Hauptziel zu nähern – möglichst kurzen Wegen zwischen Wohn- und Arbeitsort.
In Vororten, die bereits durch große Industriebauten bestimmt sind, wird die Errichtung von Ergänzungsstädten vorgesehen, die ausschließlich zum Wohnen bestimmt sind. Auf diese Weise erzielt man automatisch auf dem billigsten und natürlichsten Wege die Entlastung des Verkehrs im überbeanspruchten Stadtzentrum.
Besondere Aufmerksamkeit gilt der Frage der Schaffung bequemer Transportmittel zwischen dem Stadtzentrum und den Erweiterungskomplexen. Die neuen elektrischen Stadtbahnen, des einfachen wie des beschleunigten Verkehrs, und die neuen Buslinien bilden zusammen mit den bestehenden Verbindungslinien des Zentrums ein einheitliches System, das den Bewohnern der Vorstadtsiedlungen die Nutzung zentraler Institutionen erleichtert.
Die Flächen zwischen den einzelnen neuen Wohngebieten werden als Erholungs- und Sportplatze sowie als Gärten für den Intensivanbau angeeignet.
Das verbundene Raumsystem, das die Satelliten von der eigentlichen Stadt trennt, dringt mit den Enden seiner Verästelungen bis in den zentralen Boulevardring durch. Um die Wohnbedingungen für Bewohner der Satellitenstädte und jene der Zentralstadt anzugleichen, werden auf den neuen Arealen

sogenannte Gartenbauanlagen errichtet, die es den Stadtbewohnern ermöglichen sollen, die Schäden einseitig-beruflicher Tätigkeit durch Gartenarbeit an der frischen Luft zu lindern. In Frankfurt am Main ging man sogar bereits zum Bau von Schulen in frischer Luft und inmitten einer wunderbaren grünen Landschaft über. Bis vor kurzem drängten sich die Lehrstätten in dichtbevölkerten Straßen im Schmutz und Lärm der Großstadt.

Auf diese Weise ist die systematische Entlastung der Großstadt bereits am Werk, ihr wichtigstes Resultat sollte man in der Schaffung gesunder Lebensräume in enger Verbindung mit Gärten und Grünflächen erkennen. In verschiedenen Stadtteilen sind die geplanten neuen Siedlungen zum Teil bereits errichtet.

Die der zukünftigen städtebaulichen Entwicklung in Frankfurt am Main zugrunde gelegten Ideen konnten teilweise beim Bauprojekt Nidda-Tal verwirklicht werden.

Die Nidda, der Nebenfluß des Mains, fließt im Nordosten der Stadt, an der Schwelle zum Taunus, in einem Flußbett von großer natürlicher Schönheit. Auf beiden Seiten dieser Senke erheben sich niedrige Hügel – hier wurden neue Siedlungen mit Anschluß an die vorhandenen Ortschaften geschaffen. In der Umsetzung des Bebauungsplans werden diese neuen Siedlungen eine vollkommene Einfassung für das ganze Nidda-Tal bilden, zwischen Heddernheim, Eschersheim zur einen Seite und Hausen, Rödelheim zur anderen. Als erster großer Baukomplex entstand in den Jahren 1926 bis 1929 die Siedlung Praunheim, in den Jahren 1928 bis 1929 wurden die Siedlung Römerstadt und auf der gegenüberliegenden Talseite die Siedlung Gegenblick gebaut, gegenwärtig entsteht hier die Siedlung Westhausen.

Die Einkünfte aus der sogenannten »Hauszinssteuer« werden hauptsächlich für den sozialen Wohnbau eingesetzt. Aus der Tatsache zentraler Finanzierung entsteht im weiteren die

Möglichkeit der Rationalisierung des Baus im weitesten Umfang mittels der Vereinigung zahlreicher einzelner Wohneinheiten in Großsiedlungen. Die massenhafte Errichtung von Wohnungen, die in Komplexen zusammengefaßt sind, ist besonders günstig bei Bebauung billiger Vorstadtgrundstücke. Die Produktionskosten können dadurch erheblich gesenkt werden.

In allen Frankfurter Siedlungen – zumindest in den meisten Fällen – kann man das offensichtliche Bemühen beobachten, die Höhe der Bauten, das heißt die Anzahl der Stockwerke, zu verringern und die Wohneinheiten horizontal anzuordnen. Die horizontale Anordnung führt zur Villa, die vertikale zum mehrgeschossigen Wohnhaus. Die Villa gewährt ihren Bewohnern häusliche Ruhe und Abgeschiedenheit. Diese Wohnform erlaubt es, die Haupträume unmittelbar mit dem Garten zu verbinden und damit den Wohnraum des Hauses um jenen des Gartens zu vergrößern und zu ergänzen.

Die Übergangsform ist das Ein- oder Vierfamilienhaus, solche Häuser werden hauptsächlich in Westhausen errichtet. In der Siedlung Goldstein kommen vornehmlich zweigeschossige Bauten zur Anwendung, die dem Charakter dieser Siedlung als Gartenstadt entsprechen.

Die Notwendigkeit einer rentablen Bebauung hochwertiger Grundstücke erfordert es, Bauten mit mehreren Stockwerken zu errichten, Etagenwohnungen zu schaffen. Die heutige Etagenwohnung kann jedoch keinesfalls mit einer Wohnkaserne alten Typs verglichen werden. Im heutigen Mietshaus erhält jede Wohnung eine einwandfreie Isolation und ermöglicht eine freie Sicht auf großzügige Grünanlagen. Die Anzahl der Stockwerke ist auf drei, maximal vier beschränkt. In den letzten Jahren wird der mehrgeschossige Typ des Laubenganghauses gebaut.

Ungeachtet seiner Vorzüge wird sein allgegenwärtiger Einsatz dadurch erschwert, daß seine Kosten um acht bis zehn

Prozent höher liegen als die Kosten eines Hauses, in dem die Wohnungen unmittelbar am Treppenhaus liegen. Für jene Straßen allerdings, die von Osten nach Westen angelegt sind, bietet dieser Typ eine wertvolle Ergänzung der neuen Wohnformen.

Eine wichtige Arbeit im Hinblick auf die Realisierung der Möglichkeiten des Massenwohnungsbaus ist die Schaffung streng durchdachter Typenpläne. Die wechselnde Zahl der Familienmitglieder und andere Faktoren machen es notwendig, eine ganze Serie solcher Typen aufzustellen, die den Bedürfnissen von breiten Bevölkerungsschichten entsprechen könnten.

Die in Frankfurt am Main eingesetzte Typenserie ist auf Grundlage des folgenden Programms ausgearbeitet worden:

1. Die Räume sind so zueinander angeordnet, daß im Haushalt keine überflüssigen Gänge erforderlich sind; die wichtigsten Wohnungsbereiche sind nach Möglichkeit vollständig ausgestattet.
2. Die Proportionen der Wohnräume und die Lage der Zimmer sollen dem Menschen auch eine geistige Befriedigung gewähren; in besonders großem Maße sollen Licht und Sonnenstrahlen in die Wohnungen dringen.
3. Die Pläne aller Mehrfamilienhäuser sind so entworfen, daß nach Möglichkeit alle Schlafräume am Morgen Sonne haben und die anderen Wohnräume am Nachmittag; in den Straßen, die vom Westen nach Osten verlaufen, sind besondere nördliche Haustypen in Verwendung.
4. Der Wohnraum bildet auch der Größe nach den Hauptraum, die Wohnküche wird abgelehnt; in enger Verbindung damit steht die besondere Küche (des Frankfurter Typs).
5. Das gemeinsame Schlafen von Eltern und heranwachsenden Kindern sollte ausgeschlossen werden, die Trennung der Geschlechter wird prinzipiell durchgeführt.
6. Für die Mehrheit der Bevölkerung eignet sich eine Drei-

zimmerwohnung; eine Fläche von 44 qm ist bereits ausreichend. Eine Vierzimmerwohnung ist in den meisten Fällen zu teuer. Für Familien mit zahlreichen Kindern werden besondere Typen geschaffen, nach Möglichkeit in Verbindung mit Gärten.

7. Jede Wohnung verfügt über eine eigene Toilette, sogar die kleinste Wohnung ist mit einer Badewanne oder einer Dusche ausgestattet. Das Badezimmer und der Waschraum grenzen an die Schlafzimmer an.

8. Jede Wohnung verfügt über einen Keller und einen Abstellraum.

Die Typisierungsarbeit wird durch die Normierung der wichtigsten Bauteile ergänzt, wodurch man eine Planbarkeit ihrer Massenproduktion erzielt. Obgleich bei der Normierung der Mehrzahl der Bauteile die Verbilligung im Vordergrund stand, ließ man dennoch zur Qualitätssteigerung mancher Teile einen höheren Preis zu. Dank der Massenproduktion einzelner Teile hat man außerordentliche Ersparnisse erzielt. Der Preis einer Frankfurter Typenküche konnte von 395 Mark auf 238 Mark gesenkt werden.

Die Normierung wurde nicht nur auf einzelne Bauteile ausgedehnt, sondern auch auf häufig verwendete Konstruktionen. In diesem Zusammenhang steht die Umorganisation des gesamten Bauprozesses. Der noch immer weitverbreitete Ziegelsteinbau hat den Nachteil, daß die Hauptarbeit in Abhängigkeit vom Wetter steht, daß man für die Verlegung der nicht großen Ziegelsteine eine erhebliche Wassermenge in den Bau einführen muß und daß man im weiteren zur Erzielung einer ausreichenden Isolation von den Witterungseinflüssen stärkere Wände errichten muß, als es die Tragfähigkeit erfordert.

Mit Hilfe des Staatlichen Bauinstituts entwickelte die Stadt Frankfurt am Main eine Baumethode, die die erwähnten Nachteile beseitigte.

Für die Produktion großer Bauteile wurden Fabriken errichtet, zunächst in einer vorhandenen Ausstellungshalle, später aber auf dem Gelände des Osthafens. Das verwendete Material besteht aus dem Gemisch von zwei Teilen Bimssteinsand mit fünf Teilen Bimssteinkies und einem Teil Portlandzement. Die Bearbeitung des Rohmaterials wird maschinell durchgeführt, ebenso erfolgen das Stapeln und das Verladen fertiger Platten mittels eines Krans. Für die Produktion der Bauplatten dienen normale Formen aus Holzblöcken der Größe 3,00 × 1,10 × 0,20 m. Kürzere Platten werden nach Bedarf in normalen Formen durch Einfügen von Zwischeneinlagen produziert.

Die Jahresleistung beträgt ungefähr 20000 m^3, für 200 Arbeitstage bei einer Tagesleistung von 100 m^3 Platten. Die Tagesleistung genügt für den Bau von zweieinhalb Villen.

Das Gewicht von 1 m^3 fertiger Platten beträgt während der Montage ungefähr 1250 kg und sinkt nach dem Verlegen im Durchschnitt auf 1100 kg. Das Gewicht einer normalen Platte einer Größe von 3,00 × 1,10 × 0,20 m beträgt 726 kg.

Die Druckfestigkeit fertiger Platten nach 7 Tagen beträgt 45-55 kg pro cm^2; nach 28 Tagen 65-75 kg pro cm^2 und höher.

Die Bimsbetonplatte von 20 cm Stärke hat die Wärmedämmung einer Ziegelwand von 46 cm. In Bezug auf die Wasserdurchlässigkeit ist die Bimsbetonplatte mit 20 cm Stärke wesentlich besser geeignet als eine Ziegelsteinwand mit einer Stärke von 38 cm. Die Montage eines Hauses von 65-70 m^2 Wohnfläche, bestehend aus einem Keller, einer ersten und einer zweiten Etage, einschließlich Decken, erfordert durchschnittlich 1,5 Arbeitstage und 18 Arbeiter.

Davon gehen 45 Prozent auf Fachkräfte und 55 Prozent auf ungelernte Arbeitskräfte, bei einer Gesamtzahl der Arbeitsstunden von 18 × 8,5 × 1,5 = 230.

Der Preis von 1 m^2 Plattenwand von 28 cm Stärke beträgt 13,40 Mark, der von 30 cm Stärke 20,10 Mark.

Der Preis von 1 m^2 Ziegelwand mit der Stärke von 38 cm beträgt 15,32 Mark, der von 51 cm Stärke 20,56 Mark.

Die Ergebnisse der Montagebaumethode sind bislang durchweg positiv. Die technischen Eigenschaften des neuen Bauverfahrens übertreffen in diverser Hinsicht das alte Verfahren des Ziegelbaus.
Während des sehr rauhen Winters 1928/29 wurde allgemein festgestellt, daß diese Häuser wärmer sind als die gleichzeitig errichteten Ziegelbauten aus 30cm starken Wänden mit Luftschicht. Die Kosten des Standardhauses aus Platten sind bereits jetzt niedriger als ein Ziegelbau mit 38er Wänden. Durch Mechanisierung lassen sich der Herstellungsprozeß wie auch das Montageverfahren weiter rationalisieren. Für die UdSSR hat diese Methode eine besondere Bedeutung, denn sie erlaubt es, die langen Wintermonate für die massenhafte Produktion von Bauteilen zu nutzen und die kurze Bausaison während der Sommer ausschließlich für Montage und Ausbau.
Die oben dargelegten Maßnahmen hatten zum Ziel – auf beste Weise und ohne dabei den Boden realer Möglichkeiten zu verlassen –, die Aufgaben zu lösen, die die Gegenwart dem Wohnungsbau stellt. Die Aufstellung eines langfristigen Bauprogramms, die Lösung der Fragen der Finanzierung, die Verwirklichung neuer Prinzipien der Bebauung bei der Ausarbeitung des Generalplans, weitreichende Bestrebungen bei der Rationalisierung der Baumethode – all das sind Glieder einer langen Kette intensiver schöpferischer Arbeit.
Die Bedeutung der in Frankfurt am Main auf dem Gebiet des Wohnungsbaus durchgeführten Pionierarbeit kann man nicht umfassend bewerten, ohne darauf zu verweisen, daß die Frankfurter Siedlungen sowohl im Hinblick auf ihre günstige Anordnung als auch im Sinne ihrer äußeren Gestaltung als vorbildlich anerkannt werden. Die Begründung dafür kann man darin suchen, daß das Geschaffene keinesfalls Resultat einer bestimmten Ideologie ist, einer Laune, Mode oder einer künstlerischen Idee. Die äußere Form der Frankfurter Sied-

lungen entwickelte sich aus den Gegebenheiten der inneren Struktur und verzichtet bewußt auf dekorative Gesten und unnötigen Schmuck.

[Übersetzung aus dem Russischen]

[*Der Bau Moskaus* 6, 1930]

Ernst May
Stellungnahme im Rahmen der Umfrage »Arbeiter, Politiker und Architekten über die Planung Moskaus«

Zu Frage III. Das Wachstum und die Verteilung der Bevölkerung. Die Organisationsprinzipien des Wohnens:
Das weitere unbegrenzte Wachstum Moskaus als ganzheitliche kompakte Stadt sollte entschieden unterbunden werden, weshalb die strikte Losung ausgegeben werden sollte: »Kein einziger Mensch mehr in die Altstadt«.
In derzeitiger Gestalt kann Moskau nicht mehr als 1 000 000 Einwohnern vernünftig beherbergen, da es für ungefähr 800 000 Menschen ausgelegt ist.
Die Entwicklung Moskaus muß durch die Anbindung einzelner und vom unmittelbaren Zentrum entfernterer Gebiete, sogenannter Trabanten, erfolgen.
Diese Trabanten sollten nicht näher als zehn km und nicht weiter als 35 km vom Zentrum entfernt liegen.
Der Wohnungsbau sollte niedrige Häuser anstreben und keinesfalls den Weg von Wolkenkratzern oder Hochhäusern verfolgen (z. B. viergeschossige Bauten). Obgleich im ganzen Hochhäuser etwas billiger sind, wenn man die Kosten der Erschließung in Betracht zieht, darf man für normale Lebensbedingungen und insbesondere für Kinder das Wohnen nicht von der Erde ablösen und ein Gebirgsregime errichten. Mit den Aufzügen und übrigen technischen Ausstattungen fällt der Preisunterschied in jedem Fall geringfügig aus, während die sanitären Vorzüge niedriger Bebauung, von wenigen Ausnahmen abgesehen, vollständig erhalten bleiben.

Dieser Umstand führte in England dazu, daß nach dem Krieg die Neubauten in mehr als 90 Prozent der Fälle niedrig gehalten wurden.

Des weiteren ist es außerordentlich wichtig, die Wohnungen reichlich mit Grünanlagen zu umgeben. Am meisten verwundert den Ausländer die Pflanzenarmut Moskaus, sowohl in der Altstadt wie in den neuen Bezirken am Stadtrand, weshalb die Kinder gezwungen sind, auf dem Damm oder auf staubigen Boulevards zu spielen.

Insgesamt sollten auf 1 ha Wohngebiet nicht mehr als 100 Einwohner leben.

Zu Frage IV. Prinzipien der Stadtorganisation, das Schicksal des bestehenden Moskau:

Der Bereich zwischen der Metropole und den Trabantensiedlungen sollte ein landwirtschaftliches Gebiet umfassen, das heißt ein System von Räumen darstellen, frei von städtischer Bebauung, bestehend aus Wäldern sowie Gärten mit intensivem Gemüseanbau. Hier werden auch die Agrarzentren (Kolchosen) angelegt, die keine schwierige bauliche Erschließung benötigen (Zuwegung, Kanalisation und Transport), denn bei 500 m^2 landwirtschaftlicher Fläche pro Person und fünfköpfiger Familie werden alle Abfälle und Unrat bestens und vollständig innerhalb der Landwirtschaft aufgebraucht.

In einem Trabantensystem birgt das Ringschema der Altstadtplanung und ebenso das der neuen Trabanten keinerlei Mängel in sich.

Überhaupt ist das Ringsystem in bezug auf die Planung das bestmögliche.

Die Satellitenmethode der Planung setzt sich überall durch und ist in Deutschland allgemein anerkannt (Frankfurt am Main, Hamburg, Köln, Breslau, Berlin).

Nur wenige Städte werden anders geplant, beispielsweise Angora, ein typisches Beispiel eines imperialistischen (zentralisierten) Systems.

Abseits steht nur das System von Le Corbusier, das allerdings vom Standpunkt der rationalen Organisation der Wirtschaft und des Alltags der Werktätigen gänzlich unbrauchbar ist. Die die Stadt umgebende landwirtschaftliche Grünzone sollte bis zu 2/3 des gesamten Territoriums der Stadt einnehmen (wie z.B. in Frankfurt am Main).

[Übersetzung aus dem Russischen]

[*Moskauer Rundschau*, 1. Juni 1930]

L. S.
Aktuelle Fragen des Städtebaus

Die Diskussion über den Bau sozialistischer Städte hat an Intensität in den letzten Wochen womöglich noch zugenommen. Durch den Besuch des Stadtbaurats May aus Frankfurt, der in Moskau mehrere Vorträge hielt, durch die Eröffnung einer Ausstellung von Plänen und Maquetten in den Räumen der Kommunistischen Akademie und durch die, unter dem Vorsitz N. Miljutins in der Komm. Akademie abgehaltene sachliche Aussprache, hat die Diskussion neuen Stoff und eine breitere Basis bekommen.

Hie Urbanisten – hie Desurbanisten. Das sind die Hauptgruppen. Die ersteren logischerweise in der Mehrzahl für Hochbauten – die letzteren für niedrige Häuserkomplexe, zum Teil für Einzelhäuser. Dazwischen die ganze Skala der Varianten und Schattierungen. Neben den prinzipiellen Hauptfragen, die kaum weniger wichtigen Details: Baumaterial, Grundrissökonomik, Licht, etc.

Ueber e i n e Grundforderung ist man sich einig: ein bestimmter Teil des Lebens der Bevölkerung der neuen Städte soll und muss gemeinschaftlich organisiert werden. Dazu gehört vor allem gemeinschaftliche Ernährung und Kindererziehung. Aber trotz der Einigkeit in der Forderung, herrscht grosse Uneinigkeit in bezug auf die Form der Ausführung. Soll der einzelnen Hausfrau die Möglichkeit gegeben werden, wenn sie es wünscht, doch zu Hause zu kochen? (Kochnische, Teeküche, etc.) Sollen die Kinder in einer Kinderstadt völlig isoliert von den Erwachsenen erzogen werden (Sabsowitsch) oder soll jedem Wohnhaus ein Kinderflügel angegliedert sein?

Und weiter: Sollen die Eltern gezwungen werden, die Kinder ausser Haus zu geben, oder soll ihnen nur diese Möglichkeit geboten werden? Und wie ist's mit der Nacht? Sollen die Kinder über Nacht bei den Eltern sein, oder in den Heimen bleiben? Zu diesen Fragen fangen nun auch Pädagogen, Psychologen und Aerzte an, sich zu äussern. Es scheint, dass sich die verschiedenen Fachleute doch allmählich darauf einigen, ohne Zwang die Kinder in Räumen, die den Eltern zugänglich sind, gemeinsam zu erziehen. Die Frage des Uebernachtens scheint aber auch theoretisch einer Lösung noch nicht nahe.
»Der Sozialismus wird die moderne Großstadt liquidieren, aber er kann es erst, wenn er den in den hochkapitalistischen Ländern erreichten Stand nicht nur erreicht, sondern bereits überschritten hat« – dies sagte ein Diskussionsteilnehmer im Verlauf des Meinungsaustausches nach dem Vortrag des Architekten May in der Arbeiter- und Bauerninspektion. Diese Meinung, die auch bei der Diskussion in der Komm. Akademie von einigen Architekten vertreten wurde, wird von der Mehrzahl scharf abgelehnt. J. Schneidratus widerlegte sie mit folgenden Worten: »Ich halte es für absolut falsch, dass wir erst über das gleiche Stadium hinwegmüssen, über das die Entwicklung der kapitalistischen Städte gegangen ist. Wir sind schon über ganz andere Dinge hinweggesprungen. Wir müssen probieren: Was braucht der Mensch wirklich? Wir haben es bis jetzt noch nicht festgestellt, weder theoretisch noch praktisch. Wir müssen genaue analytische Untersuchungen darüber anstellen, unter welchen Bedingungen, in welchen Häusern sich die Menschen wohler fuhlen …« Denkt man das Argument des Verteidigers der kapitalistischen Bauart zu Ende, so kommt man zu den Lösungen, die tatsächlich auch von einer Reihe Architekten und Institutionen augenblicklich in Moskau praktiziert werden: Hochhäuser von 10-12 Stockwerken werden im Zentrum der Stadt errichtet, reine Rentabilitätsberechnungen als Grundlage für die Planierung angenom-

men. Dadurch entstehen nicht nur unhygienische, ja antisanitäre Wohnkasernen, sondern das grosse, jetzt schon beinahe unüberwindliche Uebel, die Verkehrsnot, wird noch unendlich gesteigert (das Haus des WZIKK, das Haus der GPU!!).
Dieser Lösung der Baufrage stehen verschiedene andere gegenüber. Die extremsten Desurbanisten (zu ihnen gehört jetzt auch der bekannte Architekt Ginsburg) fordern, dass in den bestehenden Städten überhaupt nicht weiter gebaut werde und diese so mit der Zeit zu einer Art Museum zwischen grünen Anlagen umgewandelt werden. Neue Städte sollen nach ihrer Theorie nicht errichtet werden, sondern die Bevölkerung den Magistralen entlang über die ganze Fläche des Landes verteilt werden. So kann nach ihrer Meinung eine vollkommene Verbindung von Stadt und Land, Kollektivwirtschaft und Industrie entstehen. Voraussetzung ist hier natürlich weitgehendste Dezentralisierung von Verwaltung und Industrie.
Den heutigen Möglichkeiten weitaus näher steht Stadtbaurat May mit seiner in Frankfurt schon realisierten Trabantentheorie. Danach werden in der Umgebung der Großstädte, durch weite grüne Flächen vom Zentrum getrennt, Wohnsiedlungen angelegt, zum grössten Teil aus Flachhäusern bestehend, deren einzelne Wohnungen so gebaut sind, dass jeder Mensch ein Maximum an Licht, Luft und Bequemlichkeit erhalten kann. Die einzelnen Elemente dieses Bauprinzips riefen in Moskau lebhafte Diskussionen hervor. So die Frage des individuellen Gartens. Herr May erzählte, dass in Frankfurt die Wohnungen mit individuellen Gärten schneller vergriffen waren, als die kollektiven Gartenwohnungen, so dass anzunehmen sei, der Wille der Arbeiterschaft gehe in dieser Richtung. Die Diskussionsgegner aber meinten, dass nur eine bestimmte Arbeiterschicht, die kleinbürgerliche Arbeiteraristokratie, die Lösung wählen würde.
»Wir können diesen Weg nicht gehen, denn wir wollen ja andere Menschen erziehen.«

Was Herr May in seiner Kritik der in der UdSSR unternommenen Versuche zur Lösung des Problems des Gemeinschaftshauses besonders ablehnt, ist die Anlage der Wohnzellen an beiden Seiten eines gemeinsamen Korridors. Dadurch werden auf jeden Fall eine Reihe von Hausbewohnern vor den anderen begünstigt, indem sie geographisch bessere Lage, dadurch besseres Licht und mehr Sonne haben. Herr May sagte: »Man ist hier nicht von der Notwendigkeit der Schaffung absolut gleichmässiger Bedingungen für die einzelne Wohnung ausgegangen. Durch das zweibündige System entsteht etwas Kasernenmässiges, was den Menschen schadet. Ausserdem enthalten die meisten Wohnzellen, wie ich sie hier zu sehen Gelegenheit hatte, weder Bad, noch Abort, Wasch- oder Kochgelegenheit. All dies ist irgendwo an eine zentrale Stelle verlegt. Ich frage Sie, sagen Sie ehrlich, ob es dem Gesichtspunkt der Schaffung von Wohnelementen entspricht, die die Menschen möglichst befriedigen und glücklich machen, dass man ihnen zumutet jedesmal, wenn sie sich die Hände waschen wollen, einen langen Weg bis zu einer Art Sammelklosett zurückzulegen, wo es unter Umständen noch dazu eine ›Otschered‹ (›Schlange‹) gibt? Eine Kollektivwohnung muss eine zentrale Küche haben, einen Klub, ein Kinderheim und eine mechanische Wäscherei – aber Voraussetzung ist eine vollkommen ausgestaltete Wohnzelle mit all den Einrichtungen, die für die engste Notdurft des Menschen notwendig sind. Es genügt nicht nur eine Waschgelegenheit (wie wollen Sie ohne die die Menschen zur Körperpflege erziehen!), sondern jeder braucht auch einen Abort, sonst wird die Waschgelegenheit zum Abort.« An Hand von Bildern zeigte Architekt May, welche Lösungen in Deutschland für die Minimalwohnungen gefunden wurden (Teilbarkeit des Wohnraums durch eine Schiebetür, Klappbetten, Kastenwände, etc. etc.).

Ueber die Anlage der Strassen sagte Herr May: »Man kann

nie bei beiderseitigem Strassenbau eine gleiche Qualität der beiden Elemente erreichen, sondern der einzige Weg, der dazu führt, ist das System der Einzelreihenbebauung. Alle Räume derselben Wohnung haben beiderseitig Gartenlage, der Schlafraum Morgensonne, der Wohnraum Abendsonne.«

Die Frage der Verbilligung des Bauens durch Typisierung der Bauteile und Verwendung neuer Materialien nimmt in der Baudiskussion einen grossen Raum ein. Jedenfalls scheint dieser Weg der Verbilligung gangbarer als der der Herabdrückung des Wohnminimums und der Zusammenpferchung der Menschen auf einem engen Raum.

Die grösste Schwierigkeit bei der Lösung der Aufgaben, die sich die Architekten der Sowjetunion gestellt haben, bei der Findung des besten Typus des neuen Wohnhauses, der sozialistischen Stadt, besteht wohl darin, dass diese Aufgaben nur zum geringsten Teil von den Architekten gelöst werden können. Die Fragen des Standortes der Industrie, der Transportmöglichkeiten, der Produktenverteilung und noch vieles andere bleiben ebensoviele Unbekannte in der Rechnung, die sich die Architekten zu lösen vorgenommen haben. Deswegen wird ihre theoretische Arbeit hauptsächlich zwei Funktionen erfüllen können: Möglichkeiten aufweisen und unter den jeweils gegebenen Umständen durch die Anlage von Wohnbauten, die allen Anforderungen der geistigen und körperlichen Hygiene entsprechen, erzieherisch auf die Bevölkerung einwirken.

[*Frankfurter Zeitung*, 1. August 1930]

Ernst May
Warum ich Frankfurt verlasse

An die Redaktion der *Frankfurter Zeitung*

Sie stellen mir die Frage, warum ich mein Frankfurter Arbeitsgebiet aufgebe, um fern von hier ein neues Feld der Betätigung aufzusuchen. Da Sie vom ersten Tage an meinem Schaffen mit vollem Verständnis begegneten, liegt mir daran, Sie davon zu überzeugen, daß ich die Stätte meines Wirkens nicht leichten Herzens verlasse. Ich habe hier nicht als Städtebauer einer beliebigen Stadt gearbeitet, mein Wirken galt meiner Vaterstadt, mit der ich aller Traditionsfeindlichkeit zum Trotz, die man mir gelegentlich nachsagte, bis in das Innerste verwurzelt bin.

Manche suchen nach einer billigen Erklärung für meinen Weggang, wenn sie sagen, die gelegentlich heftige Kritik, die meine Arbeit in manchen Kreisen der Bürgerschaft gefunden habe, verscheuche mich aus Frankfurt. Nun, ich glaube, daß die mit meiner Person, mit meiner Art Vertrauten wissen, daß mir der Kampf ein ebenso notwendiges Bedürfnis ist wie das tägliche Brot, daß ich aus dem Gefühl heraus, einem inneren Müssen folgend zu handeln, gleich unempfindlich gegen Lob wie Tadel bin. Ich gehöre überdies zu den Menschen, die selbst ihren eingeschworenen Gegnern nicht böse sein können, da sie sich bemühen, sich in deren Lage zu versetzen, ihre Interessen und Empfindungen nachzufühlen. Nie in der Welt ist Neues ohne Kampf entstanden.

Könnten es politische Motive gewesen sein, die mich zu meiner Entscheidung drängten?

Gewiß nicht! Zu den vielen Fehlern, die ich habe, gehört auch der, politischen Dingen gegenüber sträflich gleichgültig zu sein, nicht, als ob ich mir nicht meine festumrissene Weltanschauung gezimmert hätte, wohl aber widerstrebte es mir von jeher, mich in parteipolitisches Gezänk einzulassen.
Ich betrachte mein Lebensziel darin, an der großen Aufgabe mitzuwirken, das Los der Menschen mit den schwachen Mitteln, die mir gegeben sind, verbessern zu helfen. Wie ich in Schlesien Tausenden von Familien manchmal aus furchtbarstem Elend zu einem gesunden Heime verhelfen konnte, in dem sie mit ihren Familien ein neues hoffnungsvolles Leben begannen, so war es mir auch hier vergönnt, während eines halben Jahrzehntes lebendigen Städtebau zu treiben, der Ende dieses Jahres jeden elften Frankfurter mit einer neuen Wohnung versorgt haben wird. Nur selten wird die Konstellation für schöpferisches Arbeiten wieder so günstig liegen, wie ich sie in Frankfurt antraf: An der Spitze der Stadt ein Oberbürgermeister, der, mit Mut und weitem Blick begabt, seinen Mitarbeitern freie Hand bei der Verwirklichung ihrer Ziele ließ, Körperschaften, deren sozial eingestellte Majorität meine Pläne auch dann unterstützte und förderte, wenn die Wege neu waren, und endlich einen Stab von Mitabeitern, von einer Begeisterungsfähigkeit, die wohl mit die wichtigste Grundlage für ein erfolgreiches Arbeiten war, eine Schar von Menschen, die aus innerem Interesse und Liebe zur Sache Leistungen vollbrachte, die in einem normalen Bürokratenapparat nie geleistet werden könnten. Nur so war es möglich, den Weg zu dem gesteckten Ziele einer neuzeitlichen Städtebaupolitik bis zum heutigen Tage gradlinig innezuhalten und in Frankfurt a. M. die Kluft, die heute noch fast über die ganze Welt zwischen städtebaulicher Theorie und Praxis klafft, in gewissem Umfange zu überbrücken. Trotzdem kann das Geschaffene keine ausgereifte Frucht bedeuten. Wir leben in einer Zeit, die in großen und kleinen Dingen, in geistiger und

materieller Hinsicht deutlich den Stempel des Ueberganges aufgeprägt trägt. Aber Uebergangswerke sind notwendig, damit eine spätere Zeit dort Früchte ernten kann, wo wir heute säen.

Wir bauten Wohnungen für die wohnungslosen Schichten des Mittelstandes, wir verbilligten die Mieten in systematisch absteigender Kurve von Jahr zu Jahr, bis wir mit Monatsmieten von 38 bis 40 Mark die Grenze des hier Erreichbaren berührten. Die Wohnungen, die in Westhausen, der Hellerhofsiedlung, auf dem Tornowgelände entstanden, und weiter entstehen werden, erschließen den Wohnungsbau auch den bisher noch nicht genügend berücksichtigten Schichten der minderbemittelten Arbeiterkreise.

Das Resultat dieser Bautätigkeit ist ein schneller Rückgang der Zahl der Wohnungslosen. Zwar weisen die amtlichen Ziffern noch immer eine beträchtliche Anzahl wohnungssuchender Familien auf, aber ein Blick in die Listen der Bewerber zeigt, daß sich bereits in überwiegendem Umfange Interessenten melden, die sich aus den Kreisen derer rekrutieren, die ihre Wohnungsverhältnisse zu verbessern streben, daß somit der Frankfurter Wohnungsbau allmählich in ein neues Stadium tritt, das uns veranlassen muß, das seitherige Tempo des Bauens zu verlangsamen. Diese veränderte Sachlage in Verbindung mit dem außerordentlich starken Geburtenrückgang des deutschen Volkes wird den Städtebau- und Wohnungspolitiker zu immer sorgfältigerer Abwägung der verantwortbaren Neubauraten zwingen, gestattet uns doch die Weltwirtschaftskrise, die Deutschland in so besonders schwerem Maße bedrückt, nicht Sanierungsaktionen großen Stiles durchzuführen, solange der siebente Teil der Nation mit dem Hunger kämpft. So sehe ich für die nähere Zukunft einen Rückgang der Aufgaben des Städtebaues. Er wird in den kommenden Jahrzehnten vorwiegend Feinarbeit zu leisten haben, er wird an dem Gefüge der Stadt feilen und hobeln müssen, in bescheidenen Ausmaßen wohl auch sanieren können und danach trachten müssen, die Verkehrsverhältnisse den neuzeitlichen Bedürfnissen allmählich anzugleichen.

So lagen die Dinge vor mir, als an mich der Ruf der russischen Regierung erging, in der anderen Welt an der Neuorganisation und der Verwirklichung des Städtebaues und Siedlungswesens in der UdSSR an leitender Stelle verantwortlich mitzuarbeiten. Bestand meine bisherige Tätigkeit, wie die fast aller Städtebauer der westlichen Länder vorwiegend in der Stadterweiterung, wenn auch auf der neuen Basis der Trabantentheorie, so sollte ich nun Entwürfe für neue Städte aufstellen, die aus dem Nichts als selbständige Organismen zu schaffen waren. Eine der bedeutungsvollsten Aufgaben, die wohl je dem Städtebauer gestellt wurden, wurde mir anvertraut: Die Gestaltung neuer sozialistischer Städte, d. h. solcher Städte, deren Aufbau auf einer gänzlich veränderten soziologischen Basis zu erfolgen hat, die in vielen Teilen erst zu ergründen und festzulegen ist. Aus den materiellen Gegebenheiten der verschiedenen Landesteile waren die jeweiligen konstruktiven Erfordernisse für den Bau umfangreicher Bezirke wissenschaftlich zu ergründen, durch die Errichtung von Baustoffabriken im Lande die Voraussetzungen für eine Verwirklichung der städtebaulichen Projektierung zu schaffen. Aus einer Verschmelzung der Wohnsitten Hunderter von Nationalitäten mit den modernen Problemen des sozialistischen Staates sollten die Typen für die einzelnen Landesteile aufgestellt und zu Siedlungen verschiedensten Ausmaßes zusammengefügt werden. War diese Aufgabe an sich schon gewaltig, vielleicht die größte, die je einem Architekten gestellt wurde, so kam noch hinzu, daß es galt, sie in einem Lande zu lösen, in dem der Gegensatz zwischen Staat und Wirtschaft, der in den kapitalistischen Ländern so unfruchtbare Kämpfe heraufbeschwört, von vornherein ausgeschaltet ist, so daß dadurch die Voraussetzungen für ein unmittelbar produktives Arbeiten in vieler Hinsicht hier günstiger liegen, als in irgend einem anderen Teile der Welt.

Aus den unzähligen Schreiben, die mir neben einer kaum mehr zu bewältigenden Menge von Bewerbungsschreiben für Mitarbeit, teils mit beglückwünschendem, teils mit warnendem Inhalte zugingen, klingen immer wieder die Zweifel heraus, ob das gewaltige Ziel, das sich Sowjet-Rußland gesteckt hat, überhaupt erreichbar ist, ob nicht die Aufgabe unlösbar sei und auch die fähigsten Köpfe zum Scheitern bringen müsse. Immer wieder erhielt ich Ratschläge, die gesicherte Beamtenexistenz nicht leichtsinnig einzutauschen gegen eine ungewisse Zukunft. Kein Mensch wird prophezeien können, ob dieses größte staatspolitische Experiment aller Zeiten gelingen wird. Mir ist aber eine Mitarbeit an dieser gewaltigen und einmaligen Aufgabe selbst auf die Gefahr des Scheiterns hin unendlich wesentlicher als die ängstliche Besorgnis um die persönlich gesicherte Existenz. In Rußland fand ich im Volke schwingend das, was ich weiter vorne als die Voraussetzung jeder bedeutungsvollen, fruchtbringenden Arbeit bezeichnete: Jene innere Ergriffenheit von der Aufgabe, die bereit ist, Opfer zu bringen für ein hohes Ziel.

Darf ich mit einer Gegenfrage schließen?
Würden Sie an meiner Stelle die mir gestellte Aufgabe ausgeschlagen haben?

Nachwort der Redaktion
Wir wollen antworten:
Wir verstehen durchaus die Großartigkeit der Aufgabe, die den Städtebauer lockte. Neue Städte zu planen, zu bauen in der menschenleeren Weite des riesigen russischen Landes – sie emporwachsen zu lassen aus einheitlicher Zielsetzung, nicht behindert durch das Alte und seine Traditionen, seine Schranken – und dabei zu wissen: mag das Experiment des Bol-

schewismus wie auch immer ausgehen, mag es gelingen oder scheitern oder sich wandeln in seinen Methoden, seinen Formen, seinen Ideen; meine Städte (notabene, wenn der auch im Bolschewismus und in ihm erst recht riesige Bürokratismus und alle anderen Schwierigkeiten sie zu bauen erlauben) werden dastehen, werden bleiben – daß den Städtebauer May dies faszinierte, das verstehen wir. Wir verstehen, daß er diesen Weg geht. Und wir wünschen ihm Glück auf diesem Weg.

Aber wir möchten, daß dieser Fall als der Sonderfall begriffen werde, der er ist, daß nicht die Europa-Müdigkeit, die Deutschland-Müdigkeit aus ihm gefährlich neue Nahrung ziehe. Wir möchten vor allem, daß man wichtige Fragen darin sehe. Gewaltige Aufgaben in Massen sind für deutsche Menschen auch in Deutschland zu lösen. Verstehen wir es genug, die richtigen Menschen dafür an den richtigen Platz zu stellen? Denken wir genug an die Pflicht, ihnen den Weg dafür frei zu machen? Und wenn diese Fragen sicherlich heute nicht mit einem Ja beantwortet werden dürfen – liegt dann der Grund dafür nicht in einer Ermattung, wirklich in einer Erkrankung unseres öffentlichen Geistes, aus der wir heraus müssen? Ernst May bezeichnet als Voraussetzung jeder bedeutungsvollen, fruchtbringenden Arbeit die innere Ergriffenheit von der Aufgabe, die bereit ist, Opfer zu bringen für ein hohes Ziel. Ein gutes Wort. Eine Mahnung, und zwar eine sehr zeitgemäße. Trotzdem, wir möchten nicht, daß man das Maß solcher inneren Ergriffenheit in Deutschland – und der Möglichkeit dafür – jetzt etwa allein nach den Wahlaufrufen der Parteien beurteile!

[*Neue Leipziger Zeitung*, 29. August 1930]

Werner Friedmann
Ein deutscher Baumeister baut Städte in Rußland

Ein Interview mit dem Frankfurter Stadtrat Ernst May, der einen Ruf von der Sowjet-Regierung erhalten hat

Der Stadtbaurat von Frankfurt a. M., Ernst May, ist von der russischen Regierung nach Moskau berufen worden, um als Städtebauer zu wirken. Stadtrat May ist durch seine Tätigkeit in Frankfurt weltbekannt geworden. Er hat dort eine neue Wohnkultur geschaffen, die als vorbildlich anerkannt worden ist. Sein Kampf gilt der alten unhygienischen Mietskaserne mit ihren unpraktischen Einrichtungen und ihrer Enge. May hat es fertiggebracht, in Frankfurt die Wohnungsnot zu beseitigen, indem er moderne Siedlungen schuf, die allen neuzeitlichen Anforderungen entsprechen. Dabei ist die Miete sehr niedrig. Dieser Mann soll nun in Rußland in gigantischem Maßstabe Aehnliches schaffen. Ueberall, wo die Sowjetregierung Industrien organisiert, sollen für die Arbeiter Siedlungen nach Plänen Mays entstehen. Neue Städte will man gründen; May soll ihr Erbauer sein. Ein Bauvorhaben, wie es noch nie dagewesen ist, ein Experiment, das alle Fachkreise der Erde aufhorchen läßt. Wird es gelingen? Das ist die große Frage, die natürlich je nach der politischen Einstellung verschieden beantwortet wird. Unser Mitarbeiter Werner Friedmann hat Ernst May interviewt und es wird unsere Leser sicher interessieren, die Meinung dieses bisher so erfolgreichen Mannes zu hören.

Den Schaffner der Straßenbahnlinie, die nach Eschersheim fährt, habe ich gefragt, wie man zum Schwalbenschwanz kommt. Seine Antwort war: »Sie wolle gewiß das Häusle vom Stadtrat May kaufe?«

Sind gescheite Leute, die Straßenbahnschaffner von Frankfurt. Sie sehen ihren Fahrgästen an der Nase an, wo sie hinwollen. Mit dem »Häusle kaufen« hat er zwar fehlgeraten, aber zum Stadtrat May will ich. Adresse: Am Schwalbenschwanz Nummer 61, allerdings nur noch bis 1. September. Dann Moskau, Regierungsgebäude der russischen Sowjetregierung. Ein interessanter Mann. Jedermann kennt seinen Namen in Frankfurt.

Das Häuschen steht am Hang. Es verrät viel Geschmack, Originalität und freundliche Sachlichkeit. Die Einrichtung ist sehr modern, aber sympathisch und gemütlich. Der Mann, der hier residiert, hat ein markantes Gesicht, kluge Augen und einen seltsamen Haarschnitt, wie man ihn bei Stadträten in der Regel nicht findet. Er ist der Schöpfer des neuen Frankfurt. Er hat in seiner fünfjährigen Tätigkeit als städtischer Baurat für jeden elften Frankfurter eine neue Wohnung gebaut. Es gibt heute

keine Wohnungsnot mehr in Frankfurt

Das ist ganz allein sein Verdienst. Er war der erste, der die Forderung aufstellte: Nicht die Stadt erweitern und systemlos anbauen, sondern außerhalb der Stadt geschlossene neue Siedlungen errichten, die sich später von selbst eingliedern. So entstand die eigenartige Niddatalsiedlung, draußen in einer grünen Mulde – wohl eins der interessantesten Experimente des modernen Siedlungswesens. Der Mittelpunkt des Ganzen ist – »die Lunge«. So nennt Ernst May die üppige Wiesenfläche, die noch frei und unbebaut in der Mitte steht.

»Das ist es, was dem Großstädter zum gesunden und freien Atmen fehlt.«

Rings um diese Mulde stehen auf den Hängen die Häuser, systematisch zusammengeordnet. Weiß, freundlich, mit großen luftigen Fenstern. Ein merkwürdiges Bild, wenn man von oben herabschaut. In der »Lunge« tummeln sich Kinder, aus den Zentralwaschküchen dampft es – das Ganze sieht aus wie ein phantastisches Zukunftsbild, eine Revolution des Großstädters, der hinaus will aus der sticki-

gen Luft der Mietskasernen und der engen, häßlichen Straßen.
Der Mann, der diese eigenartige Zukunftssiedlung geschaffen hat, führt einen erbitterten Kampf gegen die Mietskasernen. Die Niddatalsiedlung ist der erste Schlag, und Baufachleute der ganzen Erde haben sie voll Bewunderung besucht. Man darf nicht glauben, daß hier wohlbestallte Villenbesitzer wohnen. Es sind fast durchweg Leute mit bescheidenem Einkommen, die in diesem aus der Erde gestampften Paradies leben. Denn die Heimstätten sind größtenteils Wohnungen für das Existenzminimum. Und das ist wohl die wertvollste Schöpfung, deren sich Ernst May bis heute rühmen kann:

Die Wohnung für das Existenzminimum

Sie besteht aus zwei Zimmern, einer Kammer, komplett eingerichteter Küche und einem Badezimmer. Sie kostet im Monat nur 40 Mark Miete. Diese Wohnung wurde im vorigen Jahre auf einer Ausstellung zum ersten Male gezeigt. Sie war zunächst nur gedacht als eine lokale Angelegenheit, die lediglich Frankfurt betrifft. Plötzlich ist dann diese Wohnung für das Existenzminimum, die in der Tat erstaunlich ist, zu einer deutschen, ja, zu einer internationalen Angelegenheit geworden. So erstaunlich es erscheint, daß aus diesem kleinen Versuch eine große Sache wurde, man begreift es, wenn man bedenkt, daß die gesunde Wohnung für den kleinen Mann ja in der Tat immer mehr zu einem ernsten, internationalen Problem wird. Und so ist aus dieser Schöpfung Ernst Mays eine Wanderausstellung geworden, die innerhalb eines Jahres um die Erde gereist ist und in allen Ländern viel Beachtung fand. Zur Zeit ist sie in Japan, wo sie nach japanischen Zeitungsmeldungen ungeheures Aufsehen erregt.
Das alles muß vorausgeschickt werden von diesem bedeuten-

den Mann, der nun als Organisator eines Projekts ausersehen wurde, das man als das gigantischste unserer Zeit ansprechen darf. Ernst May, der deutsche Architekt, der Frankfurter Stadtrat, wird Rußland neue Städte bauen, wird

das gesamte Siedlungswesen
der Sowjetunion neuorganisieren

mit einem Stab deutscher Ingenieure, Architekten und Baufachleute. Es ist die gewaltigste Aufgabe, die man je vergeben hat. Ein Experiment, das überall mit Spannung verfolgt wird. Rußland will neue Städte, Fabriken, Siedlungen und Verwaltungshäuser bauen. Mit ungeheurer Energie geht man an die Durchführung der Neugestaltung des Landes. Wie es ausgehen wird, weiß noch niemand. Nur das weiß man, daß es ein Plan von gewaltigen Ausmaßen ist.
Das Zustandekommen dieses erstaunlichen Vertrages zwischen dem Frankfurter Stadtrat und der russischen Regierung hängt natürlich mit den erwähnten Schöpfungen Ernst Mays zusammen. Russische Regierungsvertreter und Baufachleute waren die ersten, die die interessante Niddatalsiedlung und die Wohnung für das Existenzminimum besichtigt haben. Auf Grund dieser Besichtigung wurde Ernst May aufgefordert, in Rußland Vorträge an der Moskauer Universität über modernes Siedlungswesen zu halten. Eine Maßnahme, die nicht neu ist. In den letzten Jahren hat die Sowjetunion viele namhafte Gelehrte aller Länder aufgefordert, in Rußland Vorträge über aktuelle Probleme zu halten. Der Frankfurter Stadtrat willigte ein und sprach an der Moskauer und Leningrader Universität über »Die neue Stadt«, den »Stand des Wohnungswesens in Deutschland« und die »Rationalisierung des Wohnungsbaues«. Er hat sich dabei einer sehr originellen Vortragsweise bedient. Da er nicht die russische Sprache spricht, ließ er seinen Vortrag in

Deutschland übersetzen und führte ihn mit einem Lichtbildapparat vor. Ein zweiter Apparat zeigte die begleitenden Lichtbilder dazu, und er selbst trug gleichzeitig in deutscher Sprache vor. Seine Ausführungen fanden unerwartet starken Beifall, und die russische Regierung ersuchte ihn, vor einem kleineren Kreis maßgebender Fachleute einen weiteren Vortrag über »Organisationsvorschläge für russischen Städtebau und Siedlungswesen« zu halten. Nach eingehendem Studium der Verhältnisse hat May diese Bitte erfüllt. Zwei Dolmetscher übersetzten seine Vorschläge, sämtliche russische Zeitungen haben sie abgedruckt. Die Ausführungen des deutschen Architekten hinterließen großen Eindruck, und die Regierung machte ihm das Angebot, die Organisation mit einem Stab deutscher Hilfsarbeiter durchzuführen. Durch die tätige

Vermittlung des Auswärtigen Amtes

und der deutschen Botschaft in Moskau ist der Vertrag nun zustandegekommen und unterzeichnet worden. Die Verwirklichung des gigantischen Projekts, das viele tausend Menschen beschäftigen wird, beginnt. Die Stadt Frankfurt hat ihre Interessen mit einem lachenden und einem weinenden Auge zurückgestellt und ihren Stadtrat, dem sie so viel verdankt, für Rußland freigegeben. Am 1. September werden 21 Deutsche unter Führung des Frankfurter Baumeisters Ernst May nach Moskau reisen.

Vorbereitungen, Erwartungen, Pläne, Berechnungen – es ist ein großer weiter Schritt aus dem Milieu eines Landes, in dem die Vorbedingungen für fortschrittliche kulturelle Arbeiten gegeben sind, in ein anderes, in dem sie erst geschaffen werden müssen.

»Ich bin mir der Größe meiner Aufgabe und der Tatsache, daß noch nie etwas Aehnliches versucht wurde, durchaus bewußt«, sagt Ernst May. »Wer Rußland kennt, wird staunen, daß man dieses Milliarden-Projekt einem Deutschen gibt. Amerikas Einfluß in den Sowjetstaaten ist heute außerordentlich groß und man hat in den Vereinigten Staaten erwartet, daß man auch in dieser Sache zum Zuge kommen wird. Aber das amerikanische Wolkenkratzersystem im modernen Rußland hat Schiffbruch erlitten. Man will nichts mehr davon wissen. Die Neugestaltung des russischen Siedlungswesens hängt zusammen mit dem bekannten Fünfjahresplan, ein ungeheurer, vor zwei Jahren geschaffener Arbeitsplan, der sich mit der Reorganisation des gesamten Wirtschaftswesens befaßt. Neue Fabriken, neue Industrie haben neue Siedlungen zur Voraussetzung. Neue Städte müssen gebaut, andere umgebaut werden. Straßen und Wege sind notwendig, dann da, wo all das erstehen soll, ist heute ödes Steppenland. Das ist die mir anvertraute Aufgabe im Rahmen des Fünfjahresplans, zu der ich natürlich nur den Grundstock legen kann. Bis zu ihrer Vollendung werden wohl fünfzig Jahre vergehen. Man kann das heutige Rußland politisch werten, wie man will. Ich habe mit der Politik nichts zu tun. Ich bin ein deutscher Architekt und erfülle einen Auftrag der russischen Regierung mit der Hoffnung, gleichzeitig der deutschen Wirtschaft ein wenig nützen zu können.«

»Nun zu meinen Aufgaben. Die interessanteste und schwerste wird die Schaffung neuer Städte sein. Die einzelne Familie tritt in den Hintergrund, sie lebt in kleinen Wohnzellen, die nur als Schlafräume gedacht sind. Dafür werden errichtet große gemeinsame Küchen, Kindergärten, Klubräume, Vortragsräume, Lesehallen, Sporthallen usw. Das ist im kleinen Maßstab schon ausprobiert worden, zum ersten Male werden aber aus dem Nichts viele solche Städte geschaffen, die von vornherein auf die unbedingte eingestellt sind. Der Schnitt durch die Mietskaserne zu einer bestimmten Tageszeit ergibt, daß beispielsweise in allen Küchen dasselbe geschieht. Hausfrauen stehen am Herd und kochen. Das ist nach russischer Theorie überflüssige Kraftverschwendung und läßt sich durch Zentralisierung und Rationalisierung vereinfachen und verbessern. Diese Städte werden in erster Linie der Sitz der Eisen- und Stahlindustrie sein, die neu geschaffen werden soll.

Eine weitere Aufgabe ist die Erweiterung der Städte. Hier muß in erster Linie in Moskau gebaut werden, einer Stadt, die für 800000 Menschen gebaut ist und heute von zwei Millionen bewohnt wird. Hier herrschen zum Teil katastrophale Wohnungszustände. Dazu kommt dann noch die Typisierung der Auswertung von Baumaterialien und die Feststellung der günstigsten Baumethoden. Im übrigen bin ich gleichzeitig Leiter einer Ausbildungsstelle für russische Studenten, die die Städtebaukunst studieren sollen. Hier sind schon 50 Kandidaten von der Regierung zusammengestellt worden. Vorläufig habe ich mir 20 Mitarbeiter, erprobte deutsche Architekten, Ingenieure, Gartenfachleute usw., ausgewählt. Obwohl die Auswahl längst getroffen ist, erhalte ich noch täglich viele hundert Briefe und Angebote von Leuten aller erdenklichen Berufe. Ich kann gar nicht alle Anfragen beantworten, um so mehr, da es ja vorläufig zwecklos ist. Vielleicht gelingt es mir später, noch mehr deutsche Mitarbeiter hinüberzubringen.«

So hat er gesprochen, der Mann, der eine neue Welt bauen will. Man ist gespannt auf die Entwicklung des riesigen Projekts. Beiseite mit aller Politik! Sie hat mit der Sache nichts zu schaffen. Nüchtern betrachtet: Ein deutscher Architekt baut mit deutschen Hilfskräften russische Städte. Er geht als Pionier deutscher Organisationsfähigkeit und gewissermaßen auch als Mittelsmann der deutschen Wirtschaft nach dem Osten.

[*Moskauer Rundschau*, 26. Oktober 1930]

Die Arbeitspläne des Architekten Ernst May

Ernst May und seine Gruppe von 25 Architekten sind nunmehr seit ca. zwei Wochen in Moskau. Es ist klar, dass diese Zeit nicht genügt, um einen vollkommenen Ueberblick über hiesige Arbeitsmöglichkeiten zu bekommen und neue Pläne auszuarbeiten und mit den leitenden Organen durchzusprechen. Aber immerhin klärt sich für May und seine Leute das Bild soweit, dass er über einige Hauptpunkte seiner zukünftigen Arbeit schon einiges aussagen kann.
Als wichtigsten Programmpunkt stellt May sich gemeinsam mit den russischen Organisationen die Aufgabe, die ganzen Architekturarbeiten in der Sowjetunion zu entbürokratisieren, die verschiedenen, losgelöst voneinander und gegeneinander arbeitenden Gruppen derart zu vereinen, dass sie auf möglichst einfachem Wege dem gestellten Ziele zustreben können. Also möglichste Rationalisierung des Apparats. »Die Kräfte im Lande sind zu organisieren«, meint May. Es handelt sich darum, Begabungen und Befähigungen zu erkennen und an die richtige Stelle zu setzen. Der Gruppe May werden 50 russische Architekten zugeteilt, mit denen gemeinsam die Riesenarbeit in Angriff genommen werden soll. May formuliert die Gesamtaufgabe ungefähr folgendermassen: Aus den gestellten sozialen, kulturellen etc. Aufgaben heraus das architektonische Problem erkennen und aus der Einheit von Grundriss und Aufbau, neu, ohne Uebernahme starrer Dogmen, die neue Architektur schaffen. May wiederholt mit anderen Worten das, was Bruno Taut in seinen beiden Vorträgen so sehr unterstrich: dass die Kluft zwischen dem projektierenden Architekten und der Bauausführung die schädlich-

sten Folgen habe, dass es zum notwendigsten gehöre, durch Organisationsmassnahmen diese Kluft zu beseitigen, denn anders würden die Architekten zu reinen Utopisten erzogen. Auf die Frage nach dem Gesicht der neuen sozialistischen Städte konnte Architekt May natürlich noch keine ganz präzise Antwort geben. Wie die Leser der Moskauer Rundschau wissen, sind seit bald einem Jahr die heftigsten Diskussionen auf diesem Gebiete in Gang. Hoch- oder Flachbau, zwangsweise oder freiwillige Vergemeinschaftlichung der Erziehung, der Versorgung etc., Gesamtanlage der Stadt – alles das wurde aufs heftigste umstritten. Nun sind zwar noch keine endgültigen Beschlüsse gefasst, es liegt aber schon ein Entwurf der Bauthesen, von den obersten russischen Behörden verfasst, vor, dessen Annahme wohl in nächster Zeit bevorsteht. Der Entwurf sieht – zur grössten Befriedigung der Architekten May und Taut, gegen den Rat Corbusiers – Wohnhäuser mit höchstens drei bis vier Stockwerken vor. Ueber die Frage der Vergemeinschaftlichung ist auch in diesem Entwurf keine endgültige Entscheidung getroffen. Es soll fallweise – je nach Art der Industrie, die in der betreffenden neuen Stadt vorwiegt, je nach Art der Bevölkerung (z. B. wird auf die Sitten der Mohammedaner weitgehendst Rücksicht genommen) etc. – beschlossen werden, ob den einzelnen Wohnungen Küchen angegliedert werden sollen oder nicht, ob die Kinder vollkommen gemeinschaftlich erzogen werden sollen usw. Ernst May möchte womöglich eine 100%ige Kommunalisierung durchführen, muss aber damit rechnen, dass diese Lösung eine grosse materielle Belastung für die bauenden Organisationen bedeutet, da die Einrichtung von Gemeinschaftsinstitutionen immer bedeutend teurer ist. Um die Hausfrauen zu veranlassen, z. B. ihre Wäsche in die elektrische Wäscherei abzugeben oder ihr Essen aus der Gemeinschaftsküche zu beziehen, schlägt May ein einfaches Mittel vor: die Wohnungsmiete inkl. Wäschereikosten und Kosten für Mahlzeiten zu beheben. Es wird sich kaum eine entschließen, umsonst zu zahlen. Die Einzelwohnungen stellt sich May jeweils einer bestimmten Bedürfnisgruppe angepasst vor. Allein lebende Menschen müssen anders untergebracht werden, als Familien etc. Das bedingt natürlich eine gewisse Fluktuität innerhalb der Stadt, die nur durch eine entsprechende Gesetzgebung gesichert werden kann. So ist es überhaupt ein unbedingtes Erfordernis, dass die Arbeit der planenden und ausführenden Architekten in engstem Zusammenhang mit der Verwaltung vor sich gehe. Eine gegenseitige Anpassung ist unumgänglich.

Vorläufig sind May und die Architekten, die mit ihm arbeiten, damit beschäftigt, Pläne hiesiger Fachleute zu prüfen, evtl. Ergänzungsvorschläge zu machen usw. In der Gruppe May arbeiten u. a. die bekannten Architekten Schmidt (Schweiz) und Stamm (Holland). Jeder einzelne in dieser Gruppe ist Fachmann für ein bestimmtes Gebiet des Wohnungs- oder Stadtbaues. Sie bildet sozusagen einen Kern, der alles im Keime enthält, von dem aus sich das grosse Gebilde der sozialistischen Architektur entwickeln soll.

[*Frankfurter Zeitung*, 30. November 1930]

Ernst May
Vom Neuen Frankfurt nach dem Neuen Rußland

Wir veröffentlichen hier den ersten Bericht von Ernst May über seine neue Arbeit, seine Eindrücke in der Sowjet-Union. Ernst May, der die Oberleitung des gesamten russischen Bauwesens übernommen hat, wird unseren Lesern regelmäßig über seine Tätigkeit berichten. Die Red.

Vor fünf Wochen begannen wir mit der Arbeit, bestrebt, uns trotz aller Schwierigkeiten, die uns die neuen Verhältnisse boten, insbesondere trotz unserer noch unzureichenden Sprachkenntnisse, so schnell wie möglich mit den Verhältnissen des Landes vertraut zu machen. Nach allen Seiten schwärmten wir aus, um uns das erforderliche Material zu sammeln. Der eine schlug seine Zelte im Observatorium auf und bearbeitete auf Grund des reichlich vorhandenen wissenschaftlichen Materials die so wichtigen graphischen Unterlagen über die klimatischen Verhältnisse des Landes, immer die parallelen Zahlen für Frankfurt als Vergleichsbasis mit anführend. Ein anderer studierte eifrig die Flora, insbesondere den sorgfältig gepflegten Botanischen Garten Moskaus; denn seine Aufgabe ist es, die Grünflächen in unseren Planungen zu gestalten. Er soll in öder Steppe, wenn die Aufgabe es verlangt, Vegetation hervorzaubern. Zahlreiche Sondervorträge, die man uns hielt, machten uns mit den architektonischen Grundlagen des russischen Wohnungsbaues, Krankenhaus- und Schulwesens vertraut. Einige Mitglieder des Bauforschungsinstituts (eine Parallelstelle zu unserer Reichsforschungsgesellschaft für Wirtschaftlichkeit im Bau- und Wohnungswesen) bewiesen uns in einer höchst interessanten Bauausstellung, welche umfangreiche und wertvolle Arbeit Rußland auf diesem Ge-

biete bereits geleistet hat. Besichtigungen neuerer Bauten der Hauptstadt klärten uns darüber auf, auf welchen Gebieten das ernste Streben des Landes nach schöpferischer Verwirklichung des frischen Geistes, der hier das gesamte Leben durchpulst, bereits von Erfolg gekrönt worden ist, und wo der Hebel anzusetzen hat, das Fehlende zu ersetzen.
Dann kam von heut auf morgen der Ruf zur sofortigen Fahrt nach Magnitogorsk, einem Orte der kirgisischen Steppe unweit der Osthänge des Ural auf asiatischem Boden gelegen. Der Mitarbeiterstab wurde zusammengestellt und innerhalb 24 Stunden im Sonderwagen die einschließlich der Rückreise 5000 Kilometer lange Fahrt angetreten. Diese Reise war alles andere als eine Strapaze. Wir dachten immer lächelnd der Frankfurter Warner, die uns den Hungertod in den russischen Steppen teils geweissagt, teils gewünscht hatten. Sie hätten die Kisten mit Preßkaviar, Schokolade, Zigaretten, Wurst und anderen Sachen sehen sollen, aus denen man uns während der ganzen Fahrt versorgte, und (da ich die Zweifler schon höhnen höre) die Bauersfrauen, die fast auf allen Stationen Eier, Milch, Butter und Geflügel feilboten. Sobald der Zug an einer Station länger verweilte (und das kam nicht selten vor!), eilte unsere Jelenitschka zum Heißwasserkessel an der Station, um Teewasser zu fassen. So kam es, daß wir sieben-, achtmal den Tag Tee tranken und uns in unseren molligen Kupees mit Hilfe unserer vielseitig talentierten Dolmetscherin die Mahlzeiten abwechslungsreich zubereiteten. Dabei überkam uns gleich am ersten Tage jener Humor, wie wir ihn von langen Stunden im Unterstande oder von Skitouren aus den Alphütten kennen. Wer beschreibt z. B. unsere freudige Genugtuung, wenn unsere Jelenitschka, um unser Abteil besser auswischen zu können, aus einem Becher einen Mund voll Wasser schlürfte, um ihn genau so auszuspucken, wie wir es vom Elefanten im Zoo her kennen, oder wenn sie an einer Station vom hohen Trittbrett herunterturnte, um mit küh-

nem Griff eine Handvoll unbegreiflicher Masse zwischen den Schienen zu entnehmen, um damit unser Geschirr zu reinigen. Bei solcher und anderer Gelegenheit gedachten wir mit besonderer Vorliebe unseres verehrten Frankfurter Hygienikers und seiner guten Ratschläge.

Vierundeinhalb Tage dauerte die Hinreise (für russische Verhältnisse ist das nicht viel), und trotzdem verflog die Zeit. Die Landschaft ist von einer ungeheuren Größe, nie langweilig. Bald beleben steile Schluchten, die der Regen in den Lehmboden riß, die Natur, bald fahren wir durch Sümpfe mit urwaldartigem Unterholz, bald überqueren wir unregulierte Wasserläufe, deren wilde Ufer von eigenartigem Reize sind. Die Dörfer scheinen aus der Erde zu wachsen. Braun sind die Holzwände, gelbbraun die Dächer aus Stroh oder Holz. Bald werden sie überragt von orthodoxen Kirchen, bald von Moscheen mit ihren Minaretts in den von mohammedanischer Bevölkerung bewohnten Landstrichen. Waren die Dörfer in der Regel kahl, fast ohne irgendwelchen geordneten Baumwuchs, so tauchten auf einmal Siedlungen auf, die das Bild weiträumiger Gartenstädte aufwiesen. Wir durchfuhren das Land der Wolgadeutschen und stellten fest, wie hier die typischen ländlichen Blockhausbauten, individuell sehr verschieden, die deutsche Abstammung der Bewohner verkündeten. Liebevoll waren Obst- und Ziersträucher gepflanzt, und das ganze Dorf oft durch einen zusammenhängenden Zaun eingefaßt. Dann ging es weiter in die Baschkiren-Republik. An den Stationen studierten wir die Gesichter der zum Zuge drängenden Bauernbevölkerung auf ihre jeweilige Rassenzugehörigkeit hin. Am Abend des dritten Tages begann die Ueberquerung des Urals. Kahle Kuppen von rhönartigem Charakter wichen allmählich einer reizvollen Voralpenlandschaft. In Slatoust sahen wir in der dunklen Nacht weit die Hänge hinauf unzählige Lichter der weite Flächen bedeckenden Arbeitersiedlungen der dortigen Waffenfabriken. Ich erstehe für wenige Rubel eine entzückende Steinsammlung, die in sprechender Weise Aufschluß gibt über die vielartigen und reichen Vorkommen an Bodenschätzen, die der Ural aufzuweisen hat. In Chrebet überfahren wir die Paßhöhe und damit die Grenze zwischen Europa und Asien. Am nächsten Vormittag treffen wir in Tscheljabinsk, der Hauptstadt des Uralgebietes, ein und schwenken nun von der nach Omsk führenden Hauptstrecke gen Süden ab. Schon lesen wir an den Gesichtern der Bevölkerung, daß wir wieder einen neuen Volksstamm vor uns haben. Die geschlitzten Augen verraten die Mongolen. Wir sind im Lande der Kirgisen. Der Zug durchquert die mit Rauhreif bedeckte Steppe. Nur selten begegnen wir einem Dorfe, dagegen rasen Scharen von Pferden, in allen Farben abgetönt, über den gefrorenen Boden.

Auf provisorischem Geleise nähern wir uns in langsamer Fahrt unserem Ziele. Der Nebel ist klarem Wetter gewichen, und unseren Augen bietet sich ein ungeheuer interessantes Bild. Mitten in wilder Steppe erhebt sich eine Anzahl flacher Hügel, unter ihnen einer von größerer Ausdehnung, der Magnetberg. Hier ruhen hochwertige Erzvorräte in einem Umfange von 150 Millionen Tonnen, dabei so günstig gelagert, daß der Abbau von Tage aus erfolgen kann. Dieses Vorkommen auszubeuten, hat man im Zusammenhange mit dem großen Wirtschaftsprogramm der Union die Errichtung des zweitgrößten Industriekombinats der Welt geplant. Aus dem nahezu 2000 Kilometer entfernten Kusnietsk an den Nordhängen des Altaigebirges wird man die Kohle herbeiführen, um die Erze zu erschließen, und als Rückfracht Magneterz nach Kusnietsk senden, das dort verhüttet wird. Das Industriekombinat von Magnitogorsk wird neben dem eigentlichen Verhüttungsbetriebe und den Eisen verarbeitenden Werken ein chemisches Kombinat erhalten, um die Nebenprodukte der Kokserzeugung bis zur Anilinfarbe zu veredeln. Von den Dimensionen der Anlage legt beredtes Zeugnis das Staubekken ab, in dem der Uralfluß zu einem 14 Quadratkilometer großen See angestaut wird, um die Wasserversorgung des industriellen Betriebes sicherzustellen. Schon heute sind, soweit industrielle Anlage in Frage kommt, 40 Prozent des ersten Bauabschnittes ausgeführt. Man arbeitet in Rußland im allgemeinen in einem ruhigeren Tempo als in Westeuropa, so daß ich es für nötig fand, an die Tür unseres Moskauer Büros ein Schild anbringen zu lassen mit den Worten: »*protiw saftra*« (»gegen morgen«). Saftra ist nämlich die ständige Antwort auf unsere Bitten, etwas eilig zu erledigen.

Nun, in Magnitogorsk wäre diese Devise überflüssig, denn unter der energischen Leitung eines Regierungs-Spezialkommissars Schmidt wird dort in einem fieberhaften Tempo gearbeitet. Die ein Kilometer lange Staumauer, die die Wasser des Urals zu stauen bestimmt ist, wurde in 75 Tagen betoniert, die elektrische Kraftstation, neben der von Dneprostroy die größte der Union, wird bei dreimaligem Schichtwechsel im Winterbau errichtet. Wo vor einem Jahre noch Pferde in der Steppe grasten und gelegentlich eines der kleinen charakteristischen Bauernwägelchen der ausgefahrenen Spur eines Steppenweges folgte, da arbeiten heute 40 000 provisorisch in Baracken untergebrachte Menschen an dem Aufbau eines der gewaltigsten Industrieunternehmen der Gegenwart. Die unzähligen Glühlampen der Barackenlager gemeinsam mit den die Baustellen in der Nacht beleuchtenden Scheinwerfern machten auf uns einen unvergeßlichen Eindruck.

Sofort nach der Ankunft fuhren wir in Fordwagen zur Amerikanerstadt, einer kleinen sauberen Barackensiedlung, vier Kilometer von der Bahnstation entfernt, an den Hängen des Magnetberges gelegen. Während der Zeit unseres viertägigen Aufenthaltes wurden wir dort ausgezeichnet verpflegt. Noch am gleichen Tage begannen wir mit der Arbeit, denn es war keine Zeit zu verlieren. In stundenlanger Fahrt kreuz und quer über die Steppe tasteten wir alle Unebenheiten des Geländes ab, auf dem die Wohnstadt für 120000 Menschen erstehen soll. Von unvergleichlicher Schönheit war der Blick auf die langgestreckten Höhenrücken des Urals. Die reine Atmosphäre ließ uns in einer Entfernung von 100 Kilometern noch deutlich die Falten der Bergzüge erkennen.

Den Mittelpunkt des gesamten Lebens in Magnitogorsk bildet das dort in Ziegelrohbau errichtete Verwaltungsgebäude. Dort sitzen die Vertreter der mit der Konsultation bei dem Fabrikbau betrauten amerikanischen Firma, klare, energische Köpfe, dort trafen wir deutsche Ingenieure, die beim Aufbau einer Silikatfabrik mitwirken. Ununterbrochen kommen und gehen die Menschen in dichtem Schwarme. Die Führer eilen in bereitstehenden Autos nach den Kilometer auseinanderliegenden Teilen des im Aufbau befindlichen Werkes. Ueberall fanden wir bei den russischen Dienststellen wie auch den amerikanischen Helfern jede nur mögliche Unterstützung, so daß wir am vierten Tage das erforderliche Material gesammelt hatten, um unsere Arbeit, sorgfältig fundiert, beginnen zu können. Wir richteten im Zuge ein Abteil als Zeichenbüro ein, skizzierten nun während der viertägigen Heimfahrt mit Samowarkohle auf Furnierholz als Reißbrettersatz die ersten Skizzen für unseren Entwurf. In einem anderen Abteil hämmerte die Schreibmaschine die Berichte.

Seitdem herrscht in unserem Moskauer Büro ein wenn möglich noch stärkeres Tempo als in Magnitogorsk, denn bis zum Ende des Monats gilt es, die umfassende Arbeit fertigzustellen. Jeder von uns empfindet stundlich, daß es uns hier vergönnt ist, Geschichte nicht nur zu erleben, sondern im Rahmen unserer bescheidenen Kräfte auch mitzumachen.

[*Das Neue Rußland*, Dezember 1930]

Deutsche bauen in der Sowjetunion
Ernst May in Moskau

Der Herausgeber dieser Zeitschrift hatte Gelegenheit, den Frankfurter Stadtbaurat Ernst May nach sechswöchentlichem Aufenthalt Mitte November 1930 in Moskau zu sprechen. Er war von Schaffensfreude erfüllt und erklärte in längerer Unterhaltung wörtlich folgendes:

Meine Erwartungen, mit denen ich an meinen neuen Aufgabenkreis in der Sowjetunion herantrat, sind vollauf erfüllt und sogar übertroffen worden. Das Tempo entspricht noch nicht immer unseren Anforderungen, was bei der Primitivität eines großen Teiles der über 1/6 der Erdoberfläche zerstreuten Bevölkerung ganz selbstverständlich ist. Um so bedeutungsvoller aber erscheint die Fähigkeit des Staates und aller Dienststellen, wirklich wesentliche Dinge, z.B. den Neuaufbau ganzer sozialistischer Städte und vor allem der gesamten Industrie trotz dieser Hindernisse in erstaunlichem Tempo zu fördern. Jedem westlichen Skeptiker kann nur empfohlen werden, sich etwa Magnitogorsk anzusehen, wo in dem knappen Zeitraum von 1½ Jahren ein Brennpunkt technischen Aufbaues geschaffen wurde. Leistungen, wie sie mit der Betonierung der 1 km langen Staumauer des Staubeckens vollbracht wurden – die gesamte Arbeit wurde in nur 75 Tagen ausgeführt – dürften selbst in Ländern mit vollkommenster technischer Organisation bestaunt werden. Es dürfte eine Art Weltrekord allein schon an Geschwindigkeit sein. Ich erlebte den denkwürdigen Augenblick, in dem der Uralfluß aus seinem Jahrtausende innegehabten Bett umgeleitet und in einen Kanal um die Staumauer herumgeleitet wurde.

Die persönliche Aufnahme und die Zusammenarbeit mit den

russischen Kräften und Dienststellen waren vom ersten Augenblick an denkbar herzlich, weil der gesamte Verkehr auf der nie versagenden Basis der Menschlichkeit und Kameradschaft vor sich ging. Jede Arbeit bekommt hier dadurch besondere Bedeutung, daß man unablässig fühlt, an einem historischen Ereignis von welthistorischer Bedeutung aktiv teilzunehmen.

Die Ernährungslage ist nicht etwa nur für uns Ausländer, sondern auch für die gesamte arbeitende Bevölkerung als sehr gut zu bezeichnen und würde bei den durch die westliche Presse orientierten Besuchern voraussichtlich krasses Staunen hervorrufen. Bei einer 2500 km weiten Eisenbahnfahrt durch die UdSSR wurden fast auf jeder Station Milch, Butter, Eier, Gebäck, Obst u. a. m. massenhaft feilgeboten, und zwar zu durchaus erschwinglichen Preisen. Unsere mitgenommenen Reisevorräte (Konserven usw.) wurden unberührt wieder mit nach Hause genommen. Selbstverständlich sind in einer Stadt wie Moskau, die für 800000 Menschen gebaut und von über 2000000 Menschen bewohnt ist, die Ernährungsverhältnisse beengter, aber abgesehen davon, daß auch hier auf den Straßen überall Obst, Eier, selbst Butter feilgehalten werden (wenn auch zu höheren Preisen als auf Marken und in der Provinz), kann überhaupt niemand davon reden, daß irgendwer Hunger leidet. Insbesondere Brot ist in hinreichender Fülle vorhanden, und die Fleischernährung wird kategorienweise systematisch gebessert. Die Arbeiter sind durchweg ausreichend versorgt und bekleidet. Über alle Schwierigkeiten hilft ein das ganze Volk durchziehender Schwung der Begeisterung, das gesteckte Ziel unter allen Umständen zu erreichen. Feste wie die Feier des 13. Revolutionstages bilden einen überzeugenden Beweis für die alle mitreißende Begeisterung und Glut.

*

Zu diesen bemerkenswerten Äußerungen eines führenden deutschen Architekten (zu denen noch die Äußerungen gleichgesinnter Baumeister wie z. B. in erster Reihe Bruno Taut kommen, dessen Ausführungen wir gleichfalls in diesem Hefte bringen) fügen wir noch hinzu: Ernst May ist mit seinem Kollektiv in einem der zahlreichen Wohnungsneubauten provisorisch sehr gut untergebracht. Mit einfachen Mitteln wurden die Räume in teilweise radikal neuzeitlich gestaltete Wohnungen umgewandelt, die den neuen Geist der Gruppe atmen. Inzwischen ist bereits mit der Planung einer Siedlung begonnen worden, die im Frühjahr 1931 nach den Plänen Mays und seiner Gruppe erstellt werden wird, um als endgültige Wohnstadt zu dienen.
Bei der Tätigkeit Mays in der Sowjetunion handelt es sich um neue Stadtpläne, Typen für Wohnungen, Kinderhorte, Kinderkrippen, Schulen, Arbeiterklubs usw.; in einer besonderen Abteilung geht die Planung von Notbauten nach besonderen Konstruktionen vonstatten, die den im Lande vorhandenen Baustoffen angepaßt sind. Das Tempo des Industriebaus ist vielfach so, daß der Bau von endgültigen Dauerwohnungen nicht gleichzeitig Schritt halten kann. Alles ist in fieberhaftem Gange. Zum erstenmal ist die Gründung ganzer Städte, also wirklicher Städtebau, statt bloßer Stadterweiterungen von der Sowjetmacht in Angriff genommen worden. Auch in dieser Beziehung stehen wir also vor einer unvergleichlichen Großtat der ersten Arbeiter- und Bauernrepublik.

*

Ernst May, der mit 20 Mitarbeitern einer Berufung nach der Sowjetunion folgte und dorthin ebenso wie die übrigen Architekten übersiedelte, hatte als Mitglied der Gesellschaft der Freunde des neuen Rußland auch am Tage der Abreise (8. Oktober 1930) in Berlin mit uns eine längere Unterredung, aus der wir einige Erklärungen von grundsätzlicher Bedeutung hier wiedergeben.

Stadtrat May hob mit besonderem Nachdruck eingangs und immer wieder hervor, daß finanzielle Lockungen irgendwelcher Art ihn nie und nimmer aus seiner bisherigen Tätigkeit hätten fortlocken können, da er auf Grund seiner Erfolge sich in Frankfurt durchaus wohl und sachlich befriedigt gefühlt habe. Das ihm von den Sowjetbehörden bewilligte Gehalt bleibe gegenüber dem Verzicht auf die 7 Jahre noch laufenden Frankfurter Gehalts mit der sich sonst daran schließenden Pensionsberechtigung in durchaus bescheidenen Grenzen. Sein Leitmotiv ist die Begeisterung, mitwirken zu können an den jetzigen neuen städtebaulichen Aufgaben der Sowjetunion. Vor allem reize ihn die Aufgabe gegenüber der wirtschaftlichen und politischen Zersplitterung in Deutschland, die ein produktives Arbeiten hier außerordentlich erschwere, in einem Lande mitarbeiten zu können, in dem dank der einheitlichen Zielsetzung und der Wege zum Ziel die Voraussetzungen für ein sachlich erfolgreiches Arbeiten ungleich günstiger seien als an irgendeiner anderen Stelle der Welt. Aus den neuen soziologischen Veränderungen heraus, wie sie in der Sowjetunion in besonders starkem Maße sich vollzogen haben, erwächst auch eine neue Gestaltung und Formensprache, die gerade jetzt in der Prägung begriffen sei.
Als einer der Träger der neuen Baugesinnung ist Ernst May sich dabei durchaus bewußt, daß die Notwendigkeit in der UdSSR, von Grund auf neu aufzubauen, großen technischen Schwierigkeiten begegne; sie scheinen ihm aber durchaus nicht unüberwindbar, und auch mit bürokratischen Hemmungen, wie sie ja in der ganzen Welt zwangslaufig aufträten, glaubt er im Einvernehmen mit den berufenen Stellen fertig werden zu können. Er sowohl wie sein ganzer Mitarbeiterstab von hervorragenden Architekten und Ingenieuren (aus Deutschland, Österreich, Holland und der Schweiz) sind voller Zuversicht, alle aus der ganzen Entwicklung heraus zu erklärenden Hindernisse durch sachliches Arbeiten zu überwinden. Bei sei-

nem zweimaligen kurzen Aufenthalt in der UdSSR habe er in diesem Jahre im Rahmen des Gesamtplanes zumeist gute, ja vorzügliche Arbeit gefunden und einen Überblick gewonnen. Gewiß machten sich trotz aller gewaltigen Leistungen hier und da noch gewisse Schwächen bemerkbar, die aber durch planmäßig organisierte Zusammenfassung aller Kräfte behoben werden könnten, denn nur dadurch werde ein wirklich rationelles Arbeiten auf die Dauer gesichert. Er sei fest überzeugt, daß gerade in der Sowjetunion eine solche Organisation sich sowohl in wirtschaftlicher als auch in sozialpolitischer und kultureller Hinsicht besonders günstig und nutzbringend auswirken werde.

Ernst May ist der Überzeugung, daß er den Weg, den er bisher bei der Durchführung seiner städtebaulichen Aufgaben beschritten hat, nämlich den der Schaffung großer Kollektivgruppen innerlich interessierter Mitarbeiter (Mitarbeiter vom Bürodiener bis zum Abteilungsleiter verstanden) in Sowjetrußland in noch vollkommenerer Weise werde verwirklichen können, da der gesamte wirtschaftliche und politische Aufbau des ersten Arbeiter- und Bauernstaates auf solcher kollektiven Arbeit basiert.

Welches Interesse die Ernst May gestellte Aufgabe über Deutschlands Grenzen hinaus findet, geht wohl am besten daraus hervor, daß sich bisher mehr als 1400 Bewerber aus fast allen europäischen Ländern mit der Bitte um Mitarbeit an ihn gewandt haben, darunter eine große Anzahl allererster und bekannter Kräfte, die eine hervorragende Position an Universitäten, Hochschulen usw. einnehmen. Die Mehrzahl der 20 engsten Mitarbeiter, die May begleiten, haben sich auf 5 Jahre vertraglich verpflichtet und siedelten ebenso wie May selbst mit Familie über, was gleichermaßen von Zuversicht und zukunftsfreudiger Perspektive zeugt.

Über seine Eindrücke und Erfahrungen während seiner Tätigkeit in der Sowjetunion wird Ernst May außer in der von ihm herausgegebenen Zeitschrift »Das Neue Frankfurt« auch in unserer Zeitschrift »Das Neue Rußland« laufend berichten.

Als wichtigsten Programmpunkt stellte May gleich nach seiner Ankunft in Moskau sich gemeinsam mit den russischen Organisationen die Aufgabe, die ganzen Architekturarbeiten in der Sowjetunion zu entbürokratisieren, die verschiedenen, losgelöst voneinander und gegeneinander arbeitenden Gruppen derart zu vereinen, daß sie auf möglichst einfachem Wege dem gestellten Ziele zustreben können. Also möglichste Rationalisierung des Apparats. Der Gruppe May wurden 50 russische Architekten zugeteilt. May will, was jüngst in Moskau auch Bruno Taut in seinen Vorträgen stark betonte: daß die Kluft zwischen dem projektierenden Architekten und der Bauausführung durch Organisationsmaßnahmen beseitigt werde.

*

In der internationalen Monatsschrift für die Probleme kultureller Neugestaltung »Das Neue Frankfurt« nimmt die Redaktion »Abschied von den Rußlandfahrern«. Die Redaktion rief Ernst May und seinen Mitarbeitern für ihre Arbeit in Sowjetrußland ein herzliches Glückauf zu neuen Zielen zu. Niemand verliere so viel wie Frankfurt, aber Mays Arbeit in Sowjetrußland werde erst die letzte Auswirkung einer längst als dringend erkannten, in Frankfurt teilweise vorbereiteten großen sozialen Idee ermöglichen. Die russische Regierung, die schon bisher die modernen Architekten ihres weiten Landes zu wichtigen Arbeiten heranzog, habe auch mit dieser Berufung wieder bewiesen, daß sie die lebendigen Kräfte in der Welt zu finden weiß.

[*Moskauer Rundschau*, 21. Dezember 1930]

Architekt May in Magnitogorsk

Architekt May und seine Gruppe sind imstande, nach noch nicht dreimonatlichem Aufenthalt in der Sowjetunion die ersten Resultate ihrer Arbeit zu zeigen: In einer kleinen Ausstellung sind die Pläne und Modelle für die Stadt Magnitogorsk zu sehen: in 14(!) Tagen sind diese Projekte ausgearbeitet worden – in drei Jahren soll der erste Abschnitt der Stadt, für 80000 Menschen, fertiggestellt, im Jahre 1937 aber die ganze Zweihunderttausend-Stadt fix und fertig sein. »Schwierigkeiten, die unüberwindlich sind, kenne ich nicht«, erklärt May. Er war mit dreien seiner Mitarbeiter im November im Ural, zusammen mit einer Gruppe der staatlichen Planungsstelle »Giprogor«. Dort hat er an Ort und Stelle die Standortbedingungen seines Projekts erkundet. Etwa 1000 Kilometer südlich von Tscheljabinsk ist der Bau des »Magnitostroj«, eines riesigen Industriekombinats, in Angriff genommen, des zweitgrössten der Welt. Hier werden die gewaltigen Erzvorräte des »Magnetberges« verhüttet werden. 40 Prozent der ersten Bauanlagen sind bereits ausgeführt; das Heer der Arbeiter und Angestellten haust vorläufig in einer rasch errichteten Barackenstadt – hier wird diese Musterstadt buchstäblich aus dem Boden gestampft werden. Das Bauprojekt ist – zunächst in vermindertem Umfang – bereits angenommen, die Vorarbeiten werden sofort begonnen. Diese neue Stadt, Magnitogorsk, soll die 200000 Menschen beherbergen, die hier beschäftigt sein werden. May erläutert an Hand seiner Pläne und Modelle sein Projekt, Organismus und Form der Stadt, Ernährungssystem und Wohnungsbau, soziale Einrichtungen und Organisation des Verkehrs.

Die Stadt wird etwa zwei Kilometer von den Werken entfernt liegen, durch elektrische Bahn und Autobus-Verkehr mit ihr verbunden; ihr natürliches Zentrum, ein Hügel, mit mächtiger Festhalle, Theater, Zentralwarenhaus usw. Die Häuserblocks selbst in Stadtvierteln (»Quartalen«, wie man hierzulande sagt), für je 10000 Bewohner angeordnet, durch Grünflächen voneinander abgegrenzt. Der Mittelpunkt jedes Stadtviertels nicht in der räumlichen Mitte, sondern, als »funktionelles Zentrum«, exzentrisch gelegen, an der entsprechenden Tramway-Haltestelle, die jeder Arbeiter automatisch zweimal täglich passieren muss. Hier werden die Kollektivbauten jedes Stadtviertels liegen – Klub, Speisehaus, Schule, Warenhaus, Kindergarten, Krippe, Läden, Ambulatorium.
Für die Wohnbauten ist zunächst ein Typ projektiert, der die allmähliche Entwicklung zur völligen Kollektivisierung vorsieht. Die Wohnungen, für je eine Familie gedacht, enthalten einen Wohnraum, zwei Schlafkammern, Sitzbad, Abort (nach aussen belichtet und belüftet), Kochnische. Die Trepeneinmündungen liegen sämtlich an einem einzigen Verbindungskorridor: ist die nötige »Reife für die Kollektivisierung« erreicht, hat sich bei der Mehrzahl der Bewohner die Einsicht in die Zweckmässigkeit und Notwendigkeit zentralen Kochens usw. durchgesetzt, so können die Verbindungskorridore von je drei Häuserblocks einfach durch einen Quergang verbunden werden, an welchen dann Kindergärten, Zentralküchen usw. angebaut werden. Diese sind dann somit, ohne weitere bauliche Veränderungen, direkt mit den einzelnen Wohnungen verbunden. Diese Anpassung an die Realität ist charakteristisch für May; er projektiert nicht von vornherein die – wünschenswerte und erstrebte – hundertprozentige »sozialistische Stadt«; aber er kalkuliert sie ein als Endziel und berücksichtigt die dahin zielende Entwicklung in jeder Einzelheit. Bis sie durchgeführt sein wird, funktionieren die Gemeinschaftseinrichtungen der einzelnen Stadtviertel. – Kein

Wohnhaus wird mehr als drei Stockwerke haben (die Kollektivbauten fünf); sie sind sämtlich von Osten und Westen belichtet. – Pläne für Verkehrs- und Bahnhofsanlagen, Kanalisation usw. sind ausgearbeitet. Ein Schema zeigt u. a. den Gang der geplanten Belieferung mit Lebensmitteln und Waren: von der »Bestellstelle« im Wohnhaus über die »Quartalbestell-Stelle« zum Quartalwarenhaus und zentralem Warenhaus. Uebrigens ist für den Anfang auch ein Sektor für freien Handel vorgesehen, in Gestalt von drei Markthallen, der dann allmählich eliminiert werden soll.
Es würde zu weit führen, hier alle Einzelheiten aufzuzählen, über die May spricht und welche die Pläne zeigen. Der Gesamteindruck ist der grösster Aktivität und werkfreudigen Elans. In dieser ersten Etappe ihrer hiesigen Tätigkeit zeigen May und seine Gruppe (die sich unter seiner Führung als »Kollektiv« konstruiert hat), dass sie gewillt und fähig sind, die Hoffnungen, die man auf ihre Mitarbeit am Fünfjahrplan setzt, zu erfüllen.

1931

[*Frankfurter Zeitung*, 24. Januar 1931]

Ernst May
Stalingrad

Ernst May hat unseren Lesern bereits einmal, am 30. Nov. v. J. über seine Tätigkeit als Leiter des gesamten russischen Bauwesens berichtet (»Vom Neuen Frankfurt zum Neuen Rußland«). Der heutige Bericht behandelt die Stadt Stalingrad in Turkestan an der westchinesischen Grenze. Red.

Während die Ausführungspläne für Magnitogorsk in beschleunigtem Tempo bearbeitet werden, fahre ich mit einem Stabe deutscher und russischer Architekten und Ingenieure nach Stalingrad, dem alten Zarizin, das einige tausend Kilometer südöstlich von Moskau an der Wolga gelegen ist und gleich Magnitogorsk einen Brennpunkt des wirtschaftlichen Neuaufbaues der U.d.S.S.R. bildet. Diesmal geht die Fahrt im bequemen Salonwagen durch die vereiste Winterlandschaft. Jeden Augenblick empfinde ich den gleichen Widerspruch zwischen den Verkehrsmitteln mit ihrem behaglichen Komfort und der unwirtlichen, in ihrer gewaltigen Ausdehnung fast unheimlich anmutenden Winterlandschaft, wie bei Autofahrten an freien Tagen in der Umgebung Moskaus, wenn ich, bei 20 Grad Kälte, meinen Wagen auf vereisten Landstraßen lenkend, nie ganz den Gedanken los wurde: was würde dir geschehen, wenn sich eine kleine Panne ereignete, deren Beseitigung in der Heimat eine Kleinigkeit, bei dieser Temperatur jedoch ein vielleicht unmögliches Unterfangen sein würde. Die grandiose Winterlandschaft, die uns umgibt, gleicht in ihren weißen Wellen einer bewegten See, die plötzlich erstarrte. Nur mit Mühe erkennt das Auge den Uebergang von der Erde zum Horizont. Unendlichkeit! Da tauchen Reihen von Schneehügeln mit schmaler, dunkler Basis auf und entpuppen sich bei Annäherung des Zuges als ein Dorf in tiefem Winterschlaf. Schon stellt sich unsere Phantasie den schwerfälligen Bauern vor, der da in seinem kleinen Holzhause in der Schneewüste unter einer bis zum Giebel reichenden Schneehaube auf seinem Ofen ruht und gelegentlich mit sicherem Griff eines seiner kleinsten Haustiere knackt. Der Abend senkt sich auf die Landschaft nieder und Reihen kleiner Lichter verkünden, daß inmitten dieses toten Winters Menschen in behaglichen Stuben leben, Menschen, die, allen bösartigen Verleumdungen der alten Welt zum Trotz, auch Menschen sind aus Fleisch und Blut, mit Liebe, Haß, Glück und Unglück, trotzdem sie im Begriffe sind, das gesellschaftliche Leben der kapitalistischen Weltordnung abzustreifen.

Die vom Sturme bewegten Schneemassen sind zu Riesenwellen angewachsen, die die Schneegatter beiderseits der Bahn unter sich begraben. Häufig muß der Zug anhalten, die Verspätung wächst auf acht, zehn, zwölf Stunden. Niemand klagt darüber, niemand flucht, die Wucht der gewaltigen Landschaft hat sich in unser Inneres gesenkt und macht uns empfinden, wie menschlich klein, ja lächerlich die Hast ist, die uns in den Arbeitszentren der Erde vor sich hertreibt. Aus einem Abteil erklingen schwermütige, dann lustige russische Gesänge. Es sind meine Mitarbeiter und Mitarbeiterinnen, Komsomols, die die Hochschule noch nicht lange verlassen haben.

Sie singen Studentenlieder:

Wer kann die Flaschen gut leeren?
Das ist unser Baumeister.
  Zimlala, zimlala!

Wer trägt anstatt eines Schlipses einen Strumpf?
Das ist unser Lehrer.
  Zimlala, zimlala!

Wer hat schwarze Erde unter den Nägeln?
Das sind unsere Agronomen.
    Zimlala, zimlala!

Wer küßt da wie ein Vögelein?
Das ist unsere Medizinerin.
    Zimlala, zimlala!

Bis spät in die Nacht sitzen wir fröhlich beisammen. Endlich am Morgen erreichen wir mit 16stündiger Verspätung nach 54stündiger Fahrt unser Ziel.

Nach einigen Stunden tiefen Schlafes beginnen wir mit der Arbeit. Wir informieren uns bei der Leitung von Stalingradstroy über die Lage und begreifen schnell, daß hier eine gigantische städtebauliche Aufgabe der Lösung harrt. Schon im frühen Mittelalter hatten die Russen hier eine Siedlung gegründet, die aber erst im 19. Jahrhundert wirtschaftlich aufblühte. Die Wolga ist hier nur 64 km vom Don entfernt, so daß sich ein ausgedehnter Umschlagsverkehr entwickelte. Eine ganze Gruppe industrieller Unternehmungen ist am Strome aufgereiht. Eine Tankstadt vereinigt Hunderte von Eisentanks, in die das auf Schiffen herangeführte Petroleum durch direkte Rohrleitungen hineingepumpt wird, um dann per Bahn weiter verfrachtet zu werden. Zwei umfangreiche Betriebe der Schwerindustrie haben in jüngster Zeit einen starken Ausbau erfahren. Eine neue Traktorenfabrik mit einer Tagesleistung von 75 Traktoren ist bereits in Betrieb genommen, eine Automobilfabrik geplant. Wir besichtigen ein im Bau begriffenes Elektrizitätswerk von gewaltigen Ausmaßen und lesen auf den Maschinen mit Stolz die Namen bekannter deutscher Firmen. Ein Chemiekombinat ist geplant, dazu eine Gummifabrik, die allein 60000 Arbeiter beschäftigen wird. Eine besondere Bedeutung genießt Stalingrad als gewaltiger Holzstapelplatz und Zentrum der südrussischen Holzverarbeitungsindustrie. Werften im südlichen Teile der Stadt dienen der Herstellung von Wolgaschiffen. In einer Ausdehnung von 45 Kilometern (die, um ein Frankfurtern geläufiges Maß heranzuziehen, etwa gleich der Entfernung Frankfurt a. M. – Jugenheim ist) dehnt sich die Stadt längs der Wolga. Die Bevölkerungszahl ist in der Nachrevolutionszeit bereits von 136000 auf 300000 angewachsen, und wird sich gemäß der Piatiletka in amerikanischem Tempo in den nächsten Jahren noch um je 100000 Einwohner vermehren.

Dieser gesamte Riesenorganismus soll städtebaulich organisiert werden, und zwar wiederum in einem Tempo, das gestattet, die im März dieses Jahres beginnende Wohnungsbautätigkeit in geordneten Bahnen zu vollziehen.

Wenn auch der Vorkriegsaufbau sowie die stürmische Nachkriegsentwicklung der Stadt nicht in so chaotischer Weise vor sich ging wie etwa in unseren Industriezentren während der Gründerzeit, so kann doch von einer modernen Bedürfnissen entsprechenden Ordnung der bisherigen Entfaltung nicht die Rede sein. Immerhin gaben die örtlichen geographischen Verhältnisse, insbesondere die Lagerung der Stadt an der Wolga, Anlaß zu systematischer Aufreihung der Industrie längs des Flußufers, wodurch eine klare Ordnung der Dinge heute wesentlich erleichtert wird.

In dicke Pelze gekleidet, die Füße in Burkis oder Walinkis (dicke hohe Filzstiefel) unternehmen wir bei prächtigem Wetter unsere erste Besichtigungsfahrt. Ein höchst interessantes, exotisches Bild bietet sich unseren Augen. Das Innere der Stadt zeigt den Charakter der schnell aufgeschossenen Industriestadt. Kitschige Jugendstilbauten wechseln ab mit roten Backsteinkästen, ganz wie in unserem oberschlesischen Industriebezirk. Aber überall setzt sich die russische Note durch mit niedrigen Holzbauten, die, sobald wir uns der Peripherie der Stadt nähern, das Bild gänzlich beherrschen. Kuppelkirchen verstärken das öffentliche Gepräge, wenn sie auch nicht immer mehr ihrer ursprünglichen Bestimmung dienen. Die Zentralkirche der Stadt wird beispielsweise als Großgarage benutzt. Unzählige Schlitten begegnen uns, bald von Pferden, bald von Kamelen gezogen, deren ruhig würdiges Schreiten mit der Stadtlandschaft verwachsen erscheint. Wenn man so einen Höckerträger friedlich dahertappen sieht, an ein paar Heuhalmen kauend, die Unterkiefer um Faustbreite seitlich des Oberkiefers hin- und herschiebend, so wirkt das unendlich nervenberuhigend. Zudem werden Erinnerungen in mir wach; ich fühle mich in die Heimat zurückversetzt, in jene würdigen Sitzungen, in denen man mit gleicher Gelassenheit ein und dieselbe Materie sechs- und siebenmal wiederkäute. Welch tiefe Mahnung zur Geduld bietet doch für jeden Verwaltungsbeamten der Anblick eines solchen durchaus überlegenen Kameles. Ich verstehe jetzt, daß das russische Wort für Kamel *werbljud* nicht wie die deutsche Bezeichnung ein Spottwort darstellt.

Schon öffnen sich gegen Osten breite, in steiler Neigung zur Wolga herabführende Straßen und gewähren freien Blick auf den vereisten Strom. Bald überqueren wir 30 bis 40 Meter tief in den Lößlehm eingeschnittene Schluchten, die der Regen im Laufe der Jahrhunderte in den Boden riß und deren dunkle steile Wände hart mit der Schneelandschaft kontrastieren. Das Hochplateau über den Einschnitten ist dicht bedeckt mit primitiven einstöckigen Holzbauten, die sich, jeder kleinsten Geländefalte folgend, bis dicht an die Hänge der Abstürze herantasten. Jedes Jahr rutschen nach langen Regenperioden Teile der Lehmwände ab, Haus und Bewohner wie ein Lavastrom mit in die Tiefe führend. Gerade stellen wir Betrachtungen an über die Verwandtschaft dieser Bilder mit chinesischen Siedlungen, in ähnlichen Formationen, als wir einige Chinesinnen mit ihren verkrüppelten Füßen auf dem Eise ausgleitend vorbeiwandeln sehen.

Nun fahren wir querfeldein über das vereiste Gelände, vorbei an riesigen Holzlagern, im Aufbau begriffenen Industrieanlagen, primitiven Holzsiedlungen aus vergangener Zeit, die in ihrem silbergrauen Brettergewande mit vereinzelten grellfarbig gestrichenen Fensterumrahmungen höchst reizvolle Bilder abgeben. Einen knappen Kilometer seitlich von uns, die Wolga in nord-südlicher Richtung begleitend, ragen die weißen Schneehänge der annähernd 100 Meter hohen zweiten Geländeterrasse empor. Immer klarer prägt sich uns die Landschaft ein, der ausgesprochene Bandcharakter des Siedlungsgeländes. Nach 22 Kilometern Fahrt haben wir den südlichsten Teil von Stalingrad, die deutsche Kolonistensiedlung Kraßno Armeisk (früher Sarepta) erreicht. Hier hatten sich dem Rufe Katharinas der Zweiten folgend einst Herrenhuter angesiedelt und in wenigen Jahrzehnten in fleißiger Arbeit Steppenhügel in blühende Obstgärten verwandelt. Wir fahren an den Steilabfall der ersten Wolgaterrasse heran.

Ein Bild von grandioser Schönheit liegt vor uns. Durch leichten Dunst verhüllt, beleuchtet die Sonne eine Winterflußlandschaft, wie ich sie noch nie gesehen hatte. Der in der Nähe des Stadtzentrums mehr als Kilometer breite Strom hat hier einen nur wenige hundert Meter breiten Seitenarm von sich gestreckt. Nur am gestauten Eise und der üppigen Vegetation der jenseitigen Uferlinie konnten wir den Strom als solchen erkennen, der im übrigen nur ein weites Schneefeld war, auf dem sich Schlitten Straßen gebahnt hatten und auf denen sich nun die typischen Karawanen Pferde-, Ochsen- und Kamel-bespannter Schlitten bewegten. In perspektivischer Verkürzung reihte sich längs des Steilufers Schluchtenmündung an Schluchtenmündung und alles verlor sich in weißer weiter Ferne.

Wir machen kehrt und durcheilen, zunächst die alte Spur verfolgend, dann auf guter Fahrstraße dahingleitend, die gesamte Stadt ihrer Längenausdehnung nach nach Norden. Hatten wir in der Südstadt kilometerbreite Strecken durchquert, die noch der Erschließung harrten, so stießen wir in der Nordstadt bald auf dichtere Besiedelung. In einer Länge von mehreren Kilometern fuhren wir den Tanks des Naphtasyndikates entlang, eilten dann vorbei an den ausgedehnten Anlagen der hier untergebrachten Schwerindustrie. Am Nordende der Stadt angekommen, besichtigen wir die im Bau befindlichen Anlagen für die Wasserleitung, die aus der Wolga gespeist wird. Wieder stoßen wir auf deutsche Maschinen, und diesmal auch auf einen deutschen Montageleiter, der allen Schwierigkeiten zum Trotz unverdrossen und erfolgreich die Arbeiten leitet.

Hatte uns der erste Tag mit seinen unzähligen neuen Eindrücken und durch allmähliche Aufklärung über Bedeutung und Umfang der zu lösenden Aufgabe begeistert, so bedeutete eine Schlittenfahrt, die wir am folgenden Tage auf dem meterdicken Eise der Wolga unternahmen, um Uferformationen zu studieren, unzweifelhaft den Höhepunkt unserer Reise. In herrlichem Sonnenscheine rasten unsere Schlitten über das Eis, vorbei an zahlreichen Pferdeschlitten- und Kamelschlitten-Karawanen, die teils von den gegenüberliegenden Ufern der Stadt zueilten, teils von einem Punkte des Ufers zum anderen fuhren. Vom Winter überraschte Dampfer wurden mit Hacken freigelegt, um sie der Zerstörung durch den Eisdruck zu entziehen. In dicke Pelze gehüllte Fischer standen mit kleinen Netzen ausgerüstet an reihenweise in das Eis gehauenen Löchern, um Sterlette und andere köstliche Wolgafische zu fangen. Ueberall herrscht lustiges Leben und Treiben. Da taucht vor uns mitten im Strome ein Dorf auf. Wir vermuten eine Insel. Unser Iswostschik belehrt uns eines anderen, was wir vor uns sehen, ist eine riesige Floßstadt, die, vom Winter überrascht, auf dem Strome einfror und nun im Frühjahre dem sicheren Untergange geweiht ist.

Am Abend werden die Wände unseres Hotelzimmers mit

Höhenkurvenplänen bespannt und städtebauliche Impressionen in flüchtigen Kohleskizzen zu Papier gebracht. Klar sehen wir vor unserem geistigen Auge die Stadt sich mit zwingender Logik aus den geographischen Verhältnissen herauskristallisieren, die Stadt als Band am Wolgaflusse. Die Eisenbahnstraße wird am Ufer entlang geführt, so wird sie längs der gesamten Stadt den direkten Umschlag vom Kahn zur Bahn ermöglichen. Ein Industrieband wird in Kilometerbreite dem Ufer entlang geführt. Das Band der Siedlungen erstreckt sich am Fuße der steil ansteigenden Hänge zur zweiten Geländeterrasse. Ein mehrere hundert Meter breiter Grünstreifen legt sich trennend zwischen Industrie und Wohnquartiere. Den von der Natur gezeichneten Schluchten folgend, schickt er in größeren Abständen, gleichzeitig die verschiedenen Kategorien der Industrie voneinander trennend, Grünstreifen zur Wolga hinunter, an deren kühlen Ufern die Bewohner der Stadt in der glühenden Hitze des Sommers Erfrischung suchen werden.

Abends wird das Projekt vor einem interessierten Gremium vorgetragen. Bis zwei Uhr morgens ist der Arbeitsplan für die von mir zur Fortsetzung der Studien zurückgelassene Gruppe diktiert. Wenige Stunden später trete ich die Heimreise an.

[*Magnitostroj. Informationsbulletin* 9/12, 1931]

Ernst May
Die sozialistische Stadt Magnitogorsk

Der Städtebau in kapitalistischen Staaten beschränkt sich hauptsächlich auf die Korrektur der spürbarsten Mängel planlos gebauter oder spontan entstandener Städte sowie auf deren Erweiterung.
Nur in der Sowjetunion stehen vor dem Städtebau die kolossalen Aufgaben der Schaffung neuer, planmäßig errichteter Arbeiterstädte an zuvor menschenleeren Orten.
Natürlich sind auch aus der Kultur der alten Welt Beispiele eines mehr oder weniger planmäßigen Städtebaus bekannt. Denken wir beispielsweise an die Stadt Kahun, die einige Jahrtausende vor der Zeitrechnung für die Ansiedlung der Bauarbeiter der ägyptischen Pyramiden errichtet wurde, oder an die zahlreichen planmäßig angelegten Festungen des Altertums und an die Gründung von Städten auf Befehl fürstlicher Machthaber. All diese Städte entstanden – und insbesondere jene der beiden letzten Kategorien – üblicherweise nach äußerlichen formalen Erwägungen. Man war bestrebt, eine ganze Stadt entweder den Verteidigungsinteressen zu unterwerfen oder eine Stadt zu errichten, deren wesentliche Funktion es war, dem Herrscher als Residenz zu dienen.
Im Laufe der Zeit verzichteten die Stadtbaumeister auf den einseitigen Ästhetizismus und wurden vom Bewußtsein durchdrungen, daß eine Stadt in erster Linie dem Menschen dienen solle, daß jene Stadt am vollkommensten sei, die es dem Menschen erlaube, mit dem geringsten Energieaufwand die höchsten Resultate für die gesamte Gesellschaft zu erzielen und damit ein Höchstmaß an Bequemlichkeit für die Bewohner zu schaffen.

Wenn diese Wahrheiten nur irgendwie stärker in die Tat umgesetzt worden wären, dann könnten wir mit Recht sagen, daß die Ziele des Städtebaus in der kapitalistischen Welt viele Berührungspunkte mit jenen Zielen haben, die in der Sowjetunion gestellt sind.

In Wirklichkeit stehen die Dinge jedoch so, daß zwischen den Theorien des Städtebaus und deren Verwirklichung in der Praxis in den kapitalistischen Ländern eine tiefe Kluft besteht, die zu überbrücken angesichts der ökonomischen Struktur dieser Länder fast unmöglich ist. Solange in den Städten Privateigentum existiert und die Politik privater Interessen das Schicksal der ganzen Gesellschaft beeinflußt, bleiben alle Reden vom planmäßigen Städtebau folgenlos.

Ganz anders verhalten sich die Dinge in der Sowjetunion. Hier sind alle politisch-ökonomischen Voraussetzungen gegeben, um das Problem der modernen Stadt vollständig zu lösen. Erstmalig in der Geschichte haben wir hier die Möglichkeit eines systematischen Städtebaus bzw. der Herausbildung von Städten bei vollständiger Berücksichtigung der menschlichen Bedürfnisse und der natürlichen Ansprüche der Menschen. Keinerlei spekulative Interessen, keinerlei willkürliche politische Schranken verhindern hier die Herausbildung der Stadt des 20. Jahrhunderts. Erstmals in der Geschichte des Städtebaus ist der historische Moment gekommen, in dem sich die Möglichkeit bietet, in einer systematischen Planung die Interessen der Volkswirtschaft, der Verkehrswege und der Volksgesundheit zu verbinden. Anstelle des willkürlichen Wachstums der alten Stadt mit ihrer Klassentrennung der Bevölkerung werden wir eine systematisch regulierte Stadt haben, welche die ihr eigenen Funktionen in dem Maße verkörpert, wie sie in planmäßiger Beziehung zum Wachstum ihrer ökonomischen Basis erbaut wird. Dieses Problem theoretisch zu lösen, ist verhältnismäßig einfach. Dafür sind nur eine gründliche Erforschung und eine sinnvolle Umset-

zung der gewonnenen Daten in Hinblick auf das technische Projekt erforderlich. Faktisch gesehen ist dieses Problem jedoch unendlich viel schwieriger, denn das Tempo der industriellen Entwicklung erfordert die unverzügliche Ausführung, ohne Zeit für die notwendige Untersuchung zu lassen. Das Programm für die Errichtung der ökonomischen Basis unterliegt zudem noch im Bauverlauf häufigen Änderungen.
Kompliziert ist diese Aufgabe auch deshalb, weil das neue gesellschaftliche Leben der UdSSR noch kein fest umrissener Begriff ist, der sich in klar umrissenen Formeln fassen läßt; diese Definitionen entwickeln sich erst allmählich und kommen erst dann zu ihrer endgültigen Ausformulierung, wenn eine Jugend heranwächst, die nicht mehr durch Erinnerungen an die Vergangenheit gebunden sein wird.
Folglich kann der Begriff der »sozialistischen Stadt« kein in irgendeiner Weise fixierter und erstarrter sein, im Gegenteil, er ist äußerst beweglich und veränderbar. Was gegenwärtig mit großer Aufmerksamkeit und Feingefühl für die Zukunft geschaffen werden kann, ist ein Generalbebauungsplan, vergleichbar mit dem Schlachtplan eines Generalstabs. In jenem Plan werden die großen Linien der Offensive, die Aufstellung der Truppen und Waffen verzeichnet, mit Hilfe dieses Plans wird die Schlacht geführt. Immerzu erzwingen unvorhergesehene Umstände eine Verlagerung der Truppen und Waffen. Dennoch geschieht alles auf der Grundlage des Schlachtplans. Die Funktionen des Generalbebauungsplans sind vollkommen analog. Die prinzipiellen Gesichtspunkte zur Trennung von Industrie- und Wohngebieten, die Planung der für die Erholung der Einwohner notwendigen Grünflächen, die entscheidende Trassierung der Verkehrswege – all dies wird in den Generalbebauungsplan aufgenommen. Aber innerhalb dieser strukturgebenden Grenzen bleibt ein breites Aktionsfeld für die Befriedigung der wachsenden Bedürfnisse des sich stetig entfaltenden Lebens. Niemand kann heute voraus-

sagen, welche Formen das Wohnen in fünf bis zehn Jahren annehmen wird. Die Aufgabe der Stadtplanung ist die Schaffung einer stabilen Basis für verschiedene Gestaltungsmöglichkeiten, jener Basis, die es ermöglicht, die Wohnbedingungen in jedem Einzelfall zu variieren, ohne den Sinn und die Ordnung des Generalbebauungsplans zu verletzen.
Diese allgemeinen Gesichtspunkte bestimmen ebenfalls die in den Generalplan der Stadt Magnitogorsk eingebrachten Prinzipien, mit der Einschränkung, daß der Generalbebauungsplan nicht gleichzeitig mit der Planung der Industrie ausgearbeitet werden konnte, da diese bereits vor Beginn der Planung der Wohnstadt erfolgte. Daher mußte eine Ideallösung, die man hätte erreichen können, einer Kompromißlösung weichen. Die bandförmige Entwicklung der Wohnstadt parallel zum Industriegebiet erwies sich nach der Festlegung des Industriegebiets in der jetzigen Art als nicht mehr sinnvoll. Auf das Projekt der Bandstadt auf dem gegenüberliegenden Ufer des Stausees mußte aus ökonomischen Erwägungen verzichtet werden. Es wäre wünschenswert, wenn die Erfahrungen von Magnitogorsk und anderer Bauvorhaben zu einem Gesetz Anregung gäben, demzufolge die Industrieprojektierung in Zukunft nicht getrennt für sich, sondern stets nur im Zusammenhang mit dem Bau der gesamten neuen Stadt erfolgen darf. Im gegebenen Fall wählte man als Baugrundstück der Wohnstadt die etwas höher gelegene Gegend zwischen dem Magnetberg im Norden der sich von Nordwesten nach Südosten erstreckenden flachen Hügelkette als Südgrenze. Das Ende des westlichen Stadtteils nähert sich dem Industriegebiet etwa auf 1,5 km, während die entferntesten Stadtteile, geht man von einer Bevölkerung von 200 000 Menschen aus, vom Industriegebiet 8 km entfernt liegen. Zwischen den Hügeln liegt der schmalste Stadtteil von etwa 1200 m Breite. Er weitet sich fächerartig aus, den geneigten Hang nach Osten hinunter – mit der Möglichkeit, sich weit über das vorgesehene Terrain hinaus auszudehnen.

Die Stadt ist durch eine Eisenbahnlinie mit der Außenwelt verbunden, die von der Hauptstrecke nahe dem Berg Kujbas abzweigend den Magnetberg in Schlangenlinien umfährt. Das System der Straßenbahnlinien erschließt das Hauptstraßennetz mit wenigen großen Schleifen. Die Wohnstadt schließt an das Industriegebiet über eine Straße von 40 m Breite an, die am südlichen Werktor beginnt und den nördlichen Stadtrand quert. Parallel zu dieser Hauptverkehrsader verläuft in einer Entfernung von etwa 1 km die zweite, schmalere Ader. Zwischen beiden ist ein System von Verbindungsstraßen von 12 m Breite eingestellt, die von Norden nach Süden verlaufen. In dieses Straßennetz sind Quartale mit je 8000 bis 10 000 Einwohnern eingelassen. In diesen Quartalen gibt es keinen Durchgangsverkehr, womit der dort wohnenden Bevölkerung ein Maximum an Ruhe gewährleistet wird.
Die Organisation der ganzen Stadt basiert auf dieser Aufteilung in Quartale. Ausgehend von der Anschauung, daß eine sozialistische Stadt all ihren Bewohnern die gleichen günstigen Wohnbedingungen sichern muß, ist jedes Quartal mit allen Einrichtungen ausgestattet, die für ein gesundes und vernünftiges Alltagsleben notwendig sind. Die Aufteilung der Quartale wurde nach dem System der dezentralen Versorgung durchgeführt. Dies bedeutet, daß in der Nähe einer bestimmten Anzahl von Häusergruppen die erforderlichen Institutionen wie Kinderkrippen, Kindergärten, Kantinen, Geschäfte, außerdem für jedes Quartal zwei Schulen und die notwendigen Dienstleistungseinrichtungen wie Wäschereien, Badeanstalten und hygienische Einrichtungen, Gesundheitseinrichtungen und dergleichen vorgesehen wurden. Jedes Quartal muß außerdem über eine zentrale Grünfläche verfügen, die unmittelbar mit jenen Freiflächen verbunden ist, auf denen sich die Kinderkrippen und Kindergärten befinden.
Die Gebäude, die über die unmittelbare Versorgung der Bewohner in den Wohnquartalen hinausgehen und der ganzen

Stadt dienen, wurden an dafür geeigneten Orten angeordnet. So befinden sich die Sowjet- und Verwaltungsgebäude unweit des Bahnhofs im Zentrum der Stadt, während auf dem benachbarten Hügel, der sich über der Stadt erhebt, das kulturelle Zentrum mit Volkshaus, Bibliothek, Druckerei usw. errichtet wird. An das Kulturzentrum schließt sich außerdem der zentrale Kulturpark an, in dem auch verschiedene Sportarten betrieben werden können.

Ein System von Grünflächen belebt die Stadt. Ein jedes Quartal hat als Rückgrat eine zentrale, sich wie ein Band hinziehende Grünfläche. Die Quartale sind voneinander durch Grünstreifen von jeweils 150 Meter Breite getrennt, die mit der Natur der Umgebung verschmelzen; die Freiräume im Westen und Süden der Stadt eignen sich besonders zur Erholung der Bevölkerung, da die sonnigen Südhänge der dortigen Hügel die Möglichkeit für wunderbare Spaziergänge bieten. Neben dieser Begrünung für die Erholung stellt sich die Frage nach dem Grün für Wirtschaftszwecke. Außer einer zentralen Blumenzucht und ausgedehnten Gemüsekolchosen wird vorgeschlagen, auf den großen Freiflächen in der Nähe der Wohnhäuser eine Verbindung wirtschaftlicher und hygienischer Erfordernisse zu erproben. Hierfür wäre es erforderlich, Kollektivwirtschaften der Quartale zu schaffen. Das heißt, die dort wohnenden Familien werden unter Anleitung von Fachleuten systematisch Gartenbau nach dem Prinzip vergesellschafteter Wirtschaft betreiben. Damit wird das schwierige Problem der Unterhaltung der außerordentlich ausgedehnten Freiflächen gelöst, was in privatkapitalistischen Ländern auf Kosten der Privateigentümer erfolgt. Die Bevölkerung der Socgorod wird diese Flächen in einer Weise erhalten, die der kommunistischen Lebensweise entspricht. Außerdem wird sie diese Flächen so nutzen, daß sie den Bewohnern Nahrung und Arbeit geben, insbesondere den nichtberufstätigen Frauen.

Der Bau des ersten Quartals der Stadt ist bereits so weit vorangeschritten, daß ein Teil der Wohnhäuser schon in diesem Jahr übergeben werden konnte.
Im Jahr 1932 wird der Wohnungsbau für weitere 60000 Menschen fertiggestellt sein.

[Übersetzung aus dem Russischen]

[*Frankfurter Zeitung*, Mai 1931]

Ernst May
Kusbaß

Wir beginnen heute mit der Veröffentlichung des dritten Berichtes, den der frühere Frankfurter Stadtbaurat Ernst May von seiner Arbeit in Rußland für die »Frankfurter Zeitung« schreibt. Wie unsere Leser wissen, wurde Ernst May zum obersten Baumeister von der Sowjet-Union berufen, um vor allem große Städteplanungen mit einem Stab von deutschen Mitarbeitern vorzunehmen. D. Red.

Wer in Deutschland kennt das Wort »Kusbaß«, vielleicht ein paar Geologen, ein paar Geographen, ein paar Leute beim Bergfach. Der breiten Masse ist dieses Wort ein unbekannter Begriff. Da kommen Neugierige schnell einmal auf einer Sommerfahrt durch Leningrad und Moskau und glauben das neue Rußland erfaßt zu haben. Die kommende Generation wird den Kusbaß kennen, wie sie das Ruhrgebiet oder das Dongebiet kennt, sie wird wissen, daß hier, zirka 6000 Kilometer von Deutschland entfernt, nur ein paar hundert Kilometer nördlich der Mongolei, ein Kohlenbezirk liegt, der mit den bisher festgestellten ca. 400 Milliarden Tonnen Kohle zu den größten Kohlenvorkommen der Welt gehört und das Vierfache der im Dongebiet lagernden Kohlen enthält. Er wird weiter erfahren, daß Kusbaß eine Abkürzung von Kusnetzkbassin bedeutet, d. h. der ganze Bezirk nach dem industriellen Mittelpunkt Kusnetzk benannt ist, und er wird endlich feststellen, daß »Kusnetzk« das russische Wort für »Schmied« ist, und daraus schließen, daß es mit dem gewaltigen Kohlenvorkommen in der dortigen Gegend allein nicht getan ist, sondern daß hier im Kusnetzk-Altai und in der weiteren Umgebung unerhörte Schätze an Magneteisenerz lagern,

daß außerdem Gold, Silber, Kupfer, Zink und noch eine Unmenge anderer Bodenschätze gefunden werden. Wir machten uns in Westeuropa bisher nur einen unvollkommenen Begriff von dem Reichtum des asiatischen Rußland.
Wohl liegt das Kusnetzkbassin – nach Kilometern gemessen – weit aus unserem Gesichtskreis, aber schnell gewöhnt man sich in der UdSSR an neue Begriffe von Zeit und Raum. Dabei bleiben wir mit unserer Arbeit zunächst einmal im Bereiche des Eisenbahnnetzes. Was sind 10 000 Kilometer Fahrt hin und zurück nach dem Kusbaß, verglichen mit den unendlichen Gebieten des asiatischen Rußland, in denen noch kein Kilometer Eisenbahnlinie verlegt ist, in denen man, abgesehen von wenigen Fluglinien, auf schiffbaren Flüssen, mittels Wagen und Schlitten zu reisen genötigt ist? Dabei kennt man auch diese Gegenden schon in großen Zügen, man hat sie wissenschaftlich durchforscht und weiß, daß dort noch viel mächtigere Bodenschätze der Erschließung harren, sobald menschliche Zivilisation durch verkehrstechnische Erschließung diese noch wilden Landesteile aufgeschlossen haben wird.

Südsibirische Schätze

Sibirien, ein Name, der für uns bisher vorwiegend unmenschliche Kälte, Verbanntenleiden bedeutete, ist im Begriffe, sein wahres Gesicht zu zeigen, sich als eines der zukunftsreichsten Länder der Welt zu entwickeln. Allerdings wird die Erschließung nur in langsamem Tempo fortschreiten können, denn gegenüber der Menge der in großen Umrissen von der UdSSR bereits festgelegten Erschließungsrouten, Autostraßen, Kanäle, Bahnstrecken und industriellen Unternehmungen ist das Vermögen auch des reichsten Landes an Geld und Menschen nur bescheiden. Wir Westeuropäer sehen uns angesichts der hier zu bewältigenden Dimensionen genötigt, bescheiden zu-

zugestehen, daß es wohl ein leichtes ist, Länder von dem winzigen Umfange der westeuropäischen Nationen zu kultivieren, noch dazu bei ihrem milden Klima, das jahraus, jahrein die gleiche Arbeitsintensität gestattet, daß es aber generationenlanger, geradezu übermenschlicher Kraft bedarf, um nur einen nennenswerten Teil dieses Riesenreiches mit seinen Wintern mit 50 und 60 Grad Kälte, während deren alle menschliche Arbeit ruht, über die schon unendlich schwierige Aufgabe primitiver Schulversorgungen hinaus mit den Errungenschaften moderner Kultur und Zivilisation zu versorgen.
Dieses Ziel und die seiner Erreichung entgegenstehenden unerhörten Schwierigkeiten muß man kennen, um ein gerechtes Urteil über die Aufbauarbeit fällen zu können, die in dieser anderen Welt heute geleistet wird. Gegenüber der Parteizersplitterung unseres Landes kennt man hier im Lande der Diktatur des Proletariats nur *ein* Ziel und man verfolgt zu diesem Ziel *einen* Weg. Zugegeben, daß man die Menschen oft in harter Weise auf diesen Weg drängt, aber außergewöhnliche Zielsetzung berechtigt zu außergewöhnlichen Methoden. Die gesamte, nahezu zweimonatige Reise nach einem der Brennpunkte des Sibirischen Aufbaues bestätigte uns vom ersten bis zum letzten Tage, daß hier Gewaltiges zielbewußt geschaffen wird.

Der Reiseweg

Diesmal fuhren wir von Moskau aus die landschaftlich reizvollere nördliche Route über Wiatka, die Strecke der transsibirischen Magistrale. Die ständig wechselnden Landschaftsbilder in dem von flachen Hügeln durchzogenen Lande verändern ihren Charakter erst jenseits des Urals hinter Swerdlowsk. Birkenwälder, Birkenhaine lösen sich ab mit weiten, ebenen Sumpfstrecken mit vereinzelten Birken. Die verhältnismäßig schwache Schneedecke verrät die charakteristische Narbe der

Sumpfgegend mit ihren unzähligen, dicht aneinander gereihten maulwurfsartigen Hügeln. Rauhreif überzieht Bäume und Sträucher. Kurz nach unserer Abfahrt von Moskau waren die letzten Wolken vom Himmel verschwunden, und fast während der ganzen Dauer der Reise strahlt ein tiefblauer Himmel über der weißen Erde. Abends geht die Sonne blutrot unter und färbt den Schnee mit rosigem Schimmer. Noch lange nach Untergang bleibt ein glühender Streifen am Horizont. Nur langsam tritt die Dämmerung ein. Stundenlang beobachten wir diese Landschaft, und nie werden wir müde an ihr. Auffällig ist die geringe Menge wahrnehmbarer Fauna. Nur Elstern sehen wir, diese geschmackvoll angezogenen, frechen Vögel, die sich für uns bald mit der russischen Landschaft so zu einer Einheit verbinden wie daheim die Spatzen mit der Straße. Zahlreiche Wildspuren sind in den Schnee eingedrückt. Aber die Tiere scheinen die Eisenbahnlinie im allgemeinen zu meiden. Auf der ganzen Reise sahen wir nur einmal in geringer Entfernung von der Bahn einen Wolf. Häufig führen Schlittenwege längs der Bahnlinie mit Karawanen einspänniger Schlitten. Oft folgt einem bemannten noch ein unbemannter Schlitten. Die Pferde sind hier noch nicht an moderne Verkehrsmittel gewöhnt. Sie scheuen und steigen bei der Annäherung der Bahn und rasen schließlich in wilder Jagd davon. Häufig wird dabei einer der Schlitten trotz seiner sinnreichen Konstruktion mit den ein Umfallen erschwerenden seitlich vorgestreckten Notkufen umgestürzt, und der Fuhrmann fliegt in weitem Bogen in den Schnee.

Aus Alexandrowsk wird ein Gelsenkirchen

Ein geschmackloser hölzerner Bahnhof mit allerlei Turmaufbauten und Zieraten – sicher von einem Regierungsbaurat des zaristischen Rußland liebevoll mit Bleistift 3 H aufgezeichnet – verkündet uns die Ankunft in Nowosibirsk, der sibirischen Metropole. Vor 40 Jahren standen hier am Ob nur einige Bauernhäuser. Beim Bau der sibirischen Bahn entstand ein Städtchen unter dem Namen Alexandrowsk. Schon vor der Revolution entwickelte sich die kleine Stadt und erhielt den Namen Nowonikolajewsk. Dann kam die Revolution und mit ihr wurde das Tempo der Entwicklung ein amerikanisches. Man nannte sie Nowosibirsk. Sie schwoll in wenigen Jahren auf 180000 Menschen. Aber auch der bisherige Aufschwung wird noch in den Schatten gestellt durch die im Zusammenhange mit dem Generalwirtschaftsplan der Union vorgesehene Erweiterung der örtlichen Industrie. Eine große Combine-Fabrik ist bereits im Bau, angrenzend daran eine Elektrozentrale, eine Spinnerei und eine Textilfabrik, welch letztere allein 60000 Arbeiter beschäftigen wird. Ein metallverarbeitendes Kombinat von gleichem Umfange, eine Schachtmaschinenfabrik und an den Ufern des Ob ein Holzkombinat und eine chemische Fabrik ergänzen den geplanten Industrieaufbau.

Der Knotenpunkt am Ob

Nowosibirsk verdankt seine Bedeutung nicht nur der Lage an der natürlichen Verkehrsader, dem Ob, sondern auch der gleichzeitigen Anlehnung an die große sibirische Magistrale. Unweit von Nowosibirsk mündet in diese die nach Südosten abzweigende Bahnlinie ein, die das Kusnetzkbassin erschließt. Zur Zeit ist eine Eisenbahnlinie im Bau begriffen und geht bereits der Vollendung entgegen, die Nowosibirsk direkt über Leninsk mit diesem Kohlenzentrum verbindet.

An die Turksib, d. h. an die Stichbahn von Turkestan nach Sibirien, ist Nowosibirsk durch die Bahnlinie von Semipalatinsk-Barnaul her angeschlossen. So ist es nicht weiter verwunderlich, daß diese Stadt, bisher mehr ein schachbrettförmig geplantes großes Dorf mit lockerer Blockhaus-Bebauung,

sich rapide in eine moderne Großstadt verwandelt. Nicht alle Bauten, die in den letzten Jahren entstanden sind, weisen bereits den Stempel der Qualitätsleistung auf; immerhin verdienen insbesondere die Staatsbank und einige Wohnblocks von Wostokougol (Ost-Kohlentrust) als reife Leistungen neuen Bauens hervorgehoben zu werden. Mehr als alle Schriften und Erzählungen es vermöchten, überzeugt uns die enge Verwandtschaft zwischen diesen Gebäuden und moderner Architektur, im letzten Jahrzehnt in Deutschland geschaffen, daß es geistige Berührungspunkte zwischen den verschiedenen Nationen gibt, die sich über Grenzen und Entfernungen hinwegsetzen. Ueberall stoßen wir auf Neubauten, oft hinter den charakteristischen Schutzschalungen, hinter denen bei künstlicher Beheizung im Winter gebaut wird.
Die Stadt gehört zu denen, die einen auf den ersten Eindruck irgendwie sympathisch berühren. Man fühlt, daß hier Kultur bereits festen Boden gefaßt hat. Man zeigt uns eine kleine, aber vorzüglich zusammengestellte Ausstellung, die uns gestattet, in wenigen Stunden einen klaren Ueberblick über die vorhandene und in Aussicht genommene Wirtschaftsentwicklung Sibiriens zu gewinnen. Neben Modellen der gewaltigen Industrieunternehmungen, die wir in den folgenden Wochen noch näher kennen lernen sollten, konnte man hier den unglaublichen Reichtum des Landes an Getreide, Holz, Leder, Pelzen und Mineralschätzen aller Arten bewundern. In diesen Räumen war nichts von der toten Kammerluft so mancher westeuropäischen Museen zu verspüren, die abseits vom lebendigen Leben ein totes Dasein fristen. Hier herrschte überall dramatische Spannung. Das Gewordene wurde nicht gezeigt, um damit zu prunken, das Erreichte war immer nur Ausgangspunkt, Anregung zu neuem Gestalten. Hier bekommt auch der primitivste Arbeiter und Bauer in anschaulichen Kurven statistisch-graphisch seinen Weg gewiesen.
Es hieße nur ein unvollständiges Bild von der sibirischen

Hauptstadt zeichnen, wollte man nicht erwähnen, daß es da auch einen Zirkus gibt, der als Sommerzirkus errichtet, dann wegen seiner großen Beliebtheit mit primitiven Mitteln heizbar gemacht wurde, so daß er jetzt bei 50 Grad Kälte ebenso ausverkauft ist wie an warmen Sommertagen. Pferde können der Bevölkerung, wie es scheint, nicht mehr sonderlich imponieren. Sie sieht sie ja auch täglich in jeder beliebigen Menge und von zahmster bis zu wildester Gemütsart. So bekamen wir nur ein Roß vorgeführt, das genau wie bei uns an der Longe im Kreise herumtrabte und sich bemühte zu ignorieren, daß auf seinem Rücken und seiner Kruppe inzwischen allerhand schwierige akrobatische Kunststücke vollführt wurden. Um so glanzvoller aber waren die turnerischen Leistungen, mit denen die staatlichen Zirkusangestellten auch in jedem westeuropäischen Zirkus Ehre einlegen könnten. Einige Komiker behandelten in gemütvoller Weise unter allgemeinem Beifall die »Tschistka«, die Betriebsreinigung und andere hochlöbliche Institutionen des Landes, ohne daß sie deshalb eingesperrt worden wären.

Als wir nach einigen Wochen auf der Rückreise wieder Nowosibirsk berührten, sahen wir uns auch die kulturelle Hauptattraktion der Stadt, das Theater, an. Zunächst stellten wir einmal fest, daß die Spießer, die bei uns eine so breite Schicht der Theaterbesucher ausmachen, fast gänzlich fehlten. Hier saß werktätige Bevölkerung aller Berufsgattungen, und unter ihr eine nicht unbeträchtliche Zahl Intelligenter. Auch an Verbannten fehlte es nicht, die wegen politischer Delikte einige Jahre Aufenthaltszwang zudiktiert erhalten haben. Sie bewegen sich frei, haben lediglich die Verpflichtung, sich monatlich einmal bei der GPU zu melden. Nach Ableistung ihrer Strafzeit erhalten diese Verbannten dann die Erlaubnis, ihren Aufenthaltsort frei zu bestimmen. Wie wenig eine solche Verbannung den Zerrbildern entspricht, die häufig in der anderen Welt von ihr entworfen werden, geht am besten daraus hervor, daß ich Verbannte sprach, die nach Verbüßung ihrer Strafzeit freiwillig am Orte verblieben waren, weil sie dort inzwischen eine sie befriedigende Tätigkeit gefunden hatten. Einige unter ihnen sind in leitende Stellungen aufgenommen worden. Im Theater gab man ein Ballett »Korsar«, musikalische und tänzerische Darbietung waren von beträchtlichem Niveau.

Am Flusse entlang

Wir machen per Auto Besichtigungsfahrten durch die Stadt und in die Umgebung, um Unterlagen für die städtebauliche Planung zu erhalten. Das Fahren im Auto entpuppt sich dabei als zweifelhaftes Vergnügen. In der Innenstadt haben die zahlreichen Schlitten bzw. die kleinen zähen Pferde, die sie ziehen, der Straßenoberfläche ein wellenförmiges Profil gegeben. Bis zu 30-40 Zentimeter Tiefe sind die Rillen eingeschnitten. Die Maschinen müssen ihre Geschwindigkeit auf 5 Kilometer herabsetzen, um dieses Hindernis zu bewältigen, und auch dabei werden uns alle Knochen im Leibe erschüttert. Draußen, im Weichbilde der Stadt, fahren wir glatter, denn hier haben die Schlitten im Schnee eine schmale, feste Bahn geschaffen. Fahrzeuge mit ganzen gefrorenen Rindern, abgeschnittenen Hammelköpfen oder riesenhaften Eisklötzen begegnen uns. Bei unserer Annäherung werfen sich die Kutscher mit ihren dicken Pelzen auf das Transportgut, um die sich wie rasend gebärdenden Pferde zu beruhigen. Wir sehen Rotarmisten beim Reitunterricht im Freien, ihre Pferde sind mit Reif bedeckt. Wir gelangen in einen prächtigen Kiefernwald; ein kleines Flüßchen führt hinunter zum Ob. Ein feiner Dunst lagert über dem beschneiten, zugefrorenen Bette des Stromes. Das gegenüberliegende Ufer ist nicht zu erkennen. Ostseelandschaft. Wir versuchen den steilen Abhang zum Fluß hinabzufahren, aber schon ist der erste Wagen von der festen Spur abgeglitten und steckt im Schnee. Bald folgen ihm die beiden anderen. Nun beginnt eine gesunde sportliche Betätigung, »Phiskultur«, wie der Russe sagt. Wir drükken und schieben und stellen, nachdem ein Pferd vorgespannt ist, fest, wie stark wir sind. Die Wagen sind flott. Die Chauffeusen bzw. die Chauffeure fahren uns auf einem Umwege über das Eis nach dem jenseitigen Ufer des Ob. Wir besichtigen das im Bau befindliche Industriekombinat und das anschließende Gelände, auf dem eine Wohnstadt für 150000 Menschen errichtet werden soll. Die entgegenkommenden Schlitten müssen ausweichen. Mühsam kämpfen sich die Pferde bis an den Bauch im Schnee den Weg. Endlich gelangen wir nach kurzem Umwege durch das breite Ueberschwemmungsgebiet des Ob an Nachalowkisiedlungen vorbei auf einen guten Weg. Nachalowki, d. h. Frechlinge, nennen die Russen die Erbauer primitiver Behelfsbauten, weil sie ohne jede Genehmigung ihre undisziplinierten Bauten errichten, so in der Art mancher Berliner Laubensiedlungen, nur in massiverem Materiale, da die Wohnungen ja sibirischer Kälte Widerstand leisten müssen. Wir stellen in den kommenden Wochen fest, daß es in dieser Gegend allerhand Nachalowki gibt.

Unterdessen wird der Weg immer unmöglicher. Wir fahren durch metertiefe Löcher und rutschen 30 Grad steile, vereiste Böschungen hinunter zum Ob. Da ragen in geringer Entfernung mächtige verschalte Rüstungen aus dem Eise. Wir sehen die Winterschutzschalung der Pfeiler der neuen Obbrücke vor uns, auf der die im Bau befindliche neue Linie zum Kusnetzkbassin den Fluß überschreitet. Wir lernen neue technische Vorgänge betreffend das Bauen im Eise kennen. Da stehen Arbeiter in einem rechteckigen Schachte, den sie mit eisernen Stemmstangen in das Eis gestemmt haben, wie in einem Glaskasten. Wo im Sommer breite Kähne Waren auf dem Ob befördern, da fahren unzählige Schlittenkarawanen

Zementsäcke, Sand und Kies heran für den Beton, aus dem der Pfeiler gestampft wird. In wenigen Monaten muß die ganze Arbeit vollendet sein, denn sobald der Eisgang kommt, wäre das ganze System der Schalungen auf dieser ca. dreiviertel Kilometer breiten Flußstrecke verloren. Man arbeitet hier im Freien bis zu 45 Grad Kälte. Im Januar zählte man an mehreren Tagen 60°C.

Wir verlassen Nowosibirsk, um uns von der Sibirischen Bahn nach Südosten abbiegend unserem Hauptarbeitsgebiete der diesmaligen Reise, dem Kusnetzkbassin, zuzuwenden. Die Landschaft nimmt langsam einen neuen Charakter an. Die flachen Bodenwellen verwandeln sich in Hügel, die Hügel in Berge. Wir sind in den Ausläufern des Altaigebirges nach der Grenze zwischen Tomsk und Irkutsk, hart an der Wasserscheide der Stromgebiete des Ob und des Jenissei. Aus den weichen Schneehügeln ragen Gräser heraus in Abständen, als sei jeder einzelne Halm in den Schnee gesteckt worden. Die Schattenseiten der flachen Täler leuchten in reinstem Kobalt. Gelegentlich verrät eine mächtige Schneefläche, an deren Rand Dörfer liegen, daß sich hier im Sommer ein See erstreckt. Uns ergreift das Verlangen, den Zug zu verlassen und mit Skiern in die Schluchten mit ihren Birkenhainen abzufahren. Merkwürdige Bergformen zeichnen sich vom Himmel ab, dicht nebeneinander gestellte, steile weiße Kegel. Gelegentlich ist der eine oder der andere in der Nähe der Sohle abgeschnitten, tiefschwarze Kohle tritt zutage. Wir kommen nun des öfteren an Fördertürmen und Halden vorbei. Wir sind im Herzen des Kusnetzkbassins.

II.*)
Im Zentrum des Altai-Industriebezirks

Nach eineinhalbtägiger Fahrt gelangen wir im Brennpunkte des Beckens, in Kusnetzk, an, jenem Zentrum des russischen Industrieaufbaues, das neben Magnitogorsk im Fünfjahres-Plane mit an erster Stelle steht. Ein mehrere Kilometer breiter Talkessel wird von dem Flusse Tom durchströmt, dessen steil abfallende Ufer die östliche Begrenzung der Mulde bilden. Schon gleich bei der Anfahrt sehen wir die Anzeichen einer mächtigen Bautätigkeit. Eine ganze Gruppe von Hochöfen ist bereits erstellt, andere sind im Bau begriffen. Hinter verschalten Holzgerüsten von der Höhe eines Wolkenkratzers schreitet der Bau eines gewaltigen Elektrokraftwerkes voran. Hier sollen die aus dem nahen Telneßbecken an der Mongoleigrenze herbeigeführten Magneterze verhüttet werden, hier sollen auch die von Magnitogorsk über Tausende von Kilometern im Austausch gegen Kusnetzkkohle herangeführten Erze in Eisen und Stahl verwandelt werden; das Pendant mit dem umgekehrten Vorzeichen ist, wie bekannt, am Ural im Entstehen, eben bei Magnitogorsk.

Phantastisch, wie einst in Magnitogorsk, ist auch hier das Bild des im Aufbau befindlichen Werkes in der Nacht. Die Baustellen sind mit Scheinwerfern hell bestrahlt, und ungeachtet der strengen Kälte von 30 bis 40 Grad wird überall in drei Schichten gearbeitet. Dazwischen rasen kleine Schlitten, Lastautos und die wenigen Personenwagen der Verwaltung herum. Wir betreten das Verwaltungsgebäude und verhandeln mit energischen entschlossenen Führern. Nach kurzem gewinnen wir den Eindruck, eine gut organisierte, zielbewußte

*) Vgl. den Anfang dieses Berichtes in Nr. 385.

Leitung gegenüber zu haben, und der Gang der Dinge bestätigte bald unseren ersten Eindruck. Ich lasse unseren Waggon in die Nähe des Verwaltungsgebäudes fahren, so daß wir kürzeste Wege zu unseren dort eingerichteten Büros zurückzulegen haben. Am frühen Morgen machen wir eine Rundfahrt durch den ganzen Kessel. Unzählige Baracken beherbergen provisorisch die Bauarbeiter. Da gibt es nicht nur Wohnbaracken, sondern auch ein Krankenhaus, ein Gasthaus, eine kleine Ingenieurstadt und vor allem wieder unzählige Nachalowki, die sich besonders an den Hängen der Berge, gelegentlich höhlenartig in diese eindringend, primitive und doch warm ausschauende Notwohnungen schufen. Ich fragte, was man mit diesen wilden Siedlern zu machen gedenke, und erhielt die Antwort, daß ein Federstrich genüge, um diese Wohnungen verschwinden zu lassen, da sie ungesetzlich erstellt seien und gewissermaßen nur der Not gehorchend geduldet würden. Auch hier hatten wir bald wieder unseren lustigen Chauffeusen zu helfen, die Wagen aus dem Schnee zu schieben, und bald bekamen wir darin eine besondere Fertigkeit.

Wir fahren an den Kohlengruben vorbei und durchqueren noch einmal die ganzen Niederungen bis zum Flusse Tom. Dort ist ein gewaltiges Wasserwerk aller Kälte zum Trotz in schnellem Entstehen begriffen, ein Werk von derartigen Ausmaßen, daß die hier aus dem Tom entnommene und weiter gepumpte Wassermenge größer ist als die zur Versorgung von ganz Moskau benötigte. Da das Wasser aus der Mitte des hier mehrere hundert Meter breiten Flusses entnommen wird, hat man ein eigenartiges Verfahren eingeschlagen, um Raum für das Entnahmerohr in der Sohle des Flusses zu schaffen. Man schnitt aus dem meterstarken Eise des Tom eine Rinne heraus und entnahm mittels eines an einer Laufkatze über der Rinne montierten Greifbaggers den Kies aus dem Grunde.

Ein Stadtplan in drei Tagen

Nun begann eine fieberhafte Tätigkeit zur Schaffung eines Entwurfes für die hier bis zum Jahre 1938 zu erstellende Stadt von ca. 100000 Einwohnern. Nie hatten wir bisher einen so kurzen Weg zwischen Konzeption des Entwurfes und Beginn ihrer Verwirklichung erlebt. In drei Tagen war die Gestalt des neuen Kusnetzk festgelegt. Die Geländeeigenart zwang sie in zwei Teile zu zerlegen. Der eine Abschnitt für etwa 70000 Einwohner wurde durch eine breite Grünzone von dem Industriegelände getrennt in die Ebene des Flusses Aba, eines der Nebenflüsse des Tom, verlegt, der zweite Teil mußte der Steilheit der nicht bebaubaren Hänge wegen auf die flache Kuppe eines nahen Hügels verschoben werden. Die bereits nahezu fertiggestellte, das Gelände unglücklich durchschneidende Magistralstraße zum Verwaltungsgebäude wurde in nordsüdlicher Richtung abgebogen und so zur Basis eines sich in natürlicher Weise aus dem Gelände entwickelnden Systems von westöstlich gerichteten Aufschließungsstraßen gemacht, auf dem sich senkrecht die Bebauungszeilen aufreihen. Die Bahn, die bisher das Gelände bogenförmig durchschnitt, wurde begradigt, die die Niederung gelegentlich mit Hochwasser überflutende Aba reguliert, das Gelände durch ein kombiniertes Kanal- und Drainagesystem entwässert. Mit Hilfe einiger tüchtiger Zeichnerinnen wird unter Hinzunahme einer ganzen Nacht das Projekt aufgezeichnet. Nach kurzem Kampfe gegen ein verfehltes Vorprojekt und einer gründlichen Diskussion über alle Einzelheiten der Planung wird das Projekt einstimmig zur Ausführung beschlossen. Der erste Bauabschnitt wird noch am selben Tage im Maßstabe 1 : 1000 aufgezeichnet, gemeinsam mit der örtlichen Bauleitung ein Plan für die Verlegung der Gleise zum Abtransport der Materialien durchgearbeitet und 24 Stunden später mit den vorbereitenden

Bauarbeiten begonnen. Die grundlegenden Studien über den Charakter der sozialistischen Stadt und ihre organische Aufteilung kamen uns von Magnitogorsk her zustatten.

Eine andere Stadt wird verpflanzt

Noch in dieser Nacht ließen wir uns an einen Kohlenzug anhängen und fuhren nach dem unweiten Prokowiewsk. Hier liegen Vorräte von über 150 Millionen Tonnen Kohle. Die ganze Stadt steht auf Kohle und muß im Laufe der Jahre abgetragen werden, und da auch die weitere Entfernung mit Kohle unterbaut ist, muß die neue Stadt, die über 150000 Menschen zu fassen hat, auf ein hügeliges Gelände in 5 Kilometer Entfernung verschoben werden. Schon hat man mit dem Bau der erschließenden Bahnlinie begonnen, obwohl ein endgültiger Plan der Stadt nicht vorliegt. Wir treffen eine rein formale Planung an, die unter Bevorzugung der Form römischer Arenen unbesorgt über Berg und Tal Achsen in das Gelände legt. Die Ortsbesichtigung muß diesmal in Schlitten stattfinden, denn Personenwagen sind am Orte nicht vorhanden und könnten uns auch bei den Schneeverhältnissen nicht taugen. Das Landschaftsbild ist großartig. Wir erblicken auf den Hügeln der Umgebung und in den von der Höhe herabsteigenden flachen Talmulden Birken- und Kiefernwälder, und im Hintergrunde steigt das Massiv des Altai auf. Wir überqueren ein kleines Flußchen, an einer Brücke über eine Schneemulde erkennbar, und gelangen in ein malerisches Dorf. Es ist Ende Februar und über 20 Grad kalt, aber die Spatzen, die in den Birkenwipfeln von dem strahlend blauen Himmel sich abhebend sich lustig tummeln, empfinden wie wir den kommenden Frühling. Einige Bauern, die uns, mit der Balalaika in der Hand, schwankend entgegenkommen, empfinden ihn weniger, denn der zur Feier der Masleniza (Fastenbeginn) genossene Wodka zieht sie mächtig zur Erde.

Die eigenartige Geländeformation, die von einem Höhepunkte drei langgestreckte Rücken aussendet, auf denen die Bebauung zusammengedrängt werden muß, führt zu eigenartiger und reizvoller Stadtgestaltung. Um den höchsten Teil des Geländes werden die zentralen Kultureinrichtungen der Stadt gruppiert und die bandförmigen Stadtteile werden zwischen die bewaldeten Schluchten eingefügt.
Unser Büro liegt diesmal in einem zweistöckigen Blockhause, dem Verwaltungsgebäude von Kusbaßstroij (Kusbaßbautrust). Erwähnung verdient ein gewisser Ort im Hofe, der zwei getrennte Abteile aufwies. Die Sitze waren mit einer vier bis fünf Zentimeter starken Eisschicht bedeckt, auf die man örtlichem Gebrauche folgend mit beiden Füßen hinaufzusteigen pflegt. Die Kälte des Winters scheint den Ordnungssinn der Benutzer erheblich beeinträchtigt zu haben, denn eine 40 bis 50 Zentimeter hohe festgefrorene Pyramide bekrönte den Sitz hinter der bekannten Oeffnung. Wir fahren weiter gegen Leninsk.

(Schluß.)*)
Leninsk, ein schwieriger Fall

L e n i n s k, ehemals Koltschugino genannt, ist ein typischer Grubenort. Er erstreckt sich auf einem flachen Hügel mit seinen alten und neuen Schächten, seinen vereisten Fördertürmen. Kein ordnender Plan hat bisher den Aufbau der Stadt bestimmt; systemlos liegen da und dort Straßen und kleine Siedlungen in Birkenhaine eingestreut, die fast den ganzen Hügel überziehen. Ihnen ist es zu danken, daß die Systemlosigkeit des Aufbaues weniger brutal in Erscheinung tritt, da immer nur kleine Abschnitte der Bebauung sichtbar werden und eine Art von Harmonie ergeben wie unsere deutschen

*) Vgl. Nr. 385, 388.

Waldfriedhöfe, die mit schonendem Grün das Chaos individualistischer Grabzeichen zu einer Einheit zusammenfassen. Die Blockhausbauten, die man in neueren Zeiten errichtet hat, sind übrigens von klarer Sachlichkeit und zweckbedingter Schönheit.

Die gestellte Aufgabe ist hier reichlich schwierig. Ueberall liegt wertvolle Kohle. Oft in sechs und sieben Schichten übereinander. Und wo keine Kohle liegt, fällt das Gelände steil ab und ist zerklüftet und dadurch wirtschaftlicher Bebauung unzugänglich. Man hat auf einer hochgelegenen Kuppe einen kohlenfreien Geländestreifen ausfindig gemacht, aber der vermag nur ein Viertel der unterzubringenden Bevölkerung aufzunehmen. Wir suchen nach anderem Baugelände, fahren durch die Niederung der Inja zum gegenüberliegenden Ufer, wo eine große Milchfarm in Errichtung begriffen ist, aber wir müssen uns überzeugen, daß die niedrige Lage des Geländes bei dunstigem Wetter Rauchschwaden über die Stadt verbreiten wird, so wie jetzt eine riesige schwarze Dunstwolke die Leninsker Kuppe verhüllt. Im Frühjahr überschwemmt die Inja die Ufer bis zu Kilometerbreite. Der Bau einer Brücke zur Verbindung der neuen Stat mit den Schächten wäre zu teuer. So kommen wir zu einem Projekte, das die sozialistischen Einrichtungen der Stadt und die massiven vierstöckigen Kommunalhäuser auf dem kohlenfreien Teil des Geländes verlegt und die übrige Bebauung in Form einer weiträumigen niedrigen Holzhaussiedlung auf das abzubauende Gelände vorschiebt. Wenn ein systematisches Versatzverfahren durchgeführt wird, so werden diese Bauten bei der tiefen Lage der Flöze nicht Not leiden und, wenn wirklich an einzelnen Stellen leichte Senkungen entstehen sollten, leicht abgetragen und versetzt werden können.

Auch in B e l o w o ist eine neue Stadt für 40000 Menschen geplant. Ein mächtiges Z i n k w e r k ist bereits in Betrieb genommen und fördert 10000 Tonnen im Jahre. Der modern aufgebaute Betrieb macht einen vorzüglichen Eindruck. Da wir mit der Zeit beschränkt sind und sternenklarer Himmel sich über dem Gelände wölbt, besichtigen wir bei 35 Grad Kälte warm eingehüllt in der Nacht das flache Siedlungsland. In etwas schematischer, aber wohntechnisch im übrigen einwandfreier Weise hat man bereits in der Nähe des Werkes eine kleine Siedlung in massiver Bauweise erstellt. Ein Krankenhaus in modernen Bauformen ist bereits in Betrieb genommen worden, eine Fabrikschule im Rohbau fertiggestellt. Da noch keine ausreichenden Vermessungsunterlagen vorhanden sind, sind wir genötigt, zunächst die Planung aufzuschieben.

Und noch eine Kohlenstadt

Wir fahren weiter über Topki und treffen am nächsten Tage in Scheglowsk ein, dem alten Kemerowo, einem wichtigen Kohlenzentrum am Tom.

Schon bei der Einfahrt sehen wir eine ausgedehnte Fabrikanlage teils bereits in Betrieb genommen, teils im Bau begriffen. Neben einer alten Koksfabrik, die in regelmäßigen Abständen glühenden Kokskuchen aus den Oefen sendet, ist eine neue mechanische Koksfabrik im Bau. Ein mächtiges Elektrizitätswerk ist gleichfalls im Winterbau in Errichtung begriffen, deutsche Ingenieure, die dort arbeiten, begrüßen uns. Ein großes Zinkwerk, eine chemische Fabrik und noch verschiedene kleinere Anlagen werden hier auf dem längs des Tom-Flusses aufgereihten Industriegelände zur Errichtung gelangen. Neben den bereits seit mehreren Jahrzehnten in Betrieb befindlichen Schächten auf dem Nordufer des Tom, wo eine hochwertige Kokskohle gefördert wird, werden nunmehr noch auf dem Südufer längs der Fabriken Schächte abgeteuft. Da die vorhandene Bebauung teilweise auf Kohle steht, so muß sie niedergelegt werden. Der Plan der alten Stadt, in regelmäßigen geometrischen Formen gehalten, im allgemeinen quadratisch aufgeteilt, jedoch mit gelegentlicher diagonaler Zerschneidung der Blocks, ist für den Beschauer kaum wahrnehmbar, weil alle Straßen, ob Haupt- oder Nebenstraßen, mit opulentester Breite ausgestattet wurden, die Bebauung aber nur aus eingeschossigen mit größeren Abständen errichteten Holzhäusern besteht. Eine Stadt für 170000 Menschen ist zu errichten, die teils auf dem Südufer, teils auf dem Nordufer des Tom liegen wird. In einem Wagen der Roten Armee treten wir unsere Rundfahrt an. Zunächst hinab zu dem die alte Stadt begrenzenden Flüßchen Iskitimka, das mit seinem unregelmäßigen, auf der einen Seite steil abfallenden Ufer und den hier verstreuten Nachalowkisiedlungen ein höchst malerisches Bild abgibt. Dann geht es hinüber über das Eis des Tom und in einer schmalen, tief in das Felsufer eingeschnittenen Schlucht hinauf zu den alten Schachtanlagen. Für Augenblicke vergessen wir, daß wir uns im Süden Sibiriens befinden, denn die bewaldete Schlucht könnte auch im Schwarzwalde oder einem anderen deutschen Gebirge liegen. Aber auf der Höhe angekommen, sehen wir wieder die für Südsibirien typischen Bilder: die Holzhäuser der Bergarbeiter in Birkenhainen. Hier oben auf der Höhe mitten zwischen Birkenbeständen wird ein Stadtteil für 40000 Menschen geplant. Da die Wagen im Schnee nicht fortkommen, geht es mit Schlitten über die Kuppe. Wir wollen aussteigen und treten einige Handbreit neben die schmale Spur und schon stecken wir bis zu den Oberschenkeln im Schnee. Man weist uns das Arbeitszimmer des Sowjetpräsidenten (Bürgermeisters) an, und in drei Tagen haben wir wieder unter Heranziehung örtlicher technischer Hilfskräfte, die uns über alles Wissenswerte eingehend informieren, den Plan der Stadt in großen Zügen fertiggestellt. Immer deutlicher fühlen wir, wie unendlich viel fruchtbarer solche städtebauliche Arbeit gleichsam auf der Baustelle ist als irgendwo daheim am grünen Tisch in ein paar tausend Kilometer Entfernung vom Gelände. Alle bei der Planung auftretenden Fragen werden sofort an Ort und Stelle geklärt.

Auch hier dann dieselbe schnelle Entscheidung wie in Kusnetzk. Unser Epidiaskop wird aufgestellt und an Hand farbiger schematischer Darstellungen der Plan vor einem halben Hundert Mitglieder des Ortssowjets, Vertretern der Industrietrusts, Aerzten usw. erläutert. Es folgt einstimmige Annahme des Planes, und schon wird auch hier der erste Bauabschnitt im großen Maßstab aufgezeichnet. Der Bürgermeister, ein kluger, entschlossener Mensch, fährt nach zwei Tagen bereits mit uns nach Nowosibirsk und weiter nach Moskau, um noch die formellen Bestätigungen der sibirischen sowie der Zentralregierung einzuholen.

Schlittenausflug in den Urwald

Wir hatten wieder eine Nacht bei der Arbeit verbracht, deshalb setzte ich als Einlage einen Erholungstag fest, und wir beschlossen, eine Schlittenexpedition in die 15 bis 20 Kilometer vor der Stadt beginnende *Taiga* zu unternehmen.

Die Taiga ist ein Urwald, der sich längs der Südgrenze Sibiriens erstreckt. Dort gibt es noch Wölfe, braune Bären, Vielfraße und noch eine ganze Menge weiterer interessanter, uns bisher nur aus dem Zoo bekannter Vierfüßler. Bei strahlender Sonne und einer Temperatur von 20 bis 30 Grad Kälte gleiten wir auf vier Schlitten in üblicher Karawanenform durch die Landschaft. Bald haben wir das jenseitige Iskitimka-Ufer erreicht und fahren nun zunächst ein Dutzend Kilometer durch öde Steppenlandschaft. Dann geht es steil hinunter zum Tom und auf der anderen Seite ebenso steil hinan durch ein malerisch gelegenes Dorf. Einer unserer Schlittenlenker, ein Kulak, war wegen Nichtablieferung von Brotgetreide zu zwei Jahren Zwangsdienst als Fahrer verurteilt worden. Er leiht sich bei seinen Verwandten einen dicken Pelz, und weiter geht es über schneebedeckte Hügel mit Ausblick auf die in der Ferne bereits sichtbare Taiga. Jetzt genießen wir in vollen Zügen die seit langem ersehnte enge Berührung mit der Natur, die eine Fahrt mit der Bahn durch die Landschaft nie zu vermitteln vermag. Wir atmen die klare trockene Luft mit Wonne in unsere Lungen und lassen uns von der Sonne verbrennen. Wir passieren noch ein kleines primitives Holzdorf, das eigentlich nur aus einer einzigen etwa 80 bis 100 Meter breiten Straße besteht. An den Häusern sind blaue Holztafeln angebracht und darauf Eimer, Leitern und dergleichen Dinge gemalt. Man belehrt uns, daß damit, auch für den Analphabeten lesbar, kenntlich gemacht werden soll, welche Feuerlöschgeräte im Brandfall von dem Bewohner des Hauses zur Brandstelle zu bringen sind.

Noch einige Kilometer und wir durchfahren die lockeren Randwaldungen der Taiga. Zahllose Spuren sind in dem Schnee abgedrückt, von denen wir manche wie die der Hasen und Eichhörnchen sogleich erkennen. Dann aber kommen Spuren von der Größe einer Mannshand mit ausgeprägtem Balleneindruck, und nun wetteifern wir in kühnen Vermutungen. Wir einigen uns endlich darauf, daß diese Spuren einem Nimmersatt angehören müssen. Auf der Rückfahrt kehren wir nochmals in dem Bauerndorf am Tomufer ein. Einer Einladung des Hausbesitzers folgend, betreten wir durch einen Vorraum, dessen Decke 10 Zentimeter stark bereift ist, den Hauptwohnraum mit dem riesigen Steinofen. Wir messen bei 33 Grad Wärme 30 Grad Außenkalte. Alle Fenster sind dicht verklebt und nun verstehen wir die uns gegebene Erklärung, wonach die Luft in den russischen Dörfern nur deshalb so gut sei, weil die Bauern Fenster und Türen so sorgfältig abdichteten. Unterdessen haben wir nach einem sachverständigen Blick auf die geweißten Wände unsere Pelze abgelegt. Ein Bauer von tolstoischer Figur bringt den Samowar, und seine

Frau stellt köstlichen Wabenhonig auf den Tisch. Während wir mit gutem Appetit das Wachs aussaugen, beschauen wir uns die Wohnung. Bei den Alten im Hauptraume hängt in farbigem Oeldrucke der Patriarch mit wallenden Locken, im offenen Nebenraume, in dem die beiden frischen Töchter, davon die eine Lehrerin im Orte, an einer Tabelle arbeiten, Stalin. Nach Abschluß der Rast treten wir in den Hof hinaus, wo einige sibirische Hunde mit den typischen fuchsartigen Köpfen die gefrorenen Eingeweide eines Schneehasen verzehren, dessen Körper wir an einem Haken des Vorraumes und dessen schneeweißes Fell wir neben dem Ofen im Zimmer bereits erblickt hatten.

Nach Nowosibirsk zurückgekehrt, werden die Projekte in drei Vorträgen vor dem Kraiispolkom erläutert und bestätigt. Der Vorsitzende der Sibirischen Plankommission dankt uns in liebenswürdiger Weise für unsere Arbeit und erklärt in öffentlicher Sitzung unser Arbeitstempo als ein wahrhaft bolschewistisches.

Zurück zum Ural

Wir lassen uns an den West-Expreß anhängen und erreichen bereits nach anderthalb Tagen Swerdlowsk, wo die Züge aus Sibirien den Ural überqueren. Eine kleine Gruppe fährt wenige Stunden später mit dem gesamten Planmaterial nach Moskau weiter, um die sofortige Inangriffnahme der Detailplanung in die Wege zu leiten. Wir warten bis zum Abend, um noch einen Abstecher nach Magnitogorsk zu machen und die Vorbereitung des Aufbaues der Stadt zu kontrollieren. Wir benützen den mehrstündigen Aufenthalt in Swerdlowsk (Jekaterinenburg), um die Stadt zu besichtigen.

Sie bietet wenig Reizvolles. Sie befindet sich in dem immer unerfreulichen Uebergangsstadium von einer Provinzstadt alten Stiles zum modernen Industriezentrum. Denn Swerdlowsk ist die Hauptstadt des ganzen Uralbezirkes, und hier laufen die Fäden zusammen von allen alten und neuen Unternehmungen, die ins Leben gerufen wurden, um die unermeßlichen Bodenschätze des Ural zu heben. Eine fieberhafte Bautätigkeit herrscht in allen Teilen der Stadt, und man ahnt, daß man sie nach einem Jahrzehnt kaum wiedererkennen wird. Auch hier überall moderne Bauformen, kubische Gestaltung der Baugruppen, wenn auch von wechselnder Qualität. An einem kleinen Platze, der von der Kirche abgeschlossen wird, steht das zweistöckige Haus des Kaufmanns Ipatiew, das jetzige Revolutionsmuseum, in dem die Zarenfamilie die letzten Wochen vor der Erschießung zubrachte. Zwei vergitterte Bogenfenster, wenig unter Straßenhöhe, belichten den Raum, in dem die *Zarentragödie* ihren Abschluß fand. In 80 Zentimeter bis 1 Meter Höhe über der Erde sind aus der Bohlenwand, die den gewölbeartigen Raum nach dem Nebenraum hin abschloß, mit scharfem Meißel diejenigen Stücke herausgemeißelt, in denen die Kugeln saßen. In vier Sprachen verkünden an der Wand befestigte Inschriften in nüchterner, objektiver Weise den Tatbestand der Erschießung. Dies ist der unverändert wiedergegebene Titel:

Ein Vollstreckungsbericht in vier Sprachen

»In diesem Zimmer in der Nacht vom 16. auf 17. Juli im Jahre 1918 nach dem Urteile des Uralischen Sowjet war die *ganze Familie des Nikolai II. Romanoff* erschossen: er, seine Frau Alexandra, sein Sohn Alexis, seine vier Töchter und noch vier Personen vom Hofe: der Arzt der kaiserlichen Familie Botkin, die Hofdame Demidoff, der Kammerdiener Truppe und der Koch Charitonoff.

Nikolai sollte dem Gerichte unterworfen werden, aber die Aufstände der weißen Garde in den vielen Oertlichkeiten der RSFSR und besonders der Angriff von Tschecho-Slowaken auf Ekaterinburg entschieden Nikolais Schicksal, weil die Stadt unvermeidlich fallen mußte und es blieb keine Möglichkeit, die Romanoff von dort fortzuschaffen.

Um Mitternacht des 16. auf 17. Juli die Romanoff wurden geweckt, und man schlug ihnen vor sich in einen sicheren Ort zu begeben, weil man einen Anfall der weißen Garde erwartete und weil oben ein Schießen stattfinden könnte.

Wenn die Romanoff sich angekleidet haben, wurden sie und ihre Hofleute in ein Zimmer des Erdgeschosses geführt, dort war ihnen schnell der Urteil gelesen, und nach diesem wurde auf sie aus Revolvern gefeuert. Die meisten von Romanoff fielen in Ohnmacht, aus Furcht kauerten auf der Diele, weshalb die Kugeln sich sehr niedrig in die Wand legten.

Nach der Hinrichtung wurden die Leichen auf einem Lastwagen in einen verlassenen Teil des Waldes ›Ganins Gruft‹ in der Umgegend des Dorfes Koptijaki weggeführt und dort derartig vertilgt, daß die Untersuchungs-Kommission außer abgebrandten Resten der Kleidung, Korsettplanschetten, Schnallen usw. nichts gefunden hatte.

Die Weißen suchten nach materiellen Beweise des Erschießens in dem Hause Ipatieff und nahmen daraus Möbeln und alle dort gebliebenen kleinen Sachen mit sich.

In diesem Zimmer sie rissen Tapeten auf welchen die Spuren der ausgewaschenen Blutstropfen waren ab, die Stukkatur von der Hinterwand, rissen auch ein Teil des Holzpaneelwerkes, zusammen mit den dort sitzenden Kugeln heraus, und mit dem Holze zusammen alle dort in den Wänden und in der Diele des Zimmers gebliebenen Kugeln.

Alle diese Sachen haben sie bei dem Evakuieren nach Ausland mitgenommen.«

Wir besichtigen das in den oberen Geschossen des Gebäudes gelegene Revolutionsmuseum, das grauenerregende Bilder und andere Dokumente aus der Zeit des Bürgerkrieges bringt.

In Schichten von sechs und acht Menschen übereinander gestapelt liegen in langen Reihen die Leichen der von der Weißen Armee Erschossenen. Wir haben das Schlachten im Weltkriege miterlebt. Hier aber fühlen wir, daß alle Schrecken dieses Völkermordens verblassen hinter den Greueln des Bürgerkrieges.

*

Auf der Heimfahrt erleben wir noch einen tollen Schneesturm. Die Sicht ist auf hundert Meter beschränkt. Gelegentlich tauchen aus dem Schneemeer Gruppen schwarzer Kreuze auf, sie bezeichnen die Gräber von Gefallenen aus dem Bürgerkriege.
Dann kommt wieder die Sonne durch, wir vergessen das Vergangene und denken hoffnungsfreudig an die Zukunft, den Aufbau, an dem mitzuwirken uns vergönnt ist.

[*Moskauer Rundschau*, 29. März 1931]

L. S.
Der Bau der sozialistischen Städte hat begonnen

Unterredung mit Architekten Ernst May

Nach einer siebenwöchentlichen Reise durch den Ural und Sibirien (Kusnetzk, Kurgan, Leninsk, Tschlglowsk, Novo-Sibirsk) ist Architekt May nach Moskau zurückgekehrt. »May ist der Nachfolger vom lieben Gott« – sagte in Deutschland ein arbeitsloser Kollege des Frankfurter Architekten. »Seit der Erschaffung der Welt ist wohl selten einem Menschen in solchem Ausmass die Möglichkeit gegeben gewesen, aus dem Nichts heraus neues Leben zu schaffen«.
May ist sich der Grösse und Einmaligkeit der ihm gestellten Aufgabe bewusst. Man hat fast den Eindruck, als ob dieser grosse Mann noch gewachsen wäre in den Monaten seiner Arbeit in der UdSSR, der nüchterne Tatenmensch ist von einem Schaffens- und Erlebensenthusiasmus, wie man ihn – leider – nur selten trifft. »Diese Reise war zweifellos ein Höhepunkt in meinem Leben, etwas interessanteres, ein intensiveres Schaffen gibt es augenblicklich sicher nicht in der Welt«, sagte mir May.
May war mit einer kleinen Gruppe seiner Mitarbeiter (sechs, zeitweise vier Fachleute) unterwegs, um an Ort und Stelle die Bedingungen für den Bau der neuen Siedlungen zu studieren und sofort die Pläne zu entwerfen und auszuarbeiten. In dem Sonderwagen, der den deutschen Fachleuten für ihre Reise zur Verfügung stand, war ein ganzes Zeichenbüro eingerichtet. Zur Beschleunigung der Arbeit wurden an verschiedenen Orten einheimische Hilfskräfte zugezogen, so dass es tatsäch-

lich gelang, nicht nur die Pläne für die genannten Städte zu entwerfen, sondern sie auch in allen Instanzen zur Annahme zu bringen. In Kusnetzk hat die Arbeit schon begonnen. In den anderen Orten beginnt sie in den nächsten Wochen. Die Industriekombinate, deren Arbeiter untergebracht werden müssen, sind zum grossen Teil schon fertig, zum Teil werden sie in kürzester Zeit die Arbeit beginnen. Bis zum Herbst müssen in Magnitogorsk z.B. 15 000 Arbeiter untergebracht sein. In 5-8 Jahren muss in all diesen Städten Unterkunfts- und Lebensmöglichkeit für ca. je 170 000 Menschen geschaffen werden.

»Noch nie habe ich so intensiv den Kontakt mit den Menschen gefühlt, für die ich baue, noch nie in einer Atmosphäre so starken einheitlichen Enthusiasmus gearbeitet«. Täglich sprach May in den riesigen Arbeiterversammlungen, Bergarbeiter kamen und setzten ihre besonderen Bedürfnisse auseinander, Delegationen von Kollektivwirtschaften und Staatsgütern besprachen mit ihm die notwendigen Verbindungen, die besten Methoden der baulichen Ausgestaltung der Versorgung, das Tempo der Arbeit war so ungeheuer, dass z.B. in Kusnetzk am Tag nach der Annahme der Pläne schon die Schienen der Bahn nach dem neuen Plane umgelegt wurden.

Die Frage, ob von den vorhandenen russischen Plänen keiner verwendbar sei, verneinte May. »Wir haben viel Anregung von diesen Plänen bekommen – aber ausführbar ist keiner. Es ist immer dieselbe Sache, die russischen Architekten sind fabelhafte Zeichner, ihre Entwürfe sind wunderbar anzusehen – aber es ist reine Atelierarbeit. Es fehlt der Kontakt, die Kenntnis der tatsächlichen Bedingungen. Das Gelände wird nicht studiert, den wichtigsten Fragen, wie Kanalisation, Wasserleitung etc. keinerlei Bedeutung beigemessen.« Die Stärke der Gruppe May besteht eben darin, dass ihr Fachleute für sämtliche Gebiete des Städtebaus angehören. So ist die Möglichkeit gegeben, die Pläne nach allen Richtungen hin auszuarbeiten.

Die Schwierigkeiten, die sich der Ausführung der Bauarbeiten entgegenstellen, sind natürlich ungeheuer gross: schärfster Mangel an Baumaterial, an qualifizierten und unqualifizierten Arbeitern. Dem ersten dieser beiden Uebel will May zum Teil dadurch gegensteuern, dass er natürliches Baumaterial verwendet. D. h. möglichst mit Umgehung jener Bauelemente, deren Herstellung in genügender Menge vorläufig noch sehr schwierig ist (Ziegel, Beton etc.), Materialien zu verwenden, die an Ort und Stelle vorhanden sind (Lehm, Stroh, Holz): Die Häuser, die so entstehen, können 40-60 Jahre dienen und sind nicht viel teurer als die antisanitären Baracken, die z. T. von den Arbeitern selbst erbaut wurden. Die Not an Arbeitern soll auf Vorschlag Mays zum Teil dadurch behoben werden, dass eine grosse Anzahl arbeitsloser Bauarbeiter aus Deutschland eingestellt wird. May hat von den entsprechenden Instanzen schon die Einwilligung zu diesem Vorschlag erhalten. Die Schwierigkeit besteht nunmehr hauptsächlich in der Auswahl der geeigneten Kräfte, nicht nur vom fachlichen Standpunkt, sondern auch vom materiellen. Es können nur Leute angestellt werden, die daheim keine Familie zu erhalten haben. Denn die Gehälter können nur in russischer Währung gezahlt werden.

Die Wohnungstypen in den neuen Städten sind natürlich je nach der Art der Hauptindustrie, je nach Zusammensetzung der Bevölkerung etc. etc. verschieden. Die Staatsplankommission hat als allgemeine Direktive bestimmt, dass in den neuen Städten 12½ % Kommunehäuser (vollkommen vergemeinschaftlichtes Leben, geschlossenes Kombinat), 12½ % Kollektivwohnungen (Kochnischen, Gemeinschaftsräume ausserhalb des Wohnblocks) und 75 Prozent Individualwohnungen gebaut werden. May schliesst ein Kompromiss und plant seine Anlagen so, dass ohne Umbau, durch Hinzufügung abschliessender Gebäude für die Gemeinschaftsorgane und verbindender Gänge geschlossene Wohnkommunen entstehen können. Mit der verheerenden russischen Methode, grosse Fünf- oder Sechszimmer-Wohnungen zu bauen, in die dann fünf oder sechs Familien hineingesetzt werden, »als Vorstufe zum Sozialismus, da die Frauen so in einer gemeinsamen Küche kochen und waschen müssen und damit zur Gemeinschaft erzogen werden«, wird gründlich aufgeräumt. Die neuen Wohnungen werden nie mehr als zwei bis drei Zimmer haben, die durch ihre Anlage die Einsiedlung von mehr als einer Familie so gut wie unmöglich machen.

Magnitogorsk und Kusnetzk sind schon im Bau. Wie rasch und wie gut die Errichtung dieser und der anderen Städte vor sich gehen wird, hängt, meint May, zum grossen Teil von der Neuorganisierung des zentralen Apparats ab. Vorläufig fehlt es oft an der einheitlichen Leitung. Immerhin – das Werk, das da entsteht, ist nicht nur für die Schöpfer die Erfüllung grösster Schaffensträume, sondern auch Resultat und Vorbedingung des neuen Aufbaus.

[*Das Neue Frankfurt*, Juli 1931]

Ernst May
Der Bau neuer Städte in der U.d.S.S.R.[1)]

Städtebaugesetze erst im Werden

Wenn für irgend ein Gebiet in der U.d.S.S.R. zutrifft, daß die Revolution noch in vollem Gange ist, so für das des Städtebaues und Wohnungsbaues. Das ist nicht weiter verwunderlich, denn die Ersetzung einer jahrtausendealten Gesellschaftsordnung durch eine neue ist ein Prozeß, dessen Abschluß oder auch nur dessen eindeutig klare Richtungsfestlegung unmöglich nach der kurzen Zeitspanne von einem Dutzend Jahren abgeschlossen sein kann. Da aber diese Neugestaltung des gesamten gesellschaftlichen Lebens der den sechsten Teil der Erde umspannenden Union der Sozialistischen Republiken die Grundlage für den gesamten Wohnungs- und Städtebau dieser Welt bildet, so folgt daraus ohne weiteres, daß auch diese Begriffe erst im Werden sind, daß es heute nicht möglich ist, etwa ein Rezept zu geben, das, schematisch angewendet, zu reifen Resultaten führt.

Zahlreiche Theorien liegen in hartem Kampfe miteinander. Manche davon sind bereits durch Publikationen im Auslan-

1) Der Text wurde vom Verfasser auf Grund des Vortrages bereinigt, den er am 5. Juni 1931 auf Veranlassung des Internationalen Kongresses für Neues Bauen im preußischen Herrenhaus in Berlin und am 12. Juni auf Einladung des Bundes Das Neue Frankfurt im Saalbau in Frankfurt a. M. gehalten hat. [Im Erstdruck ist dem Text folgende redaktionelle Notiz nachgestellt: »Der Vortrag von Ernst May wird später als Broschüre durch Erich Baron, den Herausgeber der Berliner Zeitschrift ›Das neue Rußland‹, noch einmal publiziert werden mit Beiträgen über russische Architektur von Walter Gropius, Martin Wagner und Bruno Taut.«

de bekannt geworden und mögen den Anschein erweckt haben, als bezeichneten sie gewissermaßen die Generallinie des neuen russischen Städtebaues. Keine Meinung wäre irrtümlicher!

Eine Festlegung auf das eine oder andere System städtebaulicher Planung ist bisher nicht erfolgt und wird auch voraussichtlich in der nächsten Zeit nicht erfolgen. Das besagt allerdings nicht, daß Planlosigkeit und Willkür das Feld beherrschen. Die elementaren Erkenntnisse moderner städtebaulicher Planung, die sich in Westeuropa in den letzten Jahren durchgesetzt haben und noch durchzusetzen im Begriffe sind, bilden auch in der U.d.S.S.R. das Alphabet der Planung. Klare Trennung der Industrie von den Wohngebieten, rationellste Durcharbeitung des Verkehrs, systematische Organisierung der Grünflächen gelten dort ebensosehr als Voraussetzungen gesunder Planung wie bei uns; die allseitige Blockumbauung weicht der Einzelreihen-Bebauung.

Das Hauptproblem der sozialistischen Stadt

Aber auf diesen mehr allgemeinen Grundlagen aufbauend, beginnt ja erst das eigentliche Problem der neuen sozialistischen Stadt, das heißt, die Entwicklung eines Stadtkörpers, der seiner ganzen Entstehung, wie auch seiner gesamten inneren Gliederung nach grundsätzlich verschieden ist von den kapitalistischen Städten der anderen Welt. Verdankten unsere Städte ihre Entstehung zumeist den Märkten und dem Handel, wurde ihre Gestaltung maßgebend beeinflußt von dem Privateigentum an Grund und Boden, so ist die Basis für den Aufbau neuer Städte in der Union stets und allein wirtschaftliche Produktion, sei es in Form industrieller Kombinate, sei es in Form landwirtschaftlicher Kolchosen. Die Bebauungsdichte dieser Städte wird nicht mehr wie bei uns und besonders in Amerika von zum Teil phantastisch hohen Bodenpreisen beeinflußt, sondern allein von den Gesetzen der Sozialhygiene und Wirtschaftlichkeit, wobei ausdrücklich darauf hingewiesen werden muß, daß das Wort Wirtschaftlichkeit jenseits der polnischen Grenze eine neue Bedeutung bekommen hat; Investierungen, die, lokal betrachtet, unrentierlich erscheinen mögen, können unter dem Gesichtspunkt der Staatsplanwirtschaft eine überzeugende Rentierlichkeit bekommen.

Ich möchte gleich an dieser Stelle ausdrücklich darauf hinweisen, daß kein fremdes Urteil unter den unzähligen Falschurteilen, die über die neue Welt gefällt werden, so falsch ist, wie das, man arbeite dort, gerade auf dem Gebiete des Städtebaues und Wohnungswesens, ins Blaue hinein und verliere den Boden unter den Füßen. Es ist richtig, daß der wirtschaftliche und kulturelle Aufbau in der U.d.S.S.R. in der Geschichte der Menschheit noch nicht seinesgleichen hatte. Es ist aber ebenso richtig, daß dieser Aufbau mit nüchternster Erkenntnis der Realitäten vorgenommen wird, und daß man auf Schritt und Tritt wahrnehmen kann, wie das als wünschenswert und ideal Erkannte bewußt zurückgestellt wird hinter dem im gegenwärtigen Rahmen Möglichen. Ich werde im Verlauf meiner heutigen Ausführungen noch mehrfach auf diesen Punkt zurückkommen.

Die Gesamtform der sozialistischen Stadt

Was die Gesamtform der Stadt anbetrifft, so ist man entschlossen, die Großstadt über 150-200000 Einwohner hinaus in Zukunft zu vermeiden. Man beruft sich hierbei auf Lenin, der sagte: »Es muß eine Verbindung der Industrie mit der Landwirtschaft auf Grund genauer Anwendung der Wissenschaft und unter Kombination mit der Kollektivarbeit sowie auch

durch eine aufgelockerte Ansiedlung der Menschen erzielt werden. Man muß der Verlassenheit, der Verwilderung und Weltabgeschiedenheit des Dorfes ein Ende machen, wie auch die unnatürlichen Anhäufungen kolossaler Menschenmassen in den Städten vernichten!«
Der Fünfjahresplan sieht überdies eine Dezentralisation der industriellen Produktion vor und entzieht damit automatisch übergroßer Menschenkonzentration die Grundlage. Darüber, wie nun die Ansiedlung in dieser eingeschränkten Form vor sich gehen soll, gehen die Meinungen, wie bereits eingangs angedeutet, erheblich auseinander.

A) Eingeschossige Bauten längs der Straße

Man hat vorgeschlagen, eingeschossige Bauten, wohl in Erinnerung an Corbusier auf Pfeilern stehend, in gewissen Abständen beiderseits der Landstraße zu bauen, die zu den Kolchosen führen. Diese Idee ist wohl nur eine spielerische und wird auch in der U.d.S.S.R. nur als theoretische Idee gewertet. Sie ist nie ausgeführt worden und wird voraussichtlich auch nie ausgeführt werden; sie muß als denkbar unwirtschaftlich bezeichnet werden, und zwar auch unwirtschaftlich im planwirtschaftlichen Sinne.

B) Streusiedlung: Die Erde eine gute Wohnung

Man hat weiter vorgeschlagen, die Stadt aufzulösen, das heißt, einen Vorschlag aufgenommen, den Bruno Taut bereits vor Jahren machte unter dem Kennwort: Die Erde eine gute Wohnung. Auch dieser Gedanke wird praktisch, soweit die industrielle Basis in Frage kommt, nicht verwirklicht werden können, denn er bedingt weite Wege für die Arbeiterschaft zum Werke, teuren Transport und ignoriert die Tatsache, daß landwirtschaftliche Individualwirtschaft in

der U.d.S.S.R. nicht mehr existiert oder, richtiger gesagt, in einigen Jahren nicht mehr existieren wird. Er übersieht weiter, daß die mit der neuen sozialistischen Stadt untrennbar verbundenen Bestrebungen, das Gemeinschaftsleben im sozialistischen Sinne zu fördern, durch eine so weitgehende Zersplitterung der Menschen über weiten Raum unendlich erschwert werden.
Realität geworden sind bereits zwei weitere Systeme städtebaulicher Gesamtorientierung: die aufgelockerte, aber doch noch geschlossene Stadt und die Trabantenstadt.

C) Bandstadt

Was die erstere Form anbelangt, so hat sich auf Grund von Erwägungen über städtebaulichen Funktionalismus, den zu realisieren an keiner Stelle der Welt bessere Gelegenheit ist, als in der U.d.S.S.R., in der aus der öden Steppe die Kombinate aus der Erde wachsen, eine Spezialform herausentwickelt, die besonders geeignet ist, mehrere so wichtige Probleme, wie die Organisierung der Industrie nach dem Systeme der Fließarbeit und die Ansiedlung größerer Menschenmassen mit kürzesten Arbeitswegen zu vereinigen: die Bandstadt.
Sie finden über diese wie über andere Formen der sozialistischen Stadt einiges Material in dem Buche von Miljutin über »Die Probleme des Baues sozialistischer Städte«, von dem eine deutsche Übersetzung demnächst erscheint.
Die Bandstadt ist so aufgebaut, daß zunächst die Industrie, aus den inneren Vorgängen der Werke entwickelt, reihenartig angeordnet ist und daß, parallel zu ihr, durch eine mehrere hundert Meter breite Grünfläche von ihr getrennt, die Wohnstadt zu liegen kommt. Die Eisenbahnlinie ist hierbei an die der Grünzone abgelegene Seite der Industrie verlegt, so daß die Arbeiterschaft, die von ihren Wohnungen zur Fabrik eilt, zwar die die Grünfläche begleitenden Chaussee überqueren

muß, nicht aber die Bahnlinie. Dieser Gedanke ist so gesund und so zwingend, daß ihm zweifellos, soweit die Generalform in Frage kommt, immer dann, wenn die noch zu schildernde Form der Trabantenlösung nicht möglich ist, die Zukunft gehören wird. Selbstverständlich wird das System der Bandstadt durch die örtlichen geographischen Verhältnisse stark beeinflußt werden. So ist z. B. der Vorschlag Miljutins für die Stadt Magnitogorsk nicht ausführbar, weil das zwischen eine 14 km große Talsperre und die Hügel des Magnetberges eingeklemmte Gelände eine parallele Entwicklung nicht zuläßt. Seit Herbst letzten Jahres tobte dann ein schwerer Kampf, ob man die Wohnstadt jenseits des Uralsees und nur durch 2 Brücken mit dem Industriegelände verbunden anordnen sollte, oder aber, wie ich es mit meinen Mitarbeitern vorgeschlagen hatte, die Stadt in die Nähe des Fabrikgeländes auf eine flache Hochebene verschieben sollte. Vor 14 Tagen ist meine Stellungnahme vom Rat der Volkskommissare endgültig bestätigt worden.

Der Entwurf Miljutins für Stalingrad bedarf auch wesentlicher Verschiebung. Während Simjonow die Gliederung der Wohnstadt in 5 Einzelstädte vorgeschlagen hat, ein Projekt, das unwirtschaftlich ist, weil es die Ansiedlung weit von der Industrie entfernt, lange Transportwege durch gänzlich unbebautes Gelände notwendig macht, sowie die unnötige Überwindung erheblicher Steigungen hinauf auf die zweite Terrasse parallel zur Wolga, hat Miljutin in seinem Schema vorgeschlagen, die Wohnstadt von der Wolga durch einen Park getrennt bandartig anzuordnen und dann, durch eine Grünfläche von der Wohnzone distanziert, die Industrie mit den Bahnen zu verlegen. Er vergaß hierbei die eminente Verkehrsbedeutung des Wolgaflusses, der die billige natürliche Verkehrsader für den An- und Abtransport von Roh- und Fertigmaterialien zu den in einer Gesamtlänge von 35 km aufgereihten industriellen Unternehmungen bildet. Tatsächlich sind

bereits in der Vorkriegszeit eine Anzahl großer Industrieanlagen, die inzwischen mächtig erweitert und vermehrt worden sind, unmittelbar längs der Wolga erbaut worden, um so den natürlichen Umschlag vom Wasser zu der längs des Wassers fahrenden Uferbahn und von beiden zur Industrie zu ermöglichen.
Infolgedessen habe ich in meinem Projekte zwar auch den Gedanken der Bandstadt, der hier von der Natur geradezu diktiert wird, aufgenommen, aber in der Reihenfolge: Wasserstraße, Uferbahn, Industrie, Grünstreifen, Wohnstreifen, Hänge der zweiten Wolgaterrasse.

D) Trabantenstadt

Die Bandstadt geht dort, wo breite Abstände zwischen den einzelnen Bauabschnitten der Industrie und des Wohnungsbaues eintreten, bereits in die letzte Form, auf die ich zu sprechen kommen werde, die Trabantenstadt, über. Häufig wird die Ansiedlung von Industriegruppen, die sich gegenseitig nicht bedingen, und deren Massierung eine übergroße Anhäufung von Menschen ergeben würde, satellitenartig um ein Zentrum erfolgen können, das die zentralen, kulturellen- und Verwaltungsbelange erfüllt, während die einzelnen Industrie- und Wohngruppen als verhältnismäßig selbständige Körper ausgebildet werden. Ich habe diese Lösung für Moskau vorgeschlagen, das sich trotz katastrophaler Verkehrsverhältnisse immer noch geschlossen erweitert, und die Stadt Nowosibirsk ist auf Grund der örtlichen geographischen sowie der Verkehrsverhältnisse zu einer gleichen Lösung gelangt. Zahlreiche andere Städte haben bereits Erweiterungsprojekte nach dem Satellitensystem ausgearbeitet, das gegenüber dem Bandsystem einen starken Vorteil hat, nämlich den der jederzeitigen Erweiterungsmöglichkeit bei unvorhergesehen auftretendem Erweiterungsbedürfnis. Ist eine Bandstadt erst in sich geschlossen, so ist es zumeist überhaupt unmöglich oder nur noch mit großen Schwierigkeiten möglich, einen Erweiterungskörper organisch in das Gebilde einzugliedern.

Die Struktur der sozialistischen Stadt

Ich komme zur Gliederung der inneren Struktur der sozialistischen Stadt. Ziel der Politik der U.d.S.S.R. ist die Nutzbarmachung aller arbeitsfähigen Menschen im Dienste des Staates, also nicht nur der Männer, sondern auch der Frauen.

Frauenarbeit und ihre Konsequenzen

Der Kommunismus hält es für eine Vergeudung wertvoller Arbeitskraft, und noch zudem für eine dem modernen Leben nicht mehr entsprechende Funktion der Frau, wenn sie, statt sich körperlich und geistig für das Gemeinwohl zu betätigen, in ihrer freien Zeit Geist und Körper zu pflegen, zu lebenslänglichem Abstauben und Kochen verurteilt wird, und spricht damit nur das aus, was Hunderttausende und Millionen fortschrittlicher Menschen in allen Ländern der Erde auch denken. Während aber dieses Problem in den kapitalistischen Ländern, soweit die Ausnutzung der Arbeitskraft in Frage kommt, nicht dringlich ist, ja, angesichts der katastrophalen zurzeit herrschenden Arbeitslosigkeit in diesen Ländern geradezu nach Verzögerung drängt, liegen die Verhältnisse in der U.d.S.S.R. so, daß der russische Vertreter in Genf kürzlich einen ihm angebotenen Posten in einer Kommission, die sich mit dem Problem der Arbeitslosigkeit befassen sollte, mit dem Hinweis darauf zur Verfügung stellen konnte, daß die Union, die er vertrete, dieses Problem nicht kenne.
Eine der vielen Maßnahmen und eine der wichtigsten auf dem Wege der Vermehrung der Arbeitskräfte ist die Nutzbarmachung der Arbeit der Frau. Was bedeutet das? Das bedeutet, daß alle diejenigen Funktionen, die die Frau bisher im Hause ausübte oder wenigstens der größte Teil derselben,

von der öffentlichen Hand übernommen werden müssen: insbesondere die Ernährung und die Kindererziehung.

Die öffentliche Ernährung

Soweit das Problem der öffentlichen Ernährung berührt wird, so scheinen besondere Schwierigkeiten kaum im Wege zu stehen. Die großen öffentlichen Küchen in Moskau, Leningrad und zahlreichen Zentren des industriellen und landwirtschaftlichen Aufbaues bewähren sich. Allerdings macht sich eine ausgesprochene Tendenz gegen eine zu starke Zusammendrängung der Menschen in den Küchen geltend. Man bevorzugt kleinere Speiseanstalten, in denen noch ein gewisser Kontakt zwischen Konsumenten und Produzenten stattfindet. Im Zusammenhang mit den neuen Städten der U.d.S.S.R. werden daher sogenannte Ernährungskombinate gebaut, die bei vollkommener Ausgestaltung Schlachthof, Brotfabrik, Lagerhäuser und Großküchen enthalten, in denen Halbfertigfabrikate hergestellt werden, die dann systematisch bis in die einzelnen Konsumstellen der Wohnquartale geleitet werden.

Die öffentliche Kindererziehung

Viel schwieriger als das Ernährungsproblem ist das Problem der öffentlichen Kindererziehung. Diese Frage wird systematisch angefaßt. Angehörige der kapitalistischen Welt pflegen stets die Frage auf der Zunge zu haben: Was wird dort aus der Familie? Ich pflege dann immer zu antworten: Was ist bei uns aus der Familie geworden?

Der neue Familienbegriff

Man mag es bedauern oder auch nicht bedauern, Tatsache bleibt, daß der traditionelle Familienbegriff im Absterben begriffen ist, daß unsere Jugend schon lange keinen Genuß mehr darin findet, sich in belehrsamen Unterhaltungen mit

Tanten und Onkeln diejenige Zeit rauben zu lassen, die sie teils für systematische Geistes- und Körperpflege, teils für eine Erholung in Gemeinschaft mit Gleichaltrigen besser verwenden könnte. Das werden viele zugeben, aber sie werden nicht gerne zugeben, daß ihre Frauen kommunisiert werden, auch dann nicht, wenn es ohne ihr Wissen schon so weit gekommen war.

Ich möchte bei diesem Thema nicht länger verweilen, ich möchte nur darauf hinweisen, daß mein persönlicher Eindruck in der U.d.S.S.R. derjenige ist, daß in erotischen Dingen alle Heuchelei verurteilt wird und die Reinheit der Menschen, ihre natürliche Sittlichkeit sich auf einer hier nicht geahnten und geglaubten Höhe bewegt. Das Verhältnis zwischen Mann und Frau wird im kollektiven Leben überdies nicht berührt, es gilt als absolut private Angelegenheit der Individuen. Bleibt noch zu untersuchen das Verhältnis zwischen Eltern und Kindern. Gerade auf diesem Gebiet ist das letzte Wort noch nicht gesprochen. Die Radikalsten verlangen die gänzliche Abtrennung der Kinder von den Eltern von frühester Jugend an. In Krippen sollen sie genährt werden, in Kinderschulen ihre ersten Spielunterweisungen erhalten, in den Schulinternaten heranwachsen und in Jugendschlafsälen abgetrennt von den Großen sich weiterentwickeln. Tatsächlich ist es ja eine zwingende Erfordernis, einer arbeitenden Frau die Sorge um die Kinder abzunehmen, aber man sucht dies auch auf andere Weise zu erreichen, indem man dic Kinder, ähnlich wie bei uns, täglich während der Arbeitszeit in Kindergärten gibt und im übrigen im Hause mit heranzieht. Für arbeitende Frauen mit Säuglingen werden Krippen den gleichen Dienst erfüllen, Krippen, die auch in den großen Fabriken angelegt werden müssen, damit dort die Mütter während der Arbeitspause die Kinder stillen können.

Drei Wohnungskategorien

Je nach radikalerer oder gemäßigterer Auffassung dieses Problemes entwickelten sich nun drei Wohnarten, die heute noch nebeneinander her laufen, ohne daß man sagen könnte, daß eine klare Entscheidung für die eine oder andere Form stattgefunden hätte, wenn auch die Generallinie in der Richtung immer intensiverer Förderung kollektiven Lebens eindeutig festzustellen ist, besonders bei der heranwachsenden Generation, den Jugendlichen, die ihre reinste Verkörperung in den Komsomols haben.

Die 100prozentige Individualwohnung

Die gemäßigtste Gruppe ist diejenige, die heute noch das Individualhaus, das Einfamilienhaus, »besitzt«, besitzt im eigentlichen Sinne des Wortes, und zwar auf der rechtlichen Grundlage eines Gesetzes aus dem Jahre 1918, wonach im Gegensatz zur Enteignung des gesamten Grund und Bodens durch den Staat kleine Gebäude vom Typ des Eigenwohnhauses im Werte bis zu 10000 Rubel in Privatbesitz belassen werden dürfen. Diese Familien leben wie bei uns, vielleicht mit dem Unterschiede, der nicht unwesentlich ist, daß man in der U.d.S.S.R. das tut, worum viele von uns seit Jahrzehnten kämpfen, daß man nämlich mit den Siedlungen auch Volkshäuser oder, wie man es in der U.d.S.S.R. nennt, Klubs vereinigt, die Sammelpunkte des gesellschaftlichen Lebens für diese Siedlungskomplexe bilden. Diese Familien erziehen ihre Kinder im Hause wie bisher, es sei denn, daß sie sie, soweit Kinderschulen vorhanden sind, in solchen unterbringen.

Kollektivwohnungen

Die nächste Gruppe ist die Gruppe der sogenannten Kollektivwohnungen oder Objeschidien. In ihnen wohnen

Gruppen von Menschen, die aber keine Küchen mehr besitzen, sondern sich entweder in Gruppenküchen, die in den einzelnen Etagen der Bauten untergebracht sind, verpflegen oder in den öffentlichen Küchen, die für den Bezirk errichtet werden. In Bezirkskindergärten, Bezirkskrippen werden die Säuglinge bis zu 3 Jahren und die Kinder vom 3. bis zum 7. Jahre untergebracht, und zwar häufig nur während der Arbeitszeit der Eltern. Die Einschulung der Kinder findet genau wie bei uns in öffentlichen Schulen statt.

Kommunehäuser

Die radikalste Wohnform ist das Kommunehaus, das heißt ein Gebäude, in dem nach optimalen Berechnungen ca. 400 oder bei Zusammenfassung von 2 Elementen 800 Menschen eine vollständige Wohngemeinschaft bilden. Jeder einzelne Mensch hat eine Wohnfläche von 6 bis 9 qm individuell zur Verfügung, das heißt, ein Ehepaar einen Raum von 12 bis 18 qm Größe. Hier schläft man, hier liest man und schreibt man, wenn man sich zurückziehen will. Hier ist auch nach den idealsten Programmen, wenigstens für 2 Räume zusammengefaßt, eine Dusche vorgesehen. Das gesamte übrige Leben geht kollektiv vor sich, das heißt im gemeinsamen Speisesaal werden die Mahlzeiten eingenommen, höchstens ist auf der Etage noch eine Teeküche, um Kleinigkeiten zuzubereiten oder aufzuwärmen, in gemeinschaftlichen Klubräumen arbeitet und spielt man, in einer zwar getrennt gelegenen, aber durch geschlossenen Gang mit dem Hause verbundenen Krippe werden die Säuglinge herangezogen, in einem Kindergarten die Kinder Tag und Nacht untergebracht. Die schulpflichtigen Kinder schlafen in Schulinternaten.

Das Kostenproblem der öffentlichen Erziehung

Hier taucht das außerordentlich schwierige Kostenproblem auf, nämlich, ob ein solches Wohnungs- und Erziehungssystem nicht wesentlich teurer zu stehen kommt als die private Erziehung. Hierzu ist zu sagen, daß zwar abschließende Berechnungen zur endgültigen Beantwortung dieser Frage noch nicht vorliegen und wohl auch noch längere Zeit nicht vorliegen werden, daß aber schon überschlägliche Berechnungen nachzuprüfen gestatten, daß die Anlage von Gemeinschaftsräumen der vorbeschriebenen Art dann keine Verteuerungen mit sich bringen, wenn sie aus der der individuellen Wohnfläche entzogenen Fläche gebildet werden. Bleibt noch die Frage der Bedienung. Diese Frage muß im Zusammenhange mit einer Berechnung des Nutzeffektes gelöst werden, der aus einer Freimachung der Frauenarbeit erzielt wird, da nur etwa die Hälfte der vom Haushalte befreiten Frauen zur Bedienung der gemeinwirtschaftlichen Anstalten benötigt werden.

Reale Wohnungspolitik

Wenn ich weiter vorne sagte, daß die verantwortlichen Stellen in der U.d.S.S.R. weit davon entfernt sind, Illusionspolitik zu treiben, sich vielmehr sehr real auf dem Boden der Wirklichkeit halten, so gilt dies ganz besonders auch für das Wohnungsproblem. In den Zentren des industriellen Aufbaues, Magnitogorsk und Kusnjetzk, sowie bei der Durchführung der gewaltigen Stoßaktion der Unterbringung von 700000 Bergarbeitern mit Familien bis zum 31. Dezember dieses Jahres werden 75 % Individualwohnungen gebaut und 25 % Gemeinschafts- und Kommunehäuser.

Zum Aufbau der sozialistischen Stadt

Nach diesen Unterlagen werden Sie in der Lage sein, den organischen Aufbau der Stadt zu überblicken, den ich nunmehr kurz andeute. Während die kapitalistische Stadt sich konzentrisch um einen Markt entwickelt, während sie in meist scharf voneinander getrennten Vierteln Reiche, Mittelstand und Proletarier ansiedelt, und während diese Verschiedenartigkeit der Klassenschichtung ihr schon von weither sichtbar ihren Charakter aufdrückt, kennt die Stadt in der U.d.S.S.R. nur einen Stand, den Stand aller Arbeitenden. Es handelt sich somit darum, diese Menschen so anzusiedeln, daß sie neben der bereits vorne angedeuteten Forderung möglichst günstiger Entfernung zur Arbeitsstätte in zweckmäßigster Verteilung aller gemeinschaftlichen Einrichtungen teilhaftig werden, das heißt, daß Krippen, Kindergärten, Schulen, Hochschulen, Läden, Wäschereien, Ambulatorien, Krankenhäuser, Klubs, Kinos und andere Einrichtungen so verteilt sind, daß sie in bequemer und funktionell optimaler Entfernung zu den Wohnquartieren liegen.

Es gibt natürlich eine ganze Anzahl von Lösungen, die dieser Forderung gerecht werden. Zwei Systeme standen sich bei der Generalplanung für Magnitogorsk zuletzt noch gegenüber: Der Vorschlag von Tschernitschow, der eine Dreiteilung der Stadt vorsah und jede Gruppe mit einem Zentrum ausstattete, und der Vorschlag, den ich mit meinen engsten Mitarbeitern ausgearbeitet hatte, der davon ausging, daß die sozialistische Stadt eine Einheit sein müsse, die Dreiteilung daher also als willkürlich abzulehnen sei, und Organisations-Elemente zu schaffen seien, die sich aus der günstigsten Versorgungsmöglichkeit mit gemeinschaftlichen Einrichtungen errechneten.

Ich schlug Einheiten, sogenannte Quartale von 8-10000 Menschen vor; die mit der Entscheidung beauftragte Kommission des Sownarkom hat sich für diesen Vorschlag entschieden. Er wurde allen Projekten zugrunde gelegt, die seitdem unter unserer Mitwirkung entstanden sind.

Städtebauliche Veranschlagung

Bei den Milliarden-Beträgen, die die Union, und zwar nicht etwa aus Anleihen, sondern aus laufenden Mitteln in den Bau sowohl ihrer Industrie wie auch, in Verbindung damit, ihrer neuen Städte steckt, wird es Sie interessieren, zu erfahren, wie weit das im Städtebau der alten Welt bisher noch gänzlich ungelöste Problem der städtebaulichen Veranschlagung dort bereits verwirklicht ist. Nehmen Sie das bereits früher erwähnte Buch von Miljutin zur Hand, so finden Sie da einen kurzen Abschnitt, der an Hand des von der staatlichen Wirtschaftsplanungsstelle Gosplan aufgestellten Programmes unter dem Titel »die ungefähren Kosten des Aufbaues« in ganz großen Zügen die Grundlage für eine Veranlagung der neuen Städte enthält. Sie ist zu erweitern um die Kosten der gesamten öffentlichen Gebäude, die dort nicht inbegriffen sind, um die Kosten des Ernährungskombinates, der Verkehrsanlagen usw. und würde dann eine ungefähre Übersicht über die Unkosten einer sozialistischen Stadt geben.

Einer solchen Aufstellung wären dann die parallelen Berechnungen für die Industriebasis gegenüberzustellen und von deren Gewinne die Unterhaltungskosten und Kapitalzinsen der Stadtanlage abzuziehen, und schon hätten wir so etwas ähnliches wie die erste städtebauliche Bilanz. Um es gleich vorwegzunehmen: »hätten«, denn haben tun wir sie einstweilen noch nicht, und es wird bis dahin noch einige Zeit dauern. Was wir heute wissen, ist, daß in der U.d.S.S.R., Rubel gleich Mark gerechnet, die Kosten für den Bau einer sozialistischen

Stadt sich je Kopf der Bevölkerung erfahrungsgemäß auf zirka 1000-1400 Mark belaufen. Solange das Hochofentempo in der Arbeit der U.d.S.S.R. anhält, solange die im folgenden noch näher zu beschreibenden Hindernisse nicht weggeräumt sind, wird an Stelle wissenschaftlich exakten Rechnens nur die überschlägliche Kostenschätzung, auf die Gefahr größerer oder kleinerer Abweichungen von der Wirklichkeit hin, durchgeführt werden können.

Hindernisse des Aufbaues

Grandios ist dieser Fünfjahresplan der U.d.S.S.R., bewundernswert die klare Zielsetzung, die Geradlinigkeit des eingeschlagenen Weges zur Erreichung des Zieles, und doch hieße es, die Dinge einseitig darstellen, wollte man nicht auch der ungeheuren Schwierigkeiten Erwähnung tun, die der Verwirklichung des Planes gerade auf baulichem Gebiete im Wege stehen.

Mangel an Arbeitskräften

Ich sprach bereits von dem außerordentlichen Mangel an Arbeitskräften, besonders an qualifizierten, die befähigt sind, die notwendige intensive Arbeit zu leisten. Ich rede dabei noch nicht einmal von den technischen Kräften, die durch eine rationellere Erfassung der in den Großstädten massierten geistigen Arbeiter verbessert werden könnte und auch verbessert werden wird, sondern ich denke an das ernste Problem der Beschaffung primitivster Arbeiter für Erd-, Mauer- und Zimmerarbeiten. Die neuen Arbeitskräfte, die ständig in die Industriezentren zuwandern, rekrutieren sich hauptsächlich aus der Bauernschaft, die bekanntlich, besonders in den fernen Provinzen, noch auf einem außerordentlich niedrigen Kulturniveau lebt. Will man die Verhältnisse in der U.d.S.S.R. gerecht beurteilen, so darf man nicht vergessen, daß es zwar leicht ist, ein Land von dem Umfange Deutschlands, Österreichs oder Italiens zu kultivieren, daß es hingegen generationenlanger, geradezu übermenschlicher Kraftanstrengung bedarf, um auch nur die elementarsten Grundsätze menschlicher Zivilisation an die Küsten des Eismeeres oder an die mongolische Grenze vorzutreiben.

Transportproblem

Gleich nach der Menschenfrage kommt das Transportproblem. Wie mancher kapitalistische Großgrundbesitzer und städtische Bodenbesitzer mag sich heute bitterarm fühlen, weil er zwar Werte in der Hand hat, sie aber nicht zu realisieren vermag. Nun, so ähnlich ist zur Zeit noch in mancher Hinsicht die Lage der U.d.S.S.R.

Schätze von ungeheuren Dimensionen ruhen im Boden verborgen, aber schon erforscht, von Platin und Gold angefangen bis zu Holz und Kohle. Schauen wir aber auf die russische Karte, so sehen wir im asiatischen Teil der Union ein paar Linien, vor allem die große sibirische Magistrale nach Wladiwostok mit ein paar kleinen Nebenlinien, und neuerdings die Turksib; aller andere Transport muß mühsam auf Flüssen und kleinen Wägelchen oder Schlitten getätigt werden. Die Schaffenshitze der Nachkriegszeit ließ kaum Zeit, das Eisenbahnmaterial überall in einwandfreiem Zustande zu erhalten und zu ergänzen, so daß die Bewältigung der gewaltigen Mengen von Transportgütern ein ernstes Problem geworden ist.

Materialknappheit

Aber fast noch schwieriger als die beiden vorbeschriebenen Hindernisse ist die Knappheit an wichtigen Baustoffen, die darauf zurückzuführen ist, daß das Rußland der Vorkriegszeit, wie es überhaupt den industriellen Aufbau vernachlässigte, auch die Entfaltung der Baustoffindustrie in den notwendigen Ausmaßen unterließ; so ist die Union heute vor die ungeheuer schwierige Aufgabe gestellt, gleichzeitig ein Industrie- und Landwirtschafts-Programm von noch nie dagewesenen Dimensionen entfalten und Produktionsmittel-Fabriken und Baustoffabriken aus der Erde stampfen zu müssen. Eisen, Glas, Dachdeckungsmaterial, Zement und viele andere Dinge stehen auf der Liste der sogenannten Defizitmaterialien und dürfen im Wohnungsbau nur in dringenden Fällen verwendet werden.

Es sind deshalb in der letzten Zeit eine ganze Anzahl von Erlassen und Verfügungen herausgekommen, die die schärfsten Sparmaßnahmen bezüglich dieser Materialien zur Pflicht machen und intensivste Ausnutzung örtlicher Baumaterialien vorschreiben. Mit unbedingt klarer Erkenntnis des Wesentlichen stellt man an erste Stelle den Aufbau der Industrie in Stadt und Land, und erst an zweite Stelle den Wohnungsbau.

Stoßaktion: 700000 Wohnungen bis 31. Dezember

Nach dem Vorgesagten werden Sie verstehen, was es bedeutet, die Aufgabe zu organisieren, die *gegenwärtig auf Beschluß des Rats der Volkskommissare und auf persönliche Initiative Stalins hin unter meiner technischen Oberleitung durchgeführt wird, die Ansiedlung von 700 000 Arbeitern mit Familien bis zum 31. Dezember dieses Jahres.*

Hierbei sollen besonders berücksichtigt werden
das Donezbecken,
das Kusnjietzkbecken,
der Ural
und Karaganda.

Ich möchte Ihnen zum Schluß meiner Ausführungen einen kleinen Überblick über einen Abschnitt aus der eben geschilderten Stoßaktion geben, nämlich bezüglich der Organisation des Anteiles von 250000 Wohnungen, der auf das Donez-Gebiet entfällt:

Grundlage der Aktion ist radikalste Typisierung und Standardisierung. Während eine Gruppe von 20 Architekten die 150 Aufbaustellen im Donezgebiet bereiste und nach ausgegebenen Richtlinien das Baugelände bestimmte und vermessen ließ, wurden in der Zentrale Quartaltypen aufgestellt, die dann in die vermessenen Gelände eingefügt werden. 15 verschiedene Typen kommen zur Anwendung, und zwar hauptsächlich in den großen russischen Holzwerken hergestellte Standardhäuser, die an Ort und Stelle nur montiert zu werden brauchen. Bereits bei Abgang im Werke erhält jedes Stück Holz Ortsbezeichnung und Nummer, so daß ein Chaos beim Transport und der Montage ausgeschlossen ist. Eine besondere Baustoffabteilung organisiert die Baustofflieferung, die durch einen besonderen für diese Aktion gegründeten Bautrust, Donschilstroy, örtlich geleitet wird. Dieser Trust hat seinen Sitz in der ukrainischen Hauptstadt Charkow.

In 6 Hauptrayons unterhält der Trust Filialstellen, die wiederum innerhalb ihrer Bezirke eine Anzahl von Baubüros unterhalten, von denen jedes einzelne dann die Bauleitung von 5-6 Siedlungen durchführt.

Ich erwähnte bereits, daß eine Anzahl von Baumaterialien, z. B. Bedachungsmaterialien, knapp sind. In einem gut ausgestatteten Laboratorium in Moskau sind wir damit beschäftigt, für diese Defizitmaterialien Ersatz zu schaffen. Eine Anzahl ausgezeichneter Wissenschaftler unterstützen diese Arbeit. Um Tempo und Qualität zu kontrollieren, sind drei Maßnahmen veranlaßt: Für jede einzelne Baustelle ist ein Terminkalender aufgestellt. An einem gleichen Exemplar in der ukrainischen Zentrale wird von 3 zu 3 Tagen auf Grund telegraphischer Berichte der Stand der Arbeiten kontrolliert.

Drei Kontrollbrigaden, ausgestattet mit Automobilen, sind eingesetzt und eilen von Ort zu Ort, um die Innehaltung der technischen Richtlinien zu überprüfen, rationelle Einrichtung der Baustellen zu kontrollieren, und endlich macht der Betriebsleiter mit seinem Mitarbeiterstabe Stichprobenkontrollen. In ähnlicher Weise sind die Aktionen im Ural, Moskauer Bassin und Kusnjietzk-Bassin organisiert. Es ist selbstverständlich, daß bei Bestehen der vorbenannten Schwierigkeiten außerordentliche Elastizität in der Organisation gewährleistet sein muß. Das Unmögliche wird erstrebt; das Mögliche wird geschaffen.

Schluß

Als ich vorgestern in Moskau in den internationalen Wagen, der aus Charbin kam, stieg und den Speisewagen betrat, sah ich gerade einen sehr unenglischen Engländer damit beschäftigt, von Tisch zu Tisch zu gehen und, auf kleine Fleckchen auf den Tischdecken deutend, zu näseln: »Oh, how dirty!« Er wird schlecht über Rußland berichten. Auch ich sah diese Flecken und ich sah noch größere und ernstere: Ich sah die Schwierigkeiten, die an manchen Orten noch in der Ernährung bestehen, ich sah den argen Unterhaltungszustand der Häuser in den großen Städten, ich sah ein unschönes Moment in der U.d.S.S.R., das allerdings sicherste Beweismittel für die Möglichkeit internationaler Verständigung, den neuen Bürokratismus, und trotz allem stehe ich nicht an, das, was in diesem Lande gegenwärtig geleistet wird, als eine historische Tat zu bezeichnen.
Ich freue mich, daß die Kongresse für Neues Bauen beschlossen haben, die nächstjährige Tagung in der U.d.S.S.R. abzuhalten. Die Mitglieder werden Gelegenheit haben, sich dort persönlich von der geleisteten Arbeit zu überzeugen, über das Gesehene in allen Ländern zu berichten und Vorurteile

beseitigen zu helfen, welche der Verständigung der Völker untereinander und ihrer friedlichen Zusammenarbeit hindernd im Wege stehen.

[*Frankfurter Zeitung*, 4. September 1931]

Ernst May
Wieder nach dem Ural

Wir bringen hier einen weiteren Bericht des früheren Frankfurter Stadtbaumeisters von seinen Erfahrungen als Leiter des gesamten Bauwesens von USSR.

Durch die Fugen der geschlossenen Fenster des Mandschurischen Expreßzuges dringt der feine Staub, den der Zug aufwirbelt, und überzieht alles im Kupee mit einer grauen sandigen Schicht. Die Landschaft, die uns im winterlichen Gewande so gut bekannt ist, ist jetzt in sommerliches Grün gehüllt. Auch die Waren, die die Bäuerinnen und Bauernkinder an den Stationen verkaufen, haben eine sympathische Bereicherung erfahren. Zu den Eiern, Butter und Käse und gebackener Milch (im Backofen bis zu leichter Bräunung erhitzte Milch mit eigenartigem Geschmack) sind jetzt grüne Gurken, die ersten Aepfel und vor allem Himbeeren und Preißelbeeren getreten.

Diesmal gilt unser Besuch der Stadt Nishnij Tagil, einem Städtchen, das einige hundert Kilometer nördlich von Swerdlowsk im Mittelpunkt der hauptsächlichsten Platinlager des Ural gelegen ist. Die Stadt mit ihren etwa 40000 Einwohnern ist insofern von der Natur besonders begünstigt, als in ihrer unmittelbaren Nähe etwa hundert Millionen Tonnen hochwertiger Eisenerze lagern. Schon vor über 200 Jahren wurden hier von Peter I. metallurgische Werkstätten eingerichtet, insbesondere Gießereien. Das alte Werk, mitten in der Stadt gelegen, wurde vor einigen Jahren durch einige moderne Hochöfen ergänzt, deren dunkle Rauchschwaden sich über die auf mehreren niedrigen Hügeln gelagerte Stadt

ausbreiten. Stellenweise brechen die Ränder der Hügel jäh ab zu den schmalen Wasserläufen, die sie voneinander trennen. Nach unseren Begriffen ist diese Stadt, wie die meisten russischen Provinzstädte, eigentlich mehr ein großes Dorf. Die ein- bis zweistöckigen Bauten sind aus mächtigen Balken gefügt und vom Alter geschwärzt. Aber im Gegensatz zu dem düster ernsten Aussehen der Bauten stehen die hinter fast jedem Fenster wahrnehmbaren, in üppiger Pracht blühenden Zimmerpflanzen. Neben den auch bei uns verbreiteten Sorten, wie Geranien, Petunien, Rankrosen und dgl., leuchten die violetten Pyramiden des »Venusgürtels«, die weißen Sternhaufen der »Braut«. Als ich die Bewohner eines Hauses bitte, die Fenster zu öffnen, um eine Nahaufnahme dieser Pflanzen zu machen, sind sie keineswegs erstaunt, sondern erzählen mir strahlend, es seien schon viele Menschen bewundernd vor ihren Fenstern stehen geblieben. Die Bevölkerung rekrutiert sich aus einigen tausend Arbeitern der alten Fabrik und aus einer großen Schar von Menschen, die den Bergbau gewissermaßen auf eigne Faust betreiben und, in der weiteren Umgebung umherziehend, Platin, Gold und allerlei Halbedelsteine suchen. Ein großer Malachitblock im Städtischen Museum gemahnt daran, daß hier einer der Hauptfundorte für dieses farbenprächtige Mineral ist.
Die gesamte Stadt erstreckt sich bogenförmig um den nördlichen Zipfel eines mehrere Kilometer langen Stau-Sees, der hier für die Bedürfnisse des Werkes angelegt wurde und dessen Ufer von parkartigen Waldungen eingerahmt sind.
Nishnij Tagil steht an den Anfängen einer bedeutungsvollen Entwicklung. Hier wird ein gewaltiges metallurgisches Kombinat entstehen, das an Umfang nicht viel hinter Magnitogorsk zurückstehen wird. Eine moderne Kokereianlage soll der Verkokung der aus dem Ural und Kusbaß herangeführten Kohle dienen, chemische Fabriken, insbesondere ein Ammoniakwerk, sollen die Nebenprodukte des Kokereiprozesses

verarbeiten. Ein umfangreiches metallurgisches Werk wird der Verarbeitung des in Hochöfen aus den Erzen zu gewinnenden Eisens und des in Martinöfen zu erzeugenden hochwertigen Stahles dienen. Walzwerke und Gießereien werden die Zwischenprodukte zu allerlei Fertigfabrikaten verarbeiten, von denen ein Teil wiederum in einer Waggonfabrik verwendet wird. Ueberall bietet sich das gleiche eindrucksvolle Bild, wie Scharen von Menschen mit Hand und Maschinen in fieberhaftem Tempo eine ehedem fast unberührte Natur den Zwecken des Industrieaufbaues nutzbar machen. In Tausenden von Zelten und Wohnbaracken, die wie Pilze aus der Erde schießen, wohnen Arbeiter und Arbeiterinnen, die Wälder roden und das Gelände einebnen. Tagelang fahren wir in kleinen Wägelchen, die mit behenden Pferden bespannt sind, durch die Wälder, um uns mit dem Gelände vertraut zu machen. Wir stoßen dabei auf neue Pflanzen, die unser Grünflächenspezialist sorgfältig sammelt, auf neue Beerenarten, und immer wieder staunen wir über die grandiose Schönheit dieser Landschaft, die gelegentlich den Charakter systematisch angelegter englischer Parks annimmt. Durch dichtes Gestrüpp nur langsam vordringend, gelangen wir an den See, hinter dessen jenseitigem Ufer sich die mäßig hohen Berge des Ural abheben. Am Abend machen wir zur Abrundung unserer Geländefahrten noch eine Rundfahrt über den See. Wir bedienen uns hierzu eines uralten Motorbootes. Es dauert geraume Zeit, bis der Motor sich unter der Einwirkung einer Lötlampe in Bewegung setzt, jedoch tut er dann, wenn auch mit einiger Schlagseite, seine Pflicht. Wir begegnen dabei einer höchst verdächtig aussehenden Dampfbarkasse, die an einem langen Seil ein Ausflüglerschiff nachzieht, das seinerseits ebenfalls Formen aus längst verschollenen Zeiten aufweist. Wir erkundigen uns nach der Geschichte dieses offenbar aus einem Museum geflüchteten Dampfkahnes mit seinem langen dünnen schwarzen Schornstein, über den oben

ein Drahtkorb gestülpt ist und der selbst mittels Drahtseilen in der Senkrechten gehalten wird. Wir erfahren, daß dieses Schiff nahezu so alt wie das Werk sei, daß man seinen Maschinen offenbar nicht mehr ganz traue, weshalb außer dem Bedienungspersonal von zwei Mann sich niemand mehr an Bord dieses Schiffes aufhalten dürfe. Daher auch das respektvoll lange Seil zwischen Dampfbarkasse und Ausflüglern.
Wir beginnen mit der Entwurfsarbeit. Wir ordnen auf Grund der Ergebnisse unserer Besichtigungsfahrt und an Hand von Höhenschichtplänen die Industriegruppen in nord-südlicher Richtung, dem inneren Vorgange des Produktionsprozesses entsprechend, an. Die vorhandene Magistrallinie der Perm-Swerdlowsker Eisenbahn wird aus ihrer alten Lage, in der sie die Stadt gänzlich vom Industriegelände abschnitt, an die Ostseite desselben verschoben. In großen Zügen werden zunächst generell die Wohnflächen für die zirka 200000 Menschen, die es anzusiedeln gilt, bereitgestellt und der Generalplan der Stadt aufgerissen. Er sichert den Bewohnern eine ideal schöne Lage der Wohnquartiere an den See-Ufern und gleichzeitig kürzeste Verbindung zwischen Wohn- und Arbeitsstätte. Betrug nach dem ursprünglichen Plane die Entfernung zu den Wohn- und Arbeitsstätten durchschnittlich 3,8 Kilometer, so ist sie nunmehr auf weniger als die Hälfte verringert. Nach Abschluß der Generalentwurfsskizze erläutern wir dieselbe vor dem Gorsowjet (Stadtparlament). Das Projekt wird angenommen und läuft nun seinen weiteren Weg über Ural- und Zentralregierung. Während einige meiner Mitarbeiter noch an Ort und Stelle verbleiben, um Bodenverhältnisse und Eisenbahntrassierung eingehend zu studieren, eile ich zirka 800 Kilometer südwärts nach Magnitogorsk, um den Stand der Ausführung zu kontrollieren. Wir unterbrechen die Fahrt in Swerdlowsk und übernachten dort, von den zahlreichen Mäusen und Ratten nur wenig belästigt. Man rückt übrigens diesen mittelgroßen

Haustieren sehr energisch zu Leibe. Wir saßen gerade bei unserem Samowar im Zimmer, als die Kammerjäger mit einem großen Eimer Rattengift hereinkamen und hinter jedem Bett eine Portion davon verstauten. Bald wird ein sanfter Duft aus den Ritzen der Dielen verkünden, daß ihr Werk von Erfolg gekrönt ist.

Wir benutzen einige Stunden vor Abfahrt des Zuges, um Werkstätten im alten Museum zu besuchen, in denen die bereits in einem früheren Bericht erwähnten Uralsteinsammlungen hergestellt werden. Wie Kinder in einem Spielzeugladen bestaunten wir hier die aufgestapelten Schätze von Hunderten in allen Farben leuchtenden und schimmernden Mineralien. Dem Blumenliebhaber vergleichbar, der in seinem Garten gleichzeitig die Schönheit der Individuen wie die Mannigfaltigkeit der Variationen genießt, berauschten wir uns an den interessanten Einzelformen der Bergkristalle, Turmaline, Gipsrosen, an den vom tiefsten Schwarzgrün bis zum hellsten Emerald hinüberwechselnden Tönen geschliffenen und ungeschliffenen Malachits, an dem tiefblauen, in Quarz eingelagerten Lapislazuli. Granate, Topase, Amethyste, Aquamarine, unzählige Varianten von Jaspis lagen da säuberlich in Haufen geordnet zusammen. Alles durften wir aus nächster Nähe beschauen. Für wenige Rubel kauften wir einige schöne Stücke dieser Schatzkammer. Die schönsten allerdings waren unverkäuflich. Sie waren bestimmt für eine Sammlung, die für Stalin zusammengestellt wurde. Einige der mit dieser Arbeit beschäftigten Mädchen und Frauen verfügten über erstaunliche mineralogische Kenntnisse, trotzdem brachte sie unser aus dem Hessischen stammender Tiefbauspezialist mehrfach in Verlegenheit. Sie konnten zunächst nicht ein rötlich-glasig schimmerndes Mineral diagnostizieren – er hatte die Scherbe eines alten Plakatschildes aus der Schublade gezogen. Auch ein schönes kugeliges Stück Raseneisenstein erwies sich als falsch rubriziert, denn bei Wegnahme eines Stükkes Packpapier über dem Rest des sonderbaren Minerals kam ein harmloser Gummischlauch zum Vorschein. Eine vertrocknete Brotkruste wäre beinahe zum Kalktuff ernannt worden. In heiterster Stimmung schieden wir aus dem Mineralparadies.

Wir nähern uns Magnitogorsk und nehmen sofort die großen Fortschritte wahr, die das Werk seit unserem letzten Besuche vor einigen Monaten machte. Die ersten Hochöfen recken ihre schwarzen Häupter gen Himmel, der Beton-Koloß der Elektrozentrale nähert sich der endgültigen Gestaltung. Der Stau-See ist vollgelaufen. Wo noch vor einem Jahre Menschen und Tiere in glühender Steppe nach Wasser lechzten, da dehnt sich jetzt, vom Winde gekräuselt, der nahezu 14 Quadratkilometer große See. Die weichen Kuppen des Magnitberges haben ihr Profil verändert, Menschenheere haben, terrassenförmig den Hang umziehend, Bahnlinien für die Erzbeförderung eingeschnitten. Bereits befördern die ersten Züge das schwarze Erz für die im Herbste beginnende Verhüttung. Diese Riesenwerkstatt der Menschheit beeindruckt deshalb den Beschauer in besonderem Maße, weil hier nicht, wie an vielen anderen Orten des Aufbaus in der U.d.S.S.R., an Vorhandenes angeknüpft wurde, sondern in baumloser wilder Steppe aus dem Nichts heraus geschaffen wurde. 130000 Menschen, Angehörige der verschiedensten Rassen, unter ihnen besonders kenntlich an ihren flachgedrückten Gesichtern die Kirgisen, arbeiten heute bereits an der Baustelle.

Auch in der neuen Wohnstadt herrscht reges Leben, nicht so rege, wie es wünschenswert wäre, denn die gewaltigen Aufgaben auf dem Industriegelände absorbieren einstweilen noch die Mehrzahl der Kräfte, aber immerhin beginnen sich bereits die Umrisse des ersten Quartals gegen den Himmel abzuheben, und in wenigen Monaten wird das erste Stadtviertel einer modernen Stadt im Rohbau vollendet sein. Betrachtet man einzelne Gruppen von Arbeitern bei der Arbeit, so stellt man immer wieder fest, welch gewaltiger Abstand zwischen dem Tempo dieser primitiven Menschen und dem westeuropäischer, durchgeschulter Arbeiter besteht. Die Menschen hier am Werke haben ja oft nur wenige Monate Praxis hinter sich und entstammen überdies häufig Bauernkreisen, die sich erst allmählich einarbeiten müssen. Eine unsägliche Geduld ist erforderlich, um diese Menschen zu schulen und in moderne Arbeiter umzuwandeln. Aber aller geäußerten Skepsis zum Trotz beweist der Verlauf der Arbeit, daß auch diese, vielleicht schwerste Aufbauarbeit von Erfolg gekrönt sein wird.

Im kommenden Jahre werden in der sozialistischen Stadt weitere 60000 Menschen angesiedelt werden. Schon werden die Vorarbeiten eingeleitet. Spät am Abend besteigen wir den Magnitberg. Zu unseren Füßen breitet sich im Dunkel der Nacht die werdende Stadt mit ihren Zehntausenden von Lichtern und Scheinwerfern, die nächtliche Arbeit eines Heeres von Menschen beleuchtend, die im Begriffe stehen, sich, gigantische Hindernisse niederkämpfend, eine neue Welt zu zimmern. Immer wieder mußte ich daran denken, daß hier, wo heute ein Arbeitsleben von unerhörtester Spannung abläuft, vor zwei Jahren wilde Pferde in öder Steppe grasten.

Ein feiner Regen fiel auf Stadt und Steppe. Wir mußten zum Flugplatz fahren. Nach einigen Fehlansätzen findet der Kutscher die schwarze schmale Linie, die durch die öde Landschaft zu dem etwa 10 Kilometer entfernten Flugplatze führt. Fröstelnd langen wir in dem hölzernen Blockhause am Flugplatze an. Die kleine Junkersmaschine steht bereit. Aber immer dichter scheint sich der Nebel zusammenzuziehen, an ein Fliegen ist vorerst nicht zu denken, um so weniger, als auch die telephonischen Strecken-Nachrichten ungünstig lauten. Enttäuscht warten draußen unsere Kutscher auf das Aufsteigen des großen Vogels. Erst gegen 11 Uhr mittags klärt sich das Wetter etwas auf. Der Soldat, der das Flugzeug mit

Gewehrüber bewachte, gibt den Weg frei. Wenige Minuten später gleiten wir dahin. Bald geht es durch dichten Nebel, der uns jede Sicht verhüllt, es herrscht böiges Wetter, wir fallen und steigen und neigen uns bald rechts, bald links. Schon hatten wir einige Stunden hinter uns, gerade über leichtgewelltem, bewaldetem, gelegentlich leicht zerklüftetem Gelände dahingleitend, als wir aus dem Halbschlummer erwachen; der Motor arbeitet unregelmäßig. Die Pausen zwischen den Zündperioden werden größer und größer. Wir verlieren an Flughöhe und befinden uns nur noch 30 bis 40 Meter hoch über dem Wald. Jeder von uns fühlt: jetzt muß die erzwungene Landung kommen, wenn uns nicht eine Böe vorher zu Boden schleudert. Mit Spannung, aber doch ohne jede Panik, da wir auf unseren »Dusel« vertrauen, betrachten wir uns das Gelände zu unseren Füßen. Wir senken uns weiter, es gibt einen festen Ruck, wir werden hochgeworfen, es folgt ein zweiter Ruck und wir sind wohlbehalten gerade noch am Rande des Flugplatzes in Tscheljabinsk gelandet. Wir steigen aus. Der Führer teilt uns mit, daß die Maschine bis auf weiteres unbrauchbar sei, das Auspuffrohr und die Zuleitungen waren bereits durchgeschmolzen. In einer knappen Stunde holte uns ein Auto aus Tscheljabinsk ab, in einer weiteren Stunde saßen wir nach den energischen Bemühungen des Leiters der örtlichen G.P.U. im Zuge nach Moskau.

1932

[*Das Neue Rußland*, Februar 1932]

Ernst May
Städtebau in der Sowjetunion

Bei einer Begegnung in Moskau im Januar 1932 erbat und erhielt der Herausgeber dieser Zeitschrift von unserem bekanntlich als Städtebauer besonders in Magnitogorsk tätigen Mitglied Ernst May nachstehenden bemerkenswerten Ergänzungsaufsatz zu seinem Vortrag, der von uns demnächst samt diesem Nachwort und anderen Beiträgen von Gropius, Miljutin und Martin Wagner in unserer im Verlag Ernst Rowohlt, Berlin, erscheinenden Schriftenreihe der Gesellschaft der Freunde des neuen Rußlands herausgegeben wird.

Ein halbes Jahr ist verstrichen, seitdem ich vor einem Gremium Interessierter meinen ersten Bericht über meine und meiner Mitarbeiter Arbeit in der USSR erstattete. Wenn ich es heute für notwendig halte, meine damals gemachten Ausführungen durch ein Nachwort zu ergänzen, so geschieht dies aus zweierlei Anlaß: Einige Presseäußerungen über meinen Vortrag und mißverstandene Wiedergabe einzelner meiner Darlegungen durch Fachkollegen bewiesen mir, daß ich es unterlassen hatte, die so grundsätzlich verschiedenen Voraussetzungen für ein städtebauliches Schaffen in der USSR gegenüber den kapitalistischen Ländern genügend klar gegeneinander abzuheben, so daß die Beurteiler ohne genügende Kenntnis der sowjetrussischen Verhältnisse sowohl in politischer als vor allem aber in gesellschaftlicher und technischer Hinsicht notwendigerweise zu einer schiefen Beurteilung meiner Ausführungen gelangen mußten.
Andererseits bedeutet aber der Ablauf einer weiteren Periode von 6 Monaten in der im 14. Jahre befindlichen Revolution Sowjetrußlands die weitere Klärung und Entwicklung zahlreicher Probleme siedlungstechnischen und städtebaulichen

Charakters und damit die Veränderung, bzw. Variierung mancher Formulierungen, die vor einem halben Jahre nur in groben Umrissen erkennbar waren.
Endlich dürfte es nicht unwesentlich sein, eine kurze Charakterisierung unserer Arbeitsweise in der Union zu geben, da auch sie sich grundsätzlich von allem Hergebrachten in anderen Ländern unterscheidet.
Ziehe ich einen Querschnitt durch die mir zugegangenen Presseäußerungen und ergänze das so entstehende Bild durch Meinungsäußerungen befreundeter oder mehr »kollegial« empfindender Kollegen, so entnahm man meiner Darstellung über den Aufbau neuer Städte in der USSR eine etwas hemmungslose Jubelstimmung, die einzelne noch ergänzen zu müssen glaubten, indem sie mir politische Propaganda für die Sowjetunion unterschoben. Wenn ich auch nie ein Hehl daraus gemacht habe, daß ich starke Sympathien für das grandiose Aufbauprogramm Räterußlands bez. Neuorganisation des gesellschaftlichen Lebens wie auch hinsichtlich der erstmaligen Verwirklichung einer Staatsplanwirtschaft größten Stiles hege, so habe ich andererseits in Wort und Schrift mit eindeutiger Offenheit zu wiederholten Malen dargelegt, daß ich meine Arbeit in Deutschland nicht aus politischen Gründen abbrach, sondern deshalb, weil ich das Nahen der wirtschaftlichen Krise und damit das Ende großer sozialer Bauaufgaben vorausfühlte. Allerdings ist es in der USSR nicht möglich, von unpolitischer Arbeit zu sprechen. Jede Betätigung eines Menschen in diesem Lande wirkt sich hier bei jedem Arbeitenden, besonders, wenn er in führender Stellung tätig ist, irgendwie politisch aus. So mag es verständlich erscheinen, wenn eine objektive Darstellung städtebaulicher Programmstellung und Verwirklichung im heutigen Rußland nicht etwa die politische Farblosigkeit eines deutschen Programms zur Errichtung von Kernbauten für Erwerbslose aufweist, besonders dann nicht, wenn der Darsteller sich mit Hingabe in den

Dienst der gigantischen Aufgabe stellt, an der er mitzuarbeiten berufen wurde.

Mißverstand man mit oder ohne Absicht die politischen Grundlagen meiner Ausführungen, so fast noch mehr die technischen Voraussetzungen. Man erklärte es für frivol, in wenigen Tagen Siedlungspläne für Städte zum Teil erheblichen Umfanges aufzustellen, und hielt sich für berechtigt, aus meinen Hinweisen auf die außerordentlich kurze Zeitspanne, die hier häufig (keineswegs immer) zwischen Projektkonzeption und Ausführung liegt, auf eine oberflächliche Arbeitsweise schließen zu dürfen. Ernsthafte Menschen mit klarem Blick für politische und wirtschaftliche Tatsachen, die im Sommer Rußland bereisten, äußerten ihre Enttäuschung darüber, daß sie, nachdem wir noch nicht ganz dreiviertel Jahr in diesem Lande gearbeitet hatten, nicht schon fertige Städte von unserer Hand photographierfertig vor sich stehen sahen, und das alles, obwohl ich zum Schlusse meines Vortrages im Interesse der Objektivität meiner Ausführungen die Hindernisse des Aufbaus eindringlich geschildert hatte.

Was zunächst das Tempo der Planung anbelangt, so ist es richtig, daß wir dafür in den kapitalistischen Ländern keine Vorgänge besitzen, und trotzdem ist es falsch, zu unterstellen, solche Projektierung entbehre der unerläßlichen technisch-wissenschaftlichen Unterbauung. Ich habe inzwischen häufig Gelegenheit gehabt, mich davon zu überzeugen, mit welch außerordentlichem Ernste und welcher Gewissenhaftigkeit die berufenen Instanzen die vorgelegten Projekte prüfen und mit welcher Sorgfalt und weitem Blicke die ökonomischen Grundlagen für die städtebauliche Arbeit wie auch für den Wohnungsbau zusammengestellt werden, mit welcher Verantwortung insbesondere die Probleme der Standardisierung bis ins kleinste Detail studiert und immer wieder verbessert werden. Einzelne dieser Fachgebiete werden, wie wir unumwunden zugeben müssen, seitens der wissenschaftlichen For-

schungsgremien der USSR erheblich gründlicher und wesentlich realer behandelt als bei uns. So ist es denn auch keineswegs unmöglich, auf der Grundlage sorgfältig zusammengetragenen Unterlagenmateriales aus allen einschlägigen Gebieten und auf Grund bis ins einzelne durchgearbeiteter Standardbaurayons und Bautypen an Ort und Stelle in einigen Tagen, unterstützt von einem Stabe qualifizierter und arbeitsfreudiger Mitarbeiter, eine Stadt so zu planen, daß die praktische Verwirklichung solcher Skizzenplanung häufig mit nur geringen Abänderungen erfolgen kann.
Zweifellos wohnt jedem ernsthaften Städtebauer das Streben inne, eine umfangreiche Arbeit in Ruhe in sich durchreifen zu lassen und immer wieder die bessernde Hand anzulegen, bis die fertige Arbeit ihren Meister lobt. Auch wir zögen es vor, mehr Muße für unsere Arbeit aufbringen zu können. Aber die Problemstellung ist eben eine andere als bei uns. Der Städtebau in der USSR ist nur ein Zahnrad in der komplizierten Maschine, die das neue Rußland zu formen berufen ist. Dieses Zahnrad kann nicht in langsamere Umdrehungen versetzt werden, als die Räder es vorschreiben, die in es eingreifen. Die USSR muß aus politischen Gründen in einer bestimmten Frist ein bestimmtes Quantum ihres Industrieprogramms verwirklicht haben. Selbstredend müssen also auch in bestimmten Fristen die Städte aus dem Boden wachsen, die den zur Inbetriebsetzung der Werke erforderlichen Arbeitern Unterkunft bieten, sie mit den notwendigen materiellen und kulturellen Bedürfnissen versorgen. Wer in diesem Hochofentempo die Nerven verliert, wer grübelnde Erwägungen an Stelle entschiedener Tat setzt, ist für die Mitarbeit in diesem Lande nicht zu brauchen. Wir westeuropäischen Architekten sind in schärfster Konkurrenz, wie sie nur ein überbesiedeltes, hochzivilisiertes und kultiviertes Land schafft, bis zu einer ästhetischen Ueberempfindlichkeit erzogen worden, die uns nur zu oft den Blick für die entscheidenden kraftspen-

denden Wurzeln des Bauens verkennen ließ. In einem Lande, das die lebende Generation der zukünftigen entschlossen opfert, und das Menschen der Menschheit zuliebe bedenkenlos vernichtet, wenn die Lage es erfordert, geht es nicht darum, Wandbekleidungen aus raffiniertestem Opakglas zu bilden, verchromte Metallgeländer, hochglänzende Wandputze, abgesperrte Türen jeder Dimension in genügender Menge zu verwenden, um damit raffinierte Wirkungen zu erzielen, hier geht es zunächst darum, den Menschen einmal in kürzesten Fristen elementarste Voraussetzungen für eine wettersichere Geborgenheit zu schaffen. Wer aus Amerika oder Westeuropa kommend, in Magnitogorsk, Kusnjetzk, in Nowosibirsk oder in Donbass nach Parallelen zu jenen Bauwerken sucht, die Jahrhunderte alte technische Entwicklung dort zu letzter Vollkommenheit steigerte, der wird enttäuscht sein, da er fast nirgends das Gesuchte finden wird. Hier schaffen nicht Ingenieure mit alter Tradition, hier stürmen blutjunge Kräfte aus den Schulen auf das praktische Leben und geben ihr Bestes. Hier liefern nicht durchrationalisierte Baustoffabriken mit durchtrainierter Arbeiterschaft auf Abruf jedes nur gewünschte Material in vollkommenster Verarbeitung, hier gilt es, mit den vielfach noch höchst primitiven Erzeugnissen der wenigen alten oder mit den gleichfalls oft noch unvollkommenen Produkten in Rekordfristen aus der Erde gestampfter neuer Baustoffwerke vorlieb zu nehmen oder die Planung auf die Verwendung der elementaren, am Orte vorkommenden Naturbaustoffe zu stützen. Hier steht auf der Baustelle nicht ein Ueberangebot spezialisierter Arbeiter, mit vieljähriger Praxis zur Verfügung – die alten hochqualifizierten Arbeiter bekleiden heute als rote Direktoren die Kommandohöhen der Wirtschaft –, hier finden wir menschliche Gesichter, denen wir ansehen, daß sie erst langsam zu erwachen beginnen, daß sie auch mit der Kelle in der Hand noch irgendwo im Geiste in wilder Steppe nomadisieren. Daß diese Menschen, nachdem sie eben eine individuelle Revolution durchmachten, die sich für den einzelnen ebenso gewaltig auswirkt, wie für die Gesellschaft die große politische Revolution, nicht in wenigen Monaten hochqualifizierte Arbeit zu bieten vermögen, wen möchte das Wunder nehmen? Und wer verfügt über ein so geringes Urteilsvermögen, das überhaupt zu verlangen?

Und trotz alledem, oder richtiger gerade darum wirkt der Aufbau der USSR auf uns gigantisch. Als ich das erstemal im Herbst des Jahres auf dem Magnetberge bei Magnitogorsk stand, sah ich weit umher Steppe und eine Anzahl von Baracken, Schürflöcher an den Hängen des Berges, Vorarbeiten für Gleisverlegung. Heute ist inmitten einst einsamer Steppe ein Brennpunkt menschlicher Schaffenskraft und Schöpferfreude entstanden. Riesige Industriehallen, Hochöfen und Cowpertürme ragen gen Himmel. 160000 Menschen sind in provisorischen Bauten untergebracht. Vor einigen Monaten wurde der erste Abschnitt der Stadt drei- und vierstöckiger massiver Bauten bezogen. Wer wagt, angesichts solch gewaltigen Vollendens von Täuschung der öffentlichen Meinung, übertriebener Darstellung und dgl. zu reden?

Fast noch umfangreicher ist der Fortschritt der Arbeit in Kusnjetzk. Hier sind bereits neben der Masse der provisorischen Bauten an hundert massive Blocks der Stadt emporgewachsen und teilweise bezogen, und das alles nach Niederkämpfung äußerer Schwierigkeiten, von denen sich die Bewohner der alten Welt kaum einen entfernten Begriff zu machen vermögen. Und ähnlich liegen die Dinge in Donbass und den übrigen Zentren des Aufbaus.

Um die technische Leistung der Union mit einiger Gerechtigkeit beurteilen zu können, genügt es nicht, seinen bequemen Wohnsitz in einem guten Hotel Moskaus auf einige Tage aufzugeben, um in flüchtiger Inspektion festzustellen, ob draußen im Lande irgendwo erträumte Städte aus des Beschauers westeuropäisch orientiertem Ideenkreise geschaffen, entstanden sind, hier gilt es, einmal mitzukämpfen in dem Kampfe um die Nöte des Alltags, so wie es ein junger Freund vor kurzem tat, der sich als Student der Jurisprudenz nicht scheute, einige Monate auf einem Kolchos mit nackten Händen bei Wind und Wetter in lehmigem Boden Seite an Seite mit primitiven Landarbeitern Kohlköpfe zu ernten, in Säcke zu verstauen und abzufahren. Der hat Rußland auf einem kleinen Arbeitsgebiete erlebt.

In dem halben Jahre, das hinter uns liegt, haben wir unseren Apparat erheblich rationalisiert, wenn wir auch noch weit von reibungsloser Arbeit entfernt sind. Der städtebauliche Organisator in den kapitalistischen Ländern entwirft für seinen Arbeitsbereich ein Organisationsprogramm, und dank der ihm zu Gebote stehenden hochqualifizierten Hilfskräfte und des raffinierten bürotechnischen und technischen Materiales verfügt er im allgemeinen, wenn er sein Handwerk versteht, in kurzer Zeit über einen glatt funktionierenden Arbeitskörper. Auch das ist hier anders. Die qualifizierten Kräfte müssen mühsam zusammengesucht werden, wenn sie überhaupt zu haben sind. Ein harter, Zeit und Nerven raubender Kampf nur um die Schaffung des rein äußerlichen Arbeitsapparates muß gekämpft werden. Hier, wo man stets das hohe Ziel des bolschewistischen Zukunftsstaates vor Augen sieht, nimmt man die Dinge des äußeren Lebens und die Bequemlichkeit nicht so wichtig wie bei uns. Vergleicht man die Büroeinrichtung einer unserer typischen Kriegsgesellschaften, oder bescheidenerweise auch nur die Ausstattung eines mittleren Architektenbüros mit der Umgebung, in der hier Riesenaufgaben gelöst werden, so werden sich dem Ausländer gelegentlich die Haare sträuben, wenn er sieht, wie die Arbeitskräfte in primitiven Sälen zusammengepfercht arbeiten, sich oft bei der geringsten Bewegung störend. Sie werden verzweifeln, wenn das Telephon in einer Hochperiode dringendster Arbeit 8 Tage lang wegen Reparatur stillgelegt wird, wenn es an Heftklammern und -maschinen fehlt, Beleuchtung und Heizung nur ungenügend funktionieren. Langsam gewöhnen wir uns daran, auch diese Dinge zwar nicht als zufriedenstellend zu empfinden, aber doch verstehen zu lernen, daß es eben eine Zeitlang auch so gehen muß, bis die wichtigeren Aufgaben gelöst sind.

Wenn ich eingangs meiner Ausführungen darauf hinwies, daß die vergangenen 6 Monate zu einer weiteren Klärung der Probleme siedlungstechnischer und städtebaulicher Art führten, so gilt dies in erster Linie in organisatorischer Hinsicht. Die Parallelarbeit zahlreicher auf dem Gebiete des Städtebau- und Siedlungswesens tätigen Organisationen ist in energischer Weise abgebaut worden, die Aufgabenstellung bez. der Gesamt- und Einzelprobleme wesentlich geklärt. Immer schärfer ist auf Systematisierung der Arbeit hingearbeitet worden. Wohnungen, Verwaltungs- und Wirtschaftsbauten, Kindergärten, Schulen, Theater, Klubs und Kinos sind in typischen Projekten und verschiedenem Umfange durchgearbeitet, tabellarische Aufstellungen errechnet, die abzulesen gestatten, welche Gruppen von Standardbauten der vorgenannten Art innerhalb der Siedlungseinheiten kleineren und größeren Umfanges benötigt werden. Damit ist die rationelle Unterlage geschaffen für die systematische Projektierung der Unzahl von Städten und Siedlungen, die in kurzen Fristen zu projektieren und zu erbauen sind.

Die auf sozialistischer Grundlage errichtete Stadt ist ihrem Wesen nach, wie ich in meinem Vortrage bereits ausführte, grundsätzlich verschieden von der kapitalistischen. Während letztere selbst dort, wo sie zunächst auf Grund des Machtwillens einzelner Machthaber auf systematisch angelegtem Grundrisse entstand, bei späterer Erweiterung infolge der Einflüsse der kapitalistischen Wirtschaft mehr oder weniger willkürliche Wachstumsformen annahm, bedingt die nur in einem sozialistischen Staate ohne Einschränkung mögliche Forderung der Schaffung gleicher Lebensbedingungen für alle eine strengste Systematik bei der Anlage sowohl des Stadtganzen wie seiner einzelnen Teile. Es ist nur verständlich, daß Vertreter des Städtebaus auf kapitalistischer Grundlage solcher Planung verhältnismäßig wenig Verständnis entgegenbringen und leicht in denselben Fehler verfallen, dem selbst im revolutionären Rußland noch so manches unter revolutionärer Brust schlagende romantische Herz verfällt, und den Wunsch nach reicherer Variation der einzelnen Wohnrayons äußern. Es genügt der Hinweis darauf, daß es vor ein paar hundert Jahren schon einmal eine Epoche gab, die jedes Säulenkapitäl variierte, um aufzuzeigen, daß solche Forderungen der Willkür mit unserer Zeit nichts mehr gemein haben. Der erfahrene Städtebauer weiß überdies, daß diese Systematik durch die natürlichen Verhältnisse um so mehr gemildert wird, je mehr die örtlichen Gegebenheiten des Geländes zur Anpassung der Bebauung an den Boden nötigen. Die Durcharbeitung der Baurayons im Maßstabe 1 : 1000 bringt denn auch regelmäßig eine weitgehende Verlebendigung der im Plane 1 : 5000 noch stark schematisch anmutenden Grundlagen. Wenn erst die Grünpflanzungen herangewachsen sein werden, so wird die Angst vor der Systematik der Freude an dem logisch funktionellen Aufbau der sozialistischen Stadt weichen.

In der alten Welt entsteht eine Stadt oder richtiger gesagt eine Siedlung, indem der mit dem Entwurf beauftragte Architekt im Einvernehmen mit den zuständigen Behörden seinen Plan entwirft und alsdann unter seinem persönlichen Namen veröffentlicht. Es gibt dabei Architekten, die ängstlich die Nennung ihrer oft recht zahlreichen Mitarbeiter unterlassen, es gibt andere, die seit vielen Jahren bekannten, daß ihre Arbeit Gemeinschaftsarbeit einer ganzen Gruppe von Fachgenossen aus den verschiedensten einschlägigen Gebieten war. In der

USSR ist die Individualarbeit prinzipiell durch die Kollektivarbeit ersetzt. Das ist nicht so zu verstehen, daß etwa 6 oder 8 Menschen gleichzeitig beginnen Pläne zu entwerfen, sondern, daß unter Leitung eines Führers Brigaden gebildet werden, deren Mitarbeiter in systematischer Arbeitsteilung bemüht sind, ihr Bestes zu dem gemeinsamen Werke beizutragen. Wenn daher anläßlich meines Vortrages die mißverständliche Auffassung Platz gegriffen haben sollte, als habe ich mich gewissermaßen in eine Stadtprojektierungsmaschine verwandelt, die alle paar Tage eine Stadt von einigen 100000 Einwohnern am laufenden Bande produziert, so muß ich, obwohl ich glaube, mit meinen Ausführungen zu einer solchen Meinung keinen Anlaß gegeben zu haben, ausdrücklich feststellen, daß eine solche Darstellung wiederum grundsätzlich die Arbeitsweise in der USSR verkennt. Tatsächlich basiert hier wie überall in der Welt jede technische Arbeit auf kollektiver Zusammenarbeit der Führer mit allen Mitarbeitern bis zur jüngsten Zeichnerin. Aber mit dem grundsätzlichen Unterschiede, daß hier solche Kollektivarbeit nicht verheimlicht, sondern mit größter Deutlichkeit bekanntgegeben wird, indem für bestimmte Arbeitsgebiete durch den verantwortlichen Leiter Brigaden namentlich zusammengestellt werden, die in gemeinsamer Verantwortung unter Oberverantwortung des Brigadenführers ihre Arbeit erledigen. Der Leiter des Gesamtapparates wird persönlich seinen schöpferischen Einfluß durch Entwurf oder Bestimmung der Arbeitselemente, also der den Einzelprojektierungen zugrunde zu legenden städtebaulichen hoch- und tiefbautechnischen Typen und Standarden geltend zu machen vermögen. Er ist jedoch nicht in der Lage, etwa willkürlich oder einseitig seine persönliche Auffassung durchzusetzen, sondern seine Willensäußerungen wie seine gesamte Arbeit unterliegen der fortlaufenden Nachprüfung durch die sogenannte Gesellschaftlichkeit. D.h., daß er vor der Gewerkschaftsgruppe seiner Behörde oder in öffentlichen Versammlungen, die gelegentlich auch von der Presse veranlaßt werden, Bericht zu erstatten hat, und daß dann seine Arbeit scharfer Kritik unterzogen wird. Dieses System hat zur Folge, daß in der USSR der Staatsbürger sich jederzeit als eigentlicher Gestalter des öffentlichen Lebens fühlt, da die Oeffentlichkeit tatsächlich überall und in jeder Form mitzuwirken berufen ist.

Eine solche Organisation gestattet denn auch die Schaffung großer Projektorganisationen, ohne daß die Gefahr heraufbeschworen würde, die Arbeit könne nicht mehr bis ins einzelne kontrolliert werden. Bei einer Organisation, wie wir sie zur Projektierung unserer Siedlungen und Städte geschaffen haben, mit ihren zirka 800 Menschen, ist die Verantwortung des technischen Leiters mitverteilt auf die Schultern der Abteilungs- und Filialleiter, die wiederum ihre Untergruppenführer mit großer Selbständigkeit ausstatten müssen, um die Gesamtübersicht nicht zu verlieren. Die größten Aufgaben werden unter persönlicher Leitung des verantwortlichen technischen Leiters gemeinsam mit Brigaden hochqualifizierter Kräfte bearbeitet.

Ich hoffe hiermit einige der hauptsächlichsten Mißverständnisse, die einer Würdigung des städtebaulichen Schaffens der USSR im Wege standen, ausgeräumt zu haben, wenn ich mir auch darüber klar bin, daß nur diejenigen das russische Aufbauwerk verstehen werden, die es verstehen wollen.

[*Die Architektur des modernen Westens*, Moskau 1932]

Ernst May
Siedlungsbau
Die Erfahrungen Frankfurts

Das Wohnungsbauprogramm der Stadt Frankfurt

Auf Grundlage einer statistischen Erfassung des Wohnungsbedarfs der Bevölkerung wurde im Jahr 1925 ein auf zehn Jahre bemessenes Wohnungsbauprogramm ausgearbeitet, das auf die planmäßige Beseitigung der Wohnungskrise zielte.
Dies beinhaltete nicht nur, die Folgen des Baustillstands der Kriegs- und Nachkriegsjahre zu überwinden, sondern auch den durch Zuzug gestiegenen Wohnungsbedarf zu befriedigen. Außerdem stand vor uns als zweite Stufe die Aufgabe, die äußerst schwierigen Lebensbedingungen in der Altstadt zu verbessern. Ein solches Programm konnte in der damals noch unklaren Lage nicht mehr als eine allgemeine Zielsetzung sein, die sich aus der gesamtwirtschaftlichen Entwicklung ableitete.

Die Methoden der Stadterweiterung. Die Form der Stadt

Ungeachtet des Unheils, das die Konzentration der Bevölkerungsmassen in geschlossenen, sich konzentrisch entwickelnden Städten der Vergangenheit mit sich bringt, werden daraus nur selten die notwendigen Schlußfolgerungen gezogen. Es verfestigte sich das ausschließlich an bloßen Ziffern orientierte wirtschaftliche Denken der Vergangenheit, das eine Vielzahl wichtiger, nur schwer durch Zahlen faßbarer Momente ignoriert. Auf Grundlage einer solchen »Wirtschaftlichkeit« führen die Verminderung der Wohnfläche und das Überquellen der Städte zur Senkung des Lebensstandards der Massen.

Wir sollten nur jene »Wirtschaftlichkeit« als die richtige anerkennen, die der Notwendigkeit des Schutzes der menschlichen Gesundheit Rechnung trägt – die soziale Wirtschaftlichkeit. Dafür ist die Wiederherstellung normaler Lebensbedingungen der Stadtbewohner mittels der bewußten Auflockerung der Stadt und der Anlage umfangreicher Grünflächen innerhalb der Stadtgrenzen erforderlich. Der Fortschritt bei den Verkehrsmitteln erlaubt es, die Stadtgrenzen erheblich auszudehnen. Die relative Entfernung tritt an die Stelle der faktischen Entfernung. Wir sind nun nicht mehr gezwungen, die Häuser konzentrisch um das Stadtzentrum anzuordnen. Nach der Umkreisung der geschlossenen Innenstädte, die durch natürliche Grenzen in ihrer Entwicklung beschränkt sind, können wir das Wohnen in selbständige vorstädtische Komplexe jenseits der Stadtgrenzen verlegen. Allerdings behindert die Knappheit des unter städtischer Verwaltung befindlichen Grundbesitzes die Verwirklichung dieser Absichten in erheblichem Maße.

In erster Linie sollten wir uns darum bemühen, Werkstätten sowie kleine und mittlere Industriebetriebe bis hin zu Werken der Großindustrie in diesen Vorstädten anzusiedeln, um auf diese Weise dem Idealzustand näherzukommen, den wir in Kleinstädten beobachten, wo die Entfernung zwischen Wohn- und Arbeitsort sehr gering ist.

Dort, wo bereits größere Industriekomplexe vorhanden sind (für Frankfurt hauptsächlich im Osten und Westen der Stadt, entlang des Flusses Main), können solche Ergänzungsstädte, die ausschließlich mit Wohnstätten bebaut werden, leicht realisiert werden. Daraus folgt automatisch eine preiswerte und natürliche Lösung des Problems des Verkehrs, mit dem das Stadtzentrum gegenwärtig außerordentlich überlastet ist.

Die bequemen Verkehrswege – Autobusse, Straßen- und Untergrundbahn – dienen der Verbindung der Vorstädte mit der Stadt, in der die verschiedenen zentralen Institutionen verbleiben, wie Universitäten, Theater, große Kaufhäuser, zentrale Krankenhäuser usw., während der Freiraum zwischen den Vorstädten und dem Zentrum sowohl für diverse wirtschaftliche Zwecke als auch für die Erholung genutzt wird.

Auf dem Tellergelände und dem Strahlenberger Lehen bei Gerbermühle sind bereits grüne Gartenstädte errichtet, die jene Richtung aufzeigen, in die sich die wirtschaftliche Nutzung freier Flächen entwickeln sollte. Das System einzelner Grünflächen, das die Stadt von der Vorstadt trennt, dringt mit kleineren Unterbrechungen zur Innenstadt durch und ersetzt kleinere Gärten durch dauerhafte prächtige grüne Anpflanzungen. Während unsere Städte mehrere zehntausende Wohnungen umfassen, die jeglicher Freiflächen entbehren, steht vor uns die Aufgabe, den Einwohnern dieser Häuser die Möglichkeit eines Zeitvertreibs in gesünderen Verhältnissen zu bieten.

Die sorgfältige Bodenbearbeitung und die Auswahl der Baumanpflanzungen verleihen diesen Gärten den Charakter eines organisch mit der ganzen Stadt gewachsenen Stadtteils. Andere Grünanlagen werden als Sportplätze hergerichtet, für Spiele, zum Baden und Erholen. In letzter Zeit kamen wir zu dem Schluß, daß unsere Schulen, die bisher an zentralen Verkehrsadern, inmitten von Schmutz und Lärm des pulsierenden Großstadtlebens, gelegen sind, aus der bebauten Umgebung herausgenommen und in das Grün der Gärten verlegt werden sollten. An der frischen Luft und in malerisch schöner Landschaft werden sie in idealer Weise ihrer Bestimmung gerecht werden. Der wichtigste Vorzug der künftigen aufgelockerten Stadt, um die wir uns bemühen, ist die Existenz gesunder Wohnungen, die in der Nähe von Gärten und Grünflächen gelegen sind. Mit diesem Ziel werden in verschiedenen Teilen der Stadt an den gesündesten Orten neue Siedlungen gegründet.

Terrainplanung

Der Wohnungsbau der Stadt Frankfurt am Main seit der Mitte des vergangenen Jahrhunderts spiegelt bis heute deutlich die grundlegende Veränderung der Ansichten zur Stadtplanung wider.
Mit Ausnahme schmaler Höfe und Lichtschächte zwischen den Häusern ist das ganze Gebiet dicht bebaut. Jene Geringschätzung, die zu allen Zeiten die Haltung zum wertvollsten Menschengut, der Gesundheit, bestimmte, hatte zu fast katastrophalen Folgen geführt, so daß man systematisch für die Abnahme der Baudichte kämpfen mußte. Vor allem wurde die Bebauung der Innenhöfe eingeschränkt. Tatsächlich zeigen die Pläne der 900jährigen Bebauung Frankfurts, wie unendlich langsam die Entwicklung dieses Prozesses voranschritt; schon damals bekamen die Hofgebäude innerhalb der geschlossenen Quartiere nicht das nötige Minimum an Licht und Luft.
Nur langsam setzten sich im Laufe der Zeit die auf unserem Schema dargestellten Veränderungen durch [siehe Abb. S. 173].
Die Hofgebäude verschwinden, die Hauptblöcke werden einem umfassenden Umbau unterzogen, der freie Innenraum erobert das Feld.
Überall, wo die Planung neu zu bebauende Flächen vorfindet, geht die Entwicklung weiter: Ziel ist es, jeder Wohneinheit in gleicher Weise befriedigende Bedingungen im Hinblick auf Licht, Belüftung und die Nähe von Grünanlagen und Verkehrsmitteln zu schaffen. Bei der Umsetzung dieses Ziels helfen die Planungsmethoden, die beim Bau der Siedlung Riederwald verwendet wurden.

Die nächste Entwicklungsstufe wird sich wahrscheinlich in einer zweireihigen Anordnung der Bauten manifestieren, das heißt einem solchen Planungssystem, in dem sich die Bauten in einer Linie von Nord nach Süd oder von Nordosten nach Südwesten erstrecken, wobei beide Straßenseiten bebaut werden.

Die Anordnung der Bauten in Zweierreihen bietet im Vergleich zur Blockbebauung solch unzweifelhafte Vorzüge, daß die Einführung dieses Systems praktisch mit einer Revolution in Sachen Stadtplanung gleichzusetzen ist, wobei dieses System freilich nicht das Endziel sein kann.

Das System der zweireihigen Bebauung bedingt eine unterschiedliche Ausrichtung der einander gegenüberliegenden Häuser: In der einen Hausreihe sind die Zimmerfenster, die an den Garten grenzen, nach Westen ausgerichtet, in der anderen nach Osten.

Andere Beispiele bestätigen ebenfalls, daß die Wohnungen in beiden Häuserreihen im Hinblick auf ihre Qualität verschieden sind. Eine bedingungslose Gleichwertigkeit der Wohnungen in allen Reihen kann nur durch Anwendung der einreihigen Anordnung der Häuser erzielt werden, wenn die Häuser entlang des Weges oder der Straße nur auf einer Seite gebaut werden (in letzter Zeit wird diese Methode häufiger als »mehrreihig« bezeichnet). *Dieses Schema sieht die Straßenführung senkrecht zu den Häuserzeilen vor, an denen entlang nur Fußgängerwege verlaufen.*

Man braucht keine überflüssigen Beweise, um anzuerkennen, daß die massenhafte Errichtung der Häuser in geschlossenen Baukomplexen die sparsamste Form des Wohnungsbaus ist, insbesondere wenn außerhalb der Stadt auf preiswertem Boden gebaut wird. Die Entwicklung der sozialen Beziehungen verweist auch immer deutlicher auf die Notwendigkeit der Aneignung von kollektiven Wohnformen. Alle Versuche, den individuellen Charakter der Bauten künstlich zu bewahren, können an dieser allgemeinen Tendenz nichts ändern. Nichts ist fehlerhafter als der Hang, die Anfänge des Kollektivismus im Wohnungsbau zu ignorieren. Das Wohnen unserer Zeit sollte, ähnlich einem Bienenstock, ein Komplex einzelner Zellen sein.

Hohe oder niedrige Häuser?

Unabhängig von der Frage nach »kollektivem oder individuellem Wohnen« muß geklärt werden, welcher Hausform der Vorzug gegeben werden sollte, mit anderen Worten, es muß zwischen der vertikalen und der horizontalen Art und Weise der Wohnungsverbindung gewählt werden. Im ersten Fall werden mehrgeschossige Wolkenkratzer errichtet, im zweiten kleine Einfamilienhäuser.

Die ideale und schlußendlich auch die natürlichste Wohnform ist das Einfamilienhaus. Solche Häuser bewahren die Abgeschiedenheit der Familie. Wenn man sich diese Wohnform zu eigen macht, so wird jede Wohneinheit zumindest mit einem kleinen Gartengrundstück ausgestattet sein, das heißt der Innenraum wird erweitert und um die Gartenfläche ergänzt. Eine Familie (und in erster Linie die Kinder), die in einem mehrgeschossigen Bau wohnt, kann niemals über jene gesunden Lebensverhältnisse verfügen wie in einem Einfamilienhaus.

Ausgehend von diesen Überlegungen sieht die Baupolitik Frankfurts den Bau von Einfamilienhäusern vor.

Die künftige Entwicklung des Städtebaus, die sich nicht nur darauf beschränkt, einzelne Wohngebiete jenseits der Stadtgrenzen zu verlagern, sondern sich auch mit der Dekonzentration dieser Siedlungen befaßt, bringt ein neues, uns heute noch utopisch anmutendes Bauen hervor.

Gegenwärtig ist die Sachlage so, daß in Frankfurt wie in anderen Großstädten der Bau von Einfamilienhäusern wesentlich teurer ist als die Kombination von Wohnungen in mehrgeschossigen Häusern. Angesichts der unzureichenden Mittel sollte man gesondert rechnen, wenn es um die Räume für minderbemittelte Bevölkerungsschichten geht. Insgesamt erweist sich eine Übergangsform als höchst angemessen, bei der die Häuser wenige Etagen mit zwei oder vier Wohnungen haben, wodurch der geforderte niedrige Verkaufspreis möglich wird. Mit der Zeit wird ein Großteil der Siedlung Westhausen mit Doppelhäusern bebaut. Beim Bau der Siedlung Goldstein, die den Charakter der Gartenstadt wahrt, gab man ebenfalls diesem Haustyp den Vorzug.

Die modernen mehrgeschossigen Bauten können keinesfalls mit Kasernenbauten der Vergangenheit verglichen werden, vor allem, wenn die Anzahl der Stockwerke auf drei oder vier beschränkt bleibt. Eine richtige Anordnung der städtischen Bauten, die insbesondere bei einreihiger Planung erreicht wird, sichert sogar in Mehrfamilienhäusern ausgezeichnete Lichtverhältnisse für jede einzelne Wohnung und eine freie Sicht auf den Garten, der zwei Häuserreihen voneinander trennt.

Lediglich zwischen den Bewohnern der niederen und höheren Etagen entsteht die erwähnte Ungleichheit der Verhältnisse: Die letzteren haben keine direkte Verbindung zum Garten. Dennoch kann man gewiß nicht ganz auf die Verwendung von mehrgeschossigen Häusern verzichten.

In letzter Zeit wurde eine Reihe von Mehrfamilienhäusern errichtet, bei denen jede Wohnung über einen eigenen Ausgang zur Straße verfügt. Dieser Häusertyp hat große Vorzüge, weil sich die Bewohner durch das System einzelner Ausgänge weniger beengt fühlen. Allerdings liegt die Errichtung dieser Häuser nach groben Kalkulationen preislich um acht bis zehn Prozent höher als bei jenen Häusern, deren Wohnungen an Treppenhäusern gelegen sind, weshalb eine weite Verbreitung dieses Häusertyps erheblich erschwert wurde. Trotzdem kann dieser Typ in konkreten Einzelfällen eingesetzt werden, beispielsweise für Straßen, die sich von Osten nach Westen erstrecken, als vollwertige Ergänzung zu den üblichen Wohnnormen.

Frankfurter Typen

Neben Nahrung und Kleidung ist das Wohnen eines der Grundbedürfnisse des Menschen. Der Mensch soll mit Wohnraum in genügendem Ausmaße versorgt sein, und dieser soll von ausreichender Qualität sein. Die kapitalistische Produktion stellt Massenbedarfsgüter her, testet dabei zuerst Probemuster, vervollkommnet diese und bringt sie erst dann in die Massenproduktion. Der Wohnungsbau befolgt allerdings bis heute völlig mittelalterliche Entwicklungswege, wo er doch mit denselben Methoden durchgeführt werden könnte. Es ist ganz und gar undenkbar, die Wohnbedürfnisse der breiten Massen der Stadtbevölkerung durch eine oder zwei Arten von Gebäuden zu befriedigen. Es ist notwendig, eine ganze Serie verschiedener Typen von Bauten zu schaffen. Die in der Frankfurter Praxis verbreiteten Wohnungstypen wurden auf Grundlage folgender Voraussetzungen geschaffen:

1. Die allgemeine Anordnung der Zimmer im Haus wird so kalkuliert, daß sie der Haushaltsführung auf maximale Weise entspricht; überflüssige Gänge werden weitestgehend vermieden, die einzelnen Wohnungsteile sind möglichst vollständig mit dem notwendigen Haushaltszubehör ausgestattet.
2. Weil der Mensch nicht nur eine denkende Maschine ist, sollte das Wohnen so gestaltet sein, daß es seinem Bewohner eine intellektuelle Befriedigung gewährt; dies kann nicht nur auf dem Wege einer besonderen äußeren Gestaltung einzelner Räume oder ihrer jeweiligen Lage geleistet werden, son-

dern hauptsächlich durch möglichst viel Licht und Sonne in der Wohnung.

3. Alle Mehrfamilienhäuser sind derart angeordnet, daß die Sonne am Morgen die Schlafräume erhellt und in der zweiten Tageshälfte die übrigen Räume. Wenn die Bedingungen es erfordern, Häuser von Ost nach West zu bauen, wird hier der sogenannte Nordtyp eingesetzt.

4. Der Gemeinschaftsraum, der als Hauptaufenthaltsort der Familie gilt, muß über eine maximale Fläche verfügen, und es ist unzulässig, diesen Raum mit Nahrungszubereitung auszulasten; diesem Zweck soll eine kleine Einzelküche dienen, die so mit den Wohnräumen verbunden ist, daß der Abstand von der Nahrungszubereitung zum Eßtisch möglichst gering ist.

5. Die Küche soll über eine Inneneinrichtung verfügen, die eine höchst rationale Verwendung des gegebenen Platzes gewährt. Einzelne Elemente dieser Einrichtung werden ausgehend von den Anforderungen einer guten Haushaltsführung geliefert (ein entsprechendes Projekt wird durch Beratung mit Haushälterinnen ausgearbeitet).

6. Das gemeinsame Schlafen von Eltern und erwachsenen Kindern soll gänzlich dadurch vermieden werden, daß eine ausreichende Zimmeranzahl geplant wird.

7. Die Drei-Zimmer-Wohnungen, die am besten für die Masse der Minderbemittelten geeignet sind, müssen eine Durchschnittsfläche von 44 m^2 umfassen. Dieser Typ sieht für Eltern und Kinder einzelne Schlafräume vor. Obwohl wir auch die Vier-Zimmer-Wohnung anstreben, die außer dem Wohnraum drei Schlafräume hätte (für die Eltern und für die Kinder verschiedenen Geschlechts), werden wir dieses Idealprogramm noch lange Zeit nicht verwirklichen können. Für kinderreiche Familien sollen spezielle Typen ausgearbeitet werden, bei denen auf Kosten der Gemeinschaftswohnfläche eine möglichst hohe Anzahl einzelner Schlafkojen geschaffen werden kann.

8. Wenn dafür nur die geringste Möglichkeit besteht, sollen alle Wohnungen über eine separate Toilette verfügen. Jede Wohnung, auch die kleinste, soll über eine Sitzwanne oder eine Dusche verfügen.

Frankfurter Normen

Der Bedarf an bequemen hochwertigen Wohnungen bedingte die frühzeitige Durchführung der Normierung von Einzelteilen. Die wichtigsten Bauteile wurden sowohl vom technisch-konstruktiven Standpunkt als auch in Hinblick auf die Nutzung gründlich untersucht, erst danach wurde ihre Massenherstellung zugelassen. Obwohl bei der Mehrzahl der erarbeiteten Standards das Ziel einer weiteren Verbilligung der Einzelteile verfolgt wird, kamen einzelne von diesen Teilen zum höheren Preis zum Verkauf, was durch ihre deutlich höhere Qualität gerechtfertigt wurde. Insgesamt aber wurde durch die Massenherstellung bei Einzelteilen eine entscheidende Einsparung erzielt, die sich anhand des folgenden Beispiels veranschaulichen läßt: Zu der Zeit als in der Siedlung Westhausen die Kücheneinrichtung ungefähr 395 Mark kostete, wurde diese Zahl durch Massenproduktion auf 238,50 Mark gesenkt.

Insgesamt wurden von der Frankfurter Bauverwaltung bisher folgende Standardmuster ausgearbeitet: Holzfenster für Ziegelhäuser, Kellerfenster, Ventilator, Eisenpfosten, Innen- und Außentüren, Einzelteile einer Lüftungsklappe, Fenstervorrichtungen, Türvorrichtungen, Möbelbezüge, Konstruktion eines Flachdaches, Kücheneinrichtung, kleine Gartenlaube, Typ eines Kleinhauses.

Allerdings hatte die Standardisierung nicht nur die Schaffung bestimmter Typen von Bauteilen zum Ziel, sondern umfaßte auch eine umfangreiche wissenschaftliche Forschungsarbeit, um durch die Nutzung aller Möglichkeiten der gegenwärtigen Technik und Bauwissenschaft eine Konstruktion zu erarbeiten, die eine weitestmögliche Verbreitung finden kann. In dieser Hinsicht ist kaum ein anderer Technikzweig in den letzten zehn Jahren so vernachlässigt worden wie die Architektur. Dies betrifft sowohl die allgemeinen Konstruktionsfragen wie auch die einzelnen Bauteile. Unter anderem harren noch immer die Fragen der Beleuchtung, der Lüftung und das besonders wichtige Problem der Schall- und Wärmeisolierung der Bearbeitung.

Hilfseinrichtungen

Indem unser Wohnungsbau seinen wissenschaftlich-folgerichtigen Weg einschlägt, kommt er zu den sogenannten Hilfseinrichtungen, welche die Lebensweise der Siedlungsbewohner verbessern und abermals die Vorzüge großer Siedlungen vor abgesonderten Individualhaushalten bestätigen.
Volkshäuser. Als wertvollste städtisch-soziale Einrichtung sollte man die Gesellschaftshäuser ausweisen – als Versammlungsorte, die das Zentrum des Kulturlebens geschlossener Siedlungen sind. Bedauerlicherweise bleibt das Volkshaus der Siedlung Praunheim nur ein Projekt. Die Bewohner der Siedlung müssen sich noch eine lange Zeit mit dem Auditorium oder dem Gymnastiksaal der Schule begnügen, bevor es mit der Besserung der wirtschaftlichen Lage für jede Siedlung möglich sein wird, ein solches Haus anzuschaffen.
Schulen. Leider wurde bisher einer so wichtigen Frage wie der Versorgung der Siedlungen mit Kindergärten aufgrund fehlender Mittel nur wenig Aufmerksamkeit geschenkt. Dies ist um so betrüblicher, als in den Siedlungen Römerstadt, Praunheim, Westhausen und anderen angemessene Grundstücke für die Schaffung von zentralen Kindergärten zwar zur Verfügung gestellt wurden, diese wichtigste Maßnahme allerdings nur in einer Siedlung (in der Bruchfeldstraße) umgesetzt wurde.

Spielplätze und Erholungsflächen. In den Siedlungen wurden Maßnahmen der Aufteilung von Flächen für Spiel und Erholung ergriffen. Dennoch können auch öffentliche Parks oder Grünanlagen nicht als Ersatz einzelner Hausgärten dienen. Ein solcher Hausgarten allein gewährleistet den unerläßlichen und noch immer in seiner Wichtigkeit unterschätzten Kontakt des Menschen mit der Natur, was gerade bei Großstadtverhältnissen von besonderer Bedeutung ist. Während des Baus der Frankfurter Siedlungen wurden 2560 Hausgärten angelegt. Dennoch blieben tausende Bewohner ohne Gärten. Die Art der Beschäftigung oder andere Umstände beeinträchtigen viele Menschen und erschweren so die Nutzung und Pflege von Einzelgärten. Für diese Gruppe von Einwohnern wurden Erholungsplätze innerhalb der Siedlung geschaffen. So sind die Grünanlagen der Siedlung Bruchfeldstraße in gleicher Weise individuell und kollektiv: Ein Teil der Einwohner pflegt dort Einzelgärten, die anderen können die Kollektivplätze und Gärten nutzen.

Zentralheizung, Heißwasserversorgung, Zentralwäschereien. Von großer Bedeutung für den alltäglichen Haushalt sind die Versorgung ganzer Siedlungskomplexe mit Zentralheizung und Heißwasser sowie die Einrichtung von öffentlichen Wäschereien. Unterschiedliche Systeme der Wärmeversorgung sind bereits in Frankfurter Siedlungen im Einsatz. In den Siedlungen Bruchfeldstraße, Pestalozziplatz und anderen wird die Beheizung einiger Häuser zentral betrieben, was sich technisch hinreichend bewährt hat. Zu den nützlichsten Rationalisierungsmaßnahmen auf dem Haushaltsgebiet großer Siedlungen sollte man zweifellos die Zentralwäscherei zählen. Allerdings bleibt eine solche Maßnahme stets unrentabel, solange die Bewohner sie nach ihrem Belieben nutzen; rentabel kann sie nur werden, wenn die regulären Nutzungskosten der Wäscherei in den Mietpreis der Wohnung eingeschlossen werden. In den Siedlungen Bruchfeldstraße, Praunheim, Westhausen und anderen hat die Baugesellschaft eine Zentralwäscherei organisiert, die der Bevölkerung mittels der Verwendung neuester elektrischer Waschmaschinen und Trockenapparate allen Komfort bietet; der zuvor den ganzen Tag dauernde Waschprozeß nimmt jetzt nur drei Stunden ein.

Zentrale Radiostation. Die schnelle Entwicklung moderner Technik schuf die Notwendigkeit der Einrichtung zentraler Radiostationen für einzelne Siedlungskomplexe. So verfügen etwa die Siedlungen Bruchfeldstraße, Praunheim u. a. über eigene Radioanlagen.

Zentralgaragen. Die Verbilligung von Motorrädern und Automobilen und ihre weite Verbreitung bringen das Problem der Ausstattung der Siedlungen mit Garagen mit sich. In der Siedlung Tornow-Gelände wird diese Frage derart gelöst, daß spezielle unterirdische Räume geschaffen werden, wo jeder Bewohner der Siedlung seine Fahrräder und Motorräder unterstellen kann. Erstmals wurde der benötigte Garagentyp in den Siedlungen Miquelstraße und Goldstein verwirklicht, indem die Garage entlang der Hauptstraße mit dem Kalkül angelegt wurde, daß sie als unterirdische Verbindung zwischen den senkrecht zur Straße gelegenen Häusern dienen kann.

Gartenbau in den Siedlungen

Während man in der Vergangenheit den Siedlungsgärten wenig Bedeutung verliehen hatte, wurden die nach dem Jahr 1925 erbauten Siedlungen umfassend in garten-technischer Hinsicht betreut. Die Aufgabe bestand nicht nur darin, der Bevölkerung möglichst zweckmäßig eingerichtete Gärten für kollektive Nutzung und hauswirtschaftliche Zwecke zu bieten, sondern ebenso darin, eine bestimmte ästhetische Wirkung zu erzielen. In letzter Zeit wird dem Ausbau von Terrassen auf Hausdächern besondere Aufmerksamkeit gewidmet, und bei den Einwohnern erwuchs das Interesse am Wettbewerb um die schönste und zugleich zweckmäßigste Gestaltung dieser Terrassen durch blühende Pflanzen.

Ästhetische Voraussetzungen des Siedlungsbaus

Die äußeren Formen der Frankfurter Siedlungen entwickeln sich aus den Grundlagen ihrer inneren Organisation, wobei jeder dekorative Schmuck und jede effektvolle Geste gänzlich verworfen wird, sowohl in neuen wie in alten Stilen. Jede Kulturperiode wagte es doch, kühn ihre eigenen architektonischen Ausdrucksformen zu entwickeln. Wir sehen keine Gründe, weshalb unsere Generation im Bereich der Bautechnik nicht ihren eigenen Weg gehen sollte. Die Frankfurter Architekten kamen zu dem einmütigen Schluß, daß die Architekturästhetik nicht in sogenannten schönen, symmetrisch angeordneten Fassaden besteht, die durch Säulen, Gesimse und Ornamente belebt werden und die in unserem Verständnis nichts mit den Lebensbedingungen der Massen gemein haben, sondern im Gegenteil sollen die äußeren Fassadenformen den inneren Charakter des Gebäudes adäquat abbilden. Auf dem Wege der Wiederholung gleicher Elemente und durch harmonische Verbindung des Baus mit der umliegenden Landschaft wird der architektonische Eindruck erzielt, der dem Stil der Moderne entspricht. Die Frankfurter Siedlungen sind nicht die Antwort auf das verbreitete Bestreben, einen allgemeinen Stil zu finden: Sie bemühen sich nur, das auf der Grundlage der neuen Lebensbedingungen unserer Zeit entwickelte neue Verständnis der Bauaufgaben adäquat auszudrücken.

[Übersetzung aus dem Russischen]

[*Bauwelt*, 4. August 1932]

Echo aus Rußland
Brief an die *Bauwelt*

Moskau, 28. Juli 1932

In der Sowjetunion arbeitet seit mehreren Jahren eine große Anzahl zur Hauptsache deutscher Architekten und Ingenieure auf einem besonderen Abschnitt des großen Kulturwerkes, das die Union im Rahmen des Fünfjahresplanes in Angriff genommen hat – an der Planung und am Aufbau von Städten und Siedlungen, die zum Teil in noch kaum erschlossenen Gebieten, in ganz neu zu organisierenden industriellen Zentren, unter besonders schwierigen Verhältnissen des Klimas, des Transportes und der Versorgung entstehen.

Ueber die äußeren Umstände und den Erfolg dieser Arbeit werden zur Zeit in der deutschen Presse unter der deutlichen Marke politischer, antisowjetischer Propaganda Darstellungen verbreitet, die dazu beitragen, nicht nur die Anstrengungen des sowjetrussischen Aufbaus, sondern auch die Mitarbeit der deutschen Fachleute an diesem Aufbau planmäßig herabzusetzen. Als Quelle für diesen Feldzug dienen neuerdings Vorträge, welche ein früheres Mitglied der Gruppe May, Architekt Regierungsbaumeister W. Schulz, in verschiedenen Städten Deutschlands gehalten hat.

Es ist ganz selbstverständlich, daß unter den heutigen Verhältnissen der fortschreitenden Faschisierung Deutschlands der Inhalt dieser Vorträge durch die verschiedenen Pressereferate mehr oder weniger grob verfälscht wurde. Außerdem gehört der Vortragende zu derjenigen Gruppe von Heimkehrenden, die ihre Arbeit mit durch ihr Verschulden verlassen

mußten und die daraus entsprungene persönliche Mißstimmung auf ihre Darstellung der sowjetrussischen Verhältnisse übertragen.
Unter dem Vorbehalt einer eingehenden Erwiderung in der Fachpresse auf die einzelnen Entstellungen sowohl seiner Vorträge als auch seines Leitartikels in Nr. 26 der »Bauwelt« bedauern und verurteilen wir als Mitglieder des Planbüros sozialistischer Städte der Schwerindustrie (Standartgorprojekt) alle ausnahmslos die Tätigkeit jener Kollegen, die, unberührt von den Tatsachen des sowjetrussischen Aufbaus, ihre hier erworbenen Kenntnisse von seinen unvermeidlichen Wachstumsschwierigkeiten – bewußt oder unbewußt – in einer politisch entscheidenden Stunde in den Dienst der Gegner der Sowjetunion stellen.

gez.: May, Mosettig, Haake, Surke, Forbat, Ahrends, Schwagenscheidt, Simon, Bartoschat, Schütte-Lihotzky, Hüffner, Hebebrand, Nöth, Strahl, Kletschoff, Zerath, Liebknecht, Lang, Schmidt, Kunz, Eggerstadt, Kratz, Schütte, Strich, Graßhoff, Gerhardt, Hannes Meyer.

*

Dazu schreibt uns Regierungsbaumeister Walther Schulz, Bösinghausen, Göttingen-Land:

»Die Entschließung der Gruppe May ist ein ebenso bezeichnendes wie tief bedauerliches Zeitdokument. Wenn die Verfasser auch zugeben, daß meine Aeußerungen in Vorträgen und Aufsätzen von der Parteipresse entstellt werden, so treffen sie mich doch deutlich mit den Vorwürfen, der antisowjetischen Propaganda Vorspanndienste zu leisten, Tatsachen zu verdrehen und die Leistungen meiner Kollegen herabzusetzen.
Soweit meine Abhandlung in der ›Bauwelt‹ (Heft 26) in

Frage kommt, überlasse ich es der Schriftleitung, sich dazu zu äußern, ob sie mich zu antisowjetischer Propaganda mißbraucht hat.*) Daß meinerseits die Absicht hierzu nicht vorgelegen hat, dürfte die Haltung meines Aufsatzes beweisen. Das Urteil hierüber überlasse ich der Leserschaft. Die Behauptung von der Herabsetzung deutscher Leistungen, die mich ja schließlich selbst treffen würde, erscheint mir durch die Auslassungen im letzten Absatz meines Aufsatzes genügend widerlegt. Für die Richtigkeit aller mitgeteilten Tatsachen verbürge ich mich.

Dies alles trifft sinngemäß auch auf meine Vorträge zu, die sämtlich auf Einladung von Ortsgruppen des Deutschen Verbandes für Bauwesen als geschlossene Vereinsveranstaltungen stattgefunden haben. Im Anschluß an meinen Vortrag in der Technischen Hochschule Stuttgart hat Professor Schmitthenner entgegen ausdrücklicher öffentlicher Vereinbarung ein Nachwort mit Angriffen gegen die moderne Baukunst und gegen die Sowjets gesprochen. Hiergegen sowie die anschließende Pressepropaganda bin ich vorgegangen und durch eine Zuschrift von Professor Bonatz entlastet. Weitere Vorträge habe ich nicht gehalten. Soweit Presseberichte erschienen sind, rühmen sie ohne Unterschied der Partei die Objektivität meiner Ausführungen.

Wie kann der Leser die Entschließung verstehen, wenn er obendrein erfährt, daß ich mit den Menschen, die sie unterschrieben haben, zum Teil jahrelang bestens zusammen gearbeitet, daß ich ihre Freundschaft gefunden habe, und daß ich mich von seiten der Russen und Deutschen einer besonderen beruflichen Wertschätzung erfreuen durfte, aus der heraus

*) Die »Bauwelt« hält sich grundsätzlich von politischen Dingen fern. Unsere Stellungnahme bezieht sich, wie auch aus der Einleitung des Aufsatzes hervorgeht, nur auf das Fachliche. Uebrigens steht ein ausführlicher Bericht der Gruppe May über das im Städtebau tatsächlich Erfolgte, über die Ausführung der Pläne noch aus.

Die Schriftleitung.

Herr May mich während seines Urlaubs mit seiner Vertretung als technischen Leiter des Trustes betraute?
Der Grund kann nur im Nachgeben auf einen Druck der russischen Verwaltung oder Betriebsversammlung gesucht werden. Menschlich ist dies zu verstehen, denn soweit nicht persönliche Ueberzeugung mitspielt, ist unter den gegenwärtigen schwierigen Berufsverhältnissen den meisten das Hemd näher als die Jacke. Die Entschließung mit ihren 27 Namenszügen ist freilich keineswegs von allen Deutschen unterschrieben. Obwohl mir nicht bekannt ist, wie viele von den 60-70 Deutschen, die bei Standartgorprojekt arbeiten, in Moskau sind, weiß ich doch, daß verschiedene Manns genug waren, ihre Unterschrift unter dieses Dokument zu versagen.
Trotz des russischen Vertragsbruches, der die Ursache – und trotz meines damals durchgegangenen Temperaments, das der Anlaß zur fristlosen Lösung meines Vertrages war, habe ich keinen Grund der Sowjetunion für 1½ wertvolle Lebensjahre undankbar zu sein. Deswegen werde ich mich aber nicht scheuen, die Verhältnisse so zu schildern, wie ich sie mit offenen Augen gesehen habe, selbst auf die Gefahr hin, persönliche oder gesellschaftliche Eitelkeiten zu verletzen.
Ich glaube im Gegenteil, allen Beteiligten einen Dienst zu erweisen: Die jungen deutschen Architekturkünstler, von denen die Sowjetunion doch keinen Nutzen hat, sehen, daß die dortigen Berufsverhältnisse ihren Erwartungen nicht entsprechen. Die Sowjetunion hört endlich alle die Klagen, mit denen wir ihren Organen seit Monaten umsonst in den Ohren liegen. Die deutschen Spezialisten erhalten die Aussicht, daß man sich endlich des verfahrenen Bauwesens einmal ernstlich annimmt.«

gez. Schulz.

[*Neueste Zeitung*, 8. August 1932]

Wohnungen für 1400 000 Menschen

Der frühere Frankfurter Stadtrat May über seine russischen Pläne

Frankfurt, 8. August.

Der frühere Frankfurter Städtebauer May schreibt einer Berliner Montagszeitung als Entgegnung auf Berichte, die von einem »Mißerfolg« seiner Arbeiten in Rußland wissen wollen, folgende interessante Entgegnung, die wir unsern Lesern, ohne dazu Stellung zu nehmen, nicht vorenthalten wollen:

»Gegenüber den Berichten in der Tagespresse über die Arbeit der mit mir nach der Sowjetunion berufenen Gruppe mache ich folgende Feststellungen:

Wir bearbeiten zur Zeit in Gemeinschaft mit russischen Kollegen unter meiner verantwortlichen Oberleitung folgende städtebaulichen Planungen: Magnitogorsk 200 000 Menschen, Kusnetzk 150 000 Menschen, Leninsk 200 000 Menschen, Schtscheklowsk 135 000 Menschen, Orsk 50 000 Menschen, Karaganda 250 000 Menschen, Kaschira 100 000 Menschen, Makiewka 150 000 Menschen, Leninakan 120 000 Menschen.

Neben diesen umfangreichen Planungen, unter denen sich die Brennpunkte des russischen Industriebaues befinden, wird unter meiner Oberleitung das Rayon- und Stadtprojekt für Nischi-Tagil im Ural bearbeitet – allein eine Projektierungsaufgabe im Werte von 6 Millionen Rubel. Gemeinsam mit den Architekten Hebebrandt, Schmidt, Hassenpflug, Lehmann und den russischen Kollegen Froloff und Bertig bearbeitete ich außerdem auf Grund besonderer Aufforderung seitens der Moskauer Verwaltung ein Generalplanschema für Groß-Moskau.

Ich habe hiermit nur die größeren Aufgaben, die uns zur Zeit beschäftigen, umrissen, und lasse die zahlreichen Planungsaufgaben für Siedlungen und Städte kleineren Umfanges gänzlich außer betracht.

Für die vorgenannten Aufgaben mit Ausnahme des Generalplanes für Moskau, der zur Zeit den entscheidenden Stellen vorliegt, bearbeiten wir Arbeitspläne für Straßen, Be- und Entwässerung, Verkehr, Grünanlagen usw.; außerdem in der Hochbauabteilung Wohnbauten, sowie die zahlreichen Gattungen öffentlicher Gebäude, die in den Städten zur Errichtung gelangen.

Soweit die Feststellung zu den Versuchen, unsere Tätigkeit als bedeutungslos hinzustellen.

Was die immer wieder auftauchende Benennung meiner Person als ›Baudiktator‹ anbetrifft, so zeugt eine solche Bezeichnung von der gänzlichen Verkennung der russischen Arbeitsweise. Es hat in der Sowjetunion nie eine Person gegeben, der allein verantwortlicher Einfluß auf die Gestaltung des Bauwesens oblag, und wird auch voraussichtlich nie eine solche geben, da sie der kollektiven Arbeitsweise, die die Grundlage der schöpferischen Tätigkeit dieses Landes bildet, diametral entgegengesetzt wäre.

Was die Schwierigkeiten in der Arbeit anbetrifft, so habe ich meinen anläßlich meines Vortrages in Berlin vor einem Jahre gemachten Ausführungen vielleicht nur noch hinzuzufügen, daß diese Schwierigkeiten, den ungeheuren Aufgaben und der noch ungenügenden organisatorischen Vorbereitung hierzu entsprechend, wesentlich größer sind, als sie sich der Ausländer im allgemeinen vorstellt. Nur absichtliche Unobjektivität kann aber übersehen, daß ungeachtet dieser Hindernisse bei der Verwirklichung des Fünfjahresplanes bereits Gigantisches geleistet worden ist und ständig weiter geleistet wird. Es ist nicht möglich, von der Größe dieses Werkes mit Worten auch nur einen annähernden Begriff zu vermitteln, sondern dazu ist es erforderlich, sich mit eigenen Augen von dem Geleisteten zu überzeugen.«

[*Bauwelt*, 22. September 1932]

Ernst May
Neuer Generalbebauungsplan für Groß-Moskau

Ernst May hat mit seinem Stabe deutscher Mitarbeiter einen Plan für ein neues Moskau gemacht. Ob dieser oder einer der anderen Pläne ausgeführt wird, steht noch dahin. Während die Anlage besonderer Wohnkombinate offenbar im wesentlichen den früher empfohlenen Satelliten- oder Trabantenstädten entspricht, ist die planmäßige Auswanderung aus den Großstädten selbst ein neuer Gedanke, der wohl nur da in Betracht kommt, wo ein außerordentlicher Ueberfluß herrscht. Für die Länder älterer Wirtschaftsform dürfte die seit langem beobachtete allmähliche Verdrängung der Bewohner der Innenstädte durch Geschäftsräume das Natürlichere sein. Sehr bemerkenswert ist noch, daß die Wohnzeilen durchweg ostwestlich angeordnet werden, während bei uns die nordsüdliche Richtung vorgezogen wird.

Die Schriftleitung.

*

Moskau, die alte Hauptstadt des feudalistischen Rußlands, soll in die würdige Metropole des ersten sozialistischen Landes umgewandelt werden. Innerhalb dieses Gesamtproblems sind als dringendste Teilaufgaben die beschleunigte Verbesserung der Wohnverhältnisse für die heute in der Stadt zusammengedrängten Menschenmassen und eine radikale Behebung der Verkehrsnot zu begreifen.

Fast alle Großstädte der Welt wurden infolge der gewaltigen Fortschritte der Technik im vorigen Jahrhundert sowie auf Grund der sich stetig steigernden zivilisatorischen Bedürfnisse der breiten Massen der Bevölkerung gezwungen, sich mit dem Probleme einer Anpassung der alten Städte an die Verhältnisse einer neuen Zeit auseinanderzusetzen.

In dem Falle von Groß-Moskau tritt aber zum ersten Male

der Fall ein, daß eine Weltstadt nicht nur nach technischen Gesichtspunkten umzuorganisieren ist, sondern gleichzeitig die Funktionsbasis, nämlich die Ordnung der menschlichen Gesellschaft, der die neue Stadt dienen soll, auf Grund der durch die Revolution geschaffenen Neuordnung der Beziehungen der Menschen untereinander, von Grund auf verändert werden muß.

Moskau muß ein Muster der durch den Sozialismus bedingten engen Verschmelzung von Wohn- und Arbeitsstadt werden.

Erstreben die Städte der kapitalistischen Länder ihre Angleichung an unsere Zeit durch kostspielige Sanierungen, durch Abbruch und Wiederaufbau einzelner Baublöcke oder ganzer Straßenzüge, so vertreten wir demgegenüber die Anschauung, daß solches Flickwerk zwar vorübergehende Linderung der Mißstände zu schaffen vermag, aber niemals zu dem erstrebten Ziele der Schaffung eines wahrhaft lebendigen Typus der sozialistischen Hauptstadt führen kann. Wir schlagen deshalb eine Stadtform vor, die bewußt den überlieferten Begriff »Großstadt« abstreift und an ihre Stelle ein System setzt, das der natürlichen Entwicklung und Ausbreitung des neuen sozialistischen Lebens die Bahn bereitet. Diese Lösung: »Das Stadt-Kollektiv« bietet die Möglichkeit, auch bei etappenweiser Durchführung der Projektierung in ihren einzelnen Elementen bereits ein getreues Abbild des neuen sozialistischen Lebens zu ermöglichen.

Anstatt durch mehr oder weniger systemlose Aufstockungen und Neubauten im Rahmen der bestehenden Stadt große Summen für Bauten zu verausgaben, die sich wegen ihrer zerstreuten Lage doch nie zu einem geschlossenen Gesamtbild der neuen sozialistischen Stadt zusammenschließen können, die Verkehrsverhältnisse aber noch weiter erschweren müssen, schlagen wir vor, dieses Flickwerk sofort einzustellen und die für den Wohnungsbau zur Verfügung stehenden Mit-

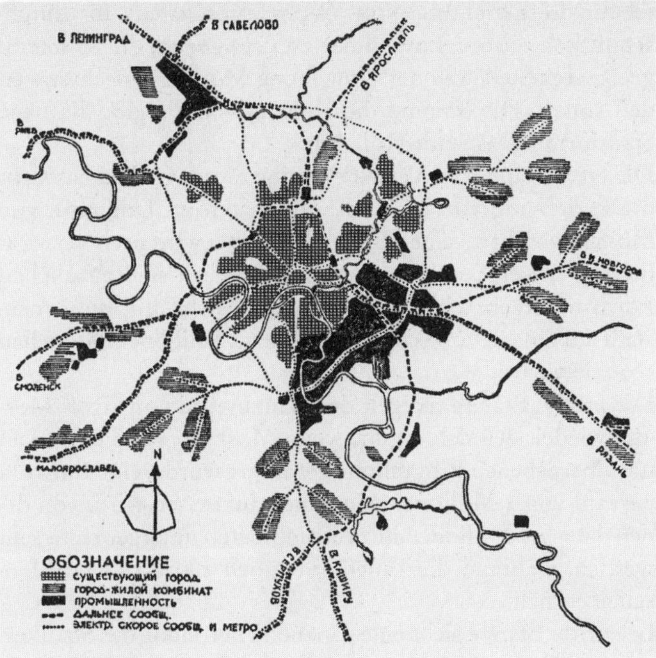

Abb. 4: Generalplan für Groß-Moskau der »Brigade Ernst May« (aus: *Izvestija* vom 15. Juni 1932). Legende von oben nach unten: Bestehende Stadt, Stadt-Wohn-Kombinat, Industrie, Fernverbindungen, elektrische Schnellverbindungen und Metro.

tel für die Errichtung von »Wohnkombinaten« für durchschnittlich 100000 Einwohner zu verwenden, die an hierzu geeigneten Stellen in der Umgebung Moskaus errichtet werden sollen. Die Summe dieser Kombinate ergibt die neue Stadtform: »Das Stadt-Kollektiv«.

Die erste Etappe der Verwirklichung dieses Gedankens sieht die Errichtung von elf Stadtkombinaten im Umkreise von Moskau vor. Etwa eine Million Menschen wird nach Verwirklichung dieser Etappe bereits in der neuen städtebaulichen Form untergebracht sein, während gleichzeitig die Innenstadt auf eine Bevölkerungszahl von 2,5 Millionen Menschen reduziert wird.

Die zweite Etappe spiegelt den Bauzustand von Groß-Moskau wieder, der sich ergibt, wenn Moskau, wie dies in dem uns übergebenen Programme gefordert wurde, eine Einwohnerzahl von 4 Millionen Menschen aufweisen wird, von denen dann 2,2 Millionen in 24 Kombinaten untergebracht sein werden, während die Innenstadt noch 1,8 Millionen Menschen enthält.

Die dritte Etappe sieht eine gänzliche Befreiung des Stadtkernes von Dauerwohnungen vor und vollendet die bereits in der ersten und zweiten Etappe begonnene Umwandlung der Stadtmitte in ein gewaltiges Verwaltungszentrum, nicht nur des Gorod-Kollektivs, sondern darüber hinaus der gesamten UdSSR. Wie weit dieser Endzustand verwirklicht werden wird, vermag heute niemand zu sagen, denn so wenig wie wir die Endform der sozialistischen Entwicklung heute schon in ihren Einzelheiten zu bestimmen vermögen, so wenig werden wir heute schon in der Lage sein, die endgültige Form der künftigen sozialistischen Stadt zu klären. Von grundsätzlicher Bedeutung erschien es uns aber, u n s s e l b s t auf Grund des heutigen Standes der Entwicklung des sozialistischen Lebens ein klares Ziel zu setzen.

Betrachten wir es als Aufgabe des zukünftigen Moskaus,

gleichsam ein Musterbeispiel einer Stadt zu werden, in der der einzelne Mensch mit einem Mindestaufwand an Kraft ein Höchstmaß an Leistung zum Wohle der Allgemeinheit zu leisten vermag, eine Stadt, die die gesündesten nur eben realisierbaren Lebensmöglichkeiten bietet, so mußte besondere Aufmerksamkeit einer engen Verbindung zwischen Wohn- und Arbeitsstelle zugewandt werden. Auf Grund der besonderen Verhältnisse Moskaus wurden zwei Gattungen von Wohnkombinaten vorgesehen: Die vollkommenste Verwirklichung des Zieles, das uns vorschwebt, erblicken wir in dem Industrie-Wohnkombinat.

Die heute noch in ganz Moskau zerstreute Leichtindustrie soll allmählich in diese Kombinate umgesiedelt werden. In bandförmiger Anordnung werden dort Wohn- und Industriezone durch Grünflächen voneinander getrennt so angeordnet, daß der Arbeiter in 15 bis 20 Minuten ohne in Anspruchnahme mechanischer Transportmittel seine Arbeitsstelle, Parks und Wälder durchquerend, erreicht.

Da aber bedeutende Teile der Moskauer Industrie, besonders der Schwerindustrie, im Osten und Südosten der heutigen Stadt fest verankert sind, so daß ihre Verpflanzung utopisch wäre, haben wir für die dort beschäftigten Arbeiter die zweite Form der Kombinate, die reinen Wohnkombinate, vorgesehen. In günstiger landwirtschaftlicher Lage und verhältnismäßig geringer Entfernung von dem Arbeitszentrum wurden diese Wohnkombinate an der Peripherie der Stadt angeordnet. Elektrische Schnellbahnen sorgen für eine einfache und rationelle Verbindung nach den Arbeitsstellen.

Da beide Gattungen von Kombinaten eine Höchstbreite von anderthalb Kilometern aufweisen, wird es möglich sein, den Fernverkehr zur Arbeit und zum Stadtzentrum auf ein einziges Verkehrsmittel, nämlich die Schnellbahn, zu beschränken. Der Arbeiter erreicht eine der drei bis vier Haltestellen, die in jedem Kombinate vorgesehen sind, zu Fuß unter Be-

nutzung der mit reichlichem Grün ausgestatteten Wege und Straßen. Lediglich für den inneren Verkehr dieser Kombinate sind Autobuslinien, und in einzelnen Fällen einfache Straßenbahnringe vorgesehen.
Zwischen den Kombinaten liegen große Freiflächen, die teils für die Anlage von Sowchosen*) und Kolchosen**) zur Produktion von Frischnahrung für die benachbarte Bevölkerung dienen, teils Parks und Sportplätze für alle Arten von Sport aufzunehmen bestimmt sind.
Das Schnellbahnsystem bildet das Gerippe des Gorod-Kollektivs***) und garantiert nicht nur eine rationelle Beförderung der abseits von ihren Industriearbeitsplätzen wohnenden Arbeiterschaft nach ihren Arbeitsstellen, unter Freihaltung des Zentrums von allem dort nicht gebundenen Verkehr, sondern auch eine schnelle Verbindung zwischen Kombinaten und dem Stadtinnern mit einigen dort gelegenen Verwaltungskomplexen und zentralen Baulichkeiten für soziale Fürsorge und Kultur.
Gegenüber den vorgenannten Verkehrsarten spielt mengenmäßig der Verkehr zwischen den einzelnen Kombinaten nur eine sehr untergeordnete Rolle. Aber auch für seine zweckmäßige Abwicklung ist unter Ausnutzung der vorhandenen äußeren Ringbahn, die durch Personenverkehrsgeleise verstärkt wird, Fürsorge getroffen.
In dem neuen Gorod-Kollektiv werden die Menschen ein gesünderes und rationelleres Dasein zu führen vermögen, als in den überlieferten Stadtformen. In gesunden, weiträumig angelegten Wohnungen, und unter bewußter Ablehnung der kapitalistischen Wolkenkratzerideale, werden die Menschen in einer natürlichen und wirtschaftlichen Wohnweise angesiedelt. Ihr Wohn-, ihr Arbeits- und gesellschaftliches Leben

*) Sowchosen = landwirtschaftliche Betriebe der Städte.
**) Kolchosen = staatliche landwirtschaftliche Betriebe.
***) Gorod-Kollektiv etwa gleich Stadtverwaltung.

wird zu vollkommenster Einheit verschmelzen, da keinerlei Hindernisse einer zweckmäßigsten Durchorganisierung der neuen Kombinate im Wege stehen.

Im sozialistischen Wettbewerb werden künftighin die einzelnen Kombinate des Gorod-Kollektivs Groß-Moskaus miteinander wetteifern in möglichst vollkommener Verwirklichung ihrer wirtschaftlichen und sozialen Aufgaben. Alle Wohnviertel (Kombinate) zusammen, auch die neuen, werden aber in dem Stadtzentrum den gemeinsamen, gesellschaftlichen, wirtschaftlichen und administrativen Mittelpunkt dieser ersten Metropole des sozialistischen Lebens haben.

[*Frankfurter Zeitung*, Dezember 1932 bis Februar 1933]

Ernst May
Ferien vom Städtebau

Wir veröffentlichen hier einen Bericht des Frankfurter Stadtbaumeisters, der diesmal nicht als Leiter des gesamten Städtebaus der Sowjetrepubliken auftritt, sondern als Erholungsreisender in Rußlands Bädern. Wir finden einen sehr interessierten Spaziergänger, dessen Beobachtungen in der Tat auch unseren Lesern Neues bringen werden. D. Red.

Vom Reisen in der U.d.S.S.R.

Es gibt zwei Methoden, die Dinge hier wie anderswo zu betrachten. Die eine ist die des nörgelnden Kritikers, der bei jedem Geschehnis feststellt, wieweit es sich mit parallelen Vorgängen in der anderen Welt deckt und danach sein Urteil fällt. Kein Zweifel, daß solche Kritiker in der U.d.S.S.R. ein dankbares Arbeitsfeld vorfinden, denn auf Schritt und Tritt können sie reisenderweise von der Billettbestellung angefangen, über die Sauberkeit der Beförderungsmittel, den Komfort der Hotels oder das Funktionieren des Auskunftsdienstes, über die Verpflegung und tausenderlei Kleinigkeiten hinaus, Mängel über Mängel feststellen. Ich habe unter den wenigen Ausländern, die wir auf der Reise trafen, mehrere typische Vertreter dieser Species gefunden. Der russischen Sprache nur notdürftig mächtig, gerieten sie schier in Verzweiflung, wenn sie, an einem Platze ankommend, anstatt sich in dem telegraphisch bestellten Zimmer auszuruhen, nun mit einer Bank in der Diele vorlieb nehmen mußten, oder, wenn der Autoomnibus, der fahrplanmäßig um 5 Uhr fahren sollte, unerhörterweise auch um 6.30 Uhr noch keine Anstalten zur Abfahrt machen wollte oder wenn es sich, trotz der kühnsten Kraftanstrengungen als unmöglich herausstellte, in einer Gegend der bedeutendsten Mineralwasservorkommen der Welt auch nur eine einzige Flasche Narsan oder Borschom (Kaukasusmineralwässer) zu erhalten. Oder wenn sie gar in der Stalowaja den Eßscheck kaufen wollten und als Achter oder Zehnter in der Otschered feststellen mußten, daß die Ausstellerin des Schecks, des Schreibens nur mit Mühe kundig, für Ausfertigung eines jeden Scheines zeitraubende und für sie geradezu übermenschliche Kraftanstrengungen machen mußte.

Die andere Gattung von Reisenden – und zu ihnen zähle ich mich – suchen den Reiz der Reise nicht im stetigen Vergleich mit den Einrichtungen der Heimat, sondern sie gehen von dem Gesichtspunkt aus, daß sie in einem Lande weilen, daß in zivilisatorischer Hinsicht um ein Wesentliches hinter den führenden Nationen der Alten Welt zurück ist, daß es infolgedessen zu ununterbrochenen Konflikten kommen müßte, wollte man unablässig nach Dingen und Einrichtungen suchen, von denen man weiß, daß man sie doch nicht antreffen wird. Man muß eben die großen Zusammenhänge des russischen Aufbauwerkes berücksichtigen, wonach zwar auch diese zunächst zu den Aeußerlichkeiten zählenden Belange geregelt werden, aber erst dann, wenn die großen, wichtigeren Aufgaben Erfüllung fanden und die U.d.S.S.R. über die Hunderttausende von geschulten und disziplinierten Beamten verfügen wird, die für ein Funktionieren aller Einzelheiten eines riesigen Planwirtschaftsapparates unentbehrlich sind.

Nichts ist falscher, als das oberflächliche Urteil mancher Reisender, daß die zahlreichen Unzulänglichkeiten, die wir heute noch gerade im äußeren Ablauf der Dinge auf Schritt und Tritt feststellen, eine Folge der neuen Staatsform seien. Soweit sie nicht im Wesen der vielfältig zusammengesetzten Nation begründet liegen, haben sie eben ihren Ursprung in dem noch primitiven Stadium der Kultur.

Nur in einem Punkt werden die Reisenden beider Kategorien sich einig sein, nämlich darin, daß das Reisen in der U.d.S.S.R. zur Zeit eine verteufelt kostspielige Angelegenheit ist. Man muß, wenn man ohne Vergünstigungen reist, mit mindestens 25 bis 35 Rubel pro Tag einschl. Reise rechnen, das bedeutet für ein Ehepaar mit Kindern bereits einen sehr bedeutenden Geldaufwand. Die Union gewährt aber ihren Arbeitern (auch geistigen) Vergünstigungen, die sie instand setzen, auch mit geringem Einkommen die bevorzugten Erholungsorte aufsuchen zu können. So erhalten z.B. Mitglieder der Gewerkschaften – natürlich immer im Rahmen der vorhandenen Plätze – ein Monatsunterkommen einschl. Verpflegung für ca. 180 Rubel.
Mit den angedeuteten Einschränkungen kann man heute in der Union durchaus angenehm reisen, wird als Fremder überall höflich behandelt, und wird für den scheinbaren Nachteil primitiverer Reisebequemlichkeiten reichlich entschädigt durch die unberührte, stellenweise wilde Natur des Landes.

Das Schwarze Meer

Es ist für uns ein bedeutungsvoller Moment, wenn ein Ding, von dem wir von Jugendzeit her nur verschwommene allgemeine Begriffe haben, auf Grund eigener Anschauung festumrissene Gestalt in uns annimmt, die künftighin wie etwas Selbstverständliches, das wir schon lange wußten, in uns weiterlebt. So erging es uns mit dem Schwarzen Meere. Als wir nach Ueberquerung des Großen Kaukasus auf der Grusinischen Heerstraße, von Tiflis kommend, durch das mit sumpfigen Maisfeldern bedeckte Riontal, im Norden die schneebedeckte Kette des Großen Kaukasus, im Süden die bei der vorgeschrittenen Jahreszeit ebenfalls auf den Gipfeln bereits weiß schimmernde Kette des Kleinen Kaukasus, zuerst das Schwarze Meer erblickten, staunten wir, anstatt eines düste-

ren Meeres ein in strahlender Sonne blau leuchtendes Gewässer vor uns zu sehen. Je mehr sich die Bahn von Batum der Küste näherte, um so grünblauer und heiterer wurde das Bild. Am Strande des Hafens einherbummelnd, sahen wir im kristallklaren Wasser Schirmquallen bis zu 40 Zentimeter Durchmesser schweben, mit leuchtendem bald weiß, bald violett schimmerndem Stern am Scheitel des Schirmes und mit violett gelapptem Rande. Nur wenige Fische gab es, und später erfuhren wir den Grund hierfür. Nach einer wissenschaftlichen Hypothese öffnete sich in vorgeschichtlicher Zeit beim Bosporus oder den Dardanellen eine Pforte zum Aegäischen Meer. Große Mengen stark salzhaltigen Wassers strömten in den seitherigen Binnensee, der, dem Kaspischen Meere ähnlich, nur einen geringen Salzgehalt besaß, und verursachten eine grandiose Naturkatastrophe, indem sie den größten Teil der Fauna abtöteten. So ist noch heute die Tiefe des Schwarzen Meeres ein riesiges Leichenfeld, überflutet von schwefelwasserstoffgesättigtem Wasser und nur in verhältnismäßig geringer Oberschicht (ein Leningrader Gelehrter gab sie uns mit ca. 100 Meter Stärke an) von Lebewesen bevölkert.
Der Strand des östlichen Teiles des Schwarzen Meeres besteht fast durchweg aus runden Kieseln, die in allen Farben schimmern. Keine Muschel, kein Seestern, keine Krabbe ist zu finden. Da es Ebbe und Flut am Schwarzen Meer nicht gibt, schlagen die Wellen den Strand Tag und Nacht in ewig gleichem Rhythmus. Aber dann genügen wenige Stunden und aus dem stillbewegten smaragdgrünen bis blauen Spiegel der See wird bei unverändert blauem Himmel ein wildbrandendes Meer. Wo am Ufer noch vor kurzem leises Rauschen der Brandung vernehmbar war, da toben jetzt mannshohe Wellen donnernd wider den Strand, brechen, sich überstürzend, auf die Steine des Ufers und reißen sie mit lautem Rascheln zurück in die See. Ja, sie spülen den steinigen Strand so vollends, daß während schwerer Stürme der Kiesstrand in einen Sand-

strand verwandelt ist. Durch das Glas beobachten wir den Kampf der Schiffe mit den Wellen. Die sechs großen Schwesterschiffe deutscher Abstammung, mit ihrer peinlich sauberen und zweckmäßigen Einrichtung, die den Hauptpassagierdienst verrichten, müssen dann an den kleinen Küstenorten vorbeifahren, da die Landung von Menschen und Gut nicht mehr möglich ist. An solchen Sturmtagen wird die blaue See zum Schwarzen Meere.

Aber so schnell die Wogen sich aufbäumen, so schnell glättet sich auch die Oberfläche des Wassers wieder und wenige Stunden nach schweren Stürmen liegt das Meer da, als sei nichts geschehen. Delphine schlagen in dichter Nähe der Küste ihre lustigen Purzelbäume. Die Sicht wird klarer und klarer, so daß, besonders in den Stunden vor Sonnenaufgang und nach Sonnenuntergang über eine Entfernung von mehr als 250 Kilometern mit bloßem Auge die Silhouette der Berge des gegenüberliegenden türkischen Ufers, insbesondere von Trapezunt, erkennbar ist. Dann kommt es wohl vor, daß ein Heer von Quallen eine Invasion auf den Badestrand unternimmt. Legion ist ihre Zahl und nur ungern gewöhnt sich der nackte Körper an die Berührung mit den glitschigen Tieren. Die badende Jugend ist weniger empfindlich; frisch und unbeschwert durch Hemmungen greift sie Hände voll der gallertenen Körper aus dem Wasser und liefert sich mit der in der Sonne silbrig glitzernden Masse Schlachten, wie bei uns die Jungen mit Schneeballen.

II*)

Fauna und Flora der Meerküste

Der Ordnung halber müßte man unter der Fauna zunächst den *homo sapiens* abhandeln, der hier in derartig zahlreichen

*) Vgl. »Stadt-Blatt« vom 25. Dez.

Spielarten vertreten ist, daß es auch dem Ethnologen Schwierigkeiten bereiten dürfte, sich einigermaßen zu orientieren. Da gibt es Russen, die hier im wesentlichen als Kurgäste in Erscheinung treten, da gibt es Georgier oder Grusiner, die Landsleute Stalins, und unter den Georgiern wiederum eine Anzahl von Stämmen, wie die Osseten, den Deutschen stammverwandt, Abchasier u.s.w. Daneben begegnen wir zahlreichen Armeniern, die wegen Unterdrückungen in ihrer Heimat nach hier geflüchtet sind, Persern und Angehörigen der verschiedensten Kaukasusstämme, wie der Swaneten, Tscherkessen ja, ja, Nachkommen hierher verschlagener Kreuzritter, die heute noch das Panzerhemd tragen. Zahlreicher noch als bei uns die Parteien, sind hier die Stämme. Doch im Gegensatz zu jenen bewegen sich diese wenigstens z.Z. friedlich nebeneinander. In den Bazaren von Tiflis, Batum oder Suchum begegnen wir stolzen Kaukasiern, mit Fellmützen (Papachen) und Dolch, anderen, oft zu Pferde, in der Burka, einem schwarzen langhaarigen capeartigen Mantel, der, von der Schulter des Reiters bis über die Kruppe des Pferdes herabhängend, beide zu einer monumentalen Gruppe vereint, auf dem Kopf einen eigenartigen breitrandigen Filzhut oder ein dunkelbraunes oder schwarzes Kopftuch, den Baschlik. Diese Kopfbekleidung besteht aus einer Kapuze aus naturfarbener Wolle mit Goldborte besetzt mit zwei bandartigen Enden, die turbanartig um den Kopf geschlungen den Trägern ein verwegenes Aussehen verleiht. Dazwischen taucht die Rubaschka auf, die russische Nationaltracht, Uniformen der Roten Armee und Frauen zu Pferde in Gebirglertrachten; einige davon mit dem Schleier der rechtgläubigen Mohammedanerin verhüllt.

Die Tierwelt der Küstenstriche ist von großer Mannigfaltigkeit. Die Jagd in den großen Waldungen soll reich sein an Bären, Wildziegen, Ebern, Schakalen. Wir begegneten nur einem Vertreter der letzten Kategorie, der ohne besondere Eile über die Straße trabte und einen verhältnismäßig harmlosen Eindruck machte, von dem aber die Menschen hier behaupten, sein nächtliches Geschrei sei grausig, weil es dem eines in Not befindlichen Menschen gleiche.

Ist das Schwarze Meer fischarm, so umso reicher an den fischartigen Säugetieren, den Delphinen. Der Zufall führte mich mit dem Direktor der Delphinfabrik von Novi Afon zusammen. Eines Tages tasteten wir uns dann mit der Nase an das ihm unterstellte Werk heran. Dieser Besuch war deshalb für uns lehrreich, weil wir zunächst einmal feststellten, daß der Delphin, der in der antiken Dekorationskunst als formschöner Fisch mit gutsitzendem Schuppenkleide und elegant geschwungenem Schwanze dargestellt wurde, nur dank einer außerordentlich liebevollen Stilisierung der Künstler zu solchen Ehren gekommen ist. Viel richtiger ist die Bezeichnung, die uns ein Meeranwohner gab, der diese plumpen, eineinhalb bis zwei Meter langen glatten walzenförmigen Tiere mit den fleischigen Flossen als See- oder Schlammschweine bezeichnete. Sie werden wegen ihres wertvollen Trangehaltes und vor allem wegen ihrer Haut, die ein vorzügliches Leder abgibt, gefangen. Das Fleisch soll, nach Aussagen eines Jägers, ausgezeichnet schmecken. Vier Betriebe längs der russischen Küste des Schwarzen Meeres und eine auf einem Schiff untergebrachte Fabrik verarbeiten den Fang. Dieser ist mit großen Schwierigkeiten verbunden, da die Delphine außerordentlich schnell sind, so daß die russische Regierung bis vor einem Jahr besonders geschulte türkische Mannschaften angeworben hatte. Jetzt besorgen russische Fänger die Jagd, die nach den uns gegebenen Beschreibungen sehr interessant sein muß. In der Hauptfangzeit im Frühjahr werden Flottillen von zwölf Booten, zwischen denen Netze gespannt werden, unter Führung einer Motorbarkasse angesetzt. Die bis zu 1000 Stück starken Delphinherden werden dann durch Steinwürfe und Schreckschüsse in die Netze gejagt und gefangen.

Ein einziger Fang, der sich in zwei Stunden abwickelt, ergibt oft 500 Pud (8000 Kilogramm) Fische; an einem Tag werden bis zu vier Fischzüge gemacht. Die Fische werden in großen Holzbottichen enthäutet und dann in Verkleinerungsmaschinen verschiedener Art, als deren Erzeuger wir das Berliner Alexanderwerk feststellten, zerkleinert und endlich ausgesotten. Neben der normalen Delphinart gibt es noch eine Riesensorte von bis zu vier Meter Länge, die uns unter dem Namen Alphilin vorgestellt wurde und die durch Zerreißen der Fangnetze gegen Ausbeutung durch Menschenhand protestiert.

Eine ungleich lieblichere Tiergattung, die, nach dem Umfang der Beute zu urteilen, auf das Intensivste von den Menschen verfolgt wird, verfügt offenbar nicht über solche Protestmittel: die Wachtel. Täglich sahen wir verwegene schwarzhaarige dunkeläugige Burschen des Weges kommen, die auf dem Baschlik oder auf dem Arme an kurzer Kette einen Falken trugen. Hinter ihnen her trabten Hunde, die man uns als Jagdhunde bezeichnete, obwohl sie mit solchen äußerlich gelegentlich kaum mehr als den Namen gemeinhatten. Diese Hunde spüren in den Feldern die Wachteln auf, der Jäger läßt den Falken steigen, der sie herabstößt. Der Hund apportiert die mehr oder weniger schwerverletzte Beute und schon wandert sie mit Dutzenden von Gefährtinnen in einem Umhängenetz auf den nächsten Markt. Es ist unerhört und widerspricht aller Moral, daß diese kleinen Vögel – in gebratenem Zustande so ausgezeichnet schmecken.

Es würde zu weit führen, der Nattern, blindschleichenartigen Tausendfüßlern und anderen Getiers, das die Landschaft belebt, einer Erwähnung zu tun. Aber ein Tier verdient von dieser Regel ausgenommen zu werden, weil es, obwohl allgemein bekannt, bei weitem nicht genug gewürdigt wird. Ich meine ein Mitglied der Familie der Heuschrecken, das den bezeichnenden Namen Gottesanbeterin trägt. Obwohl es als solche im heutigen Rußland eigentlich nichts mehr zu suchen hätte, faltet es noch immer inbrünstig seine Vorderarme wie zum Gebet. Lange beobachteten wir aus nächster Nähe die übergrazilen Bewegungen dieses eigenartigen Tieres. Mit schlangenartiger Beweglichkeit dreht es seinen grünen Hals, um mit seiner winzigen rötlichen Zunge Fühler und Beine ordentlich sauber lecken zu können, wie wir es von der Katze kennen. Mit den beiden anderen Beinpaaren an den Zweigen hängend, benutzt es die beiden vorderen hauptsächlich zur Toilette. Nach getaner Arbeit schweben diese wieder ruhig in der Luft. Höchst apart ist auch das Kleid dieses Tieres in verschiedenen Tönungen von Grün. Als sei es von einer launischen Kunstgewerblerin entworfen, leuchten da auf einmal auf der Innenseite der Gebetsarme zwei augenartige Ovale, weiß auf schwarzem Grunde. Die Form der Flügel und des Leibes sind so täuschend Blättern nachgeahmt, daß die Feinde des Tieres sehr scharfe Augen haben müssen, diese Mimikry zu erkennen.

III*)

Ich glaubte, in unserer Heimat ein wenig von der Pflanzenwelt zu wissen. Aber in dieser subtropischen Region versagten meine Kenntnisse. Täglich begegnete ich auf Spaziergängen neben einigen bekannten Dutzenden nie geschauten Blumen, Ranken, Bäumen und Früchten. So phantastisch, so überquellend reich ist die Vegetation in der Natur und vor allem in den ausgedehnten, landschaftlich z. T. hervorragend schönen botanischen Gärten, besonders Seleonny Myce vor Batum und Suchum, daß man Spezialwissenschaftler sein möchte, um das Gebotene eingehend studieren, Dichter, um die Pracht der Formen und Farben, ihre Silhouetten vor dem

*) Vgl. »Stadt-Blatt« v. 25. Dez. 1932 und 1. Jan. 1933.

leuchtend blauen Meere geziemend besingen zu können. In einer Atmosphäre, die feuchtigkeitsgeschwängert ist, wie die unserer heimischen Palmenhäuser, wachsen Musabäume mit ihren breitlappigen, zerfetzten Blättern; haushohe Bambushaine mit armstarkem Rohr spenden Schatten. Die Palme, deren Imitation in russischen Warte- und Speisesälen die Stimmung verfälscht, zaubert hier im Zusammenhang mit der welligen Beschaffenheit der kegelförmigen bewaldeten Hügel und der leicht schwebenden hölzernen Bauart der Häuser Bilder, wie wir sie nur in afrikanischen Filmen schauten. Mimosen strecken ihre zarten Blattrispen in den strahlend blauen Himmel und schon verkünden die Knospenansätze die nicht mehr ferne Blütenpracht. Oleander und Lorbeer, letzterer mit schwarzen Kugelfrüchten, entfalten sich zu mächtigen Büschen und Bäumen. Die Magnolie, die wir aus milden Gegenden der Heimat kennen, bildet 10 bis 15 Meter hohe Bäume, übersät mit Fruchtständen. Die Samen, die das Aussehen feuerroter Bohnen haben, hängen an zarten Fädchen. Neben Gingko, Prachtexemplaren von Eukalyptus und den Zypressen, die hier, besonders in Novi Afon, so zahlreich auftreten, daß sie das Landschaftsbild entscheidend bestimmen, gibt es da brasilianische Aurokarien mit ihrem tierartigen Stachelgezweige, Brotbäume und Lufagurken, aus denen durch Ablösen der Haut die auch bei uns bekannte Lufa gewonnen wird. Der Buchs, den wir in unserem Lande nur in Form von Beeteinfassungen und im feuchtmilden Klima Englands in künstlich beschnittenen Formen als Zierstücke alter Parks kennen, wächst hier zu starken Bäumen heran, deren Stämme Armesdicke erreichen. Solche Exemplare haben dann allerdings das beträchtliche Alter von etwa dreihundert Jahren hinter sich. Voraussetzung für ihr Gedeihen sind, wie uns ein Pflanzenphysiologe berichtete, ganz eigenartige klimatische Bedingungen, wie sie nur an den Stellen vorhanden sind, an denen sich die engen Täler der aus dem

Gebirge herabstürzenden Bäche unweit des Meeres plötzlich verbreitern. Bei Gagri fanden wir ganze Buchsbaumhaine, die auf Grund solcher eigentümlichen örtlichen Voraussetzungen dort üppig gedeihen. Leider haben die Andenkenfabrikanten entdeckt, daß sich durch Ausschneiden, Aushöhlen und Polieren von Stammstücken dieses wertvollen Baumes Tintenfässer herstellen lassen, die nun neben den üblichen Muschelgräueln und anderen auch bei uns bekannten Scheußlichkeiten in allen Kurorten an der Küste angeboten werden.

Reich wie die Zahl der Zierpflanzen ist auch die der Nutzgewächse, die schon früher in diesem gesegneten Gestade kultiviert wurden, vor allem aber jetzt unter der Planwirtschaft gefördert werden. Der Mais, der hier gelegentlich bis zu einer Höhe von vier Metern gedeiht, stellt eine verhältnismäßig extensive Ausnutzung des Bodens dar, und er soll deshalb systematisch durch wertvollere Gewächse verdrängt werden. Zu diesen gehört in erster Linie die Mandarine, die hier in großen Mengen kultiviert wird, so daß es dem Beschauer der unter der Last der goldgelben Früchte fast zusammenbrechenden Bäume schier unverständlich erscheint, wenn er unmittelbar neben der Plantage 50 bis 80 Kopeken für das Stück bezahlen muß. Hier scheint mir die Chosrastschit (Wirtschaftlichkeitsberechnung), die nach der letzten Stalinrede überall mit Eifer betrieben wird, denn doch zu weit getrieben.

Die Aufzucht der jungen Pflanzen obliegt besonderen Pflanzschulen. In Novi Afon, wo sich die ausgedehntesten Mandarinenkulturen befinden, hat der Abchasische Sofchos, der das Erbe der früheren Mönche des Klosters antrat, die Mandarinen- und Oelbaumkulturen derselben um ein Vielfaches erweitert. Die Pflege der Pflanzungen ist eine ausgezeichnete, nur fehlt es auch hier an Menschen für die schnelle Ernte der wertvollen Früchte.

Die größte Bedeutung unter den Bodenkulturen dürfte aber

der Tabakzucht beigemessen werden. Der Abchasische Tabak aus der Suchumer Gegend ist von vorzüglicher Beschaffenheit und wird in großen Mengen exportiert. Ueberall sahen wir Tabakplantagen und die Holzschuppen mit den zum Trocknen an Stangen aufgereihten Blättern. Der illegitime Handel mit Tabak scheint wegen des Staatlichen Monopols etwas kompliziert zu sein, denn gelegentlich wurden wir mitten im Wald in entlegener Gegend von einem verwegen dreinschauenden, aber sympathischen Burschen befragt, ob wir einige Pfund feinsten Tabaks kaufen wollten, wir sollten dann zu einer bestimmten Abendstunde an die Stelle zurückkehren!

Nachdem ich wie so viele Menschen Jahrzehnte lang Tee getrunken habe, ohne je dem Teestrauch begegnet zu sein, hatten wir hier an der Küste des Schwarzen Meeres Gelegenheit, ausgedehnte Plantagen kennen zu lernen. Der Besuch einer der größten dieser Kulturen bei Batum hinterließ bei mir einen so nachhaltigen Eindruck, daß ich dem Tee ein besonderes Kapitel widmen möchte.

Unbekannt dürfte eine Frucht sein, die hier geradezu als Volksnahrungsmittel angesprochen werden muß, die Churma japonika, eine leuchtend gelbe Frucht, die, geerntet, einer gelben Tomate zum Verwechseln ähnlich sieht. Nicht völlig reif genossen, gerbt sie einem geradezu den Mund, leicht überreif dagegen hat sie einen süßen etwas schleimigen aber angenehmen Geschmack. Der Granatapfel wächst hier wild in Hecken, wird aber auch kultiviert. Die Mispel mit ihrem charakteristischen Laub ist überall vertreten und war gerade im Begriff, aufzublühen.

Wie sich Waldrebe, Brombeeren und wilder Hopfen in diesem klimatischen Paradiese, alle Hemmungen überwindend, über Büsche und Bäume, ja, ganze Baumkomplexe hinweg, schmarotzend zu phantastischen Formgebilden auswachsen, so hat hier auch der Wein die Manieren, die man ihm in kühleren Klimaten beibrachte, wieder vergessen und wuchert an Buchen, Eichen, Zypressen bis in die höchsten Wipfel empor. Es mutet höchst eigenartig an, zu sehen, wie seitlich der Wege Buchen, Akazien und dergl. von unten bis oben mit einladenden blauen Muskatellertrauben behängt sind.

Da es in diesem Lande nie oder fast nie friert, so ist die Kartoffelernte eine ununterbrochene, d. h., man bringt drei Ernten im Jahre ein! Gesegnetes Land!

IV*)

In den Teeplantagen von Batum

Die Bucht von Batum, der Hauptstadt der Georgischen Volksrepublik Adscharistan, wird umsäumt von den größtenteils bewaldeten Vorbergen des Kleinen Kaukasus. Im engeren Umkreise der Stadt sind diese Hügel waldlos, nur mit einzelnen Baumgruppen bewachsen und verraten im übrigen aus geringerer Entfernung, daß menschliche Kultur sie gleichmäßiger Bearbeitung unterzog. Diese niedrigen Kuppen und ihre flachen Hänge sind bedeckt mit Teeplantagen, die schon in der Vorkriegszeit hauptsächlich durch die Firma Popow betrieben worden waren und nun größtenteils als Staatsgut bewirtschaftet werden. Neben dem Export und der Raffinerie von Naphtha, das über eine Entfernung von nahezu 800 Kilometern aus dem Hauptpetroleumvorkommen der Union bei Baku am Kaspischen Meer mittels Rohrleitungen in die Batumer Tankstadt gepumpt wird, neben der Verschiffung großer Mengen von Manganerzen bildet die Teekultur einen der wichtigsten Wirtschaftszweige der Stadt. Der Teestrauch wächst als einhalb bis dreiviertel Meter hoher Busch mit Blättern lorbeerähnlichen Aussehens; die kugeligen Blütenknospen und weißen jasminähnlichen Blüten sind zart wie aus

*) Vgl. »Stadt-Blatt« vom 25. Dez. 32, 1. und 8. Jan. 33.

Wachs modelliert. Dazwischen sitzen zwei bis drei Zentimeter starke grüne rundliche Samenkapseln. Die reihenförmige Anordnung der Pflanzen in regelmäßigen Abständen von Strauch zu Strauch und von Reihe zu Reihe verleiht den Pflanzungen einen durchaus eigenartigen Charakter, so daß man eine Teeplantage leicht zwischen anderen Kulturen zu erkennen vermag. Der administrative Verwalter der Anlage, der uns in liebenswürdigster Weise selbst führte, weist uns darauf hin, daß der Betrieb nicht nur Tee erzeugt, sondern als besondere Spezialität auch die Samenzucht betreibt. In einem Schuppen sahen wir Frauen damit beschäftigt, ganze Berge von Fruchtkapseln zu entkernen und die Samen, die in Farbe und Form verkleinerten süßen Kastanien gleichen, in Säcke zu füllen.

Die eigentlich fachmännische Aufklärung erhielten wir durch einen äußerst sympathischen technischen Direktor, der, nachdem er sein Studium in Moskau als Agronom absolviert hatte, seit zwei Jahren den Betrieb leitet. Dieser Mensch war ein typischer Beweis dafür, wie falsch die Behauptung derer ist, die auf den Kapitalismus schwörend vorgeben, nur persönliches Interesse befähige die Menschen zu hingebender und von Begeisterung getragener Arbeit. Während der Führung hatten wir Gelegenheit, uns eingehend davon zu überzeugen, mit welcher Liebe dieser Leiter der ihm anvertrauten Aufgabe oblag, wie ausgezeichnet er seinen Betrieb in Ordnung hatte.

Wir lernen den Fabrikationsprozeß bis in alle Einzelheiten kennen. Nur die drei obersten Blatter einschl. der Blattspitze jedes Triebes werden zur Verarbeitung verwendet, wobei das dritte unterste Blatt die geringste Sorte, die feinen Spitzen des obersten Blattes die feinste Sorte ergeben. Die Blätter werden bei einer Temperatur von 24 bis 38 Grad vorgetrocknet, in besonderen Maschinen durch bronzne Walzen zerknüllt und zermahlen und dann in Spezialöfen bei 100 Grad getrocknet.

Dann erfolgt die Zerkleinerung des Produktes sowie die Sortierung in raffiniert konstruierten und letzten Endes doch sehr einfachen Sortiermaschinen. Ein Teil dieser Erzeugnisse wird dann in Mischmaschinen zu Standardmarken kombiniert. Der grusinische Direktor wies mit Stolz auf die besonders hohe Qualität des Batumtees hin und legte uns zum Beweis eine ganze Serie wissenschaftlicher Prüfungsergebnisse vor, die deshalb besonders interessant waren, weil sie gleichzeitig den Vergleich mit ausländischen Teemarken zogen. Danach wird das einheimische Produkt lediglich von bestem Ceylontee übertroffen. Seine Meisterschaft in der Sortenkenntnis verriet unser Führer durch folgendes Experiment: Er wog mittels einer Zwei-Gramm-Waage zwei Sorten Ceylon- und zwei Sorten Batumtee und stellte vier gleiche Kännchen und vier Tassen bereit. Nach Bereitung der vier Tees fand er aus dem Geruch der Blätter die betreffende Sorte heraus und wiederholte das gleiche Experiment auf Grund des verschiedenen Geschmacks der einzelnen Tees. Eine Kostprobe der besten Batum-Sorte überzeugte uns davon, daß er sein Produkt nicht überschätzt hatte. Nie zuvor hatten wir unseren Tee mit größerem Verständnis geschlürft.

Mit der gleichen wissenschaftlichen Exaktheit, mit der der Betrieb organisiert, das fertige Produkt regelmäßig kontrolliert wird, erfolgt auch die Sortenauswahl. Man zeigte uns Teefelder mit China-, Japan- und Ceylontee, und es war auch für den Laien sofort klar erkenntlich, wie die Ceylonpflanze nur kümmerlich von der Stelle kam, auch der Japantee kein gesundes Wachstum ergab, während der chinesische offenbar auf Grund verwandter klimatischer und Bodenverhältnisse ausgezeichnet vorankam.

Einen ganzen Nachmittag hatten wir bei diesen Menschen verbracht, die vollständig uneigennützig das nur Mögliche aufgeboten hatten, uns mit ihrer Arbeit vertraut zu machen. So wurde die Besichtigung dieser Teeplantage bei strahlendem Wetter angesichts einer Natur von erhabener Schönheit uns zu einem starken Erlebnis.

V*)
(Schluß)
Seebäder an der Ostküste des Schwarzen Meeres

Man riet mir in Moskau immer wieder, nach Gagri zu fahren, einem kleinen Badeort nördlich von Kap Pizunda. Instinktmäßig fühlte ich, daß dieser Ort mich enttäuschen würde und so kam es auch. Eingeklemmt zwischen die Vorberge und das Meer wohnt man dort in einem großen Hotel oder einigen Erholungsheimen. Vor dem Hotel in dem Strandpark wachsen die obligaten Palmen und sonstigen subtropischen Gewächse, ordentlich gepflanzt, wie es sich für einen südlichen Badekurort gebührt. Es fehlt auch nicht an Wasserbecken im Parke, die aller Wahrscheinlichkeit nach früher auch mit Wasser gefüllt waren. Unter dem riesenhaften Speisesaal des Hotels gibt es eine Tropfsteingrotte mit Aquarium, in dem ein Fisch auf dem Grunde ruhte, – allerdings ein toter; ja, es gibt sogar einen Riesenregenschirm in palmenreicher Umgebung aus Eisenbeton hergestellt: es gibt Cafés und Kioske, Läden, in denen man allerlei Genießbares und auch Ungenießbares wie die bereits erwähnten Buxbaumtintenfässer erstehen kann. Aber alles das ist nicht original, nicht russisch, nicht kaukasisch. Das ist verwässerter Rivierabetrieb. Auch das Publikum ist keineswegs typisch für das neue Rußland. Man sieht fast ausschließlich Intelligenz, Ingenieure, Trustleiter u.s.w., die in weißen adretten Hosen und Hemden, Tennisschläger oder Photographenapparate in der Hand, erholsamer Beschäftigung nachgehen. Auch die wunderschöne Filmdiva ist vertreten mit tadelloser Lippenmalerei, Mani-

*) Vgl. »Stadt-Blatt« vom 25. Dezember 1932, 1., 8. und 10. Januar 1933.

cure und dergl. Wäre nicht unmittelbar beim Orte ein wildes Bachtal, in dem man einsam in waldiger Umgebung spazieren kann, so wäre für mich das Kapitel über Gagri geschlossen. Nun gebe ich ohne weiteres zu, daß mein Geschmack abweicht von dem des Reisenden, der überall in der Welt nur dann zufrieden ist, wenn er das gleiche Klischee vom tiptopen Hotel mit Park beim Hause, Sportplätzen sowie Gelegenheit zum Tanzen nach der letzten Schlagermusik vorfindet. Solche Reisenden werden dann am zweckmäßigsten nach Sotschi fahren, wo ihnen in dem organisatorisch vorzüglich klappenden Kaukasischen Rivierahotel tatsächlich viel von dem geboten wird, was der einladende Name verspricht. Da sind die tadellosen Zimmer mit Südbalkon, da ist der Speisesaal direkt über dem Meere, der subtropische Park, sogar mit Schildern der Gattungen an den Bäumen und mit einem Publikum, unter dem das bourgeoise Element mindestens stark überwiegt.

Da ist auch Batum schon eine andere Sache mit seiner märchenhaften schönen Umgebung, die, wäre der Strand nicht steinig, sondern sandig, an Forte dei Marmi erinnerte. Da ist vor allem der Seleonny Myce, einige Kilometer nördlich von Batum, ein herrliches Paradies mit malerischem Strande.

Suchum, die ehemalige Erholungsstätte der Großen des Zarenreiches und heutige Hauptstadt der autonomen Republik Abchasien, berühmt wegen der gleichmäßigen Milde seiner Temperatur und der besonderen Menge seiner Sonnentage, liegt zweifellos in außerordentlich reizvoller Lage vor den grünen Ausläufern des großen Kaukasus, dessen schneebedeckte Häupter das Panorama abschließen. Unerfreulich ist nur, daß der Badende eine staubige Landstraße zurückzulegen hat, um zum Strand zu gelangen. Aber eine Perle für die Stadt, die allein den Besuch lohnt, das ist ihr gutgepflegter botanischer Garten mit seiner Akklimatisationsstation.

Massiger als alle diese Orte ist Novi Afon, wohin wir aus

Gagri flüchteten. Das Kloster wurde 1875 von Mönchen vom Berg Athos gegründet, daher sein Name, der bedeutet Neu-Athos. Sie errichteten auf einem vorgeschobenen Ausläufer des Kaukasus ein mächtiges Klostergeviert, in dessen Hof sich eine typische orthodoxe Kathedrale erhebt. Man kann nicht sagen, daß die städtebauliche Placierung der Massen besondere Meisterschaft verriete, und die Architektur im einzelnen ist hart und schablonenmäßig. Architektonisch reizvoll ist eigentlich nur die ehemalige Herberge am Meere, die in ein Gasthaus umgewandelt auch uns Unterkunft gewährte, und die Nebengebäude, die in einiger Entfernung vom Kloster in natürlicher Weise in das Landschaftsbild eingepaßt sind. Und trotzdem ist das Ganze von einer unvergleichlichen Schönheit. Was die Mönche als Baukünstler nicht vermochten, das schufen sie in umso höherer Vollendung in der Gesamtanlage der Zypressenalleen und -haine, Oelbaumgärten und Mandarinenkulturen. Die ausgedehnten Olivenhaine, die am Schwarzen Meer so selten sind, mit ihrem silberblättrigen Laub, die sich kontrastierend von den dunklen Kulissen der Zypressen abheben, bereichern das Landschaftsbild besonders eindrucksvoll. In dem Kloster ist heute ein Pensionat, für das die verschiedenen Gewerkschaften die etwa 700 vorhandenen Plätze vergeben. Zu einem Preise von 180 Rubel pro Monat einschließlich voller Verpflegung werden die Pensionäre dort in dem riesenhaften ehemaligen Refektorium der Mönche gespeist, und es ist ein durchaus neues und eindrucksvolles Bild, wenn die Hunderte von meist jungen Menschen Glockenschlag 2 Uhr aus allen Teilen des Klosters und der Gärten zu gemeinsamem Mahle zusammenströmen.

Diese Gärten haben es uns besonders angetan. Da gibt es Haine mit alten Lorbeerbäumen, Kulturen von Wein, Tabak, Churma, dazwischen überall die Mandarinenbäume voll goldener Früchte. Das Wasser eines Gebirgsbaches haben die

Mönche zu einem tiefblauen See gestaut, der in seiner verträumten Schönheit an den Blautopf bei Blaubeuren erinnert. Ueber ein Stauwehr stürzt das Wasser des Sees den Felsen hinab. Unmittelbar bei diesem Wasserfall steht eine alte Kirche, über deren Eingangstor das Wort »Sportsaal« geschrieben steht. Ein Zypressenhain umgibt den schmucklosen Bau. Über dem Stausee steigt ein bewaldeter Kalkfelsen steil an. In Serpentinen führt der Weg zur Höhe, reich an malerischen Ausblicken auf das Meer, das Kloster und seine Gartenanlagen. Ruinen aus frühchristlicher Zeit krönen den Hügel, vor dem sich im Norden die verschneiten Berge des Kaukasus erstrecken. Da gibt es lauschige, schattige Wege längs eines reißenden Waldbaches, an deutsche Landschaft gemahnend, da gibt es Wege nach den Aulen (Dörfern) der Umgebung, inmitten ihrer Mais- und Tabakplantagen, mit den Holzhäusern, mit den wegen des milden Klimas häufig unverglasten Fensterrahmen, mit den glückbringenden Tierschädeln auf dem Zaun oder an der Hauswand, altheidnischer Sitte entsprechend. Schwere zweirädrige Büffelkarren von eigentümlicher Form mit massiven Holzscheibenrädern werden von baschliktragenden Antreibern gelenkt. Der Zügel ist ein unbekanntes Requisit. Mit Stockschlägen und lebhaften Zurufen, in uns unverständlichen Idiomen treiben sie die Tiere vorwärts. Einmal sah ich bei mäßigem Wellengange 10 bis 15 Meter vom Ufer entfernt zwei nilpferdartige Körper im Wasser treiben. Bei näherer Betrachtung entpuppten sich die Tiere als zwei Wasserbüffel, die sich mit gleicher Wollust von den Wellen schaukeln ließen, wie Menschen es zu tun pflegen. Eine an fremdartigen Bildern reiche Landschaft!

Fast nichts erinnerte uns in dieser Gegend an das politisierte Leben der Metropolen, an das fieberhafte Tempo in den Brennpunkten des industriellen Aufbaus. So fanden wir in diesen Ferien vom Städtebau die Ruhe und Erholung abseits aller Geschehnisse beider Welten, die wir gesucht hatten.

1933

[*Sowjetische Architektur*, Mai-Juni 1933]

Ernst May
Zu dem Generalplanentwurf für Magnitogorsk⟨1⟩

Als im Oktober des Jahres 1930 eine unter meiner Leitung stehende Brigade der Zekombank nach Magnitogorsk entsandt wurde, um sich an Ort und Stelle mit der Aufgabe und der Oertlichkeit vertraut zu machen, mussten wir feststellen, dass eine freie Entschliessung über die zweckmässigste Gestaltung des Verhältnisses zwischen den Industrieanlagen als der hauptsächlichen Wirtschaftsbasis der neuen Stadt und der Wohnstadt insofern nicht mehr möglich war, als die Lage der Industrie bereits fest umrissen und mit dem Aufbau der Hauptwerke bereits begonnen war. In nord-südlicher Erstreckung war das verhältnismässig flache Gelände zwischen Uralfluss im Westen und dem Hauptzuge des Artatsch im Osten als unregelmässiges Dreieck umrissen, dessen längere Kathetenseite an den Ural grenzte. Die Arbeiten für die Anlage eines 13 bis 14 Qkm grossen Stausees waren bereits in vollem Zuge.
Schon damals fanden lebhafte Diskussionen darüber statt, wie, nachdem die Lage der Industrie an der vorgesehenen Stelle als vollendete Tatsache anzusehen war, in zweckmässigster Weise eine günstige Verbindung zwischen den zu schaffenden Wohnstätten und den Arbeitsplätzen zu erreichen ist. Schon damals lag die Aufgabe vor, nicht nur eine günstige Verbindung zwischen Wohnstadt und der mit ihren Eingängen nach Osten hin orientierten metallurgischen

⟨1 Den Entwurf erarbeiteten: die Architekten Forbat, Irlin, Ševerdaev, Bayer, Skorlotov, Šalygin, Prof. Zelenko (Ökonom), unter Leitung des Architekten Ė. May.⟩

Schwerindustrieanlage zu schaffen, sondern auch zwischen Stadt und übrigen Arbeitsplätzen zweckmässige Verbindung vorzusehen. Nördlich der Schwerindustrie waren bereits damals eine Anzahl von Ergänzungsindustrien, sowie Bauhilfsbetriebe geplant. Zu berücksichtigen waren die Arbeitsplätze, die in 2 Gruppen am Artatsch lagen, ferner die Gruppe der Laboratorien und Verwaltungsbauten östlich des Aidarli. Die Bevölkerungszahl war der damaligen Aufgabe gemäss auf 120000 Menschen berechnet worden.

Die Frage nach der Lage der Stadt auf dem rechten oder linken Ufer wurde von uns eingehend erwogen. Wir waren uns besonders darüber klar, dass die gleichmässigere Neigung des rechten Uralufers der Organisation einer Wohnstadt geringere Hindernisse in den Weg legte als die kompliziertere Beschaffenheit wenigstens des fabriknah gelegenen Geländes auf dem linken Ufer. Wir verhehlten uns auch nicht, dass die Schaffung eines Eisenbahnanschlusses der neuen Stadt an das Magistralnetz auf dem rechten Ufer einfacher zu bewerkstelligen war. Wenn wir trotzdem auf Grund unserer örtlichen Besichtigung beschlossen, das linke Ufer zum Aufbau der Wohnstadt in Vorschlag zu bringen, so waren hierfür im wesentlichen folgende Gesichtspunkte massgebend:

1. Nach Fertigstellung des Staudammes, der den Uralfluss westlich des Industriewerkes zu einer Breite von 2 km und einer Länge von nahezu 12 km anstaute, wäre eine natürliche Verbindung zwischen einer auf dem rechten Ufer anzulegenden Stadt und dem Werke, das, wie bereits erwähnt, noch dazu seiner ganzen Organisation nach bereits für eine Orientierung nach Osten projektiert war, nicht mehr möglich gewesen. Man hätte vielmehr, um eine solche Verbindung zu bewerkstelligen, 2 gewaltige Dämme oder Brücken bauen müssen, auf denen sich der gesamte Verkehr zwischen Werk und Stadt zusammengedrängt hätte. Es wäre zwar eine theoretisch ideale bandförmige Parallelführung zwischen Wohn-

stadt und Industrie erreicht worden. Praktisch hätte diese Bandstadt ihren Sinn verloren, denn bequemer direkter Verkehr zwischen den einzelnen Teilen der Wohnstadt und den korrespondierenden Teilen der Industrieanlage wäre nicht möglich gewesen, da ja ein 2 km breiter See als künstliches Hindernis erst von Menschenhand zwischen Wohnbezirk und Arbeitsbezirk eingeschaltet worden war. Aber auch der mechanische Transport hätte von vornherein unter dem grossen Nachteil leiden müssen, hätte die zwangsweise Beschränkung auf 2 Seeübergänge dazu genötigt, zunächst an den Dammköpfen der Wohnstadt den Verkehr künstlich an zwei Punkten zusammenzuführen, um ihn dann auf der Industrieseite ebenso künstlich wieder verteilen zu müssen. Hierbei war damals noch nicht einmal bekannt, dass die Anlage eines zweiten Stausees in direkter Fortsetzung des ersten nach Süden hin erforderlich wurde, der die Abschneidung des rechten Ufers vom Industrieufer noch radikaler verwirklichte.

2. Die Anlage der Stadt auf dem linken Ufer sicherte für nicht unerhebliche Teile der Arbeiterschaft der Industriewerke, wie auch der Erzgruben eine Fussverbindung zwischen Wohn- und Arbeitsstelle unter gänzlichem Verzicht auf mechanischen Transport für diesen Teil der Bevölkerung.

3. Schon im Herbste des Jahres 30 waren östlich des Industriewerkes in nicht unerheblichem Umfange sogenannte Wremibauten in Leichtbauweise entstanden, die dazu führten, dass zwischen ihnen und den Arbeitsstellen eine grössere Anzahl von Wegen, Leitungen, mehr oder weniger provisorischer Art, geschaffen wurden, die die Investierung von Kapital erforderten, das nur dann dauernd nutzbringend ausgewertet werden konnte, wenn ein Teil dieser Anlagen irgendwie in die Generalplanung der endgültigen Stadt einbezogen werden konnte. Das war nur möglich bei einer Anordnung der Stadt auf dem linken Ufer.

Es würde den Rahmen dieser Ausführungen überschreiten, wollte ich an dieser Stelle dem Kampfe der Meinungen, die sich für das rechte oder linke Ufer entschieden, noch mehr Raum widmen. Meine Brigade und ich fassten die Sachlage so auf, dass eine weitere Hinauszögerung einer klaren Entscheidung den Beginn der Bauarbeiten in der Wohnstadt immer mehr hinausgeschoben hätte und dass es letzten Endes einen Augenblick geben musste, von dem ab die Fortsetzung der Diskussionen zur Sabotage an der gigantischen Aufgabe geworden wäre, an der mitzuwirken meine ausländischen Mitarbeiter und ich nach der UdSSR berufen worden waren.
Aber auch noch nach Genehmigung der von uns aufgestellten Generalplanskizze durch die Regierung wurde der Kampf fortgesetzt, und erst durch eine Kommission von Mitgliedern der RKI und der Regierung Ende Mai 1930 zugunsten des linken Ufers entschieden.
Auf Grund dieses Generalplanes, der im Interesse des unaufschiebbaren schnellen Baubeginnes mit grosser Beschleunigung durchgearbeitet werden musste und dessen ökonomische Unterlagen infolgedessen vielfach lückenhaft waren, wurden dann die Ausführungszeichnungen für das erste Quartal angefertigt. Hierbei waren wir nicht frei, da bereits zu einem früheren Zeitpunkte von einer anderen Projektorganisation 16 viergeschossige Baukörper projektiert und z. T. in den Fundamenten, z. T. bereits bis zum Dach fertiggestellt waren.
Schon damals wies ich auf die Notwendigkeit hin, die Generalplanung auf die gesamte bauliche Organisation des engeren Bezirkes von Magnitogorsk zu erstrecken, da zahlreiche Organisationen durch Errichtung sogenannter provisorischer, wie auch Dauerbauten in stetig steigendem Tempo vollendete Tatsachen schufen, die einer klaren Ordnung der Stadt später ernste Hindernisse bereiten mussten. Leider ist mein Ruf ungehört verhallt, sodass die letzte Projektierung der Stadt, die

ich mit einer Brigade von Standardgorprojekt durchführte, neben den Hindernissen, die die vorzeitige Fixierung der Industrie, sowie die natürlichen Verhältnisse boten, auch noch mit unzähligen Hindernissen zu rechnen hatte, die durch die in der Zwischenzeit mehr oder weniger willkürlich entstandenen Bauwerke, Leitungen und dergl. geschaffen worden waren.

An dieser Stelle muss erwähnt werden, dass auf Grund einer Vergrösserung der Einwohnerzahl auf 200000 Menschen im Sommer 1931 eine nochmalige Ueberarbeitung des Generalplanes erfolgte, die sich u. a. auch insofern von dem ursprünglich aufgestellten Projekte der Brigade Zekombank unterschied, als der dem ersten Quartale nordwärts vorgelagerte Bauabschnitt wegen felsiger Beschaffenheit des Untergrundes in Fortfall kommen musste und als die notwendige Rücksicht auf einen im Nordosten der Stadt anzulegenden Absetzteich eine gänzliche Umgestaltung des Planes erforderlich machte. Dieses zweite Stadium des Entwurfes sah eine Wohnflächennorm von 6 qm je Kopf der Bevölkerung vor. Bei Erweiterung dieser Norm auf 9 qm sollte die Stadt in östlicher Richtung erweitert werden.

Die Inangriffnahme der letzten Planung, die Hauptgegenstand dieses Aufsatzes ist, geht auf einen Beschluss von STO vom 20. 8. 32 zurück. Vor Inangriffnahme der Arbeit erfolgte eine nochmalige Besichtigung der Örtlichkeit durch eine Brigade von Narkomchos, die ihren Niederschlag in folgender Verfügung fand:

1. Die Stadt bleibt auf derselben Stelle.

2. Bei Aufstellung des Generalplanes ist nördlich des Industriegeländes ein Städtchen für die Arbeiter des Koks-chemischen Kombinates, Schamott- und Betonitwerkes vorzusehen.

Hiernach war in Gemässheit mit den beiden vorausgegangenen Varianten, soweit die Südstadt in Frage kam, und in

Uebereinstimmung mit einer im Februar 31 von mir gegebenen Anregung, soweit die Einrichtung einer Trabantenstadt in Frage kommt, die Platzfrage geklärt. Die beigefügte Abbildung über Geländeausschliessung erläutert die örtlichen Gegebenheiten, die zur Festlegung der Süd- und Nordstadt an der im Generalplane vorgesehenen Stelle nötigen. Hiernach wird zunächst das bereits weiter vorne beschriebene dreiekkige Gelände östlich des Stausees von Schwerindustrie und den nördlich sich anschliessenden Ergänzungsbetrieben in Anspruch genommen. In erster Linie gehören in diese Gruppe in südnördlicher Reihenfolge aufgezählt die Giesserei, das Walzwerk, die Martinsöfen und Hochöfen, das Kraftwerk, die Kokerei, die koks-chemische Fabrik, das Düngerkombinat, die Ziegelei und das Schamottwerk, die Zementfabrik, das Betonitwerk. Durch einen Streifen von ca. 1½ km Breite von der Industrie getrennt, verläuft das Massiv des Artatsch mit den beiden grossen Erzlagern, deren Vorhandensein das Kombinat von Magnitogorsk seine Entstehung verdankt. Da wie aus der bereits erwähnten Abbildung ersichtlich, die Minimalgaszonen um die Anreicherungsfabrik am Aidarli, die Hochöfen, die Koks-chemischen Werke und die Düngerfabrik diesen Trennungsstreifen, der heute den grössten Teil der vorübergehenden Unterkünfte enthält, überdeckt, so ist festzustellen, dass dieses gesamte Zentralgebiet für die Errichtung einer Wohnstadt aus hygienischen Gründen ausscheiden muss. Das südlich anschliessende Gelände wird von einer Anzahl von Hügeln bekrönt, die sich kettenförmig in nordwest-südöstlicher Erstreckung aneinanderreihen. Da sie von felsiger Beschaffenheit sind, kämen sie auch bei geringerer Neigung für eine Bebauung nicht in Frage. Der Sattel, der sich zwischen dem Artatschmassiv und dem ihm südwestlich vorgelagerten Aidarliberge einerseits und dieser Hügelkette andererseits hinzieht, bildet das eigentliche Baugelände der Südstadt.

Nordöstlich des Hauptindustriegeländes erstreckt sich parallel zu den Nordausläufern des Artatsch das ausgedehnte Gelände des Verschiebebahnhofs von Magnitogorsk. Der ca. 2 km breite Streifen zwischen Berghang und Bahnhofsgelände bildet das für die Nordstadt ausersehene Bauland. Der Hauptunterschied zwischen der neuen Bearbeitung und den früheren besteht zunächst darin, dass der neue Plan sich auf Grund des in der Zwischenzeit beschafften technisch-ökonomischen Materiales, trotzdem dasselbe auch heute noch zahlreiche Lücken enthält, die im Laufe der weiteren Bearbeitung auszufüllen sein werden, sich nunmehr nicht mehr allein auf den Entwurf der Sozgorod und ihrer Beziehung zum Werk, sondern auf die gesamte Organisation des engeren Bezirkes von Magnitogorsk erstreckt. In Abänderung des bisherigen Planes wurden bei der neuen Bearbeitung eine grössere Anzahl von Quartalen auf geringe Entfernung an die Arbeitsstellen herangeschoben. Das gilt besonders für den Streifen, der sich gleichsam als nördlichster Teil der Südstadt nach dem Werke hinzieht, sowie für die nordwestliche Erweiterung des ersten Quartales, und endlich den Streifen, der sich unmittelbar längs des südlichsten Teiles des metallurgischen Werkes hinzieht. Diese Annäherung zwischen Wohnstadt und Industrie findet ihren Ausdruck wohl am klarsten in der Tatsache, dass der Ostteil der Südstadt um 1½ km verkürzt werden konnte.

Eine grundsätzliche Aenderung gegenüber der bisherigen Planung bedeutet auch die bereits erwähnte Anlage der nördlichen Trabantenstadt. Es war ein zweifelloser Mangel der seitherigen Planung, dass dem Wachstum der Industrie nach Norden hin eine Entwicklung der Wohnstadt in rechtwinkliger Richtung nach Osten zu gegenüberstand, dass also gewissermassen Industrie und Wohnstadt auseinanderwuchsen. Mit der Errichtung der nördlichen Trabantenstadt wird dieser Mangel beseitigt. Sämtliche Betriebe nördlich der metallurgischen Werke, aber auch die bei Berioska gelegenen Steinbrüche, die benachbarten Erzgruben und nicht zuletzt die grossen Verschiebebahnhofsanlagen werden nunmehr verkehrsgünstig zu dem zugehörigen Wohnbezirke dieses Trabanten gelegen sein. Von den ca. 46 000 Einwohnern der Nordstadt mit ihren ca. 15 000 Arbeitern wird ungefähr die Hälfte in kurzer Zeit unter Verzicht auf mechanische Transportmittel ihre Werkplätze zu erreichen vermögen.

Dem Ziele der Schaffung günstigerer Beziehungen zwischen Wohnstadt und Werkplatz ist auch ein weiteres grundsätzliches Unterscheidungsmerkmal gegenüber der bisherigen Planung zuzuschreiben. Die Entwicklung der Stadt Magnitogorsk wird nach den eingehenden Darlegungen von Prof. Dubrowin, dem Sachbearbeiter des betreffenden Teiles des ökonomischen Berichtes, nicht im Sinne einer weiteren Entwicklung der Schwerindustrie liegen. Sie wird vielmehr vorwiegend darauf bedacht sein müssen, die günstigen Voraussetzungen der Ortslage, sowie auch der zunächst nur ungenügend ausgenutzten weiblichen Arbeitskräfte durch die Anlage leichtindustrieller Betriebe auszunutzen. Aus diesem Grunde sieht der neue Generalplanentwurf im Nordosten der Südstadt unmittelbar angelehnt an den dort geplanten Absetzteich und erschlossen durch die bereits vorhandene Eisenbahnlinie nach Agapowka die Anlage eines Leichtindustriebezirkes vor. Hier werden eine Fabrik-Näherei, ein Holzkombinat, eine Möbelfabrik wie auch ein Baukombinat errichtet. Da die Beschaffenheit des Geländes nach Osten hin immer günstiger wird, so kann hier die Idealforderung der Stadtentwicklung, nämlich die Parallelerstreckung von Industrie und Wohnbezirk, verwirklicht werden.

Wenn auch die zunächst gestellte Aufgabe nur eine Bevölkerungszahl von 200 000 Menschen (unter Zugrundelegung einer Wohnnorm von 10 qm als Endnorm) vorsieht, so ist doch gerade an dieser Stelle reichliches Erweiterungsgelände vorhanden, um die ökonomisch gerade mit der weiteren Entwicklung der Leichtindustrie begründete Zunahme der Einwohnerzahl auf 270 000 Menschen räumlich sicherzustellen. Die folgende Aufstellung bringt das Zahlenmaterial, das als Unterlage für die Ermittlung der Bevölkerungszahl zugrunde gelegt wurde. Auch diese Zahlen können keinen Anspruch auf endgültige Richtigkeit erheben. Sie sind vielmehr fast durchweg Perspektivzahlen, die auf Grund der sich stetig ändernden, zahlreichen Beeinflussungsfaktoren unterliegenden tatsächlichen Verhältnisse noch manche Abänderungen erfahren werden.

⟨Schwerindustrie	34 000
Hilfsbetriebe	6 700
Leichtindustrie	7 100
Transport	6 400
Auszubildende	8 500
Werksleitungen	2 000
gesamt	64 700 Menschen

Gestützt auf die Erforschung der Zusammensetzung der städtischen Bevölkerung erhalten wir folgendes Verhältnis: Arbeiter 32 %, Dienstleistungsapparat 28 %, nichtarbeitende Bevölkerung 40 %.
Folglich beträgt die Gesamtzahl der Bevölkerung etwa 200 000 Menschen.⟩

An dieser Stelle sei eine grundsätzliche Bemerkung eingeschaltet, die sich auf das Bestätigungsverfahren der Generalplanung bezieht. Wer häufig an diesbezüglichen Verhandlungen teilgenommen hat, gewinnt den Eindruck, dass die oft lange ausgedehnten Debatten um die Richtigkeit der einen oder anderen Zahlenunterlage eine Verkennung der Aufgabe eines Generalplanes bedeuten. Selbstverständlich werden alle an einer solchen Aufgabe mitarbeitenden Stellen alles daran zu setzen haben, um möglichst exaktes Zahlenmaterial zu ermitteln. Es liegt aber in der Natur weit vorausschauender Planwirtschaft begründet, dass solche Ermittlungen stets einen mehr oder weniger variablen Charakter tragen werden, da auch die beste Städtebauorganisation nicht über Propheten verfügt, die auch nur mit 90prozentiger Sicherheit vorauszusagen vermöchten, wie sich die eine oder andere Unterlage der Generalplanung nachher in der Wirklichkeit verschiebt. Daher sollte auch in einem Generalplan nicht so sehr ein fertiges exakt richtiges Bild einer Stadtentwicklung für 10 oder gar 20 Jahre erblickt werden. Ein Generalplan ist vielmehr ein Wunschplan, er kann wohl am besten verglichen werden mit dem Generalstabsplan eines Armeeaufmarsches. Alle Truppenteile, alle Waffen sind vorausschauend an bestimmter Stelle eingesetzt, um die Erreichung eines bestimmten militärischen Zieles zu sichern. Bei der Ausführung des Planes spricht aber der Gegner mit und zwingt den Heerführer durch seine eigenen Bewegungen zu fortgesetzter Anpassung der eigenen Planung an die Forderungen der Wirklichkeit. Das bedeutet ins Städtebauliche übersetzt, dass ein Generalplan nicht etwas endgültig Starres sein kann und darf, sondern dass er im Gegenteil über ein grosses Maass von Elastizität verfügen muss, das gestattet, ihn jederzeit den sich wechselnden Verhältnissen des Lebens anzupassen. Hieraus folgt, dass die Aufgabe eines Generalplanes sich in erster Linie darauf erstrecken sollte, die Geländeauswahl und die Rayonierung festzusetzen. Darüber hinaus sollten die Gerippe des Verkehrs und der grossen Versorgungsleitungen bestimmt werden. Demgegenüber können kleine Details wie etwa Fragen, an welcher Stelle in 10 Jahren eine Kinderkrippe, ein Dispensair oder eine Stalowaja errichtet werden, vernachlässigt werden.⟨[2]⟩

⟨2 Die Redaktion kommt nicht umhin anzumerken, dass bei der Planung der sozialistischen Stadt die sozial-kulturellen Einrichtungen die entschei-

Ehe in grossen Zügen auf die Beschreibung des Generalplanes in seiner jetzigen Form eingegangen wird, sei hier auf das schwierigste Problem bei der Aufstellung des Generalplanes eingegangen, nämlich das der sogenannten Wreminisiedlungen. Auch diese Frage ist insofern von prinzipieller Natur, als die Errichtung von zunächst nur für kurze Zeit bestimmten Leichtbauten auch an anderen Stellen des Aufbaus neuer Wirtschaftskombinate in der UdSSR zu den gleichen Schwierigkeiten führte. Als ich mit meiner Brigade vor 2 Jahren in Magnitogorsk darauf hinwies, dass ich bezüglich der Behauptung, diese Bauten hätten höchstens eine Lebensdauer von 3 bis 5 Jahren, sehr skeptisch sei, schenkte man dem kein Gehör. Heute spricht an Ort und Stelle niemand mehr von dieser kurzen Lebensdauer, sondern es wird allgemein mit einer zehnjährigen Erhaltungsfrist gerechnet, in Industriekreisen wird eine noch längere Lebensdauer angenommen. Ein Blick auf den Generalplan zeigt, dass ein grosser Teil der Siedlungen in jenen schmalen Streifen zwischen dem Gelände der Bergverwaltung und Industriegelände eingelagert ist, d.h. in die Hauptgaszone. Die Bewohner sind damit gesundheitlich dauernd gefährdet, wobei die Gefährdung mit fortschreitendem Ausbau der Industriewerke noch zunimmt.
Die mehr oder weniger systemlos gebauten Siedlungen (vergl. Abb.) entbehren aber auch aller Bequemlichkeiten, die das Leben in ihnen erträglich machen. Es ist daher verständlich, dass die bereits oben erwähnte Brigade von Narkomchos, die die Aufgabe der Planung an Ort und Stelle umriss, festlegte: »Alle genannten Siedlungen (mit Ausnahme derer, die wegen dringender Erfordernisse der Industrieentwicklung sofort zu beseitigen sind) sind mit Wasserleitungen, Müllabfuhr, Wegen und Grünanlagen zu versorgen, und sind mit dem gesamten Stadtplan in Uebereinstimung zu bringen.« So richtig

dende Rolle bei der Umgestaltung der Lebensweise spielen. Diese Frage in irgendeiner Hinsicht offen zu lassen, stellt zweifellos einen Fehler dar.⟩

und notwendig diese Forderung heute sein mag, sie bedeutet die Vergeudung von Kapital und knapper und daher doppelt wertvoller örtlicher Arbeitskraft und kompliziert naturgemäss die an sich schon schwierig gelagerten Verhältnisse bei der Aufstellung eines Generalplanes.
Anlässlich der neuen Generalplanung wurde diese Aufgabe in der Weise gelöst, dass in dem in Abbildung beigefügten Sonderplane der Wreminisiedlungen das notwendige Versorgungsnetz an Strassen und Grünflächen wie öffentlichen Gebäuden, – soweit die sehr unvollkommenen Unterlagen, die an Ort und Stelle zu ermitteln waren, die Möglichkeit hierzu boten, – eingetragen wurden. Die übrigen Versorgungsnetze wurden bei der Durcharbeitung der Spezialschemen für Wasserleitung, Kanalisation, Elektrifikation u.s.w. mitberücksichtigt.
Sollte das Generalplanschema seiner Aufgabe gerecht werden, so durfte es sich nicht darauf beschränken, die neue Wohnstadt zu planen und die alte ihrem Schicksal zu überlassen, sonst dürfte der Fall eintreten, dass das Vorhandensein der zeitlichen Bauten und die in den nächsten Jahren durchzuführende Vervollkommnung ihrer Ausstattung dem systematischen Bau gesunder neuer Wohnungen direkt entgegenwirkten. Infolgedessen wurde ein Schema der vorgeschlagenen Reihenfolge des Neuaufbaus bearbeitet, das gleichzeitig auch die systematische Beseitigung der zeitlichen Bauten vorsieht. Hiernach würde für das Jahr 42 der ganze Gürtel der zeitlichen Bauten zwischen Bergverwaltungsgelände und Industriegelände niedergelegt sein und die heutigen Bewohner, soweit sie nicht aus Bauarbeitern bestehen, die nur vorübergehend in Magnitogorsk Beschäftigung haben, in die neue Stadt umgesiedelt sein.
Wenn weiter vorne ausgeführt wurde, dass der gesamte Generalplan einer Stadt in erster Linie Wunschplan ist, so gilt dies in besonderem Masse bezüglich eines solchen Vor-

schlagsschemas für Aufbau und Abriss. Fast alle exakten Unterlagen, die einen solchen Plan der Wirklichkeit stark angenähert haben würden, fehlten. Es konnten weder exakte Unterlagen für den Aufbau der Industrie noch für die Bevölkerungszahl in den vorübergehenden Siedlungen, noch betreffend der alljährlich für den Aufbau bezw. Abbruch zur Verfügung stehenden Summen gegeben werden. So bleibt dieses Schema ein Versuch, Systematik in den Fertigstellungsorganismus der Stadt Magnitogorsk zu bringen, ein Versuch, dessen theoretische Wichtigkeit durch die Unvollkommenheit der gegenwärtig bekannten Daten nicht beeinflusst wird.

Die Organisation der Stadt ist in der Weise durchgeführt, dass die Südstadt ca. 154 000 Einwohner, die Nordstadt 46 000 aufnimmt. Die Gesamtstadt zerfällt in 5 Rayons, von denen 4 auf die Südstadt kommen, während die Nordstadt einen selbstständigen Rayon bildet. Jeder Rayon wurde mit einem Rayonclub und Rayon-Fiskulturplatz ausgestattet, die mit Rücksicht auf die jeweilige besondere Eignung sowohl der landschaftlichen Verhältnisse wie auch der organischen Lage in dem Bezirke, den sie zu versorgen haben, ausgewählt sind. Im Zentrum der Südstadt auf dem höchsten Punkte der die Stadt nordsüdlich durchteilenden Wasserscheide gelegen wurde das Zentrum der Gesamtstadt angeordnet, das mit seiner Gruppe monumentaler Bauten wie Volkshaus der Kultur, Zentraltheater, Zentralbibliothek und Konzertsaal weithin das Stadtbild beherrscht.

Die einzelnen Rayons werden aus Quartalen für ca. 6000 Menschen gebildet, die ihrerseits in 3 Wohnkomplexe zu 2000 Einwohnern zerfallen. Jeder Wohnkomplex ist mit den zugehörigen Krippen, Kindergärten und Stalowajas auf Grund der Normen der betreffenden Narkomate versorgt. Die weiteren Versorgungsnetze sind gleichfalls auf Grund der heute gültigen Normen jeweils in besonderen Schemen durchgearbeitet und begründet. Auf eine eingehende Schilderung dieser Versorgungsnetze kann hier verzichtet werden.

Hingegen soll kurz auf die systematische Einbeziehung der wichtigsten Gruppen öffentlicher Gebäude eingegangen werden, die organisatorisch wie städtebaulich-architektonisch den Charakter der Stadt bestimmen. Zwischen dem nach dem Vorschlage des Generalplanes, seinen Bedürfnissen und seiner inneren Bedeutung nach architektonisch besonders hervorzuhebenden Haupteingange zur Industrieanlage des metallurgischen Kombinates und dem nördlichen Zipfel der Südstadt ist die Militärstadt mit zentraler Kaserne, Klub der Roten Armee und zahlreichen Nebengebäuden angeordnet. Südlich dieser Anlage sind der Steigung des Hanges folgend, die Ftuse angeordnet. Oestlich dieser Gruppe, an der Einmündungsstelle der vom Fabrikeingang her einmündenden die Stadt erschliessenden Magistrale in die grosse West-Ost-Magistrale, die sich am Stadtzentrum vorbei bis zum Zentrum des 5. Rayon hin erstreckt, liegt die Gruppe der Hotels und das Zentralhaus der Truste, unweit des Hauptbahnhofes der Stadt. Diesen Bauten reiht sich das Administrationszentrum an mit den Häusern der GPU und der Miliz und dem Zentralsowjetgebäude. Nur durch eine Nord-Süd-Magistrale, vom Administrationszentrum getrennt, folgt das auf hochgelegener Terrasse geplante Kulturzentrum. Diesem ist nach Süden zu das Fiskulturzentrum vorgelagert. Keilförmig erweitert sich diese Grünfläche nach Süden. Westlich flankiert von der Krankenhausstadt mit ihren langgestreckten südöstlich besonnten Baukörpern, östlich begrenzt von der Universitätsstadt. Diese Baugruppen stehen bereits im unmittelbaren Kontakt mit dem nicht organisierten Parkgelände, das den Raum zwischen Wohnstadt und südlichem Stausee einnimmt. Dieser Park geht nach Nordwesten zu in den organisierten Zentralpark für Kultur und Erholung über. Die Lage dieses Parkes an der im Plane vorgesehenen Stelle wird durch die örtlichen Gegebenheiten der Natur bezw. der durch Kunstanlagen wie der Stauseen ergänzten Landschaft bedingt.

Steiles Hügelgelände, das nur nach Süden hin sanft abfällt und dort die Anlagen von Sport- und Spielflächen gestattet, grenzt in teilweise steilem Abfalle an die Ufer des nördlichen Stausees. Ein Wasserrestaurant und Wassersportanlagen für Boot- und Schwimmsport wurden hier vorgesehen.

Es liegt in der Eigenart der Abtrennung einer Trabantenstadt begründet, dass der Nordrayon reicher ausgestaltet wurde als die übrigen. So wurde dort ein besonderer ⟨Kultur- und⟩ Erholungspark geplant und ein Fiskulturzentrum, das an Ausdehnung die ähnlichen parallelen Einrichtungen der Südstadt übertrifft. Ein besonderer Markt, Garage, ein Krankenhaus und ein Friedhof ergänzen diese Sonderausstattung. Auch die Ftuse, die organisch dem koks-chemischen und dem Düngerkombinat zugehören, wurden in der Nordstadt in der Nähe der malerischen Siedlung Berioska untergebracht. An dieser Stelle sei kurz auf die organische Verbindung zwischen der südlichen Hauptstadt und ihren nördlichen Tochtertrabanten eingegangen. Es liegt im Wesen einer Trabantenstadt, dass sie alle diejenigen Einrichtungen enthalten muss, die zur Abwicklung des täglichen Lebens erforderlich sind (Kinderkrippen, Kindergärten, Schulen, Techniken, Stalowajas u.s.w.). Darüber hinaus bestehen aber Beziehungen zur Zentralstadt. Nicht nur, dass ein Teil der Bevölkerung, z. B. Angehörige von in der Nordstadt Wohnenden und in deren Nähe beschäftigten Arbeitern, in der Südstadt arbeiten wird, sondern es werden darüber hinaus auch für die Bewohner der Nordstadt diejenigen Kultur- und Wirtschaftseinrichtungen der Südstadt leicht erreichbar gemacht werden müssen, die dem Trabanten schon aus ökonomischen Gründen versagt sind. Tatsächlich sind diese Abstände keinerlei Hindernis für eine intensive Mitbenutzung derselben, denn der Abstand, um nur ein Beispiel zu erwähnen, zwischen dem Zentrum der Nordstadt und dem Zentralpark für Volkskultur und Erholung beträgt nur 8 km, eine Entfernung, die mittels Strassenbahn in

25 bis 30 Minuten bequem zurückgelegt werden kann. Es sei im übrigen hier angeführt, dass durch die Errichtung der nördlichen Trabantenstadt allein an Verkehrsmitteln und Zeit zirka 4 Millionen ⟨Rubel⟩ jährlich erspart werden.

An dieser Stelle sei wenigstens andeutungsweise auf die architektonischen Prinzipien verwiesen, die den Entwurf bestimmten. Die architektonische Gestaltung der sozialistischen Stadt kann heute nach verhältnismässig kurzer Lebensdauer des ersten sozialistischen Staates der Welt noch kein feststehender Begriff sein. Wir wissen nur eines, dass das äussere Gepräge der sozialistischen Stadt sich grundsätzlich von dem der überkommenen kapitalistischen Städte wird unterscheiden müssen. Es gilt einer sich von Grund auf umkristallisierenden menschlichen Gesellschaftsform, dem klassenlosen Staate das gemässe architektonische Gesicht zu schaffen. Beginnend bei den Elementen der Stadt, den Wohnungen, endigend bei der Stadt als Ganzem, dem sichtbaren Ausdruck neuen Kulturwillens, wird sich diese Revolution gegenüber der Ueberlieferung vollziehen: Die kapitalistische Stadt war charakterisiert durch eine Differenzierung verschiedener Stadtviertel mit schon äusserlich sinnfällig in Erscheinung tretender Unterscheidung, die auf dem grundsätzlich voneinander verschiedenen Leben der verschiedenen Klassen der kapitalistischen Gesellschaft basierte. Die sozialistische Stadt kennt demgegenüber nur einen Stand, den Stand der Arbeitenden. Daraus ergibt sich die grundsätzliche Forderung für die Planung und den Bau sozialistischer Städte, allen Bewohnern gleich günstige Lebensbedingungen bezüglich innerer Organisation der Wohnung, wie auch ihrer Belichtung, Belüftung, Versorgung mit wirtschaftlichen- und Kultureinrichtungen, sowie Verkehrsbequemlichkeiten zu sichern. Die radikalste Verwirklichung dieser Grundforderung ermöglicht nur der Zeilenbau, der sich in der modernen Architektur Westeuropas in den letzten Jahren mehr und mehr durchsetzte. Die Nachteile einer gewissen Einförmigkeit der parallel gestellten in schwachem Winkel zur Nordsüdrichtung orientierten Blocks wurden in Kauf genommen, weil man gegenüber einem charakterlosen Eklektizismus entscheidenden Wert darauf legte, zunächst das Grundsätzliche kompromisslos durchzusetzen. Es ist eine der bedeutsamen Folgeerscheinungen der gewaltigen städtebaulichen Aufgaben der UDSSR, dass auch radikale Verfechter dieses Grundprinzipes neuer städtebaulicher Gestaltung hier an Hand der zum ersten Male an sie herantretenden neuen Aufgaben der Gestaltung systematisch organisierter sozialistischer Städte erkennen lernten, dass diese Form hier einer Wandlung und Ergänzung bedürfe. Bei der Generalplanung von Magnitogorsk wurde der Versuch gemacht, ohne in einen Eklektizismus und romantische Motivbildung zurückzufallen, durch sachlich berechtigte Mittel zum Ziele einer klaren und doch übergrosse Monotonie vermeidenden Quartalgestaltung zu gelangen. Unter grundsätzlicher Beibehaltung vorwiegend annähernd nordsüdlich orientierter Wohnblocks wurde eine starke Belebung der Architekturraumformen durch Wechsel in den Höhen, in den Blocklängen, in den Blockabständen (proportional zur Höhe) erstrebt. Ein- oder zweigeschossig gehaltene Gebäude der öffentlichen Versorgung (Krippen, Kindergärten, Stalowajas, Univermags, Prodmags und dergl.) wurden in Kontrast gesetzt zu den vorwiegend 4 bis 5 geschossigen Wohnbauten. Mit Rücksicht auf die Notwendigkeit, eine Querabriegelung der Quartale gegen die vorwiegend südlichen und nördlichen Winde zu schaffen, wurden an die nördlichen Kopfenden der Wohnblocks eingeschossige Querflügel angebaut, die teils als private Garagen, teils zur Aufnahme von Läden, Sparkassen usw. dienen.

Wenn auch das Quartal mit seinen 6000 Menschen gewissermassen das Grossbauelement der Stadt bildet, so ist doch keineswegs daran gedacht, diese Zelle gleichförmig zu wiederholen. Vielmehr soll unter grundsätzlicher Beibehaltung des Organisationsprinzipes jedes Quartal in enger Anlehnung an die Bodenverhältnisse variiert werden.

Wurde der architektonische Kontrast und Rhythmus innerhalb des Quartales durch die Gegensätzlichkeit zwischen hoch und niedrig, lang und kurz, zusammengefassten Massen und offenen Plätzen gesucht, so ist auch die Stadt als Ganzes genommen auf bestimmten architektonischen Kontrasten aufgebaut. Der Masse ruhiger Wohnbauten stehen die an bevorzugten Stellen der Stadt untergebrachten öffentlichen Gebäude gegenüber. Bewusst ist darauf hingearbeitet, die Wohnbauten wie auch die Summe dieser Bauten, den Komplex, und die Summe der Komplexe, das Quartal, architektonisch schlicht zu halten und nicht durch die heute so häufig geforderte individualistische Ueberbetonung dieser Elemente des Städtebaus abzutöten. Erst hierdurch kommen die reicher zu gestaltenden und auch schon meist aus ihrer inneren Funktion heraus differenzierteren öffentlichen Bauten zu starker Wirkung. Diese Wirkung wurde erhöht durch die Zusammenfassung der öffentlichen Bauten zu architektonischen Gruppen, die bei der Durchbildung die Herausarbeitung starker Wechselbeziehungen zueinander ermöglichen. Durch Ausnutzung der Geländeeigentümlichkeiten wurde immer wieder danach gestrebt, in wirtschaftlichster Weise die städtebauliche Wirkungsmöglichkeit einzelner Bauwerke durch bevorzugte Lage auf Hügeln, Anlehnung an Hügel, als Blickpunkte von Grünbändern und Grünflächen zu steigern. Als charakteristisches Beispiel solcher architektonischen, städtebaulich fundierten Gestaltung sei hier nur auf die Aneinanderreihung der bereits weiter vorne beschriebenen Gruppen öffentlicher Gebäude hingewiesen, die die Stadt bandförmig durchziehend ihre höchste Steigerung in dem kulturellen Mittelpunkte der Stadt, dem von den wichtigsten Kultbauten umrahmten auf terrassiertem Hügel gelegenen Roten Platze der Stadt haben.

Der knappe Raum dieses Aufsatzes verbietet eine eingehendere Würdigung des als Ergänzung der Bauelemente nächstwichtigsten raumgestaltenden Elementes der Stadt: der Grünflächen. Es kann hier nur angedeutet werden, dass auch dieses Gestaltungsmittel ausgehend von den funktionellen Notwendigkeiten systematisch zur Erzielung architektonischer Landschaftswirkungen herangezogen wurde. Die Schwierigkeiten eines regenarmen und warmen örtlichen Klimas werden durch systematische Bewässerung der Anpflanzungen in den ersten Jahren überwunden werden und es besteht laut Urteil der Sachverständigen durchaus die Möglichkeit, selbst an den Hängen der felsigen Kuppen, die die Stadt einrahmen, besonders in den Volksparks für Kultur und Erholung, reizvolle Anpflanzungen durchzuführen. Die örtliche Landschaft von Magnitogorsk ist z. B. an den Hängen zu den beiden Stauseen von so grosser Schönheit, dass verhältnismässig geringe Eingriffe der menschlichen Hand genügen, um eine starke Wirkung zu sichern. In den einzelnen Quartalen werden die Quartalgrünflächen, die inneren Quartalstrassen, wie auch die Abstände zwischen den Bauten durch lockerere oder geschlossenere Bepflanzung in bewussten Gegensatz zur Architektur gebracht. Ausgiebige Bepflanzung der Magistralstrassen dient gleichzeitig der Beschattung wie dem Wind- und Staubschutz.

Be- und Entwässerung von Magnitogorsk bilden in der feuchtigkeitsarmen Landschaft das zweifellos ernsteste Problem. Es muss festgestellt werden, dass die Sicherung hinreichender Wasserbeschaffung bis zum heutigen Tage noch nicht einwandfrei geklärt ist, da die Ergiebigkeit der Entnahmegebiete in der bisherigen Beobachtungszeit noch nicht genügend zuverlässige Anhaltspunkte ergab. Es ist kaum damit zu rechnen, dass die Grundwassermengen, die in ca. 10 bis 12 km nordwestlich des Industriegeländes am Uralflusse gelegen sind, ausreichen werden, um den Trinkwasserbedarf der Stadt

zu sichern. ⟨Vermutlich wird man wieder ergänzend Wasser aus dem Uralfluss entnehmen müssen.⟩
Bezüglich der Elektrifizierung, Gasifizierung, Beheizung und Reinigung der Stadt seien Interessenten auf den Generalerläuterungsbericht zu dem Generalplan verwiesen. Hier soll nur noch eine der grundlegenden Faktoren der Stadtgestaltung, nämlich das Verkehrswesen mit der gebotenen Kürze abgehandelt werden. Magnitogorsk ist heute nur durch eine Zweigstrecke mit der Magistrallinie Perm-Orenburg verbunden. Die Verlängerung dieser Verbindungsstrecke wird weitergeführt nach Karaganda, das ein wichtiger Lieferant von Kohle nach Magnitogorsk sein wird. Die letztgenannte Magistrale wird nach Westen hin bis nach Ufa verlängert werden, sodass auf diese Weise Magnitogorsk kürzesten Anschluss an die Magistrale Samara-Tscheljabinsk erhält. Diese Strecke wird den Westtransport um ⟨700⟩ km abkürzen. Parallel zu der Magistrale Orsk-Tscheljabinsk ist eine weitere Nord-Südlinie Sara-Magnitogorsk-Mias geplant, sodass Magnitogorsk nach Ausbau dieses Bahnsystemes eine der wichtigsten Eisenbahnknotenpunkte des asiatischen Teiles der UdSSR sein wird.
Berührte die Zweigstrecke nach Kartali bisher die Südstadt nicht, sondern diente sie ausschliesslich den Bedürfnissen der Industrie und hier wieder in erster Linie dem Antransport von Kohle und dem Abtransport von Erzen, sowie der Baustoffversorgung der Stadt, so ist durch eine bereits im Bau befindliche Bahnlinie, die das Bergmassiv des Artatsch bogenförmig umfährt (vergl. Abb.), der direkte Anschluss der Südstadt an die Magistrale Perm-Orenburg gesichert. Der Personenbahnhof liegt nahe dem Zentrum der Südstadt, nordöstlich schliesst sich der Güterbahnhof für die Bedienung der Stadt an, der seinerseits wieder in engen Kontakt mit den Gleisanlagen des längs der Bahn aufgereihten Ernährungskombinates gebracht wurde. Die Nordstadt wird nach

erfolgter Elektrifizierung der Bahn durch einen am Südende der Trabantenstadt geplanten Personenbahnhof ebenfalls angeschlossen. Der grosse Verschiebebahnhof, der die Industrie bedient, liegt nördlich des Hauptindustriegeländes und bildet die westliche Grenze der Trabantenstadt.

Auf das System der inneren Eisenbahnverbindung kann hier kaum flüchtig hingewiesen werden. Die wichtigste Rolle fällt der Erzzubringungsgleisanlage zu, die aus mehreren die steilen Hänge der erzführenden Berge serpentinenförmig begleitenden Stränge zu einem Hauptstrang zusammengeführt, das Erz nach Westen der Anreicherungsanlage auf dem Berg Aidarli und von dort den Hochöfen zuführend.

Besondere Bedeutung war naturgemäss der Ausarbeitung günstiger Zubringungsmöglichkeit der Arbeiterschaft zu ihren Arbeitsplätzen zuzumessen. Es ist bereits am Eingang dieser Ausführungen darauf hingewiesen worden, dass der letzte Entwurf sich von den früheren auch dadurch unterscheidet, dass die Stadt im Ganzen den Werkplätzen mehr angenähert wurde. Es wurde auf diese Weise erreicht, dass annähernd ein Viertel der gesamten Arbeiterschaft ihren Weg ohne Benutzung mechanischer Transportmittel zurückzulegen in die Lage gesetzt wurde. Für den Rest der Arbeiterschaft ist eine Anzahl von Trambahnen und Autobusverbindungen projektiert worden, die, auf exakten, zahlenmässigen Grundlagen aufgebaut, eine möglichst wirtschaftliche Beförderung der Arbeiterschaft sicherstellen. Schleifenförmig durch die Südstadt geführte Linien befördern die Werktätigen sowohl zu den 3 Haupteingängen des metallurgischen Kombinates, wie auch an die wesentlichen Punkte des nördlich der Schwerindustrie gelegenen Hilfskombinatgeländes, und nach der Nordstadt selbst. Alle notwendigen Verbindungen wichtiger Teile der Stadt miteinander sind durch geeignete Verkehrsmittel sichergestellt.

Konnte im Rahmen dieser Ausführungen nicht auf das ausgedehnte landwirtschaftliche Versorgungsnetz eingegangen werden, das die Stadt umgibt, so sei hier wenigstens darauf hingewiesen, dass die Projektierung in systematischer Weise Vorsorge getroffen hat, die Hauptliefergebiete durch mit Lastautos befahrbare Strassen mit der Stadt zu verbinden. Die westlich und südwestlich gelegenen Versorgungsbezirke werden die Stadt auf einer Magistrale erreichen, die von Westen her über eine als Brücke über der jetzigen Staumauer zu bauenden Zufahrtsstrasse in die Stadt einmündet und ihre Fortsetzung in jener Magistrale findet, die in ca. 1½ km Abstand von der das Hauptindustriegelände östlich begleitenden Hauptmagistrale zur Nordstadt hin verläuft. Der von Süden her einmündende Transportverkehr wie auch der von Südosten einmündende Zufuhrteil findet seinen Zugang zur Stadt auf einer zwischen Flugplatz und Ostteil der Südstadt einmündenden Magistrale. Die östlich gelegenen Versorgungsgebiete insbesondere auch die dort in Aussicht genommenen Intensivgärtnereien führen ihre Produkte auf einer südlich des östlichen Absetzteiches einmündenden Hauptverkehrsstrasse zur Stadt. Die nördlichen Sofchosen und Kolchosen sind auf eine von Norden her den Hauptverschiebebahnhof tangierenden Zufahrtstrasse angewiesen. An der Einmündungsstelle einer jeden dieser Aussenmagistralen in die Stadt sind Märkte angeordnet.

Für den inneren Lastenverkehr der Stadt kommt grosse Bedeutung einer Verkehrsader zu, die am Ernährungskombinat entlangführend östlich des Hauptbahnhofes nach Süden hin die Bahn überquert und in erster Linie als Zubringerstrasse der Produkte des Ernährungskombinates dient. Die Verbindung zwischen Nordstadt und Hauptwerk und zwischen letzterem und Südstadt wird durch eine bereits mehrfach erwähnte von Grünflächen begleitete Magistrale bewerkstelligt, die die gesamte Südstadt schleifenförmig erschliesst. Das nicht organisierte Parkgelände in unmittelbarer Nähe der Stadt ist durch zahlreiche Strassen 2ter und dritter Ordnung erschlossen worden.

⟨Flächenbilanz	
Wohnquartale	
Südstadt	890 ha
Nordstadt	220 ha
	1110 ha
Grünflächen	
Südstadt	330 ha
Nordstadt	120 ha
	450 ha
Übrige Flächen	
Administrative und kulturelle Zentren, Hochschul-, Krankenhaus-, Militärstandorte, kommunale Dienstleistungen	240 ha
[Gesamtfläche der Stadt]	1800 ha
Betriebsflächen	
(ohne das Bergbauareal)	2143 ha
gesamt	3943 ha

Kosten in Millionen Rubel	
Wohnungsbau	248
Gesellschaftsbauten	249,7
Kommunale Einrichtungen	269,7
Parks und Grünflächen	5,6
Gesamtkosten	773⟩

[*Neuer Görlitzer Anzeiger*, Oktober 1933]

Das Rußland von heute

Gesehen und erzählt von Ingenieur Henel
[vermutlich Ernst May]

I.

Im Laufe der Jahre ist schon eine ziemlich ausgedehnte Literatur über alles, was die UdSSR betrifft, entstanden, und die Presse hat dafür gesorgt, daß manches Unbekannte bekannt wurde.

Niemand wird nun erwarten können, durch die folgenden Ausführungen ein abgerundetes Bild von Sowjetrußland vermittelt zu bekommen. Dies Land, 44mal so groß wie unsere Heimat, ist auch für den Russen unübersichtlich. Unübersichtlich schon wegen seiner Größe, unübersichtlich aber auch, weil es das Objekt eines Experimentes ist, das wahrscheinlich noch weit davon entfernt sein dürfte, abgeschlossen zu werden.

Diese Unübersichtlichkeit ist wohl auch die hauptsächlichste Ursache vieler Widersprüche und Unklarheiten, auf die man immer wieder in schriftlichen und mündlichen Berichten stößt.

Zweck dieser Zeilen soll es nun sein, den Versuch einer ungeschminkten reportagehaften Darstellung neurussischer Verhältnisse und hauptsächlich der Lebensbedingungen der russischen arbeitenden Bevölkerung zu machen; und zwar betrachtet vom Standpunkte eines deutschen Ingenieurs aus, der als ausländischer Spezialist im Dienste russischer Staatstrusts ausgiebig Gelegenheit hatte, die arbeitende russische

Bevölkerung und ihre Lebensbedingungen kennenzulernen und von dieser Gelegenheit weitmöglichst Gebrauch gemacht hat.

Als Verfasser dieser Zeilen glaube ich dem deutschen Leser insofern einen Dienst zu erweisen, als er durch diesen sachlichen Beitrag zu seinen vielleicht schon umfangreichen Studien und Gedanken über das Kapitel »Rätestaat Rußland« neues Vergleichsmaterial zur Verfügung gestellt bekommt.

Um meinen Ausführungen von vornherein einen Rahmen zu geben, will ich mich bemühen, aus der Unsumme von Eindrücken das herauszuschälen, was für neurussische Verhältnisse charakteristisch ist. Vergleiche mit dem zaristischen Rußland will ich prinzipiell nicht anstellen, – so interessant dies auch wäre – da ich dieses alte Mütterchen Rußland aus eigener Anschauung nicht kenne. Und noch auf eins fühle ich mich verpflichtet hinzuweisen: Man darf, wenn man von Rußland liest und hört, niemals vergessen, daß alles Russische mit ganz anderem Maßstabe gemessen werden muß, als wir es von unserm deutschen Standpunkte aus zu tun gewöhnt sind. Bildlich gesprochen: Wo man in unserer Heimat schon mit Präzisionsinstrumenten messen kann, müssen wir in Rußland immer noch über den Daumen visieren.

Wenn wir nun unsere Reise in das Land der Sowjets beginnen, müssen wir uns vor allen Dingen erst einmal darüber klar werden, unter welche Kategorie von Reisenden wir uns zählen dürfen. Vor allen Dingen: sind wir Ausländer oder russische Staatsangehörige? Und wenn wir Ausländer sind: reisen wir als Intourist auf eigene Kosten, als vertraglich verpflichtete Spezialisten oder als Arbeiter ohne Vertrag gen Osten? Oder sollen wir als Gast irgend einer russischen oder ausländischen politischen – natürlich kommunistischen – Organisation die Willkommensportale der UdSSR passieren? Man wird vielleicht eine solche Unterteilung mit einiger Verwunderung zur Kenntnis nehmen und dabei ist es nur eine ganz große Abtrennung, die nach tatsächlicher Lage der Dinge noch sehr viele Differenzierungen vertragen könnte. Wobei der Klassifizierungsbegriff, unter den der einzelne zu fallen gerade das Glück hat, schon fast den Standpunkt bestimmt, von dem aus er den Sowjetstaat betrachten wird. Ich schikke diese Bemerkung selbst auf die Gefahr hin voraus, daß vielleicht vorhandene Vorstellungen vom »gleichen Recht für alle« im »Vaterland der Werktätigen« erschüttert werden könnten.

Womit ich sagen will, daß es im Rätestaat ganz augenfällig sehr viele verschiedene Klassen gibt, die unter genau so vielen und verschiedenen Lebensbedingungen ihr Leben leben oder fristen. Je nach den äußeren Bedingungen der Einreise wird man nun in diese oder jene Schicht eingereiht werden und mit ihr leben müssen.

Wenn ich vorhin sagte »augenfällig«, so will ich gleich bei den ersten Eindrücken verweilen, die sich einem Besucher aufdrängen. Betrachten wir die Menschen auf den kleineren Bahnhöfen der Reisestrecke, so werden wir ein zum großen Teil in Lumpen gekleidetes Volk sehen, das sich im Sommer und auch im Winter geduldig harrend auf Bänken, Steinen und allen unmöglichen Sitzgelegenheiten und auf dem Boden liegend aufhält. In einem alten Sack oder im besten Falle in einer kleinen Sperrholzkiste ihre Habe bei sich tragend, präsentiert sich hier ein Teil der bäuerlichen und industriellen Bevölkerung. Zu einem großen Teil im Begriff zu »fluktuieren«, d. h. seinen Standort, seine Arbeitsstelle aus irgend einem Grunde zu wechseln.

Fahren wir nun im weichen Wagen, dann können wir gleich mit Vertretern anderer Schichten bekannt werden. Einmal sieht man ziemlich viele Männer in Uniform: Kommandeure der roten Armee bis zum Korpskommandeur aufwärts, Kommandeure der GPU und der Miliz, alle gut gekleidet, keiner ohne den umgehängten mit scharfer Munition geladenen Revolver, der zur Dienst- und Urlaubskleidung gehört. Dann fallen Zivilisten auf, die auch sichtbar mit einem meist am Riemen hängenden Schießprügel ausgestattet sind. Ihre Bekleidung einfach, doch im Vergleich zu unsern Bekannten auf dem kleinen Bahnhof noch elegant zu nennen. Diese Leute sind in fast allen Parteien Mitglieder. Andere Reisebegleiter werden dann noch in ähnlicher Art Bekleidete sein, deren Ausrüstung in einer vollen Aktentasche besteht: Angestellte (meistens russische Ingenieure), auf Kommandierovka, also Dienstreise.

Weil wir nun gerade bei der Eisenbahn sind: Das Fahrenkönnen mit dieser segensreichen Transporteinrichtung in Rußland ist durchaus nicht so einfach. Auf den Hauptstrecken Fahrkarten zu bekommen ist für den gewöhnlichen Reisenden ohne Verbindung meistens eine immerhin ansehnliche Leistung, die oft tage-, manchmal wochenlanger Vorarbeit und unermüdlicher Geduld bedarf. Es würde zu weit führen, alle die Schliche auch nur anzudeuten, die man kennen muß, um eine Reise pünktlich antreten zu können. Wer allerdings erst einmal im Zuge sitzt, fährt bequemer als in Deutschland, falls er nicht umsteigen muß, und auch leidlich sauber, falls er die Wanzen zu den sauberen Haustieren rechnet. Das Milieu der harten Klasse und die dicke Luft in diesen Wagen ist leicht vorstellbar, wenn man sich der Bekanntschaft des »fluktuierenden Proletariats« erinnert.

Wer nun die Landessprache versteht, wird bald ins Gespräch mit russischen Reisegenossen gezogen und kann sofort feststellen, daß großes Interesse für alle Vorgänge in unsrer Heimat vorhanden ist. An allen Fragen, die gestellt werden, ist zu merken, daß sie den Zweck haben, sich ein möglichst klares Bild von der Lage im Ausland zu machen. Verständlich wird dieses Verlangen, wenn man sich längere Zeit für die Propagandamethoden und für die Erziehung des Volkes durch Schule, Presse, Theater, Kino usw. interessiert hat. Wer sieht,

wie einseitig nach jeder Richtung hin die Masse unterrichtet wird, der wird sich nicht wundern, daß unter dem denkenden Teil der Bevölkerung schließlich doch der Wunsch wach wird, einmal andere Ansichten zu hören. Aber es ist auch festzustellen, daß es selbst bei verhältnismäßig einfach nachzuweisenden Dingen unendlich schwer, ja meist unmöglich ist, einem Mitglied vor allen der jüngeren russischen Generation andere Ansichten beizubringen, als er sie von seiner Richtung eingetrichtert bekommen hat. Hier zeigen sich die Erfolge einer glänzend organisierten Propaganda und es wird einem nach solchen – oft recht ärgerlichen – Gesprächen klar, welche politische Kampftruppe sich der Rätebund mit seiner aufwachsenden Jugend erzieht.
Vor einem und zwei Jahren drehten sich alle diese Gespräche um ein Gebiet des Fünfjahrplanes. Jetzt hat das mächtig abgeflaut und Gesprächsthema ist nun meistens die Nahrungsmittelbeschaffungsfrage.

II.

Da von dem Fünfjahresplan das rein Ziffernmäßige genügend bekannt sein dürfte, will ich bei Bekanntem nicht verweilen. Dennoch wird es sich lohnen, sich ein Weilchen mit diesem Thema zu beschäftigen, das die Welt nun schon einige Jährchen in Atem hält.
Vor allen Dingen interessiert es ganz allgemein, was tatsächlich im Fünfjahresplan geschaffen worden ist. Ich möchte dazu aus eigener Anschauung sagen, daß die oft zu hörenden Unterschätzungen der Leistungen, die Rußland in den letzten Jahren hervorgebracht hat, durchaus unangebracht sind. Es ist bestimmt vieles geschaffen worden. Vieles, was auch dem technisch sehenden Auge imponieren muß.
Es ist zweifellos imposant, auf vor kurzen Jahren noch öden Steppen technisches Leben erstehen zu sehen. Man kann sich

auf den ersten Blick als ehrlicher Mensch auch der Verwunderung nicht erwehren, wie so etwas möglich ist, unter den unter amtlichen Stellen behaupteten Terminen und technischen Daten. Und wenn man auch nach einiger Zeit gezwungen ist, diesen ersten Begeisterungswein zu verdünnen und skeptischer wird, auch dann bleibt noch genug übrig, um sagen zu müssen: hier ist eine energische Hand dabei, einen imposanten Versuch zu machen, ein altes Bauernland auf eigene industrielle Beine zu stellen.

Etwas anders muß man schon aussagen, wenn man die Frage der »Erfüllung« des Fünfjahresplanes beantworten soll. Das Jonglieren mit Erfüllungsprozenten ist ein sehr beliebtes Gesellschaftsspiel in allen russischen verantwortlichen und unverantwortlichen Stellen.

Wie entstehen nun zu einem großen Teil die Unterlagen für diese Fünfjahresplan-Statistik? Ein Beispiel aus der Praxis soll ein Bild davon geben.

In einer Sektion eines großen russischen Staatstrustes, der die Aufgabe hat, Schachtanlagen zu projektieren, wird Januar im Plan festgelegt: Bis Mai sind die Schachtanlagen Y und Z werkstattfertig in den Plänen an die ausführenden Trusts abzuliefern. Mit unvollkommenem technischen Personal, mit dem primitivsten Handwerkszeug und unter den oft naivsten Vorstellungen geht man nun ins Zeug. Es wird Tag und Nacht gearbeitet und siehe da: zum festgesetzten Termin ist der Plan erfüllt! Natürlich erfüllt: Denn die für die Projekte festgesetzte Anzahl von Zeichnungen liegt aufgetürmt auf den Tischen und die für die Sache ausgeworfenen Gelder sind verpulvert! Wenn dann nach 1½ bis 2 Jahren diese Arbeitsleistung wirklich den Weg zur Realisierung in die Werkstatt gefunden haben sollte, kommt die ganze Bescherung für russische Zeitbegriffe erschreckend schnell an den Absender zurück. Denn es erweist sich, daß wohl eine Menge Zeichnungen vorhanden sind, daß aber auf allen recht wenig zu sehen ist und das Wenige meistens noch falsch oder schlecht. Jedenfalls in den meisten Fällen nicht durchführbar. Aber die Ehre ist damals gerettet worden: Der rote Direktor konnte melden: »Ich habe erfüllt!« Wurde *Udarnick*, d.h. Held der Arbeit oder Stürmer, und die Statistik wurde um einige Plusprozent reicher.

So und so ähnliche Verhältnisse herrschen auf fast allen Betrieben des Fünfjahresplanes Rußlands. Mir hat einmal ein russischer Kollege, den ich fragte, wie man sich das eigentlich vorstelle, gesagt: »Das Bauen von potemkinschen Dörfern ist uns ja schon unter Katharina vorgemacht worden! Das haben wir noch nicht verlernt.« Und das scheint wirklich zu stimmen. Wiederum muß man sich nur wundern, mit welchem Ernst alle Mitspieler auf dieser Arbeitsbühne dann die in den Zeitungen veröffentlichten Planziffern ihrer eigenen Betriebe applaudieren können.

Die Bemühungen der ausländischen Spezialisten, diesem Wahnsinn ein Ende zu machen, scheitern in fast allen Fällen an einer unbegreiflichen Indolenz, auf die man überall stößt. Es gehören oft jahrelange Kämpfe dazu, sich mit den elementarsten technischen Forderungen durchzusetzen. Meistens reicht aber zu diesem Kampf weder die Vertragsdauer noch die Kenntnis der verschlungenen Instanzenwege aus, die ein Besserungsvorschlag zu gehen hat. Und nur zu oft wird eine Behebung der Fehler verhindert durch die Angst vorgeordneter Stellen, sich zu kompromittieren.

Für jeden mit den russischen Verhältnissen Vertrauten ist es natürlich verständlich, daß selbst unter den günstigsten Bedingungen das, was von dem russischen Arbeiter, Ingenieur usw. plan- und termingemäß verlangt wird, in vollem Umfange nicht erreicht werden kann. Und man geht wohl nicht fehl, wenn man annimmt, daß auch die Moskauer Leitung sich dessen bewußt ist. Stellt man nun trotzdem so hohe Anforderungen, so wird das wohl den Zweck haben, wenigstens einen größeren Leistungserfolg zu erreichen, als dies bei von vornherein tiefer gesetzten Anforderungen der Fall sein könnte. Daß diese Methode für den qualitativen Ausfall der Fünfjahresplanleistungen von größtem Schaden ist, hat sich schon längst erwiesen.

Sehen wir uns nun auch ein wenig in den Fabriken, Büros, Baustellen und auf den andern Arbeitsplätzen um.

Daß es dort überall an qualifizierten Arbeitskräften fehlt, ist bekannt. Es ist wohl eine der russischen Hauptaufgaben der nächsten Jahre, hier Wandel zu schaffen. Daß man an diese Aufgabe mit größter Energie herangeht, ist unbestreitbar. Ebenso unverkennbar ist es, daß unter der Stadtbevölkerung ein großer Bildungsdrang besteht. Auf allen Arbeitsplätzen, bei fast jedem dritten Männlein oder Weiblein findet man, daß es irgend ein Institut, Technikum oder eine Abendschule besucht, um sich für irgend einen Beruf ausbilden zu lassen. Und das alles neben der Arbeitszeit und unter Lebensbedingungen, auf die ich noch zu sprechen komme! Ich habe mich so manches Mal über die Zähigkeit und Kraft wundern müssen, mit der diese Menschen versuchen, weiter zu kommen.

Wie leben nun diese Leute?

Fangen wir beim Träger des Sowjetstaates, dem Arbeiter an. Die Verdienste der Arbeiter schwanken sehr stark. Für die einzelnen Betriebe bestehen sogenannte Kollektivverträge, die zwischen der Belegschaft und der Direktion abgeschlossen werden. Diese Verträge kommen *de jure* auf Grund freier Verhandlungen der Partner zustande. *De facto* haben jedoch die Arbeitnehmer nur vorher Beschlossenes anzunehmen. Die Arbeitsleistung wird schon längst im Akkordsystem bezahlt. Wenn man im sozialdemokratischen Lager schon früher Akkordarbeit gleich Mordarbeit setzte, so müßte einem an und für sich schon sonderbare Verwunderung ankommen, solche Arbeitssysteme im »Vaterland der Werktätigen« anzutreffen.

Wer nun aber vielleicht denken sollte, diese kapitalistische Erfindung wäre dort mit positivem Vorzeichen eingeführt, der irrt sich. Die Akkordsätze sind nach Preislisten festgesetzt, die einmal ohne Kalkulationskenntnisse entstanden sind und dann auch noch in keiner Weise von technischen Erfahrungen belastet werden. Es ist darin immer – so scheint es – nur ein Gedanke leitend: an den Löhnen alles das herauszuholen, was anderweitig verloren und verlottert wird. So entstehen in den meisten Fällen Lohnverhältnisse, die eine direkt ungeheuerliche Diskrepanz mit den Lebensbedürfnissen der Werktätigen zeigen.

Wir waren beim Arbeiter. Dort habe ich qualifizierte Schlosser gesehen, die im vorigen Jahre noch 80 Rubel im Monat verdienten. Der Durchschnittslohn liegt bei ungefähr 200 Rubel. Hauer verdienen (Akkordarbeit) im Durchschnitt 250 Rubel, ungelernte Arbeiter 80 bis 150 Rubel. Ich will jedoch auch nicht verschweigen, daß ich russische Hauer gesprochen habe, die behaupteten, 600 Rubel herauszuholen, ebenso wie ich weiß, daß Monteure mit nur 40 Rubel im Monat abschneiden konnten.

Die Arbeitszeit in Rußland ist für die Werke meist auf 7½ Stunden, für die Büros auf 6½ Stunden festgesetzt. Es wird fünf Tage gearbeitet. Der sechste Tag ist Ruhetag, falls an ihm nicht auf Grund noch später zu besprechender freiwilliger Betriebsversammlungsbeschlüsse gearbeitet wird. Die Arbeitsplatzverhältnisse sind in den meisten Fällen für unsere Begriffe schauderhaft, da Mangel an Platz und hygienischen Einrichtungen sich mit dem den Russen eigenen Sinn für Unordnung und Unsauberkeit paaren. Klosetts sind niemals benutzbar für einen gewöhnlichen Mitteleuropäer. Lüftung im Winter ist verpönt, Zigarettenstummel und Abfälle fallen prinzipiell auf den Fußboden, und im Spucken sind die Russen Virtuosen.

Zu dieser Arbeitsstätte begibt sich also unser Sowjetproletarier, um für oben angeführte Entlohnung zu arbeiten. In größeren Städten wird er für den Weg zur Arbeitsstätte die Straßenbahn benutzen, die außer in den Nachtstunden so voll ist, daß man sich davon hier keine Vorstellung machen kann. Fahrplanmäßiges Fahren gibt es nicht, entweder es kommt ein ganzer Wagenkorso vorbei oder 30 Minuten gar nichts. Kommt der Arbeiter aber zu spät, dann kann er nach neueren Bestimmungen fristlos gekündigt werden. So ist er gezwungen, schon lange vor der Zeit aus dem Hause zu gehen, um ja nicht zu spät zu kommen.

III.

Sieht man abends irgendeine russische Stadt, so bietet sich hier das Bild einer Illumination. Jedes Fenster hat Licht, falls nicht gerade eine der vielen lichtlosen Stunden da ist, in denen ganze Stadtteile einfach wegen Überlastung des Werkes oder aus anderen Gründen für lange Zeit – oft Tage – ohne Benachrichtigung der Verbraucher abgeschaltet werden. Diese Illumination hat nun nichts mit der Freude am Licht zu tun, sondern seinen recht traurigen Grund. Hinter jedem Fenster liegt ein eng bewohnter Raum, jeder hat nur ein Zimmer, kurz, es herrscht bitterstes Wohnungselend. So wohnt der Proletarier auch mit einer mehr oder weniger zahlreichen Familie in e i n e m Raum. Wenn ein Mensch ein Zimmer allein bewohnt, dann wird er bewundert, weil er sehr gute Beziehungen zu den Behörden zu haben scheint.

Das Möblement in dieser Arbeiterwohnung ist schnell geschildert: Tisch, 2 Stühle und ein, höchstens zwei Betten. Daß eine Person in einem Bett allein schläft, kann man wohl als Seltenheit ansprechen. Auf dem Lande herrschen noch bedeutend primitivere Wohnzustände. Die Miete, die der Arbeiter für die Unterkunft bezahlt, ist gesetzlich festgelegt und richtet sich in der Höhe nach seinem Einkommen. Durchschnittlich wird er monatlich 15 bis 20 Rubel zu bezahlen haben. Außer dieser Ausgabe und außer den Ausgaben für den reinen Lebensunterhalt hat der Arbeiter noch Steuern zu zahlen. Die Einkommensteuer beträgt für ihn zirka 3½ Prozent des Lohnes, Sonderbesteuerungen aller Art sind jedoch noch die Regel. Zum Beispiel hat eine »Kultursteuer« im vorigen Jahre monatelang die Werktätigen stark geschröpft. Zu vergessen sind nicht die regelmäßigen Beiträge für die Gewerkschaft – den Sojus – und die ebenso regelmäßigen Ratenzahlungen für die immer wieder neuen Staatsanleihen sowie andauernde Sammlungen für Rüstungs-, Bildungs-, Rote-Kreuz-Zwecke usw. Diese Abzüge kann man mit durchschnittlich 25 bis 30 Prozent des Monatseinkommens einsetzen, ohne dabei die Miete berücksichtigt zu haben.

Wir müssen uns nun den Lebenshaltungskosten zuwenden, wenn es uns möglich sein soll, ein ungefähres Bild von dem Lebensstandard eines russischen Arbeiters zu erhalten.

Die einzelnen Betriebe Rußlands haben für ihre Belegschaft staatliche Verkaufsgenossenschaften gegründet. Jedes Belegschaftsmitglied zahlt ein Beitrittsgeld (das ziemlich hoch ist) und erhält dann die Berechtigung, seinen Bedarf in seinem Zerobkop (Genossenschaftsladen) zu decken. Die Art und Mengen der Waren, die er einkaufen darf, ist auf einer dem uns aus Kriegszeiten ja wohlbekannten Markensystem ähnlichen Kartenfolge vorgeschrieben. Die Preise sind staatlich festgesetzt und auf die Einkommensverhältnisse der Genossenschaftler abgestimmt. Die landwirtschaftlichen Produkte sollen diesen Geschäften von den Staatsgütern und Dorfkollektiven zugeführt werden. Als Gegenleistung sollen die zur Versorgungskooperative gehörigen Werke die Staatsgüter und Dorfkollektiven mit Industrieerzeugnissen zu festen staatlichen Preisen versorgen.

So ungefähr ist die Versorgung der Industriearbeiter gedacht.

Leider ist dieser Gedanke scheinbar zu schön, um vorläufig in Rußland in die Wirklichkeit umgesetzt werden zu können. Um es gleich vorwegzunehmen, in diesen Zerobkopen gibt es für die Arbeiter fast gar nichts. Der Genosse hat sein Eintrittsgeld bezahlt und bekommt auch seine Lebensmittelkarten mit einiger Regelmäßigkeit. Diese Karten sind in verschiedene Gruppen eingeteilt: Verpflegungskategorie A, W und C. Je nach Kategorie sind auf den Karten mehr oder weniger Bezugscheine untergebracht. Normalerweise soll der Arbeiter in der besten, der Kategorie A, verpflegt werden. Eine Regel, von der aber sehr oft abgewichen wird. Mit einiger Regelmäßigkeit bekommt ihr Besitzer trotz der vielen anderen Berechtigungsscheine jedoch nur Brot. Und das auch meist nur nach stundenlangem Anstehen und in fast immer zweifelhafter Qualität, im Sommer sehr oft schimmelig und immer von feuchtem schwarzen Aussehen. In den besten Jahreszeiten beträgt die Brotnorm 800 Gramm täglich. Ich sage in den besten Jahreszeiten, denn die Brotration ändert sich mit den Monaten. Nach der Ernte 800 Gramm täglich, vor der Ernte oft nur 400 Gramm. Und diese Verpflegungsnorm in der besten Verpflegungskategorie A!! W und C bekommen bedeutend weniger. Hausangestellte bekommen, trotzdem sie nach den russischen Arbeitsgesetzen durchaus Arbeitende sind und auch eine eigene Gewerkschaft haben, seit einem Jahre noch nicht einmal Brot! Daß Nichtarbeitende natürlich auch nichts bekommen, gleichgültig, ob sie alt sind oder jung, brauche ich wohl kaum zu erwähnen. Das Kilogramm Brot kostet auf Marken 20 Kopeken.

Ich habe mich bei der Brotversorgung mit Absicht länger aufgehalten. Einmal ist Brot schon immer die Hauptnahrung des Russen gewesen und man staunt, welche Unmengen trockenes Brot ein Russe verspeisen kann. Anderseits ist Brot ja auch fast das einzigste, was es, wie ich schon sagte, durch die Staatsversorgung einigermaßen regelmäßig gibt. Die andern

Produkte werden uns weniger beschäftigen. Denn da kommt selten etwas zur Verteilung. Ab und zu eine Dose Fischkonserven (Preis für eine 1-Kilogr.-Dose 4-6 Rubel), oder ein Kilogr. schauderhaften Keks aus Sojabohnenmehl, manchmal etwas Reis, und wenn es ganz gut ist, ½ Kilogr. Zucker oder gar 1 Liter Sonnenblumenöl. Das ist das, was der Sowjetarbeiter der ersten Verpflegungskategorie zu staatlich festgesetzten Preisen in seinem Zerobkop für seinen Lebensunterhalt kaufen kann. Erwähnen möchte ich aber noch, daß die Verteilung selbst dieser kargen Versorgung miserabel organisiert ist. Zumeist ist vieles in den verschieden gelegenen Stadtteilen abzuholen und dann meist auch nur nach stundenlangem Schlangenstehen. Solche Schlangen gehören genau so zu den Stadtbildern Sowjetrußlands wie die politischen und antireligiösen Propagandaplakate, auf die man überall stößt. Sie werden nun (sehr verehrte Leser) nicht mehr so hereinfallen, wie jene ausländische Delegation in einer russischen Anekdote. Als diese nämlich bei einer Führung durch die Stadt eine besonders lange *Otscherit*, d. h. auf deutsch Schlange, erblickte, und den Führer fragte, was denn die Leute dort alle wollen, wurde ihnen von ihrem Führer geantwortet: »Dort drängt sich das Volk zur Zeichnung von Staatsanleihen!«

Da der Mensch aber schließlich auch etwas anderes essen will und muß als nur Brot, gibt es in der Sowjetunion wie in allen kapitalistischen Ländern auch noch freie Märkte, auf denen es dann aber im schlimmsten Sinne des Wortes kapitalistisch zugeht. Außerdem noch mit dem Unterschied, daß z. B. auf deutschen Märkten Warenüberfluß herrscht und so die Preise gedrückt sind, während das auf den Märkten in Rußland umgekehrt ist. Kaufen kann man auf diesen russischen Basars, falls man über genügend Geduld und Kleingeld verfügt, aber trotzdem fast alles. Natürlich ist die Güte der Ware hier nicht wesentlich und mit der Sauberkeit ist es auch nicht weit her. Aber man bekommt eben etwas.

Und nun einige Preise dieses Freimarktes: Butter (mittlere Qualität) 1 Kilogr. 70 Rbl., Eier 10 Stück 18 Rbl., Brot (schwarzes) 1 Kilogr. 5-6 Rbl., Rindfleisch (Suppenfleisch) 1 Kilogr. 18-22 Rbl., 1 Huhn 15-25 Rbl., 1 Ente 35-40 Rbl., 5 kleine Zwiebeln 1 Rbl., 1 Pud = 16 Kilogr. mittelmäßiges Weizenmehl 190-230 Rbl. usw. Ich nenne Ihnen hier Preise des mittleren Rußlands. Es gibt Bezirke (Kaukasus, Weiß-Rußland), wo es billiger ist, aber es gibt auch große Gebiete, in denen diese Preise noch um das Doppelte und Dreifache überschritten werden. So ist z.B. das Leben in Irkutsk (Zentralasien) doppelt so teuer als in Moskau. Und während z.B. 10 Eier in Südrußland schon 8 Rbl. kosteten, konnte man sie in Weißrußland noch für 3,5 Rbl. kaufen.

Um nun gleich das Kapitel freier Markt zu erschöpfen, will ich noch einige andere Preise dieses Basars nennen. Man kann dort nämlich auch alles andere kaufen. Vom alten rostigen Nagel bis zum Fahrrad und vom dreckigsten Lappen bis zum schönsten Pelz. Man muß bei evtl. Käufen allerdings Geduld haben, da man oft tage-, ja wochenlang suchen muß, bis einem der Zufall das Gesuchte finden läßt. Wer nun dort einen Mantel kauft, bezahlt für einen minderwertigen gegen 350-400 Rubel, für einen Anzug ungefähr dasselbe, für ein Paar Arbeitsschuhe gegen 150 Rbl., eine Schlafdecke 180 Rbl., eine Handvoll alter, krummer, rostiger Nägel kostet dort 1-2 Rubel usw.

Die Versorgung mit Bekleidungsstücken in der arbeitenden Bevölkerung hat sich gegenüber dem Vorjahre etwas gebessert, was jedoch nicht mehr sagt, als daß im vorigen Jahre der Arbeiter wohl nie ein Bekleidungsstück in seinem Laden für Staatspreise bekam, er aber in diesem Jahre doch vielleicht dazu kommen kann, wenn er Glück und Beziehungen hat. Der Preis der Bekleidung im Zerobkop würde sich für einen Mantel auf etwa 150-180 Rbl., für einen Anzug auf ungefähr 120 Rbl. und für die Schuhe auch auf 150-160 Rubel belaufen.

Die Beschickung dieses Marktes geschieht durch die verschiedensten Quellen: Ein Teil der Produkte wird von den Kolchosen (den Dorfkollektiven) aufgebracht, ein anderer von kleinsten Freibauern, die es noch gibt. Viel stammt jedoch aus trüberen Quellen, und zwar landet es nach vielerlei Schiebungen aus Staatslägern auf dem Freimarkt, um dort für den vielfachen Preis dem von dem Notwendigsten entblößten armen Volke verkauft zu werden. Bekleidungsstücke usw. werden vielfach von den alten Beständen ehemals besser gestellter Bürger verkauft, um dafür Lebensmittel einzuhandeln.

IV.

Auf diesen Märkten blüht ein Spekulantentum, wie man es sich »schöner« gar nicht vorstellen kann. Es wird jedem Ausländer das Bild des Elends unvergeßlich bleiben, das sich ihm auf diesen russischen Basars bietet. Hier trifft sich alles, was an Bettelei, Hunger und Armut, Schmutz und Elend, Lumpentum und Gaunerei zu denken ist, um dort jeden Tag von neuem den Versuch zu machen, seine Existenzfrist um weitere 24 Stunden zu verlängern. Vergegenwärtigt man sich dabei, daß dieser ganze Betrieb von wüster Schieber- und Warenbörse unter den Augen des Sowjetstaates und dessen Polizei, der Miliz, vor sich geht und von ihr konzessioniert wird, dann faßt man sich an den Kopf, und wendet sich mit Grausen von diesen Plätzen ab, an denen sich die Ohnmacht, das Volk mit dem Notwendigsten auf anständiger Basis versorgen zu können, so eindringlich demonstriert.
Kurz erwähnen will ich noch, daß neben den Zerobkopen der Arbeiter, geschlossenen Verkaufsstellen für die GPU, Miliz, Rote Armee und Ausländer – auf alle diese letzteren Einrichtungen komme ich noch zu sprechen – auch noch eine Menge Staatsgeschäfte existieren. Diese verkaufen auf sogenannter »kommerzieller« Preisgrundlage an jedermann. Die Preise für

Lebensmittel, soweit sie dort überhaupt zu haben sind, bewegen sich in diesen Geschäften fast immer auf Marktbasis. Die Güte der Ware ist allerdings meist noch schlechter als auf dem freien Markt. Hauptsächlichst werden diese Geschäfte nur zum Einkauf von Erzeugnissen der Leichtindustrie: Radio, Bijouterie, Möbel, kosmetische Artikel usw. benutzt. Auch diese Art Waren sind fürchterlich schlecht und verhältnismäßig teuer. Es gehört außerordentlich viel Glück dazu, einmal gute Sachen zu erwischen.

Friseurgeschäfte sind auch alle staatlich, ebenso fast alle Uhrmacher und Flickschuster. Die Preise bei dieser Art staatlichen Geschäften sind im Vergleich zu den andern Preisen des Lebensunterhalts jedoch verhältnismäßig mäßig. Eine besondere Stellung nehmen die Valutageschäfte ein, Torgsin genannt, in denen man nur gegen ausländische Devisen, gegen Gold und neuerdings auch gegen Silberbruch russische Exportwaren kaufen kann und relativ anständige Ware erhält.

Nachdem ich nun die Einnahmen eines Arbeiters in Sowjetrußland dargelegt habe, und nachdem ich den Leser darüber informiert habe, welche Abzüge der Arbeitslohn erleidet, und wo und wie der Werktätige seinen Lebensmittelbedarf eindeckt, wird es kaum noch schwer fallen, sich ein Bild über den Lebensstandard des russischen Industrieproletariats zu machen.

Über das Bauernproletariat Rußlands bleibt nun im Vergleich zu den Industriearbeitern nur noch zu sagen, daß dort die Verhältnisse noch ungünstiger liegen. Einmal werden dort die Löhne in Naturalien (meistens nur Mehl) ausgezahlt, die ihrer Bemessung nach in keinem Verhältnis zum Bedürfnis und zur geleisteten Arbeit stehen. Außerdem herrscht auf dem Lande in der Behandlung des arbeitenden Volkes bedeutend mehr Willkür als in der Stadt.

Von den Kopfarbeitern ist der am besten bezahlte Beruf in Rußland augenblicklich der technische. Hier schwanken die

Monatsgehälter von 80 bis 1000 Rubel, je nach Stellung, Art und Ort der Beschäftigung, z. B. verdient ein Pauser 80 bis 130 Rubel, ein Techniker 150 bis 250 Rubel, ein Ingenieur 200 bis 800 Rubel, ein leitender Ingenieur 600 bis 1000 Rubel monatlich. Auch höhere Gehälter kommen in Einzelfällen vor. Kaufmännische Angestellte sind bedeutend schlechter besoldet. Hier belaufen sich die Monatseinkünfte auf 60 bis 400 Rubel. Auch in diesem Berufsstand gibt es jedoch noch höher bezahlte Einzelkräfte.

Die Versorgung dieser Gruppe Kopfarbeiter mit Lebensbedarf ist jedoch auch schon theoretisch bedeutend schlechter, als die der Handarbeiter, soweit dies *in praxi* überhaupt noch möglich ist. Interessant ist es noch festzustellen, daß für die technischen Angestellten Steuervergünstigungen gegenüber den kaufmännischen Angestellten bestehen.

Alle anderen Kopfarbeiterberufe, wie Arzt, Jurist, Lehrer usw. sind ganz miserabel bezahlt. Ein Lehrer verdient gegen 110 Rubel, ein Arzt gegen 150 Rubel monatlich. Den Juristen geht es etwas besser. Die staatliche Belieferung aller dieser berufstätigen Bürger der Union mit Produkten beschränkt sich auf die Ausgabe von kleineren (400 bis 600 Gramm täglich) Brotrationen, und wenn es hoch kommt, von ein- bis zweimal jährlich ½ Kilogramm Zucker.

Es erscheint einem nun nach allem rätselhaft, wovon die Bevölkerung im Sowjetlande eigentlich lebt. Ich will dazu kurz erklären: Der Arbeiter lebt buchstäblich von trockenem Brot, Krautsuppe und Fisch. Die Kopfarbeiter sagen selbst, sie lebten wie die Schweine.

Um ein Leben überhaupt möglich zu machen, muß in einer Familie alles arbeiten, was überhaupt arbeitsfähig ist. Es kommt verhältnismäßig selten vor, daß man eine nichtarbeitende Frau antrifft, falls sie nicht einer bevorzugten Schicht angehört. So wird in solch einer Familie der Verdienst sämtlicher Familienmitglieder zusammengetan und gewirtschaftet. Den Kopfarbeitern war es bislang auch fast immer möglich, noch an verschiedenen anderen Stellen Arbeit zu übernehmen, die sie dann nachts oder in ihrer Freizeit ausführten. Entweder sie betätigen sich als Lehrer an irgendeinem Lehrinstitut, oder sie übernehmen technische oder kaufmännische Nebenarbeiten. So ist es denn vielen möglich gewesen, ihr Einkommen oft zu verdoppeln. Daß diese Methoden, sich lebensfähig zu erhalten, auf Kosten von Gesundheit und Arbeitsgüte gehen, dürfte wohl selbstverständlich sein.

Man hat auch bei den meisten russischen Kopfarbeitern, die so überlastet sind – und sie sind es zwangsläufig fast alle –, immer das Gefühl, als ob sie selbst davon überzeugt sind, daß ihre Arbeit äußerst wenig wert sei, und daß sie selbst nicht daran glauben, daß ihre Arbeit irgend einmal realisiert werden würde. Man macht sie eben, damit man leben kann.

Alle Berufe, die ich bis hier anführte, waren Angestellten- bzw. Arbeiterberufe, standen also in Gehalts- bzw. Lohnverhältnissen zu den verschiedensten Staatstrusts. Nun gibt es noch ein Zwischending zwischen dieser Gruppe und der bei uns als freie Berufe bekannten. Das sind die gewerblichen Genossenschaften oder Artels. Diese Artels stehen unter strenger Staatskontrolle in bezug auf Lohn- und Preisbildung. Sie beschäftigen sich mit Hausindustrien, z.B. Anfertigung von Kleiderhäkchen, Kleidern, Knöpfen, Korbwaren, Pelznähen u.dgl. Die dort beschäftigten Arbeiter sollen über ihren Lohn hinaus am Verdienst beteiligt sein, in Form einer Art Gewinnausschüttung. Sie werden den Arbeitsgesetzen nach wie andere Arbeiter behandelt. Ihr tatsächliches Einkommen und somit ihre Lebensverhältnisse sind nicht günstiger als die der Industriearbeiter.

Entgegen oft zu hörenden Ansichten gibt es auch in Rußland noch freie Erwerbszweige. Es gibt noch frei praktizierende Ärzte, Zahntechniker, noch unabhängige kleine Handwerker und Händler.

Die Ärzte dürfen ein Honorar zwar nicht verlangen, jedoch haben gute und bekannte Fachärzte, die dann allerdings meist noch für die staatlichen Krankenkassen verpflichtet sind, sehr gute Einkommen durch freiwillig gezahlte Honorare.
Handwerker sind als selbständiger Beruf des öfteren noch kleine Klempner und Schuster, die Flickarbeiten und auch Neuanfertigungen machen. Man kann es oft erleben, daß man bei diesen Werkstätten nicht teurere aber bessere Ware hergestellt bekommt, als wenn man Industrieproduktion kauft.
Der lukrativste freie Beruf in Rußland ist wohl der der Droschkenkutscher (Iswostschik). Sie halten sich ein Pferd und Wagen und befassen sich mit der Beförderung von Personen, Kohle und anderem Material. Die kleinste Fuhre kostet schon 15 bis 20 Rubel. Wenn sie auch meistens Analphabeten sind, so sind sie doch die größten der kleinen Gauner in Rußland und können auch anerkannt am besten fluchen.
Von landwirtschaftlichen Arbeitern war schon die Rede. Ich habe auch schon erwähnt, daß es in Rußland auch noch kleine Bauernstellen gibt, die noch nicht kollektiviert oder verstaatlicht sind.
Die Lebensmöglichkeit aller dieser noch freien Berufe wird bestimmt durch die Steuerlasten, die ihnen der Staat auferlegt, bzw. davon, wie es dem einzelnen gelingt, sich vor diesen Lasten zu drücken. Verhältnismäßig leicht scheint dies den kleinen Händlern und Droschkenkutschern zu gelingen. Den selbständigen Bauern nimmt man durch krasseste Steuerbelastung und oft durch offene Gewalt nach und nach jede Existenzmöglichkeit. Man will sie so zwingen, den Kollektiven beizutreten. Andauernde Zwangsversteigerung, verfallende Dörfer und die stets vollen politischen Gefängnisse zeigen die Erfolge dieser Sozialisierungsmethoden.

V.

Im Anschluß an meine bisherigen Ausführungen bliebe noch nachzutragen, daß seit November, Dezember v. J. scharfe Rationalisierungsmaßnahmen in der russischen Industrie und Wirtschaft durchgeführt werden. Sie sollen eine produktivere und rationellere Arbeit der Staatsbetriebe im Gefolge haben. Im Volke hält sich auch hartnäckig das Gerücht aufrecht, daß eine ein- bis zweijährige Planpause – die allerdings recht gegen den ursprünglichen Plan gehen dürfte, beabsichtigt sei. Dieses Gerücht deckt sich auch mit den mir bekannten vielen Fällen von tatsächlicher Einstellung vieler großer im ersten Fünfjahresplan angesetzter Bauvorhaben und der Streichung der dazugehörigen Kredite. Ob der beabsichtigte Erfolg erreicht wird, bleibt abzuwarten. Vorläufig sind die Auswirkungen in abermaliger Verschlechterung der Lebenslage des russischen Volkes deutlich sichtbar. Es sind mir viele Fälle bekannt, in denen z. B. im Monat Dezember Monatsgehälter von 250 Rubel auf 175 Rubel rücksichtslos herabgesetzt worden sind. Von einschneidender Bedeutung für die Lebensmöglichkeit der russischen Werktätigen ist es aber noch, daß mit der Drosselung der Arbeit sich auch die Kanäle verstopfen, aus denen der Bevölkerung Nebenarbeiten und die unbedingt notwendigen Nebenverdienste zuflossen. Die Lebenshaltungskosten aber steigen weiter!!

Die Trusts haben ihre Verwaltungsapparate durchschnittlich um 40 Prozent durch Personalabbau beschneiden müssen. Wenn diese Maßnahme bei dem bis zur Unkenntlichkeit verbürokratisierten und aufgeblasenen Wirtschafts- und Verwaltungskörper der Sowjetunion auch verständlich und nötig sein mag, so wird doch das Problem der Unterbringung aller so frei gewordenen Kräfte der Moskauer Parteiregierung wohl noch allerhand Sorgen machen. Man rechnet in

Rußland mit ungefähr 3 Millionen auf diese Art arbeitslos Gewordener. Im Moskauer Bezirk sollen es allein 250000 Menschen, darunter 10000 Ingenieure und Techniker sein. Die neue Paßverordnung für russische Staatsbürger ist ein Zeichen dafür, mit welch rohen Mitteln man diese schuldlos erwerbs- und auch heimatlos gewordenen Menschen nun in die Bezirke Rußlands abdrängen will und wird, in denen man glaubt, sie besser verwerten zu können.

Ich komme nun zu der Klasse in der Sowjetunion, die man als die bevorzugte bezeichnen kann.

Man weiß ja, daß in Rußland das Proletariat diktiert; so nach und nach wird einem jedoch klar, daß das Proletariat, dessen Lebensbedingungen ich vorher schilderte, unmöglich sich selbst dieses Elend zudiktieren kann. Also sind es andere, die dieses tun und sich Proletarier nennen. Es ist klar, daß sich diese Leute, die das Schicksal der Massen in der Hand haben, in der Sowjetunion natürlich nur aus Mitgliedern der kommunistischen Partei rekrutieren. Somit käme ich nun zu den Parteimitgliedern und den Sowjetbürgern, die in irgendeiner Form für Parteiinteressen direkt verpflichtet sind. Hierbei wäre Parteiinteresse gleich Staatsinteresse zu setzen.

Im Räterußland hört man sehr oft von russischen Staatsbürgern, die Vertrauen zu einem gefaßt haben, am Ende einer diesbezüglichen Unterhaltung die wutverhaltene Bemerkung: »Ja, so ist es nun in unserer Heimat: 170 Millionen Menschen müssen sich opfern, damit es 2 Millionen Menschen gut geht!« Wenn dieser Ausspruch auch ein grelles Licht auf die Stimmung innerhalb großer Kreise der russischen Bevölkerung wirft, so kann man ihn doch wohl kaum als den Ausdruck richtigen Urteils ansprechen. Denn, wenn von den 2 Millionen, denen es gut gehen soll, die Rede ist, so sind damit die Parteimitglieder der kommunistischen Partei gemeint, deren Zahl man ungefähr auf 2 Millionen beziffert. Inwieweit diese Zahl stimmt, weiß ich nicht. Aber man muß feststellen, daß es wohl dem größten Teil der Parteimitglieder zum mindesten so schlecht geht wie den Parteilosen, falls man nicht die Perspektive dieser Parteimitglieder auf ein eventuelles späteres besseres Leben als Plus für sie in Rechnung setzen will. Vorläufig haben sie davon jedenfalls nichts. Die Entwicklungsstufen eines Parteigenossen sind ja bekannt. Vom Oktoberkind über den Pionier im Kindesalter, über Komsomolzen und Kandidaten entwickelt sich der werdende Kommunist zum Parteimitglied. Die Aufnahmebedingungen sind hierbei keine leichten, abgesehen von den genauen Nachforschungen über seine Herkunft, hat der Kandidat auch ziemlich strenge Prüfungen über seine parteigeschichtlichen und politischen Kenntnisse über sich ergehen zu lassen. Schon während seiner Komsomolzen- und Kandidatenperiode, in der er immer im Berufsleben tätig ist, wird er aber noch mit vielerlei Arbeiten belastet, die ein Parteiloser nicht unbedingt zu machen braucht. Vergünstigungen in der Verpflegung usw. erhält er meines Wissens nicht. Ebenso ergeht es dem Durchschnitt der fertigen Parteimitglieder. Alles in allem bestimmt wenig genug Anreize, der Partei in Rußland beizutreten. Wenn nun trotzdem diese angeblich 2 Millionen Parteimitglieder sind, so hat das aber nicht allein Idealismus zum Grunde. Es bestehen vielmehr manche andere Tatsachen, die es vielen angeraten erscheinen lassen, der Partei beizutreten: 1. ist es den Parteigängern leicht, ein Studium auf Stipendien in Instituten usw. beginnen zu können, 2. ist im Beruf einem Parteimitglied das Avancement bedeutend leichter, zumal wenn er außerdem noch persönliche Beziehungen hat. So kommt es, daß innerhalb der Partei eine ziemliche Vetternwirtschaft herrscht, da ein Verwandter und ein Bekannter den anderen hinein- und später auch hinaufzieht. Hat der Parteigenosse allerdings eine der mittleren und höheren Stufen seines Avancements oder auch nur einen unteren Druckposten erreicht, dann kann man ihn getrost zu denen rechnen, für die sich die

170 Millionen russischen Volksgenossen mit durchhungern müssen. So hofft wohl jeder Parteigenosse, seine Parteizugehörigkeit in irgendeiner Form einmal zum Vorteil für sich ausnützen zu können, und in die Stellungen oder Parteiorganisationen hineinkommen zu können, in denen es sich bezahlt macht, Parteimitglied geworden zu sein.
Es wird sich wohl lohnen, einen Blick in diese Parteikreise zu werfen, die ihr Ziel ganz oder teilweise erreicht haben.
Ich sehe von der obersten Führerschicht ab, die sich im Parteisekretariat zusammenfindet. In deren Leben habe ich keinen Einblick nehmen können. Bei der Aufzählung aller anderen Organisationen und Positionen, die zu den Bevorzugten in der Sowjetunion gehören dürften, muß ich mich auch nur auf Hauptsächlichstes beschränken.
Am besten gesorgt wird vom Staate wohl für die GPU, also die politische Staatspolizei. Dann dürfte als große Organisation die Miliz, die unserer Polizei gleichkommt, folgen. Die Rote Armee nimmt eine Sonderstellung ein. Politische Kommissare, Parteimitglieder in industriellen, wirtschaftlichen oder politischen Sonderstellungen genießen auch wieder Sonderrechte und Bevorzugungen. Der Hauptvorteil aller Parteimitglieder in anderen staatlichen Organisationen, sobald sie in einer einigermaßen führenden Stellung stehen, ist jedoch der, daß sie in irgendeiner Weise die Möglichkeit haben, Verbindungen zu einer der vorgenannten bevorzugten Organisation zu finden und sich so Kanäle zu öffnen, die anderen wohl immer verschlossen bleiben. Diese Kanäle bezeichnet man im russischen Volksmunde kurz mit »Bugwa Z«. »Z« ist der Anfangsbuchstabe des russischen Wortes »Znakomni« = Bekannter, und diese Verpflegungskategorie Z ist die allerbeste in Rußland.
In jedem der aufgezählten Verbände sind die Führerstellen nur von Parteimitgliedern besetzt, in der GPU auch die Mannschaftsbestände. In der Miliz und Roten Armee sind die

aktiven Kommandeure auch nur Parteigenossen, die Mannschaften werden auf Grund der Wehrpflicht eingezogen. In der Roten Armee gibt es auch Parteilose als Reservekommandeure. Mit Kommandeur bezeichnet man in Sowjetrußland das, was man bei uns Offizier nennt.

Jede obige Organisation wird in geschlossenen, also für andere unzugänglichen Verteilungsstellen und Depots mit Lebensbedarf versorgt. In diesen Läden gibt es im Gegensatz zu den Arbeiter-Zerobkopen wohl alles, was man in Rußland heute erwarten kann. Die Beamten der GPU und Miliz bekommen einen Teil ihres Gehaltes in besonderen Geldbons ausgezahlt, die sie in ihren Geschäften in Zahlung geben. Die Talons haben fast Goldkaufkraft. Die Normen dieser Leute sind ausreichend. Vor allen Dingen ist das, was ihnen nach dieser Norm zusteht, in ihren Läden auch zu haben. Ein großer Teil der Führer bekommt außerdem noch Bons ausgehändigt, auf Grund deren er in einem der vielen eröffneten Valutageschäfte (Torgsin) kaufen darf. Die Wohnungen dieser Parteimitglieder sind zu einem großen Teil sehr ordentlich und bestehen aus mehreren Zimmern mit allen Bequemlichkeiten. Für alle diese bevorzugten staatlichen Organisationsmitglieder hat man in großzügigster Weise Neubauwohnungen errichtet. Kurz: diese Herren führen ein ganz angenehmes und geregeltes Leben. Ihre Haushaltungen haben Dienstpersonal, das die Macht ihrer Herren überall unliebsam zu spüren bekommt. Die Damen des Hauses sind immer gut, meist elegant gekleidet und in den meisten Fällen ohne berufliche Tätigkeit, ganz dem der russischen Frauen eigenen Vergnügungstrieb folgend. Ihre gute Versorgung ermöglicht es ihnen auch noch, einen schwunghaften Handel mit ihren Produkten zu treiben; und diese Möglichkeit wird sehr oft tüchtig ausgenutzt.

(Schluß)

Eine Sonderstellung in Rußland nehmen auch die ausländischen Spezialisten ein. Auch sie haben eigene geschlossene Geschäfte in allen größeren Städten Rußlands. Bis vor kurzem wurden fast alle ausländischen Arbeiter und Ingenieure in diesen Läden versorgt, früher ohne Norm, dann mit stetig sinkenden Bezugsrechten. Allen denen, die ohne Vertrag nach Rußland gekommen waren, wurden die Lebensmittelbezugsbücher im November v. J. abgenommen. Sie sind auf den Lebensstandard der russischen Staatsbürger gesetzt worden. Die Belieferung der Bezugsberechtigten ist nun auch derartig schlecht geworden, daß eine große Abwanderung nach der Heimat stattfindet. Seit Januar d. J. hat z. B. jeder Bezugsberechtigte nur noch eine Butternorm von 1 Kilogramm monatlich. Ganz gleichgültig, ob er Familie hat oder nicht. Fette anderer Art gibt es aber kaum einmal in den Versorgungsstellen der Ausländer (Insnab) zu kaufen. Ebensowenig Gemüse irgendwelcher Art und viele sonstige, uns hier in der Heimat selbstverständliche Dinge. Die Waren im Insnab sind in den Preisen derart hoch, daß die Gehälter schon längst nicht mehr ausreichen, da die Verträge doch meistens schon seit 1 bis 2 Jahren laufen und für ganz andere Verhältnisse abgeschlossen waren. So kostet 1 Kilogramm Butter in diesen Läden gegen 12 Rubel, 1 Kilogramm minderwertiger Käse 16 Rubel, und ich habe es oft genug sehen können, wie deutsche Arbeiterfrauen gierig und hungrig in das trockene Brot bissen, das sie sich gerade in Höhe ihrer Tagesnorm abgeholt hatten, und demgegenüber unser heimatliches Brot Delikatesse ist. Vielleicht interessiert es noch zu hören, daß in diesen Ausländerläden die Norm der Ingenieure größer ist, als die der qualifizierten ausländischen Arbeiter und diese wiederum größer als die der ungelernten ausländischen Arbeiter.

In den Zeitungen hat man schon oft lesen können, daß die russischen Fünfjahresplananleihen von der Bevölkerung schon vor der Zeichnungsfrist stark und mit Begeisterung überzeichnet worden sind. Ebenso ist schon oft geschrieben worden, dies oder jenes ist bei Wahlen, Versammlungen usw. in Rußland einstimmig angenommen worden. Und oft kamen einem Gedanken über diese bewundernswerte Opferwilligkeit und Solidarität der Bevölkerung auf. Ich will daher noch erklären, wie solche »einmütigen« Beschlüsse zustande kommen.

Nehmen wir z. B. eine Wahl. (Übrigens sind die Ausländer, die drüben arbeiten, auch wahlberechtigt.) Vorerst muß ich erwähnen, daß die Wahlen im Räterußland nicht geheim sind, sondern durch Aufheben der Hand in Wahlversammlungen vorgenommen werden, die in den einzelnen Betrieben selbst stattfinden. Jeder, auch der kleinste Betrieb hat nun erstens eine Parteizelle und zweitens noch ein Geheimbüro, das von einem Agenten der GPU geleitet wird. Drittens besteht ein Betriebsrat, der ausschließlich auch unter Parteikontrolle steht, und endlich ist die Direktion ebenso voll dem Parteieinfluß unterworfen.

Sagen wir also, es handele sich um die Wahl zu einem Stadtsowjet. Die Kandidaten werden den obersten Stadtorganen von den Betriebskommissionen vorgeschlagen. In diesen Betriebskommissionen sitzen die vorgenannten Kräfte. Ist man sich über die Kandidaturen einig, dann wird eine Wahlversammlung im Betrieb einberufen, in der sich die Wähler natürlich einzeln genau kennen. Zwischen den Wählern verteilt stehen die Vertrauensmänner der GPU und der Partei. Es werden verschiedene nette Reden gehalten, dann schlägt der Versammlungsleiter vor, den Genossen X zu wählen, und bittet diejenigen, die evtl. dagegen seien, die Hand hochzuheben. Da nun jeder einzelne weiß, unter welcher Kontrolle er steht, und daß ihm Widerspruch schlecht bekommt, und da er außerdem schon lange stumpf geworden ist, ist es ihm gleichgültig, wer gewählt wird. Also hebt niemand die Hand, alles ist infolgedessen dafür, und der Kandidat ist zweifellos einstimmig gewählt.

In genau derselben Art wird über alle anderen Fragen abgestimmt. Bei Staatsanleihen z. B. wird dem Betrieb von der Parteistelle auf Grund der Belegschaftsziffer genau vorgeschrieben, wieviel Tausend Rubel auf den Betrieb zur Zeichnung fallen. Es wird dann ausgerechnet, daß dann jeder, sagen wir, wie es meistens der Fall ist – ein Monatseinkommen im Jahr zu zeichnen hat. Darüber wird dann in obengenannter Weise einstimmig in einer Betriebsversammlung (Sobranje) beschlossen. Wer nichts oder weniger als vorgeschrieben zeichnet, wird erst einmal wochenlang in den Wandzeitungen des Betriebes angeprangert. Die meisten von den Betroffenen geben da schon klein bei. Wer das nicht tut, wird im Laufe der Zeit durch Schikanen aller Art (Akkordarbeit mit schlechterer Bezahlung oder gar keine Akkordarbeit – was noch schlimmer ist –, Nichtberücksichtigung bei Lebensmittel- oder Bekleidungsverkäufen, Nichtberücksichtigung bei der Zuweisung von Plätzen in Erholungsheimen usw.) und bei unverbesserlichen Sündern durch Beschuldigung konterrevolutionärer Einstellung mit allen ihren Folgen so in die Enge getrieben, daß er lieber das kleinere Übel wählt und zu Kreuze kriecht.

Überall wird sichtbar und fühlbar, wie straff die herrschende Partei das Volk an der Kandare hat. Unverkennbar, daß es nicht das Proletariat ist, das diktiert. Man sollte statt »Diktatur des Proletariats« lieber sagen Diktatur des »Sekretariats«. Nämlich des Moskauer kommunistischen Parteisekretariats. Das dürfte dann eher stimmen.

Und das Proletariat, das arbeitende russische Volk, warum macht es denn mit?

Auf diese Frage soll eine echt russische Anekdote Antwort geben:

Kommt ein Russe ins Ausland und erzählt von dem Fünfjahresplan, von den geschaffenen Leistungen, von der unendlich großen Arbeit, die das russische Volk bewältigt. Erzählt auch, unter welchen Lebensbedingungen diese Arbeit geleistet werden muß. Er wird darauf von seinen Zuhörern gefragt, wie es denn dem russischen Volke unter solchen Bedingungen überhaupt noch möglich sei zu leben, geschweige denn, sich mit Fünfjahresplänen abzugeben? Darauf der Russe: »Sie wissen, Genosse, daß die Katze den Senf nicht liebt; aber was tut die Katze, wenn man ihr den Senf unter den Schwanz schmiert, frage ich Sie? Nun: Sehr einfache Antwort: sie leckt ihn eben ab!«

Ich habe nun einen kleinen Teil von Fragen gestreift, die meiner Schätzung nach bei dem Thema »Sowjetrußland« besonders interessieren dürften. Vieles konnte ich im Rahmen dieser Abhandlung nicht genügend beleuchten, sehr viel ist aus Platzmangel überhaupt noch unerwähnt geblieben, und es wird vielleicht die Aufgabe späterer Abhandlungen sein, sich damit zu befassen. Interessant wäre es z. B., sich darüber zu informieren, wie es in Rußland mit der Schulerziehung, dem Familienleben, dem Verhältnis zwischen Mann und Frau, der persönlichen Freiheit des russischen Staatsbürgers, dem Strafvollzug und vielem anderem mehr aussieht. Sehr interessant wäre es auch, die Methoden zu beleuchten, mit denen sich der Sowjetstaat Gold und Geld innerhalb des Landes zu beschaffen versteht, um aus seiner augenblicklichen Klemme herauszukommen. Hier ließe sich natürlich noch eine Unmenge durchaus wichtiger Fragen aufwerfen, deren aller Beantwortung notwendig wäre, um sich ein einigermaßen klares Bild vom Leben im Sowjetstaat zu machen.

Am besten wäre es natürlich für jeden, seinen Wissensdurst dadurch zu stillen, daß er sich für ein bis zwei Jahre als Werktätiger in den Arbeitsprozeß des »Fünfjahresplanrußlands« einreihen ließe. Wenn diese Artikelfolge auch durchaus nicht beabsichtigt, dem Leser die Lust und Laune zu einer solchen Forschungsreise zu verderben, so wird sie doch vielleicht dazu beitragen, eine Verschiebung der Reiseabsichten empfehlenswert erscheinen zu lassen. Schade wäre es, wenn hier aufgeschoben aufgehoben wäre. Rußland mit seinen unendlichen Naturschönheiten, seinen unermeßlichen Reichtümern, seiner mit uns Deutschen sympathisierenden Bevölkerung sollte für uns immer als besonders beachtenswertes und für unsere nationalen Belange lohnendes Ziel nachbarlicher Besuchsreisen gelten, sobald der Pendelschlag der inneren russischen geschichtlichen Entwicklung wieder ruhiger und gesünder geworden ist.

[*Technika*, 21. Dezember 1933]

Drei Jahre Arbeit in der Sowjetunion

Gespräch mit dem Architekten Ernst May

Der deutsche Architekt Ernst May war mehr als drei Jahre bei uns in der Sowjetunion tätig. Er beteiligte sich an der Ausarbeitung der Pläne vieler großer Städte und Arbeitersiedlungen, die bei uns in den letzten Jahren gebaut wurden. Unter Mitwirkung des Architekten May wurden die Bauprojekte der Städte Magnitogorsk, Stalinsk, Prokop'evsk, Leninsk, Kemerovo, Tagil u. a. erarbeitet.
Anläßlich der Abreise des Architekten May ins Ausland wandte sich unser Mitarbeiter mit der Bitte an ihn, die Erfahrungen seiner dreijährigen Tätigkeit in der UdSSR zusammenzufassen.

»Für die Zeit meiner Tätigkeit in der UdSSR«, bemerkte Architekt May, »habe ich die Überzeugung gewonnen, daß *für den Architekten der Bau sozialistischer Städte die interessanteste und dankbarste, aber zugleich auch die schwierigste Aufgabe ist.* Um eine beliebig komplizierte Maschine zu entwerfen, verfügt der Konstrukteur neben der notwendigen Erfahrung auch über die notwendigen Berechnungen. Die Projektierung sozialistischer Städte ist etwas gänzlich Neues. Die architektonische Praxis kennt nicht den Bau dieses Typs sowie dieser Ausmaße.
Die neuen Lebensbedingungen stellen der Architektur eine Reihe neuer und schwieriger Aufgaben. Anfangs wurde angenommen, daß bis zu fünfzig Prozent der Wohnhäuser ›Kommune-Häuser‹ sein sollten. Später begannen wir hauptsächlich Häuser mit Individualwohnungen zu bauen. Dieser Bautyp brachte die Aufgabenstellung der sachgerechten Organisation und Gestaltung der Dienstleistungseinrichtungen

hervor (Klubs, Krippen, Kindergärten usw.). Zuerst dachten wir, die Methoden des funktionellen Bauens seien hier nicht anwendbar. Denn der Funktionalismus, so wie er in Westeuropa entstanden war, enthielt sich jeder monumentalen repräsentativen Architektur. Heute halten wir es für möglich, einfache, strenge Formen mit Dekorativität zu verbinden, zu der die breiten Massen der Sowjetunion streben.

Die Schwierigkeit besteht auch darin, daß die Architektur Formen finden soll, welche den sozialistischen Charakter der Stadt ausdrücken.

Die Mehrzahl der Architekten sucht den Stil der neuen Stadt in der klassischen Architektur. Eine andere Gruppe geht den Weg der Verbindung moderner und restrospektiver Architektur. Und schließlich sucht eine dritte Gruppe sehr begabter sowjetischer Architekten einen neuen Stil, der den Gestaltungsregeln der westlichen Architektur folgt

Ich denke, daß der Kampf der verschiedenen Richtungen für die sowjetische Architektur außerordentlich nützlich ist. Er ermöglicht, daß sich breite Bevölkerungsmassen für Architektur interessieren, und dies hilft zweifellos dem architektonischen Denken, schneller den richtigen Weg zu finden.

Die neuen Städte in Sibirien und im Ural wurden in stürmischem Tempo erbaut, mit allen Vorteilen und Unzulänglichkeiten, die aus solchem Tempo erwachsen.

Vor uns – einer nicht großen Architektengruppe – stand die Notwendigkeit, in kürzester Zeit maximalen Wohnraum für die Industriezentren zu schaffen – in sieben Wochen Generalpläne für den Bau von sechs sozialistischen Städten auszuarbeiten. Unter diesen Bedingungen konnten wir natürlich nur eilig ein Schema, ein Grundgerüst, keinen Plan vorlegen. Aber für die reale praktische Arbeit war es außerordentlich wichtig, eine Skizze anzufertigen. Im weiteren wurden natürlich, auf der Basis neuester Erfahrungen, an den Projekten wesentliche Änderungen vorgenommen.

Inzwischen sind die projektierenden Organisationen sehr gefestigt und in der Lage, vorausschauend und detailliert den ganzen Komplex der mit dem Bauen verbundenen ökonomischen und technischen Fragen (Gas-, Wärme-, Wasserversorgung usw.) *zu bearbeiten.*

Diese vorausschauende detaillierte Vorarbeit ist eine der wesentlichen Bedingungen erfolgreicher Projektierung. Ich erachte es für notwendig, daß sich auf jeder Baustelle *ein exakter Plan* im Maßstab von 1 : 5000 befindet, auf dem alle mit dem Bau verbundenen Arbeiten verzeichnet sind. Dies hat für die Tätigkeit aller am Bau beteiligten Organisationen einen großen Effekt.

Für einen sehr wichtigen und grundlegenden Faktor, der Einfluß auf die erfolgreiche Projektierung und Realisierung von Bauten hat, halte ich *die Koordination der Interessen von Industrie- und Kommunalbau.* Es ist notwendig, daß die Auswahl der Bauplätze für den Industrie- und Kommunalbau gleichzeitig erfolgt. Bis heute wird der Bauplatz der Industrie zeitlich vor dem und ohne Bezug zum Ort der zukünftigen Stadt ausgesucht.

Eine gute Projektierung wird in der UdSSR wesentlich durch die großen Entfernungen erschwert, die den Bauplatz von den Projektierungszentren trennen. Natürlich sind Moskau und Leningrad sehr gute, interessante Städte, und es ist ganz selbstverständlich, daß alle Architekten und Projektanten in diesen Städten leben. *Um jedoch gut zu projektieren und zu bauen, muß man unmittelbar am Ort des vorgesehenen und entstehenden Baus leben.* Das ist eine notwendige Bedingung erfolgreicher Arbeit, denn nur vor Ort kann man alle Details studieren und vorhersehen, aus denen die komplexe Angelegenheit des Baus neuer Städte und Siedlungen besteht – das Klima, der geologische Aufbau des Erdreichs und eine Reihe anderer. Von der Ferne aus be-

trachtet übersieht man vieles an den entscheidenden örtlichen Bedingungen.
Architektur und Bautechnik der Sowjetunion sind in den letzten Jahren durch eine Reihe von maßgeblichen Entwicklungen vorangekommen. Die Projekt- und Bauorganisationen sind bemerkenswert gewachsen und erstarkt. Zugenommen hat auch die Zahl qualifizierter Kader bei Architekten, Projektanten und Bauleuten. Ich zweifle nicht daran, daß sich im Resultat all dessen das Erscheinungsbild der sowjetischen Städte und die erzielte Qualität des neuen Wohnungsbaus kontinuierlich verbessern werden.«

[Übersetzung aus dem Russischen]

Dokumente

Arbeitsvertrag mit der Cekombank vom 15. Juli 1930

Moskau, den *15*. Juli 1930 ist folgender Vertrag von der Zentralbank für Kommunal-Wirtschaft und Wohnungsbau in Person des Vorsitzenden der Verwaltung LUGANOWSKI E.V. einerseits und dem Architekt Dr. Ernst May andererseits geschlossen worden.

1. Die Bank engagiert Dr. May als Haupt-Ingenieur des Büros für Ausarbeitung von Plänen und Projekten für Städte und Siedlungsbau, und zwar für die Dauer von 5 Jahren vom Beginn der Arbeit an.

2. Dr. May, als Hauptingenieur des genannten Büros angestellt, beteiligt sich an der Organisation des Büros durch Anstellung, mit jedesmaligem Einverständnis der Bankverwaltung, des erforderlichen technischen Personals für die Arbeiten des Büros, inbegriffen die Anstellung fremder (ausländischer) Fachleute, welchen die entsprechenden Kenntnissen besitzen, auf dem Gebiete der Planierung von Städten und Ansiedlungen, im Bau von Wohnhäusern, Schul- und Krankenhäusern, Hotels, Klubs, Theatern, Gebäuden für anstalten und Handelsunternehmungen mit jeglicher Art von Bauten, Sanitätsanstalten und Verschönungsanstalten von Städten und Ansiedlungen nicht ausgeschlossen.

3. Dr. May übernimmt die technische Leitung der Arbeiten im Büro und ist für diese Arbeiten verantwortlich.
Das Büro hat folgenden Wirkungskreis:
a) Durchsicht und Einschätzung, im Beratungswege von Entwürfen, die von anderen Organisationen und Veranstaltun-

gen ausgeführt sind und etwaige diesbezügliche Korrektur solcher Entwürfe.

b) Ausfertigung von Entwürfen bei Planierung neuer Städte und Ansiedlungen, sowie bei Neuplanierung alter.

c) Ausfertigung von Entwürfen für Gebäude, die neu in der Idee sind, wie z. B. kombinierte Wohngebäude, die allen gemässen Anforderungen entsprechen in Fragen der sanitären, kulturellen und volkstümlichen Bedienung der Bevölkerung, sowie Anfertigung von Entwürfen unter Berücksichtigung derselben Anforderungen, für Arbeiteransiedlungen und neuer sozialistischer Städte.

d) Ausarbeitung von Massregeln zwecks Rationalisierung und Standartisierung des Baus von Wohnhäusern und sonstigen Gebäuden, sowie Verbesserung der Methoden bei Entwürfen und Ausführung des Komplexbaues von Städten und Ansiedlungen, ausnutzend alles was erreicht ist im Bau- und Konstruktionsgebiet, sowie in der Organisation der Baumethode.

e) Ausarbeitung typischer Entwürfe von Wohnhäusern und sonstigen Gebäuden.

f) Ausarbeitung von Entwürfen für Fabriken und Werke zur Herstellung der Standartwohnungen, wie schon bekannter, so auch neuer.

g) Lokale Besichtigung von Aufgeführten Gebäuden und Bauten, Abgabe des entsprechenden Gutachtens, sowie jegliche Unterstützung bei Organisation und Ausführung von Bauten.

h) Veröffentlichung der Arbeiten des Büros in einer Fachschrift, Ausgabe von Büchern und Albums.

i) Vorträge den Ingenieur-technischen und gesellschaftlichen Kreisen über Taetigkeit des Büros.

Ausserdem soll das Büro zum Zweck haben die Unterstützung bei Ausbildung von jungen Sowjetfachleuten durch praktische Arbeit von Studenten höherer technischer Lehranstalten im Büro und Hebung der Kenntnisse solcher junger Fachleute, welche die höheren Sowjetlehranstalten durchgemacht. Im Einklang mit dieser Zwecksanstellung erklärt Dr. May sein Einverständnis für Anstellung in dem mit seiner Beihilfe zu schaffendem Büro von nicht weniger als 50 Studenten und jungen Sowjetfachleuten behufs praktischer Arbeit und auch festen Engagements; wenn der Umfang der Arbeit es erlaubt, kann die Zahl auch vergrössert werden.

4. Dr. May handelt nach den Weisungen der Bankverwaltung, die technische Leitung des Büros übt Dr. May ganz selbständig aus. Zur Leitung der administrativen Arbeit wird von der Bankverwaltung eine besondere Person angestellt. Dr. May wird ein Sekretär, eine Maschinenschreiberin, die der deutschen Sprache mächtig sind, zur Verfügung gestellt.

5. Die von Dr. May und den anderen Büroangestellten, sofern solches zu ihren Dienstobliegenheiten gehörte, ausgefertigte Pläne, Entwürfe, Berichte etc. sind Eigentum der Bank und können nur mit Einwilligung der letzteren zur Veröffentlichung gelangen.

ANMERKUNG: Wissenschaftliche kleinere Werke und Artikel von Dr. May können, ohne besondere Erlaubnis der Bankverwaltung, in der Presse USSR und im Auslande veröffentlicht werden.

6. Dr. May verpflichtet sich keinerlei Arbeiten seines Fachs für andere Besteller, sei es im Ausland, sei es in der UdSSR auszuführen; eine besondere Genehmigung der Bankverwaltung ist einzuholen.

7. Dr. May hat keinen Anspruch auf eine besondere Vergütung für Arbeiten, die er wohl in dienstfreier Zeit, doch im Bereiche seiner Dienstpflicht ausführt.

Lektions- und *Lehrthätigkeit* ~~professorische~~ Tätigkeit ist nicht für Dr. May von Dienstpflicht, soll ihn aber nicht hindern in seiner Hauptarbeit.

8. Die unter § 3 angeführten Arbeiten werden Dr. May folgendermassen vergütet:

im Laufe des ersten Jahres	$ 1.750.–
" " " zweiten "	" 1.750.–
" " " dritten "	" 2.000.–
" " " vierten "	" 2.250.–
" " " fünften "	" 2.250.–

monatlich in der Währung der Vereinigten Staaten von Nordamerika oder in sonst beliebiger Währung; die Zahlung geschieht durch eine Auslandsbank nach Angabe von Dr. May. Ausserdem erhält er in russischer Währung ein Salair von Rbl. *2000* ~~1500.–~~ monatlich.
Die Bank stellt Dr. May zur Verfügung 4 möblierte Zimmer unentgeltlich. Gas, Kanalisation-Wasserleitung u. Elektrizitätsauslagen fallen zu Lasten der Bank. ~~Dieses Quartier wird in einem speziell aufgebauten von der Bank nach dem Projekt von Dr. Mai für ihn, seine Familie und den 23 von der Bank engagierten Fachleuten zur Verfügung gestellt. Das Haus muss mit Wasserleitung, Wannen, Elektrizität, Zentralheizung und, nach Möglichkeit auch mit Gas versehen sein. Die Bauarbeiten müssen schon beginnen vom Frühjahr 1931 an.~~
~~Bis zur endgültigen Aufführung des Hauses stellt die Bank Dr. May 2 Zimmer im Hotel oder ein Quartier von 3 möblierten Zimmern zu Kosten der Bank.~~
Die Bank stellt ferner Dr. May ein dreisitziges Auto für persönlichen Bedarf zur Verfügung. *Die Unterhaltung des Chauffeurs und der Maschinen wird von der Bank getragen.*

9. Die Bank stellt Dr. May die freie Einfuhr aus dem Auslande sämtlichen Hausgeräts sicher, sowie seiner wissen-

schaftlichen Untensilien, die er für seine Arbeit in der UdSSR benötigt, desgleichen den Rücktransport der eingeführten Gegenstände laut besonderer Aufstellung. Die Transportkosten trägt die Bank. Ebenfalls übernimmt die Bank die Sorge und die Kosten der Anmeldung und der Visen für Ein- und Rückfahrt des Dr. Mai und seiner Familie in die UdSSR und retour.

10. Die auf Dr. May entfallenen Steuern bezahlt er in der Höhe nicht über 10 % seines Einkommens. Was diese Summe übersteigt, geht zu Lasten der Bank.

11. Dr. May erhält folgenden Urlaub mit Gagenbezug: 1 1/2 Monate jährlich, einschliesslich in der Urlaubsfrist die nötige Zeit der Hin- und Zurückfahrt zum Erholungsort.
Dr. May und seiner Familie ist gestattet, nach Wunsche, die Urlaubszeit im Auslande zu verbringen.

12. Dr. May erhält zum Einkauf von Lebensmitteln ein Einkaufsbuch, wie solche den ausländischen Fachleuten zustehen.

13. Die Bank verpflichtet sich Dr. May gegen einen Unfall mit Arbeitsvermögensverluste oder Sterbefall zu versichern und zwar für die Dauer seiner Vertragszeit in der Höhe von $ *25* ~~50~~.000.–, welche Summe seiner Frau oder seinen Kindern in der Währung nach ihrer Wahl ausgezahlt wird.
Im Falle einer teilweiser Arbeitsunfähigkeit wird eine Summe nach dem Grade des Arbeitsfähigkeitverlustes festgestellt, ausgehend aus der Versicherungssumme.
Der Polis wird Dr. May eingehändigt.

14. Im Fall, wenn Dr. May zeitweilig, nicht über 6 Wochen hinaus, seine Arbeitsfähigkeit einbüsst, so erhält er seine

Gage voll ausgezahlt. Für die weitere Zeit unterliegt das Salair folgender Reduzierung: für die Zeit von 6 Wochen bis 3 Monaten um 1/3 seines Betrages, für die Dauer von 3 bis 6 Monaten um 1/2 und von 6 Monaten bis zu 1 Jahr 2/3. Nach Ablauf von *12* ~~6~~ Monaten *(1 Jahre)* hört die Auszahlung des Salairs auf und der Vertrag kann, auf Wunsch des einen Kontrahenten, für erlassen betrachtet werden.

15. Dienstliche Absendungen in der UdSSR, sowie ins Ausland werden Dr. May von der Bank vergütet in der Höhe der tatsächlich entstandenen Kosten.

16. Die Bank stellt für das Büro einen entsprechenden, vollständig eingerichteten und zugerichteten Raum zur Verfügung mit einem besonderen Arbeitszimmer für Dr. May persönlich.

17. Die von Dr. May in den Dienst des Büros eingestellte ausländische Fachleute schliessen mit der Bank Sonderverträge ab. Die Salaire der 6 nächsten Gehilfe des Dr. May aus der Zahl der ausländischen Fachleute dürfen im Durchschnitt $ 400.– und Rbl. 800.– monatlich nicht überschreiten. 2 Fachleute erhalten das Salair von $ 200.– und Rbl. 500.–. Weitere ausländische Fachleute, nicht mehr als 15 an der Zahl, erhalten ein Salair von $ 50.– und Rbl. 400.– durchschnittlich im Monat.
In der Anzahl der 8 Fachleute, die ein Salair nicht niedriger als $ 200.– und Rbl. 500.– erhalten, müssen zwei solide Fachleute sein, die mit seinen praktischen Arbeiten von Kanalisation und Wasserleitung bekannt sind.
Die ausländischen Fachleute, die mehr als auf ein Jahr engagiert sind, müssen die russische lernen.
Die Bank stellt allen engagierten Fachleuten Wohnräume zur Verfügung, wobei die Miete und Kommunalleitungen,

wie Licht, Wasser, Beheizung etc. von ihnen selbst entrichtet werden auf Grund der geltenden Gesetze.

18. Falls Dr. May seinen Vertragspflichten nicht nachkommt, kann der Vertrag von der Bank gelöst werden ohne Auszahlung des 3 Monatssalaires, doch unter zweimonatlicher Kündigung des Vertrages und Zahlung der Rückreisekosten. In diesem Falle steht es Dr. May frei ein diesbezüglich fachmännisches Gutachten zu beantragen und zwar nach Vereinbarung der Partien unter Hinzuziehung von ingenieur-technischen Organisation der UdSSR.
Die Anmeldung der Vertragslösung muss schriftlich und offiziell gemacht werden.

19. In Fragen, die durch diesen Vertrag nicht geregelt sind, werden die Bestimmungen der in der UdSSR geltenden Arbeitsgesetze in Anwendung gebracht.

20. Etwaige aus diesem Vertrage entstehende Streitigkeiten unterliegen der Kompetenz der Gerichtsorgane in UdSSR.

21. Dieser Vertrag tritt in Kraft nach erfolgten Bestätigung von Seiten des Volkskommissariats für die Arbeiter- und Bauern-Inspektion.

22. Dieser Vertrag wird in zwei vollstreckbaren Exemplaren in russischer Sprache ausgefertigt, wovon das eine für die Bank und das andere für Dr. May bestimmt ist.

Sojusstandardjilstroi
Leitender Ingenieur
ERNST MAY

Moskau, den 7.9.31

An den
Generalsekretär der Kommunistischen Partei
der UdSSR, Gen. Stalin.

Sehr geehrter Genosse!

Seit einem Jahr arbeite ich als Spezialist für Städtebau mit wachsender Begeisterung am Aufbau der UdSSR mit.

Ich halte es für meine Pflicht, Sie darauf hinzuweisen, dass bezüglich des Aufbaues der neuen Städte im Zusammenhang mit der rapiden industriellen Entwicklung des Landes die einzigartigen Möglichkeiten, die dieser Augenblick von weltgeschichtlicher Bedeutung grade auf städtebaulichem Gebiete bietet, nicht so ausgenutzt werden, wie der moderne Stand der Städtebauwissenschaft es erforderlich erscheinen lässt. Anstelle einheitlicher Planung von Industrie, Verkehr, Wohnsiedlungen, und Grünflächen erfolgt vielfach eine zersplitterte Projektierung, die nicht das Gesamtproblem erfasst, sondern sich mit Teillösungen dieses Problems zufrieden gibt. Die Folge davon ist, dass schon heute Fehler, die der kapitalistische Städtebau der alten Welt mit ungeheuren Opfern zu beseitigen trachtet, hier von neuem gemacht werden.

Da ich die feste Ueberzeugung habe, dass schon ein kurzer Vortrag Sie von der Gefahr, die dem Sozialistischen Aufbau der UdSSR aus diesen Gesichtspunkten herausdroht, überzeugen wird, und Ihre Initiative dem Lande auch auf diesem Gebiete zum grössten ökonomischen und allgemeinen politischen Nutzen dienen wird, wende ich mich an Sie mit der Bitte, mir eine kurze Audienz zu gewähren, um meinen Standpunkt präzisieren und konkrete Vorschläge zur Beseitigung der Mängel machen zu können.

Hochachtungsvoll

May

Ernst May
Brief an Stalin vom 7. September 1931

Sojusstandardjilstroi
Leitender Ingenieur
ERNST MAY

Moskau, den 7. 9. 1931

An den
Generalsekretär der Kommunistischen Partei
der UDSSR, Gen. Stalin.

Sehr geehrter Genosse!

Seit einem Jahr arbeite ich als Spezialist für Städtebau mit wachsender Begeisterung am Aufbau der UdSSR mit.

Ich halte es für meine Pflicht, Sie darauf hinzuweisen, dass bezüglich des Aufbaues der neuen Städte im Zusammenhang mit der rapiden industriellen Entwicklung des Landes die einzigartigen Möglichkeiten, die dieser Augenblick von weltgeschichtlicher Bedeutung grade auf städtebaulichem Gebiete bietet, nicht so ausgenutzt werden, wie der moderne Stand der Städtebauwissenschaft es erforderlich erscheinen lässt. Anstelle einheitlicher Planung von Industrie, Verkehr, Wohnsiedlungen, und Grünflächen erfolgt vielfach eine zersplitterte Projektierung, die nicht das Gesamtproblem erfasst, sondern sich mit Teillösungen dieses Problems zufrieden gibt. Die Folge davon ist, dass schon heute Fehler, die der kapitalistische Städtebau der alten Welt mit ungeheuren Opfern zu beseitigen trachtet, hier von neuem gemacht werden.

Da ich die feste Ueberzeugung habe, dass schon ein kurzer Vortrag Sie von der Gefahr, die dem Sozialistischen Aufbau der UdSSR aus diesen Gesichtspunkten heraus droht, überzeugen wird, und Ihre Initiative dem Lande auch auf diesem Gebiete zum grössten ökonomischen und allgemeinen politischen Nutzen dienen wird, wende ich mich an Sie mit der Bitte, mir eine kurze Audienz zu gewähren, um meinen Standpunkt präzisieren und konkrete Vorschläge zur Beseitigung der Mängel machen zu können.

Hochachtungsvoll
May

Schwierigkeiten des Stadtbaurats May

Geheime Vermerke des Deutschen Botschafters
in Moskau, Herbert von Dirksen,
vom 1. und 2. Februar 1932

Deutsche Botschaft — Moskau, den 1. Februar 1932.

D/156
2 Durchschläge

An das Auswärtige Amt
Berlin

Inhalt: Schwierigkeiten des Stadtbaurats May. — Geheim.

Der in Sowjetdiensten stehende ehemalige Frankfurter Stadtbaurat May suchte mich heute auf und berichte mir über Nachstehendes.
Nachdem die Bundesvereinigung »Sojusstandardshilstroi«, bei der seine Baugruppe ihre Tätigkeit ausübt, in letzter Zeit einer Reihe seiner Mitarbeiter Schwierigkeiten in bezug auf die Verlängerung der Valutaverträge gemacht hatte, ist nunmehr auch die Reihe an ihn selbst gekommen. So hat der Vorsitzende der Vereinigung ihn zu sich kommen lassen und ihm erklärt, daß seine, May's, Tätigkeit die Erwartungen, die man auf dieselbe gesetzt habe, nicht erfülle und daß infolgedessen eine Änderung der bisher geltenden Vertragsbestimmungen eintreten müsse. Der Vorwurf, der gegen ihn gerichtet würde, bestehe darin, daß May es nicht verstanden habe, sozialistische Städte, wie sie der Sowjetregierung vorgeschwebt hät-

ten, zu schaffen, und daß es an den einzelnen Baustellen an einer straffen Organisation fehle.

Herr May will diesen Vorwurf zwar scharf zurückgewiesen, jedoch erklärt haben, daß in einzelnen Fällen die Verhältnisse in der Sowjetunion stärker gewesen seien, als sein Wille. Die Folge davon war, daß er am 30. Januar ein Schreiben erhielt, wonach das seinerzeit zwischen ihm und der Zekombank auf 5 Jahre geschlossene Vertragsverhältnis binnen zwei Monaten, d. h. bis zum 1. April ds. Js., gekündigt wurde, und zwar unter Hinweis auf § 18, der eine entsprechende Kündigungsmöglichkeit im Falle einer etwaigen Unfähigkeit May's, die übernommenen Aufgaben zu erfüllen, vorsieht. Dabei besitze er, May, wie er mir unter dem Siegel strengster Vertraulichkeit mitteilte, eine Reihe von Beweisen, daß das Vorgehen der Sowjetstellen gegen ihn mit sachlichen Erwägungen nichts zu tun habe, sondern lediglich durch den Wunsch, Valuta zu sparen, diktiert sei. U. a. habe man ihn darauf hingewiesen, daß nicht allein deutsche technische Kräfte von minderer Bedeutung neuerdings sich in größeren Mengen bereit erklärten, ohne Valutazahlung in der UdSSR tätig zu sein, sondern daß auch so prominente Architekten, wie Bruno Taut, auf Valuta verzichtet hätten und ihre Tätigkeit ausschließlich gegen eine Entlohnung in Rubeln ausübten. Unter gleichen Bedingungen arbeite auch Hannes Meier, der frühere Leiter des Bauhauses Dessau.

Nachdem Herr May die Berechtigung des oben erwähnten Kündigungsschreibens abgestritten und sich hilfesuchend an Herrn Krestinski gewandt hatte, dem er zu verstehen gab, daß er zwar die Berechtigung der gegen ihn erhobenen Vorwürfe abstreite, jedoch nicht abgeneigt sei, über eine eventuelle Abänderung der Vertragsbestimmungen zu verhandeln, wurde er heute erneut zur Verwaltung des »Sojusstandardshilstroi« gebeten, die ihm eröffnete, daß falls er sich bereit finden würde, für einen Valutabetrag von 300 $ monatlich weiterzuarbeiten, das Kündigungsschreiben mit der Feststellung seiner Unfähigkeit zurückgenommen werden würde. Herr May, der vertraglich eine monatliche Valutazahlung im Betrage von durchschnittlich $ 2000.– zu beanspruchen hat, will diesen Vorschlag mit Entrüstung zurückgewiesen haben, worauf man das Angebot auf 500 $ plus 3000 Rubel erhöhte. Herr May ist nicht abgeneigt, diesen Vorschlag zu akzeptieren, um auf diese Weise das Schreiben mit der Feststellung seiner mangelnden Fähigkeiten aus der Welt zu schaffen; er erklärte jedoch mir gegenüber, daß das Vorgehen der Sowjetstellen ihm jede Lust an einer Weiterarbeit in der UdSSR genommen habe und er, falls es zu seinem weiteren Verbleiben in der UdSSR kommen sollte, damit rechne, daß es nur einige Monate dauern würde. Am liebsten wäre es ihm, wenn sich die Sowjetstellen bereit finden würden, ihn mit einer Zahlung für ein halbes Jahr im voraus ganz abzufinden, worauf er dem Lande sofort den Rücken kehren würde.

Die oben dargelegten Schwierigkeiten, denen Herr May begegnet ist, kommen insofern nicht überraschend, als bereits seit einigen Wochen Gerüchte im Umlauf waren, daß die einschlägigen Sowjetstellen, die sich aus Valutaersparnisgründen nicht gescheut hatten, einer ganzen Reihe von ausländischen Technikern und Ingenieuren unter zum Teil nichtigen Vorwänden Valutaverträge zu kündigen, sich demnächst auch an die Prominenten unter den Sachverständigen heranmachen würden. Das Vorgehen gegen Herrn May wurde von den zuständigen Sowjetstellen von verschiedenen Seiten gefordert: einerseits sind es die radikalen Elemente, die neuerdings die Unabhängigmachung vom Auslande zum Zwecke der Valutaersparnis propagieren und im Zusammenhang damit an den einzelnen ausländischen Spezialisten gezahlten hohen Valutagehältern scharfe Kritik üben, andererseits sind es die alten russischen Spezialisten, die in ihrer Ehre gekränkt es nicht an Einflüsterungen fehlen lassen, wonach sie die Aufgaben, die den ausländischen Spezialisten gesetzt seien, mindestens ebenso gut und für den Sowjetstaat sicher viel billiger ausführen könnten.

Ich darf bitten, vorstehende Mitteilungen vertraulich zu behandeln. Ich hielt es aber für erforderlich, über den Vorfall so ausführlich zu berichten, weil er kennzeichnend ist für die Situation, die neuerdings auch für prominente ausländische Spezialisten in der UdSSR entstanden ist.

v. Dirksen

Deutsche Botschaft Moskau, den 2. Februar 1932.

D/156/11
2 Durchschläge

Im Anschluß an Bericht D/156
vom 1. Februar 1932.

An das Auswärtige Amt
Berlin

Inhalt: Schwierigkeiten des Stadtbaurats May. Geheim.

Herr May teilt mir soeben telefonisch mit, daß seine Gehaltsbedingungen heute angenommen worden seien, und daß das weitere Verhalten der Sowjetstellen erneut der Beweis dafür sei, daß das Vorgehen gegen ihn am wenigsten mit der Beurteilung seiner fachmännischen Fähigkeiten zu tun habe, sondern lediglich auf das Streben nach Valutaersparnis zurückgeführt werden müsse.

v. Dirksen

Arbeitsvertrag mit Sojuzstandartžilstroj vom 5. Februar 1932 und Bestätigungsvermerk durch das Volkskommissariat für Schwerindustrie vom 16. März 1932

VERTRAG

§ 1.

Der gegenwärtige Vertrag wird seitens SSGS (Union Vereinigung für Aufbau von Wohnungen und Siedlungen), der den Sitz in der Stadt Moskau hat und weiterhin »Arbeitgeber« genannt und Herrn May andererseits, weiterhin »Arbeitnehmer« genannt, geschlossen.

§ 2.

Der Arbeitnehmer tritt zur Arbeit zu dem Arbeitgeber als Leiter der Städtebauabteilung des Trustes »Standartgorprojekt« und zu seinen Pflichten gehören:
a) Die Leitung für Zusammenstellung der Schematas und Projekte für Planung neuer Städte und Siedlungen, wie auch die Sanierung alter Städte.
b) Ausarbeitung von Massnahmen für Rationalisierung und Standartisierung des Aufbaus der Städte und Siedlungen, wie auch Verbesserung der Methoden der Projektierung und Erfüllung des Kopleks des Aifbaus der Städte und Siedlungen, mit Anwendung aller neuesten Errungenschaften im Gebiet des Aufbaus, was Konstruktion anbetrifft, wie auch die Methoden des Aufbaus und Organisation des gesellschaftlichen Lebens der Stadt und Siedlungen.
c) Die Besichtigung und Beurteilung auf Konsultationswege der Projekte, die in anderen Sektoren des Trusts durchgearbeitet worden sind, wie auch in anderen Organisationen und Behörden, mit Eintragung entsprechender Aenderungen.

d) Erteilung durch besondere Berichte den Ingenieur-technischen und gemeinschaftlichen Kreisen des Trusts und der Vereinigung über die Tätigkeit der Abteilung.
e) Mitwirkung in Vorbildung russischer jungen Spezialisten.

§ 3.

Der gegenwärtige Vertrag wird auf eine Frist von 2 Jahren ab 1-ten Februar 1932 geschlossen.
Der »Arbeitnehmer verpflichtet sich die obenernannte Arbeit sofort nach Unterschreibung dieses Vertrages zu übernehmen.

§ 4.

Für die Erfüllung der Vertragmässigen Pflichten, verpflichtet sich der »Arbeitgeber« dem »Arbeitnehmer« folgendes auszuzahlen:
Für Februar und März 1932 ~~1700~~ *1750* Dollar monatlich in Valuta und 2.000 Rubel. Zukünftig d. h. angefangen vom 1-ten April 500 Dollar monatlich in Valuta und 3.000 Rubel, in russischer Währung.

§ 5.

Die Vereinigung sichert Herrn May den Rücktransport ins Ausland der von ihm aus dem Ausland eingeführten Gegenstände lau einer besonderen Liste.
Die Bezahlung für diese Ausgaben wird von der Vereinigung getragen.

§ 6.

Die Vereinigung überlässt Herrn May eine unentgeltliche möblierte Wohnung von 4 Zimmer und zahlt für Herrn May die Kommunalbedienungen: Wasser, elektrisches Licht, Gas im Hause seiner jeweiligen Wohnung.
»Der Arbeitgeber« übernimmt auch alle Sorgen und Ausga-

ben der Anmeldung und der Visen für Ein- und Rückfahrt von Herrn May und seiner Familie in die UdSSR und retour.

§ 7.

Der Arbeitgeber verpflichtet sich, May auf die Dauer des Vertrags gegen einen Unfall mit Arbeitsvermögensverlust oder Sterbefall in der Höhe von 25.000 Dollar zu versichern.
Die Summe wird seiner Frau oder seinen Kindern in der Währung nach ihrer Wahl ausgezahlt.
Die Police wird Herrn May ausgehändigt.
Im Falle einer teilweiser Arbeitsunfähigkeit wird die Summe, die ausgezahlt werden muss, wird festgestellt abhängig wie gross die Arbeitsunfähigkeit ist, und ausgegangen aus der Versicherungssumme.

§ 8.

Die von dem »Arbeitnehmer« zu entrichtenden Steuer, laut den geltenden Gesetzen der UdSSR, werden von dem Arbeitnehmer mit nicht mehr als 10 % der Gesammtsumme seines Verdienstes abgezogen.

§ 9.

Dem Arbeitnehmer steht auf Grund dieses Vertrages 1 mal im Jahre ein Urlaub von 1½ Monaten bei Bezahlung seines Gehaltes zu.
Die Urlaubszeit wird mit dem Arbeitgeber vereinbart.

§ 10.

Falls der Arbeitnehmer, seinen Urlaub nicht in den Grenzen der UdSSR verbringt, und aus Gründen personeller Art nicht akkurat zur Arbeit zurückkehrt, so hat der Arbeitgeber das Recht ohne Ankündigung den Vertrag aufzulösen und kann von dem Arbeitnehmer gerichtlich in seinem Wohnsitz alle entstandenen Kosten verlangen.

§ 11.

Der Arbeitnehmer verpflichtet sich die Ausführung der Pflichten seines Sektors zu kontrollieren.
Eine ausführliche Instruktion über den Kreis seiner Verpflichtungen wird dem Arbeitnehmer seitens des Trusts schriftlich erteilt.

§ 12.

Der »Arbeitnehmer hat nicht das Recht irgend welche Bezahlungen falls diese Arbeit seinen Arbeitsbereich betrifft, für die Arbeit, die ausser seiner Dienstzeit erfüllt zu verlangen.

§ 13.

Der Arbeitnehmer verpflichtet sich alle Dienstgeheimnisse, die er während seiner Arbeit erfahren hat, geheim zu halten.
Alle von ihm ausgearbeiteten Zeichnungen, die gedruckt worden sind und an die Vereinigungen versandt, sind Eigentum des Arbeitgebers und können nicht vom Arbeitnehmer an 3-ten Personen übergeben werden, so auch dürfen sie nicht umgedruckt werden, ohne einer besonderen Erlaubnis des Arbeitgebers.
Das oben erwähnte betrifft nicht Artikel Lehr-wissenschaftlichen Charakters.

§ 14.

Der Arbeitnehmer verpflichtet sich keinerlei Verpflichtungen anderen Organisationen, Unternehmungen und einzelnen Persönlichkeiten zu geben ohne besondere Vereinbarung mit dem Arbeitgeber, zu übernehmen.

§ 15.

Erfindungen und Verbesserungen die der Arbeitnehmer, während der Wirkung dieses Vertrages gemacht hat, verpflichtet sich der Arbeitnehmer ohne irgend welche Bezahlung in die

Patentverwaltung der UdSSR im Namen des Arbeitgebers zur Erhaltung eines Patents für diese Erfingung zu übergeben.
Falls die Erfindung oder Verbesserung nicht in den Arbeitsbereich des Arbeitnehmers gehört, so wird die Anmelgung in die Patentverwaltung im Namen des Arbeitnehmers vorgelegt. Aber der Arbeitnehmer verpflichtet sich nach Wunsch des Arbeitgebers für entsprechende Bezahlung das Recht für dieses Patent zwecks Anwendung in der UdSSR zu kaufen.
Falls die Summe der Bezahlung nicht von beiden Seiten übereinstimt werden kann, – so werden diese Uneinigkeiten in dem exestierenden Büro für Arbeitererfindung geregelt.

§ 16.

Der Ort der ständigen Arbeit und Wohnens für die Periode der Wirkung dieses Vertrags ist für den Arbeitnehmer die Stadt Moskau.

§ 17.

Falls Herr May seinen Vertragspflichten nicht nachkommt, kann der Vertrag von der Vereinigung gelöst werden ohne Auszahlung der Abgangsentschädigung, doch unter zweimonatlicher Kündigung des Vertrags und Zahlung der Rückreisekosten. In diesem Falle stehe es Herrn May frei ein diesbezüglich fachmännisches Gutachten zu beantragen und zwar nach Vereinbarung der Parteien unter Hinzuziehung von ingenieur technischen Organisationen der UdSSR.
Die Anmeldung der Vertragslösung muss schriftlich und offiziell gemacht werden.

§ 18.

Falls der Arbeitnehmer die Arbeit vor Ablauf der Vertragsfrist nach seinem Wunsch, wegen Krankheit verlässt, wird der Arbeitgeber in diesem Falle von den Entschädigungsko-

sten befreit, aber ist verpflichtet dem Arbeitnehmer die Ausgaben für die Reisekosten ins Ausland auszuzahlen.
Das Faktum der Krankheit wird durch eine ärztliche Expertise nach Hinweisung des Arbeitgebers festgestellt.

§ 19.

Die im Vertrag oder durch die Gesetze der UdSSR vorgeschriebene Kompensation wird dem Arbeitnehmer auf Grund der Vertragsmässiger Besoldung laut dem § 4 bezahlt.

§ 20.

Der »Arbeitgeber« verpflichtet sich Herrn May ein besonderes Arbeitszimmer im Trust zur Verfügung zu stellen.

§ 21.

Für Dienstreisen von Herrn May in der UdSSR erhält er 20 Rubel pro Tag. Die Fahrkarten im Schlafwagen und Hotel nach faktischen Kosten.

§ 22.

Die Vereinigung stelt zur persönlichen Verfügung von Herrn May ein Auto, das laut einem besonderen Vertrag aus dem Auslande von ihm eingeführt wird. Bis der obengenannte Wagen ankommt, stellt die Vereinigung May ihm die bisher erteilte Maschine zur Verfügung. Wie im ersten Fall, so auch im zweiten trägt die Vereinigung alle Kosten, wie für die Unterhaltung der Machine, wie auch für den Schauffeur.

§ 23.

Im Falle einer teilweiser Arbeitsunfähigkeit, die nicht länger als 6 Wochen dauert, wird der Berzug, den Herr May zu bekommen hat unverändert beibehalten. Weiterhin wird das Gehalt vermindert: Ueber 6 Wochen bis 3 Monate um 1/3 von 3 Monaten bis 6 Monaten um 1/2 und von 6 Monaten bis zu ein

Jahr um ²/₃. Nach Verlauf einer jährlichen Frist hört die Bezahlung auf und der Vertrag kann nach Ankündigung einer Seite als nicht mehr in Kraft befindlich gelten.
Die Arbeitsunfähigkeit wird von einer medizinischen Expertise die der Arbeitgeber bestimmt, festgestellt.

§ 24.

Etwaige in diesem Vertrag nicht vorgesehenen Fragen unterliegen allen geltenden Gesetzen über die Arbeit in der UdSSR.

§ 25.

Ort der Ausführung dieses Vertrages sit die Stadt Moskau.

§ 26.

Etwige aus diesem Vertrage entstehende Streitigkeiten unterliegen der Kompetenz des Narkomats für Schwere Industrie. Falls sie dort nict entscheiden, werden können, da sie nicht in dem Vertrag besprochen wurden, müssen sie ausschliesslich den Gerichten der UdSSR unterzogen werden.

§ 27.

Falls einer der Vertragschliessender nach Ablauf der im Vertrag vorgesehenen Frist den Vertrag nicht weiter verlängern wünschr, muss er der anderen Seite 1 Monat vor Ablauf des Vertrags Mitteilung machen. Im anderen Falle wird der Vertrag automatisch noch für ein Jahr verlängert.

§ 28.

Abänderungen dieses Vertrages sind nur in schriftlicher Form gültiger.

§ 29.

Dieser Vertrag tritt in Kraft nach seiner Bestätigung im Narkomat der schweren Industrie und auch Registrierung in Narkomat der Arbeit der UdSSR.
Vo diesem Augenblick an ist der Vertrag der zwischen der Zekombank und Herrn May im Juli 1930 geschlossen war, als aufgehoben gilt.

§ 30.

Die Bestimmungen der bezeichneten Stellen sowie des Vertrauensarztes sind unfechtbar.

Moskau, 5. Februar 1932

Arbeitgeber: *Šmidt*
Arbeitnehmer: *May*

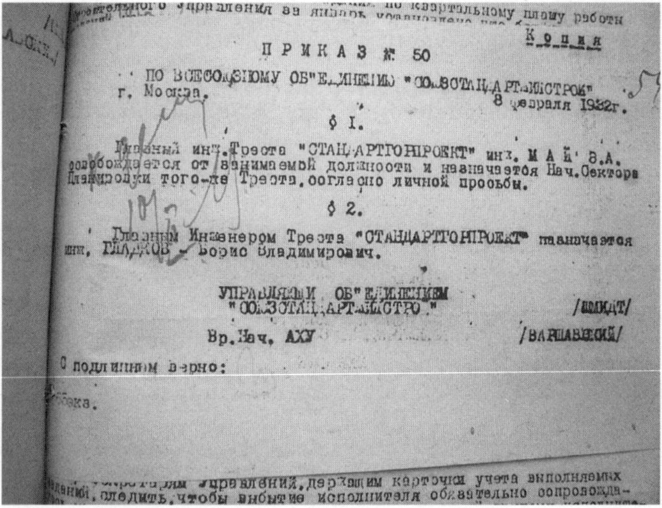

Копия

ПРИКАЗ № 50

ПО ВСЕСОЮЗНОМУ ОБ"ЕДИНЕНИЮ "СОЮЗСТАНДАРТЖИЛСТРОЙ"

г. Москва. 8 февраля 1932г.

§ 1.

Главный инж. Треста "СТАНДАРТГОРПРОЕКТ" инж. МАЙ Э.А. освобождается от занимаемой должности и назначается Нач. Сектора Планировки того-же Треста, согласно личной просьбы.

§ 2.

Главным Инженером Треста "СТАНДАРТГОРПРОЕКТ" назначается инж. ГЛАДКОВ - Борис Владимирович.

УПРАВЛЯЮЩИЙ ОБ"ЕДИНЕНИЕМ "СОЮЗСТАНДАРТЖИЛСТРОЙ" /ШМИДТ/

Вр. Нач. АХУ /ВАРШАВСКИЙ/

С подлинным верно:

...бека.

Abb. 5: Sojuzstandart žilstroj, Anordnung Nr. 50

Sojuzstandartžilstroj: Anordnung Nr. 50 zur Ablösung Ernst Mays als Chefingenieur vom 8. Februar 1932

Kopie

Anordnung Nr. 50
für die Allunions-Vereinigung »Sojuzstandartžilstroj«

Moskau 8. Februar 1932

§ 1

Der Chefingenieur des Trusts »Standartgorproekt« Ing. May Ė. A. wird auf eigenen Wunsch von seiner Funktion entbunden und zum Leiter des Planungssektors desselben Trusts ernannt.

§ 2

Zum Chefingenieur des Trusts »Standartgorproekt« wird Ing. Gladkov – Boris Vladimirovič, ernannt.

Leiter der Vereinigung »Sojuzstandartžilstroj« / Šmidt /
Kommissarischer Leiter AChU / Varšavskij /

Mit dem Original übereinstimmend:
[Unterschrift unleserlich]
65 Expl.

[Übersetzung aus dem Russischen]

Ernst und Ilse May
Brief an Ilses Mutter, Luise Hartmann, vom 26. März 1933

Sirmione sul Garda
den 26. 3. 33

Liebe Mutter Hartmann!

Habe herzlichen Dank für Deinen Brief. Heute bekommst Du von uns einen gemeinsamen, mit der Maschine von Ilse geschriebenen, woraus Du schon schliessen wirst, dass es sich um einen monumentalen Akt handelt. Gewohnt, wichtige Dinge programmatisch zu ordnen, soll dieser Brief in 2 Teile zerfallen.
1. Ilses endgültige Reparatur
2. Unsere Zukunftspläne.

1. Wir haben bei den verschiedensten Stellen in Deutschland unsere Fühler ausgestreckt um festzustellen, wie weit es ratsam ist, dass Ilse und ich gemeinsam oder Ilse allein nach Deutschland fahren. Aus allen eingegangenen Antworten geht klar hervor, dass auch die Anhänger des neuen Systemes ihrer Leute nicht soweit sicher sind, als dass sie dafür garantieren könnten, dass sich dieselben uns gegenüber anständig benehmen. In unseren Pässen steht als Wohnsitz Moskau und dieses Wort wirkt heute umso furchtbarer auf die deutschen Menschen je enger ihr Horizont ist, d.h. jeweniger sie in der Lage sind, zu differenzieren.
Nach eingehender Befassung mit den bisherigen Erklärungen der neuen Regierung, nicht zuletzt auch nach unserem Studium des italienischen Faschismus stehen wir auf dem Standpunkt, dass für ein Volk, wie das deutsche, das gänzlich unreif

ist für Parlamentarismus (5 Jahre Frankfurter Stadtparlament haben mir einen eindeutigen Beweis dafür erbracht) eine freiheitliche Regierungsform noch nicht möglich ist, sondern dass die Schafherde vielleicht nur durch einen energischen Hirten nicht zuletzt durch seine scharfen Hunde zusammengehalten werden kann. Wir stehen also im Prinzip auf dem Standpunkt, dass für das heutige Deutschland eine Diktatur die wahrscheinlich zweckmässigste Staatsform darstellt. Das entsetzliche Parteigezänk, das einen grossen Teil der Kräfte des Volkes in Anspruch nahm, wird beseitigt und die Volkskraft zum Produktivaufbau mobil gemacht.

Wenn wir heute trotzdem nicht unerhebliche Bedenken gegen die gegenwärtige Regierung haben, sowegen der feigen Gemeinheit, mit der sie ihre früheren Gegner behandelt. Wäre Hitler nur annähernd das was sein Vorbild Mussolini tatsächlich ist, so würde wahrscheinlich viel rein Demagogisches in den Erklärungen und Demonstrationen wegfallen und der Versuch, die früheren Gegner zu versöhnen würde nicht mit Worten sondern mit Taten verwirklicht. Jetzt werden einfach alle Köpfe des früheren Regimes, darunter so hervorragende Menschen wie Adenauer-Köln, Asch und Wagner, Berlin u.s.w. herausgeworfen und vielfach durch Menschen ersetzt, die nicht wegen ihrer Fähigkeiten, sondern wegen ihrer stramm vorschriftsmässigen Gesinnung ausgewählt werden.

Bezeichnend dafür, wie wenig national und wie rein parteimässig gerade einige der prominenten Führer der Nazis denken, ist die grundsätzliche Ablehnung und Verächtlichmachung auch der positivsten Leistungen des letzten Regimes. Z. B. des deutschen Wohnungsbaues der Nachkriegszeit.

Einverstanden sind wir mit der restlosen Unterdrückung des Kommunismus in Deutschland. Wir sind durch jahrelange Beobachtung des Landes, in dem er verwirklicht ist, zu der Ueberzeugung gekommen, dass er zumindest bei dem heutigen Kulturstande der Menschheit zur Vernichtung der we-

sentlichsten geistigen Güter einer Nation führt und nicht einmal seine grundsätzliche These, nämlich eine materiell befriedigende Versorgung der breiten Massen, hat realisieren können. In Russland herrscht Hungersnot.
Was den nationalen Zug der neuen Regierung anbelangt, so ist das deutsche Volk in seiner Masse für internationale Horizonte gleichfalls noch nicht reif. Ich habe Herriot einmal sagen hören: »Pour être international, il faut d'abord être national!«
Damit unsere grundsätzliche Stellungnahme zu den Dingen in erster Linie, damit Du das Groteske zu übersehen vermagst, wie wenig berechtigt der Hass ist, der uns politisch verdächtigt.
Wir denken nicht daran, uns an das neue System anzubiedern, obwohl wir zu dem Oberbonzen Göring sehr enge Beziehungen durch meinen Schwager besitzen. Wir verachten alles, was auch nur entfernt nach Bitten u.s.w. aussieht.
Wir ziehen aber aus der Lage die praktische Konsequenz uns nicht ohne Not in die Drecklinie zu begeben. Deshalb haben wir beschlossen, beide dieses mal Deutschland zu meiden, so sehr wir bedauern, Euch dadurch nicht sprechen zu können.
Da andrerseits Ilse bis zum Herbst absolut widerstandsfähig hergestellt sein muss wegen unserer Pläne zu Punkt 2, fahren wir am 31. nach Basel, lassen Ilse dort nochmals bei einem Spezialisten untersuchen und wenn nötig, sofort operieren. Ilse hat sich hier in dem idealen Klima und den gleichmässigen Lebensbedingungen ausgezeichnet erholt und sieht so blühend aus wie man es nur wünschen kann. Leider ist die Periodengeschichte aber doch nicht verschwunden und die muss weg. Wir werden Euch von Basel aus laufend berichten. Die bisher befragten Aerzte haben uns erklärt, dass Ilse mit einer »an Sicherheit grenzenden Wahrscheinlichkeit« durch die Operation wiederhergestellt wird. Wir werden in Basel

gemeinsam alles Nötige mit den Aerzten besprechen und veranlassen, sodass Du ohne Sorge sein kannst.

2. Gänzlich unabhängig von der politischen Entwicklung haben wir uns vor etwa 5 Monaten genau überlegt, wie wir nach Ablauf meines Russlandvertrages (Anf. 1934) unsere Zukunft erfolgreich gestalten können. Wir sind uns dabei schnell darüber klar geworden, dass in Deutschland in den nächsten Jahren für mich Aufgaben eines Umfanges, der mich geistig ausfüllte, nicht mehr vorkommen. Unterdessen sind nun auch noch die politischen Ereignisse eingetreten, die mich als einen prominenten Vertreter des alten Regimes abstempeln, weil ich zufällig meine Arbeit nicht unter dem Malermeister Hitler sondern unter dem Sattlermeister Ebert bezw. seinem Nachfolger ausgeführt habe und weil die ganze zivilisierte Welt diese Arbeit als eindeutige Erfolge eines sozial regierten Staates ansah. Dadurch wurden wir bezügl. der Richtigkeit des von uns gewählten Weges nur noch bestärkt.

Ich besitze in mir neben architektonisch organisatorischen Fähigkeiten, wie Du weisst, eine leidenschaftliche Liebe und Neigung für gärtnerisch kolonisatorische Arbeit. Ackerbautätigkeit in Deutschland bietet aber auf lange hinaus wirtschaftlich keinerlei Erfolgsaussicht mehr. Anders liegen die Dinge in einigen Teilen Afrikas. Durch einen Bekannten angeregt, der die örtlichen Verhältnisse kennt und aufbauend auf eingehend gesammelten Informationen deutscher amtlicher Stellen, des englischen Ostafrikaamtes, sowie des örtlichen deutschen Konsulates haben wir uns entschlossen, uns in Kenya, einer englischen Kolonie, unmittelbar nördlich angrenzend an das frühere Deutsch-Ost Afrika anzukaufen und dort in erster Linie Kaffeeplantagen anzulegen, evtl. auch Zitronen und Apfelsinenzucht zu betreiben. Ein Jugendfreund von mir, der Kaffeehändler ist, und garnicht wusste, dass es sich um uns handelt, hat uns bestätigt, was uns deutsche und englische amtliche Stellen bereits mitteilten, dass nämlich der Kenya Kaffee als beste Kaffeesorte gilt und sich im Preise annormal günstig in dem sonstigen Weltsturz der Preise für Farmprodukte gehalten hat. Während in Brasilien, wie Ihr wisst, Schiffsladungen voll Kaffee vernichtet werden, weil der dortige grobe Kaffee Preisstürze erlebte, findet der Kenya Kaffee, der von den konservativen Engländern allen anderen Sorten vorgezogen wird, noch heute glatten Absatz zu günstigen Preisen. Wir haben uns bis zum Abschluss meiner Tätigkeit in Russland aus Nichts (wir verliessen Frankfurt mit einer Hypothekenschuld von M. 60000, –) einen Betrag von ca 90000 M. gespart, den wir auf diese Weise so nutzbringend anlegen wollen, dass er für uns die Grundlage einer innerlich befriedigenden und auch materiell erfolgreichen ferneren Tätigkeit werden soll.

Deine erste Frage wird sein, nachdem Du Dir über die räumlich weite Trennung (3 Wochen Schiffsfahrt) einiges Kopfzerbrechen machst: Werdet Ihr und die Kinder das Klima vertragen? Dazu müssen wir Dir auseinandersetzen, dass es nicht nur ein horizontal, sondern auch ein vertikal gestaffeltes Klima gibt. Kenya liegt unmittelbar am Aequator und trotzdem weist die Gegend, in der wir uns anzusiedeln beabsichtigen, ausserordentlich günstige klimatische Bedingungen auf, weil wir auf einem Hochplatau von nahezu 2000 m Höhe sitzen werden. Bezeichnend ist, dass man uns als Kleidung die normale europäische anriet.

Bei der Wichtigkeit einer restlosen Klärung aller einschlägigen Fragen bis ins Kleinste haben wir beschlossen, dass ich jetzt von Basel aus durch Frankreich einen Abstecher nach London mache, um dort bei den amtlichen Stellen noch ganz exakte Auskünfte mündlich einzuholen.

Was die Kinder anbelangt, deren künftiges Wohlergehen bei unseren Entschliessungen natürlich erheblich mitsprach, so glauben wir dass für sie eine idealere Jugend nicht zu denken

ist, als dort in einer Landschaft, die mit zu den schönsten Landstrichen der Erde zählt, die das Wild-reichste Gebiet der Erde darstellt und in der sie von jungen Jahren an körperlich und geistig mithelfen werden, aus Nichts ein Reich zu schaffen. Da die Schulverhältnisse drüben natürlich je nachdem wie wir uns ansiedeln werden, mehr oder weniger kompliziert sind, haben wir uns entschlossen, Dr. Weerts mitzunehmen, der sich nicht nur als vorzüglicher Charakter bewährt hat, sondern auch, wie ich, leidenschaftlich am Boden hängt. Auf diese Weise stellen wir von vornherein eine kleine abgeschlossene Kommune dar mit Küche, Rathaus, Schule u.s.w.
Wir fühlen uns auf der Höhe unserer Kraft und brennen auf den Moment der Abreise.
Bitte schreibe uns per Flugpost nach Basel-Schweiz Hauptpostlagernd bis zum 31. an Basel in grossen Zügen Deine Meinung, da ich Wert darauf lege, sie zu kennen, ehe ich nach England fahre.
Gib bitte von diesem Brief, soweit Du es für richtig hältst, auch Willi, Lotte und Fridel Kenntnis.
Heute nur herzliche Grüsse auch an alle Solles von

Deinen
Ilse u Ernst

Schade, daß ich Euch nicht sehen kann, um mit Euch über alle Einzelheiten zu sprechen. Ich habe mir die Dinge lange und eingehend überlegt und bin zu der Überzeugung gekommen, daß es für uns der richtige Weg ist. Ich denke natürlich besonders an die Kinder. Besonders Klaus wird auf diese Weise seine praktischen Fähigkeiten entwickeln und einer Schulerziehung entgehen, die für ihn (in Deutschland) bestimmt eine ziemliche Quälerei geworden wäre. Ich denke trotzdem, wenn irgend möglich, die Kinder dort in eine engl. Schule zu schicken. Dr. Weerts neigt mindestens so stark zu nur prakt. Betätigung wie

zur Erziehung, aber wenn nötig, wird er eben beides vereinigen. Meine Betätigung bei der ganzen Sache ist mir noch am wenigsten klar, ob ich mehr mich den häuslichen Dingen widme oder auch außerhalb mich als »Farmerin« betätige. – Nun, das wird von mir selbst abhängen.
Jedenfalls lasse ich das Russische nun fallen und lerne fleißig Englisch um es mit der Zeit so fließend zu können wie Ernst. Außerdem werden wir gemeinsam die Eingeborenensprache, das Suaheli, das wenig Worte umfaßt und nicht so schwer sein soll, erlernen. Schade ist es ein bißchen um das so schwer erlernte Russisch.
Nun stelle mir alle Fragen, die Euch einfallen, wir sind tatsächlich schon sehr genau über alle Einzelheiten informiert. In London wird Ernst Farmer treffen, die z. Z. dort sind und ihm all seine Fragen noch beantworten werden.

Herzlichst nochmals Deine Ilse.

Vermerk der Deutschen Botschaft in Moskau vom 22. Mai 1933 nach Besuch Ernst Mays und nachfolgender Briefwechsel

Deutsche Botschaft | Moskau, den 22. Mai 1933
D/681
2 Durchschläge
3 Anlagen

An das Auswärtige Amt
Berlin

Inhalt: Schriftwechsel des Herrn Botschafters mit Herrn May. | Vertraulich!

Am 26. April d. J. suchte der hiertätige, ehemalige Frankfurter Stadtbaurat May den Herrn Botschafter auf und erklärte ihm, er habe den Eindruck, daß die Botschaft ihr Verhalten ihm gegenüber geändert habe. So sei er in letzter Zeit nicht mehr so oft zu gesellschaftlichen Veranstaltungen herangezogen worden, wie zu Beginn seines Moskauer Aufenthaltes. Der Herr Botschafter stellte dies in Abrede, ließ aber Herrn May nicht im Zweifel darüber, daß er infolge der Art, wie er zu den hiesigen Problemen verschiedentlich, auch in der deutschen Öffentlichkeit, Stellung genommen habe, eine umstrittene Persönlichkeit sei; der Botschaft sei ferner besonders aufgefallen, daß er, May, sich von den gemeinsamen Veranstaltungen der deutschen Kolonie bisher stets geflissentlich ferngehalten habe.
Herr May erklärte hierauf, daß ihm jede dahingehende Absicht ferngelegen habe und er an der bevorstehenden Feier des 1. Mai in der Botschaft bestimmt teilnehmen werde. Trotzdem

ist Herr May aber auch zu dieser Feier nicht erschienen und hat dies in dem in Abschrift beigefügten Brief vom 30. April d. J. zu begründen versucht. Die Antwort des Herrn Botschafters auf diesen Brief und deren Erwiderung durch Herrn May sind gleichfalls abschriftlich beigefügt.

Carl Dienstmann

Anlage zu D/681.
Abschrift.

Moskau, den 30. 4. 1933.

Sehr geehrter Herr Botschafter!

Sie waren nach meinem letzten Besuch bei Ihnen so freundlich, mich auch mündlich nochmals zur Feier in der Botschaft am 1. 5. einzuladen. Ich hatte Ihnen mein Kommen angesagt. Inzwischen haben die Dinge in Deutschland einen Verlauf genommen, mit dem ich mich auch bei dem Bestreben nach weitherzigster Auffassung nicht mehr zu identifizieren vermag. Ich denke vor allem an die Unterdrückung der geistigen Freiheit an den Universitäten. Mein Erscheinen bei der Botschaftsfeier würde so gedeutet werden, als stellte ich mich auf den Boden der jüngsten Entwicklung. Mir liegt daran, daß meine persönliche Auffassung der Sachlage in der Oeffentlichkeit nicht anders gedeutet wird, als ich sie tatsächlich hege. Daher habe ich mich entschlossen, von einer Teilnahme an der Feier Abstand zu nehmen.
Meine Ihnen mündlich geschilderten Empfindungen Deutschland gegenüber werden auch durch diese Vorgänge nicht berührt. Ich halte es aber für unangebracht, nach den oben angedeuteten Geschehnissen, die ich im Interesse des deutschen Ansehens in der Welt bedaure, an einer Feier teilzunehmen, die einen ausgesprochen demonstrativen Charakter im Sinne der von mir missbilligten Massnahmen trägt.
Ich hoffe, daß Sie, verehrter Herr Botschafter, meinen Standpunkt verstehen werden und bleibe mit vorzüglicher Hochachtung

Ihr sehr ergebener
gez. May.

Anlage zu D/681.
Abschrift.

Deutsche Botschaft Moskau. Moskau, den 7. Mai 1933.
Tgb.Nr. D/606/33.

Sehr geehrter Herr May!

Ich bestätige den Empfang Ihrer gefälligen Zeilen von 30 v. Mts. und habe mit grossem Bedauern feststellen müssen, daß Sie leider der Feier des Tages der nationalen Arbeit ferngeblieben sind. Die von Ihnen für Ihre Stellungnahme angeführten Gründe vermag ich nicht zu verstehen, zumal Sie ja nicht nur jetzt, sondern auch bei früheren Gelegenheiten den Feiern der Botschaft an nationalen Festtagen ferngeblieben sind. Ich vermag daher leider aus Ihrem Verhalten nur den Schluß zu ziehen, daß Sie dem an Sie wie an jeden anderen Auslandsdeutschen ergangenen Rufe der nationalen Regierung, am Wiederaufbau Deutschlands mitzuarbeiten, nicht Folge leisten und den Verkehr mit der Botschaft auf das rein Dienstliche beschränken wollen.

Ich bin mit dem Ausdruck vorzüglicher Hochachtung
Ihr sehr ergebener
gez. von Dirksen.

Anlage zu D/681.
Abschrift.

Ernst May — Moskau, den 12. 5. 1933
Stadtrat a. D. — Bolschoi Karetnyi Per.17 Kw.83

Sehr geehrter Herr Botschafter!

Ihr geehrtes Schreiben vom 10. Mai enthält mir gegenüber zweifellos einen berechtigten Vorwurf, nämlich den, daß ich an Feiern der Botschaft bisher nicht teilgenommen habe. Allerdings hatte ich angenommen, daß Ihnen die letzte Unterredung, die ich mit Ihnen zu führen die Ehre hatte, darüber Aufschluss gegeben hätte, daß mich nicht politische Gründe zu diesem Fernbleiben veranlasst haben. Ich bedauere auf das lebhafteste, daß Sie mir aus dieser Unterlassung den Wunsch, am nationalen Aufbau Deutschlands mitzuarbeiten, absprechen zu müssen glauben. Ich persönlich bin der Ueberzeugung, daß ich der deutschen Sache in der Welt mit meinen schöpferischen Leistungen auf deutschem Boden besser gedient habe, als ich es durch irgendwelche Teilnahme an repräsentativen Veranstaltungen hätte tun können.
Ich bedaure, daß Sie, der Sie mich drei Jahre kennen, in denen ich mich gesinnungsgemäss nicht verändert habe, heute offenbar wegen meiner Kritik an einigen Massnahmen der jetzigen deutschen Regierung, die ich Ihnen gegenüber in einem persönlichen Schreiben aeusserte, Ihre Einstellung mir gegenüber verändern zu müssen glauben.

Mit vorzüglicher Hochachtung
Ihr sehr ergebener
gez. May.

Sojuzstandartžilstroj: Arbeitszeugnis vom 25. Dezember 1933

Mitglied des Kollegiums des Volkskommissariats für Schwerindustrie der UdSSR
Leiter der Allunions-Vereinigung »Sojuzstandartžilstroj«

Charakteristik von Ernst May.

Am 7/X-30 ist Architekt Ernst May auf Aufforderung der Zekombank nach USSR angekommen, um an dem Städtebau der Union teilzunehmen.
Während seines dreijährigen Aufenthaltes in USSR hat Ernst May an der Projektierung folgender grössten Neubauten der Industriestädte: Magnitogorsk, Stalinsk, Nischni Tagil u. a. als Leiter und Mitarbeiter teilgenommen.
Indem Ernst May mit grösster Begeisterung, Beharrlichkeit und zielbewusst an der Lösung der enormen vor ihm stehenden Aufgaben arbeitete, indem er immer bereit war, durch persönliche Anwesenheit an der Baustelle den Erbauern grösste Hilfe zu leisten hat Ernst May zu gleicher Zeit verstanden, sich in die gemeinsame Arbeit des Kollektivs der Sowjetarchitekten einzureihen und die von ihm erledigte Arbeit, die er stets kritisch zu beurteilen wusste, von Tag zu Tag in ihrer Qualität zu heben.
Die Ergebnisse seiner dreijährigen Tätigkeit in USSR gestatten uns, Ernst May als einen der bedeutendsten Städtebauer zu bezeichnen.

Mitglied d. Kollegiums NKTP
/Šmidt/

Trustleiter »GSP«
/Gasparjan/

30 Jahre später

[*Bauwelt*, 18. Januar 1960]

Ernst May
Städtebau und Wohnungswesen in der UdSSR nach 30 Jahren

Berufung im Jahre 1929

Im Jahre 1929 erhielt ich den Ruf der Sowjetregierung, an der Planung neuer Städte der UdSSR teilzunehmen. Diese Aufgabe erschien so bedeutend und gleichzeitig schwanger mit Problemen, daß ich nicht zögerte, mein Amt als Baudezernent der Stadt Frankfurt am Main aufzugeben, um mit einer Gruppe ausgewählter Mitarbeiter alsbald an die Arbeit zu gehen. Von denen, die meinem Rufe folgten, sind viele heute in der Bundesrepublik oder im Ausland in prominenten Stellungen. Hebebrand wirkt heute als Hamburgs Oberbaudirektor, Hassenpflug hat eine Professur an der Technischen Hochschule München, Leistikow wirkte bis zu seiner kürzlich erfolgten Emeritierung als Professor an der Kunsthochschule in Kassel, Wolf ist Gartenbaudirektor von Düsseldorf, Mart Stam ist in Holland, Schwagenscheidt in Frankfurt am Main, Grete Schütte-Lihotzky in Wien, Willing als Stadtbaurat in Mannheim – um nur einige zu erwähnen.

Die äußeren Lebensbedingungen

Wir fanden bei unserer Ankunft einen uns zunächst gänzlich fremden Lebensrahmen. Überall stießen wir auf Fahnen, Spruchbänder und Plakate, dekorative Werbedenkmäler und öffentliche Lautsprecher, die der politischen Propaganda des Systems dienten. Plakate auf den Anschlagsäulen verkündeten antireligiöse Propaganda. Vereinzelt wurden auch Kirchen abgerissen. In den Bahnhofswartesälen repräsentierten standardisierte Kunstpalmen. Die Menschen waren zumeist äußerst ärmlich gekleidet, und nur selten stieß man auf ein lachendes Gesicht. Das Leben schien mit tödlichem Ernst erfüllt. In den Läden gab es Lippenstifte und billige Parfüms sowie vergoldete Gipsbüsten der politischen Führer in Mengen. Es fehlte aber an so notwendigen Dingen wie Kleiderstoffen, Schuhwerk und vor allem an Nahrungsmitteln.

Wir als Ausländer hatten unter dieser Knappheit nicht zu leiden, wenn man die seelische Belastung außer acht läßt, die der weite Abstand zwischen dem uns eingeräumten Lebensstandard und dem der breiten Masse der Bevölkerung für uns bedeutete. Das äußere Bild der Städte war fremd und kalt. Die Bauten waren in einem schlechten Erhaltungszustand, die Verkehrsverhältnisse gänzlich unzulänglich. Es gab noch keine Untergrundbahn, und die Straßenbahnen waren hoffnungslos überfüllt. In Trauben hingen die Menschen oft an den Trittbrettern, zahlreiche Unfälle waren die Folge. Abgesehen von den luxuriösen Autos der Parteiprominenz, gab es nur wenig motorisierten Verkehr. Häufig mußten Heubüschel in Lappen gehüllt als Kühlerverschluß der Wagen dienen, und ein Stück rote Fahne als Schlußsignal ersetzte die längst zertrümmerte Hecklampe.

Bei Dienstreisen, sogenannten »Kommandorowkas«, trat die allgemeine Not noch krasser in Erscheinung. In den Bahnhofswartehallen kampierten ganze Familien mit Sack und Pack auf dem Fußboden, die Luft war verpestet, der Boden voller Speichel. Die Eisenbahn konnte den Verkehr noch nicht bewältigen. Wir erhielten stets unser Abteil in der weichen Klasse, aber die sanitären Einrichtungen in den Zügen waren zumeist in ekelerregender Weise verschmutzt. An den Stationen näherten sich uns in kümmerliche Lumpen gehüllte halbverhungerte Bettler, unter ihnen viele Besprisonies, die halbverwilderten Waisenkinder. Zwar trieb die Miliz sie fort, aber schon tauchten sie unter den Waggons durch und streckten uns auf der anderen Wagenseite ihre mageren Hände entgegen. Als Kleidung diente ihnen ein Sack, ihre Gesichter waren eingefallen, sie starrten vor Schmutz.

Es bedurfte unserer ganzen Begeisterung für die Arbeit, um diese seelisch bedrückenden Zustände stillschweigend zu ertragen. Häufig vergossen unsere Frauen, die nicht durch eine schöpferische Tätigkeit abgelenkt wurden, sondern denen unter den obwaltenden Verhältnissen die mühevolle Arbeit der Einkaufstätigkeit für den Haushalt zufiel, bittere Tränen, bis auch sie sich allmählich eine seelische Hornhaut zugelegt hatten. Auch die Wohnungsverhältnisse waren zunächst alles andere als befriedigend. Die uns zugesagten Wohnungen in einem Neubau waren nicht fertig, als wir eintrafen. So wohnten wir zunächst verstreut in mehreren Hotels, denen nur eines gemeinsam war: sie alle strahlten seelische Eiseskälte aus.

Ein versöhnlicheres Element soll nicht außer acht gelassen werden. Von Anbeginn an fanden wir, daß die Bevölkerung, und insbesondere unsere russischen Mitarbeiter, sich bei aller Not ein warmes Herz bewahrt hatten. So entwickelte sich bald ein freundschaftliches Verhältnis zwischen uns, das uns die rauhen Bedingungen des Alltags in milderem Lichte erschienen ließ. Wir begannen uns ihrer Lebensphilosophie anzupassen, die darauf gerichtet war, die wesentlichen Dinge von den unwesentlichen zu unterscheiden, kleinliches Nörgeln zu unterlassen, einer Art von Alltagsheroismus zu huldigen.

Auf städtebaulichem und architektonischem Gebiet sucht man nach neuen Wegen

Wie lagen die Dinge beruflich? Architektur und Städtebau befanden sich im Zustande weit ausgreifenden Experimentierens. In den Planungszentren der Großstädte, insbesondere Moskaus und Leningrads, lehnte man sich an die funktionelle Architektur des Westens an. Le Corbusier baute in Moskau sein Zentrosojus-Gebädue, Ginsburg seinen westlichen Gestaltungsprinzipien folgenden Wohnblock für die Beamten des Finanzministeriums. Ein Planetarium mit weit vorgekragter Eingangsüberdachung zeigte hohe Qualität. Damals erschien Miljutins »Sozgorod«, ein gedrängtes Kompendium modernen Wohnungs- und Städtebaues mit Beispielen westlicher Architektur. Wie aber schon dieses Büchlein verriet, sah es in der Provinz anders aus. Hier wurden Sowjetpaläste, Klubs, Kinos und dergleichen geplant und gebaut, die man nicht anders als architektonische Greuel bezeichnen konnte. Die Vorstädte der großen Städte (wohl über 80% aller Bauten) und die Mehrzahl der Wohnbebauung in den kleineren Städten bestanden noch aus ein- und zweistöckigen Blockhäusern. Wohnraum war noch knapper als Nahrungsmittel. Die Wohnungen waren meist überfüllt.

Der Städtebau jener Tage wurde charakterisiert durch das Bestreben der Parteiführung und ihrer Planungsorgane, die neue sozialistische Ideologie in den Planungen zu verankern. Das Zeitalter der klassenmäßigen Gliederung der Städte hatte in Rußland mit der Revolution ein Ende erreicht. Es galt, die neuen gesellschaftlichen Errungenschaften, wie gesunde Wohnungen, Schulen, Kindergärten, Kinderkrippen, Ambulatorien, Speiseanstalten und Läden, organisch den neu entstehenden Stadtteilen einzugliedern, allen in gleicher Weise zugänglich zu machen. Klubs und Kulturzentren sollten den

gesellschaftlichen Kontakt, aber auch die Durchdringung der Bevölkerung mit den kommunistischen Ideologien erleichtern. Schon damals setzte sich in der UdSSR ein Prinzip durch, das heute in der ganzen zivilisierten Welt anerkannt wird: die Gliederung des Stadtkörpers in leicht begreifbare Einheiten. Man nannte sie in der UdSSR Quartale und diskutierte ihre optimale Größe wie auch die des Stadtganzen.
Von Anbeginn an hatte das neue Regime Gewicht auf die systematische Förderung der Schwerindustrie gelegt. So wurden sämtliche Städte, die ich mit meinen Mitarbeitern plante, als Industriezentren von größerer oder geringerer Bedeutung projektiert. Die hauptsächlichsten waren Magnitogorsk, Nishni Tagil, Kusnjetzk (heute Stalinsk), Karaganda, Leninakan (das frühere Alexandropol).

Der technische Hergang unserer Planung

Der technische Hergang der Planung war der, daß ich mit meinem Stabe von Mitarbeitern, unter denen alle einschlägigen Berufssparten vertreten waren, in unserem Sonderwaggon zu dem nächsterreichbaren Punkt der zu planenden Stadt fuhr. Wir ließen uns auf ein Abstellgleis schieben und benutzten unseren Schlafwagen als Quartier. Unsere Fahrten führten uns hierbei bis Nishni Tagil im nördlichen Ural, Kusnjetzk an der mongolischen Grenze und Armenien im Süden. Wir besichtigten das Gelände in Autos, Wagen oder Schlitten, je nach dem Vorhandensein geeigneter Verkehrsmittel und nach der Jahreszeit. Unsere Arbeit wurde durch das oft gänzlich unzureichende Kartenmaterial bedeutend erschwert. In irgendeinem uns zur Verfügung gestellten Raum – meist dem Sitzungssaal des Ortssowjets – arbeiteten wir gemeinsam ein Skizzenprojekt aus, das in wesentlichen Zügen die Trassen der öffentlichen Verkehrsmittel, das Wegenetz, Grundlinien der Be- und Entwässerung sowie eine Ausweisung der erforderlichen Wohnquartiere mit ihren sozialen Gefolgsbauten zeigte. Mittels Episkop, das wir stets mitführten, projizierten wir dann die Planung in öffentlicher Versammlung und ergänzten sie auf Grund der Diskussionen. Nach unserer Rückkehr in unser Hauptquartier Moskau wurden dann die Pläne durchgearbeitet.

Die Begeisterung unserer Gruppe – ich möchte geradezu sagen der Fanatismus, mit dem diese Arbeiten bewältigt wurden, glich dem, der für das Gelingen unserer jüngsten städtebaulichen Tätigkeit in Frankfurt am Main entscheidend gewesen war. Oft arbeiteten wir mehrere Tage durch, nur gelegentlich ein paar Stunden auf dem Feldbett ruhend und uns durch eine Tasse Kaffee oder einen Wodka stärkend.

Die Erlebnisse während dieser Expeditionen beeindruckten uns für unser ganzes Leben. Ein Beispiel sei herausgegriffen, eine Stadtplanung an der türkisch-armenischen Grenze für die ehemalige Festung Alexandropol, das heutige Leninakan. Nachdem wir in einer Landschaft höchst eigenartigen Gepräges, deren Rinde durch häufige Erdbeben vielfach aufgerissen worden war, unsere Planung nach eingehendem Studium der örtlichen Verhältnisse zum Abschluß gebracht hatten, lud uns der örtliche Sowjet zu einer Dankes- und Abschiedsfeier unter freiem Himmel an den Ufern des Grenzflusses Arpatschai ein. Im mehreren etwas wackligen Autos fuhren wir die steilen Hänge der Schlucht hinab, durch deren Boden sich der reißende Fluß schlängelte. Ein Hammel wurde geschlachtet und köstliches Schaschlik am offenen Feuer bereitet. Unterdessen war ein Weinbehälter in Form einer aufgeblasenen getrockneten Schweinshaut in das eiskalte Flußbett versenkt worden, dazu gutes Obst. In kürzester Zeit war das Mahl verzehrt, hatte aber auch der Wein seine Wirkung getan. Wir übertrafen uns in glühenden Freundschaftsversicherungen, und dann folgten armenische Volkstänze der Sowjetmitglieder unserer Expedition. Sie waren von einer solchen Rassigkeit und Wildheit, daß sie den tänzerischen Leistungen des berühmten Grusinischen Balletts alle Ehre gemacht hätten. Bald begann ein schwacher Regen auf uns niederzurieseln. Wir brachen mit unseren Wagen auf. Mit größter Besorgnis erwartete ich den Augenblick, in dem unsere stark angeheiterten Fahrer mit ihren Wagen auf der mit glitschigem Lehm bedeckten Straße über die steile Böschung abstürzen würden. Aber der liebe Gott läßt seinen Schutz bekanntlich Kindern und Betrunkenen in besonderem Maße angedeihen, so daß wir den Höhenrand heil erreichten. Hier erwartete uns ein Bild voll höchst dramatischer Spannung. Zwischen den übriggebliebenen Resten eines von Erdbeben zerstörten Dorfes ragte gut erhalten eine frühchristliche Kirche von großer Reinheit der Form gegen den gewitterschwarzen Himmel. Über das Ganze hinweg spannte sich ein prächtiger Regenbogen. Wir entstiegen unseren Wagen und blickten in den schwach erleuchteten Innenraum der Vierung. Ein weißhaariger Priester mit wallendem Barte und seidenem Talar war in eine schweinslederne Bibel vertieft. Unbeweglich wie eine Statue stand er, von dem Lichte, das durch die kreisförmige Öffnung der Kuppel herniederströmte, bestrahlt, und nahm keinerlei Kenntnis von dem, was um ihn herum vor sich ging. Die weinfreudigen Sowjetmitglieder begannen zunächst zu johlen, kehrten aber, von der Haltung des Alten beeindruckt, alsdann zu den Wagen zurück, ohne ihn weiter zu belästigen.

Ein Generalplan für Groß-Moskau

Die bedeutendste Aufgabe, die uns gestellt wurde, war die Bearbeitung eines Generalplanes für Moskau, unter Begrenzung der Einwohnerzahl auf 4 Millionen – heute zählt Groß-Moskau bereits 8 Millionen Einwohner. Hatte ich anläßlich meines Wettbewerbsentwurfes für Breslau im Jahre 1925 zum

ersten Male den Begriff der Trabantenstadt für die Erweiterung einer mittleren Stadt geprägt, so übertrugen wir nunmehr diesen Gedanken auf eine Millionenstadt. Wir bereisten die Umgebung Moskaus und prüften sorgfältig die topografische Beschaffenheit des Geländes, die Verkehrsgegebenheiten und landschaftlichen Vorzüge, also alles das, was die Planung von Trabanten ermöglicht. Wir legten ein Projekt vor, das wir »Gorod Kollektiv« benannten und das um einen zentralen Verwaltungsbezirk 24 Trabanten gruppierte. Jeder Werktätige innerhalb des Planungsgebietes sollte seinen Arbeitsplatz mittels eines elektrischen Schnellbahnsystems in dreißig Minuten erreichen.
Enttäuschend war die Aufnahme unserer Arbeit. Sie stieß auf keinerlei Verständnis der zuständigen Behörden, und es dauerte eine Generation, bis man in Moskau und Leningrad die Bedeutung des Trabantenprinzips erkannte und praktisch durchzuführen begann. Es stellte sich wieder einmal heraus, daß es ein Überspringen von Entwicklungsstadien auch im Städtebau nicht gibt, daß jedes Volk sich durch seine eigenen Erfahrungen zu den letzten Erkenntnissen durcharbeiten muß. Damals bekannte man sich noch zu den überdimensionierten Achsen, einem Städtebau, der auf geometrischen Figuren aufbaute, der darauf abzielte, das Volk durch die Addition von Säulen und Pilastern und vor allem durch Baumassen zu beeindrucken.
Hatte die kühle Ablehnung des Moskauer Planes mich erheblich ernüchtert, so sollte bald eine weitere Enttäuschung folgen.

Die Planung von Magnitogorsk

Die erste Aufgabe, die man mir bei meinem Eintreffen in Rußland gestellt hatte, war die Abgabe eines Gutachtens über eine Planung der Stadt Magnitogorsk im südlichen Ural. Dort befand sich ein Erzvorkommen von einem anomal hohen Erzgehalt (bis zu 80%). Dieses sollte durch ein von Amerikanern zu errichtendes Hochofenkombinat ausgebeutet werden. Die Wohnstadt sollte zunächst für 250000 Einwohner geplant werden. Ich erklärte dem Chef der Zekombank Luganowski, einem außerordentlich kultivierten, großzügigen Menschen, daß meine Expertise aus einem Gegenprojekt bestehen werde, da ich nicht viel davon hielte, die Arbeiten anderer zu bekritteln. Er erklärte sich einverstanden, und wir erarbeiteten dann in mehrjähriger Tätigkeit, unter Einschaltung eines Zweigbüros an Ort und Stelle, eine Planung und begannen danach mit der Durchführung auf dem linken Uralufer. Schon von Anbeginn an wurde lebhaft darüber diskutiert, ob die Stadt auf dem rechten oder dem linken Ufer errichtet werden sollte. Da ich Termine für die Fertigstellung der Wohnstadt einzuhalten hatte und eine Entscheidung trotz aller Bemühungen nicht herbeigeführt werden konnte, blieb mir nichts anderes übrig, als nach unseren Plänen weiterbauen zu lassen. Da mir aber allmählich dieser Zustand doch äußerst bedenklich erschien, entschloß ich mich, zu einem Mittel zu greifen, von dem ich bereits öfter in meinem Leben gefunden habe, daß es Wirkung tut.

Ich wollte die Entscheidung auf humorvolle Weise erzwingen. Ich ließ zu diesem Behufe durch unseren Grafiker Leistikow eine Pappuhr mit einem Zeiger und der Aufschrift Magnitogorsk herstellen. Dieser konnte nach zwei Richtungen gedreht werden: nach links, wo die Worte »na levo beregu« aufgemalt waren, oder nach rechts: »na pravo beregu«. Ordchonikidse, der Kommissar für Schwerindustrie, der für Magnitogorsk zuständig war, empfing mich in Audienz. Ich legte ihm die Uhr vor und bat ihn, den Zeiger in der Richtung zu drehen, die ich dann wohl als endgültige Entscheidung des Zentralsowjets auffassen dürfe. Ohne auch nur mit der Wimper zu zucken, mit todernstem Gesicht, drehte er die Uhr und

verwickelte mich in ein längeres Gespräch über die Vor- und Nachteile der Lage der Stadt auf dem rechten oder linken Ufer und versprach mir, in Bälde eine Entscheidung zu fällen. Ich habe sie nie erlebt, sondern lediglich später erfahren, daß man Magnitogorsk auf beiden Ufern baute!
Nach diesen Erfahrungen entschloß ich mich, nach dreijährigem Aufenthalt das Land zu verlassen. Die meisten meiner Mitarbeiter folgten mir nach. Während der folgenden 26 Jahre verlor ich jeglichen Kontakt mit der UdSSR. Spärliche Nachrichten konnte ich gelegentlich noch einer Korrespondenz zwischen meinem ehemaligen Fahrer und einem meiner Söhne entnehmen, die beide Briefmarkensammler waren und aus diesem gemeinsamen Interesse heraus noch eine Zeitlang in Briefwechsel standen.

Wiederbesuch der UdSSR im September 1959

Im Frühjahr letzten Jahres erhielt ich die Einladung der Hamburger »Bewobau«, mich einer Gruppe deutscher Wohnungsbaufachleute und Bankiers zu einer vierzehntägigen Besichtigungsreise nach der UdSSR anzuschließen. Gleichzeitig wurde ich aufgefordert, auf Wunsch der sowjetischen Architektenverbände in Moskau und Leningrad Vorträge über Städtebau und Wohnungswesen in der Bundesrepublik zu übernehmen. Gern folgte ich dieser Einladung, da sie mir die Möglichkeit bot, mich nach Ablauf von nahezu einer Generation persönlich über Wandlungen und Fortschritte auf meinen Fachgebieten zu überzeugen. Darüber hinaus freute ich mich darauf, daß ich hierbei mit großer Wahrscheinlichkeit wieder mit einigen meiner früheren russischen Mitarbeiter in Berührung kommen würde.
Die Reiseroute, größtenteils im Fluge, führte über Kopenhagen, Helsinki, Leningrad, Moskau nach der Krim und zurück über Minsk, Brest, Warschau und Kopenhagen. Den kurzen

Aufenthalt in Helsinki benutzte ich, um mir erneut zwei Meisterwerke Alvar Aaltos anzusehen: das Verwaltungsgebäude einer Versicherungsanstalt (Bauwelt 1958, Heft 4) sowie ein Kulturzentrum. Beglückt stellte ich wieder fest, daß es neben allen gerasterten Streichholzkästchen unserer Heimat noch so etwas wie Bauten selbständiger, bewegter Gestaltungskraft gibt, Bauten, die mir den Weg zu einer kommenden Baukunst zu weisen scheinen.

Leningrad

In Viborg überschritten wir die sowjetische Grenze. Gleich der erste Eindruck jenseits der Pfähle kündete grundsätzliche Wandlungen an. In denkbar legerer und höflicher Weise wurden die Grenzformalitäten erledigt. Der Bahnhof strahlte geradezu vor blitzblanker Sauberkeit, die künstlichen Palmen und Spruchbänder waren verschwunden. Nur ein Denkmal Lenins beherrschte die Eingangshalle. In der Nacht erreichten wir Leningrad – und wiederum eine große Überraschung. Nach Presseberichten der Kriegs- und Nachkriegszeit erwartete ich, die historische Innenstadt Leningrads als Trümmerfeld wiederzufinden. Statt dessen fand ich ein unverändertes Stadtbild, genauso wie ich es 1933 verlassen hatte. Ich erhielt im selben Hotel, dem Astoria, Unterkunft, in dem ich bei meinen damaligen Aufenthalten abgestiegen war. Die Einrichtung bestand noch immer aus gleichen Plüschmöbeln; nichts hatte sich geändert. Am Isaaksplatz stand unverändert die Kathedrale und dem Hotel gegenüber die ehemalige deutsche Botschaft von Peter Behrens. Auch die großartige Admiralität, die wie das Schloß in Karlsruhe ein fächerförmig ausstrahlendes System von Straßen, darunter den ehemaligen Newski-Prospekt, beherrscht, überstrahlte noch immer mit ihrer goldenen Turmspitze das Stadtbild. Leningrad, dieses städtebauliche Meisterwerk, von dem Genie Peters des Großen inspiriert und in wesentlichen Teilen erbaut, steht unverändert. In alter Großartigkeit reihen sich die Monumentalbauten und ehemaligen Wohnungen des Adels längs der Newa auf, beherrscht von der Peter-und-Pauls-Festung auf dem Nordufer und dem gegenüberliegenden Winterpalais mit dem Querriegel der klassizistischen Börse. Noch immer bedeutend in seiner monumentalen Wirkung der Platz des 5. Oktober mit seinem mächtigen Bogenmotiv, das den Pagenbau durchstößt. Erhalten sind auch die Meisterwerke des von Peter aus Italien berufenen Rastrelli, das Winterpalais sowie das Smolnyi-Kloster, beide in russischem Rokoko erbaut. Das gleichfalls von ihm errichtete Zarenschloß im heutigen Puschkin, dem früheren Zarskoje Selo, soll leider erhebliche Zerstörungen erlitten haben. Als ich sowjetischen Kollegen gegenüber mein Staunen über die unversehrte Beschaffenheit der Innenstadt Leningrads zum Ausdruck brachte, klärte man mich darüber auf, daß der Krieg allerhand Zerstörungen bedeutsamer Bauwerke auch im Zentrum der Stadt verursacht hatte, daß diese aber, wie ich bestätigen muß, meisterhaft wiederhergestellt waren.

Eine umfangreiche Neubautätigkeit ließ in den letzten Jahrzehnten neue Wohnquartiere entstehen. Massivbauten haben vielerorts die ehemaligen primitiven Holzbauten verdrängt. Hatte man bisher die Stadt nach dem Inland zu erweitert, so hat man sich neuerdings entschlossen, sie nach dem Finnischen Meerbusen hin auszudehnen. Durch Aufschüttung vermehrt man hier das wertvolle Bauland. In beträchtlichem Maße schafft man neue Grünanlagen und Sportplätze. Unmittelbar an den Finnischen Meerbusen angrenzend, hat man durch Aufschüttung in überzeugend einfacher Konstruktion ein Stadion für 100 000 Menschen errichtet, das den Abschluß einer überdimensional angelegten, noch stark formalistisch gehaltenen Grünachse bildet. Demgegenüber macht sich im Siegespark bereits eine freiere Landschaftsgestaltung bemerkbar.

Moskau

In Moskau erwartete mich die gleiche Überraschung wie in Leningrad. Auch hier keine Trümmer oder zumindest keine einschneidenden Veränderungen des Stadtbildes. Die Innenstadt hat ihren Charakter unverändert bewahrt. Dies gilt sowohl für den Roten Platz als auch für den Kreml. Bei näherer Betrachtung stieß ich dann doch auf einige entscheidende Neuerungen. Dem Kremlpark gegenüber neben dem Grandhotel hatte man einen ganzen Häuserblock beseitigt und einen weiträumigen Platz geschaffen. In der ehemaligen Twerskaja hat man die wertvollen achtgeschossigen Gebäude der einen Straße abgesägt und zwecks Verbreiterung der Straße um 16 m verschoben. Man versicherte mir, daß dieser Vorgang je Haus nur 22 Stunden beansprucht und daß man Wege gefunden habe, um das Funktionieren der Versorgungsleitungen während des Transports aufrechtzuerhalten. Ich muß die Gewähr für die Richtigkeit dieser Angaben meinen Informatoren überlassen.

Überall staunt man über die üppige Breite der Hauptverkehrsadern, die mit 100 bis 120 m dimensioniert sind. Diese Weiträumigkeit erklärt wohl auch die merkwürdige Tatsache, daß es in der Innenstadt keine Geschwindigkeitsbegrenzung gibt, während außerhalb Moskaus eine Fahrgeschwindigkeit von 60 km/h nicht überschritten werden darf. Fußgänger dürfen bei rotem und grünem Licht die Straße kreuzen. Die Autofahrer sind für ihre Sicherheit verantwortlich. Das Linksabbiegen an Kreuzungen ist grundsätzlich untersagt. Man schwenkt einige hundert Meter hinter der Kreuzung ein.

Die Zahl der Autos ist nach unseren Begriffen noch immer gering, wenn auch wesentlich größer als vor dreißig Jahren. Die »Istwostschiki«, die berühmten Droschkenkutscher von

einst, sind aus dem Stadtbild verschwunden. Das ganze Straßenleben ist modernisiert.
Einer meiner ersten Wege in Moskau galt dem Roten Platz. An seinem Eingang stand vor dreißig Jahren in großen Buchstaben zu lesen: religia opium dlja narod (Religion ist Opium fürs Volk). Ich fand die Inschrift sorgfältig beseitigt. Nirgends mehr sah ich jene antireligiösen Plakate, die bei meinem ersten Rußlandaufenthalt überall angeschlagen waren. Eine antireligiöse Propaganda wird offenbar in der Öffentlichkeit nicht berieben. Allerdings ist die Zahl der Kirchen, in denen Gottesdienst stattfindet, beschränkt. Eine Dolmetscherin sagte bei einer Führung durch den Kreml: 48 Kirchen »rabotajut« (arbeiten!). Daß man der Kirche – soweit sie sich innerhalb des vertraglich vereinbaren Rahmens bewegt – in der UdSSR offenbar keine Hindernisse mehr bereitet, konnte ich auch bei einem Besuch in dem 70 km von Moskau entfernten Zagorsk feststellen. Hier werden in einem Priesterseminar griechisch-orthodoxe Priester ausgebildet. Der ausgedehnte, architektonisch hochinteressante Komplex enthält in seiner ältesten Kirche Ikonen von einmaliger Schönheit. In der mystischen Atmosphäre dieses Baues drängten sich die Gläubigen, die vorwiegend aus alten Frauen und einigen wenigen älteren Männern bestanden.
Spricht man vom äußeren Straßenbild, so müssen auch die Läden erwähnt werden. Noch immer existiert das Warenhaus Gum am Roten Platz. In den zahlreichen Verkaufsstätten aller Art in den verschiedenen Teilen der Stadt kommt so recht der immer noch sehr starke Unterschied zwischen westlichem und östlichem Lebensstandard zum Ausdruck. Die Waren sind primitiv in ihrer Qualität und ihre Auswahl nach unseren Begriffen außerordentlich beschränkt. Dabei sind die Preise sehr hoch. Beziffert man das Durchschnittseinkommen eines russischen Arbeiters oder Angestellten mit 600 bis 800 Rubel, so erhellt aus den nachfolgenden Beispie-

len, wie schwer es ihm fallen muß, sich den Luxus des Einkaufs besonders von Textilien und Schuhwerk zu gestatten.

1 Kleid .... 300 bis 700 Rubel
1 Herrenanzug (mäßige Qual.) .. 1000 bis 2500 Rubel
1 Oberhemd .... 165 bis 200 Rubel
1 Paar Schuhe .... 200 bis 300 Rubel
1 solider Mantel .... 2000 bis 2500 Rubel usw.

Eine Ausnahme machen Bücher. In auffallend großer Zahl findet man Buchläden über die Städte ausgestreut. Für wenig Geld vermag die Bevölkerung ihren Hunger nach Literatur aller Gattungen zu stillen.

Die Wohnung

Gegenüber den hohen Preisen für die große Mehrzahl aller Waren, die praktisch eine schwer lastende indirekte Steuer bedeuten, scheinen die Mieten außerordentlich niedrig zu liegen. Sie betragen 5 % des Einkommens und sind in keinem Falle höher als 1,30 Rubel/m² Wohnfläche. Die Mietberechnung wirkt sich demnach einseitig zugunsten der höheren Einkommensschichten aus. Zur Zeit rechnet man auf den Kopf der Bevölkerung 9 m² Wohnfläche, für eine vierköpfige Familie demnach 36 m²; allerdings berechnen die Russen die Wohnfläche unter Ausschluß von Flur, Bad und Küche, so daß bei Einbeziehung dieser Raumflächen die Normalwohnung einer vierköpfigen Familie 50 m² groß ist. Ebenso wie die Höhe des Einkommens – Akkordarbeiter verdienen bis zu 2000 Rubel im Monat und darüber, die Gehälter des leitenden Personals von Baustoff- und anderen Fabriken liegen noch ganz wesentlich höher – ist auch der Wohnraum je Kopf erheblichen Schwankungen ausgesetzt. Man versicherte mit, daß Intellektuelle den doppelten Wohnraum eines Handarbeiters zugeteilt erhalten.

Was den Prozentanteil der verschiedenen Wohngrößen an

dem Gesamtprogramm betrifft, so dürften die uns in Minsk mitgeteilten Zahlen mehr oder weniger Allgemeingültigkeit haben. Hiernach werden 10 % der Wohnungen als Einzimmerwohnungen, 75 % als Zweizimmerwohnungen und 15 % als 4- bis 5-Zimmerwohnungen gebaut. Nach dem Vorrang der schwerindustriellen Erzeugung steht der Wohnungsbau heute an zweiter Stelle. In allen Städten, die wir besuchten, verkündete man große Programme, die auf den entschlossenen Willen hindeuten, die immer noch bestehende Wohnungsnot kurzfristig zu bewältigen. In Moskau zum Beispiel wird nach Mitteilungen des Chefplaners folgendes Programm ausgeführt:

Bisherige Produktion .... 2,5 Mill. m^2 Wohnfläche/Jahr
1959 .... 2,7 Mill. m^2 Wohnfläche/Jahr

Ziel: Eine schrittweise Steigerung auf 4 Millionen m^2 Wohnfläche/Jahr. Rechnet man den eigentlichen Stadtbezirk von Moskau – also nicht den Großraum Moskau –, so beträgt dessen Einwohnerzahl 5 Millionen, das heißt, daß bei Zugrundelegung des gegenwärtigen Tempos des Wohnungsbaues etwa im gleichen Umfang gebaut wird wie in Hamburg.

Die Organisation der städtebaulichen Planung erfolgt in stark besetzten Zentralbüros. Das Büro des Chefplaners von Moskau umfaßt insgesamt 3300 Köpfe. Der Wohnungsbau gehorcht ausschließlich der Verwendung von Typen, die gelegentlich Kommissionen von Verwaltungsmitgliedern, Architekten und Mietern zur Begutachtung vorgelegt und je nach dem Ergebnis abgeändert oder weiterverwendet werden.

Die Ausstattung der Wohnungen ist im allgemeinen sehr schlicht. Immerhin sahen wir eine Anzahl Wohnblöcke mit Einbauküchen, die sich von den unsrigen nur wenig unterscheiden.

Es fiel mir auf, daß die Möblierung noch nicht entfernt westeuropäischen Standard erreicht hat. Nirgends sahen wir einen Ansatz zu qualitativ hochstehenden und formal einwandfreien Möbeln. Da man auf dem Gebiet der Küchenausstattung bereits im Begriff ist, sich dem westeuropäischen Standard anzugleichen, kann wohl kein Zweifel darüber bestehen, daß es nur eine Frage der Zeit ist, bis man auch in der UdSSR der Möblierung der Wohnungen die ihr gebührende Aufmerksamkeit zuwenden wird.

Städtebauliche Gesamtkonzeption

Bezüglich der städtebaulichen Gesamtkonzeption in der UdSSR zeigt sich insbesondere seit der Chruschtschow-Rede auf dem 20. Parteitag des Jahres 1956 eine deutlich wahrnehmbare Annäherung an westliche Grundsätze. Die Untergliederung der Stadtkörper in Quartale, die man schon vor dreißig Jahren systematisch betrieb, bildet auch heute das Grundprinzip städtebaulicher Gesamtplanung. Man nennt heute die Quartale »Mikrorayons«. Ihre Größen schwanken in ähnlicher Weise wie die unserer »Nachbarschaften«. Wesentlich intensiver als im Westen betreibt man die Ausstattung der Wohnbezirke mit sozialen Folgeeinrichtungen. Wie bereits weiter vorn erwähnt, hat auch die Großstadterweiterung durch Trabanten neuerdings im sowjetischen Städtebau Eingang gefunden, und sowohl Leningrad wie Moskau und Minsk haben bereits mit dem Bau solcher Trabanten begonnen. Dabei ist man uns mit einer wissenschaftlich betriebenen Standort- und Raumplanung weit überlegen. Man hat erkannt, daß das Wachstum der Großstädte vorzugsweise auf den Zuzug industrieller Unternehmungen zurückzuführen ist. Demgemäß hat man bereits für Leningrad und Moskau die Niederlassung weiterer industrieller Unternehmungen gesperrt. In einem für unsere Begriffe unerhörten Tempo sind im ganzen Land neue Städte aus der Erde geschossen. Zwischen 1926 und 1956 hat man 564 Städte erbaut, und die Zahl der Großstädte wuchs in diesem Zeitraum von 31 auf 135.

Bemerkenswert ist die immer stärker um sich greifende Auflockerung des Mikrorayons. Den häufig bis zu zehngeschossigen Wohnblöcken mit allseitiger Umbauung aus den vergangenen Jahrzehnten – an einer Stelle in Moskau hat man ein riesenhaftes Wohnhochhaus mit Turmaufsatz gebaut – wird mehr und mehr eine vier- und fünfgeschossige Bebauung vorgezogen. Selbst Flachbau in Form standardisierter Ein- und Zweifamilienhäuser wird projektiert und gelegentlich auch ausgeführt. Man berichtete uns in Lenigrad, daß solche Betonbauten serienmäßig hergestellt werden, daß Interessenten die Auswahl unter fünf verschiedenen Typen haben und daß der Staat für solche Bauten Kredite gibt. An sich ist das Bedürfnis nach Einfamilienhäusern den Städtern eingeboren. Noch heute ist es in den großen Städten üblich, daß breite Schichten der Bevölkerung im Sommer auf die »Datsche« ziehen. Man mietet bei den Ortschaften in der freien Umgebung der Städte oft malerisch in Waldungen eingelagerte erdgeschossige oder zweigeschossige Blockhausbauten oder auch nur Einzelzimmer darin und fährt täglich mit dem elektrischen Triebwagen zur Arbeit. Man vermeidet auf diese Weise das drückende Klima in den dichtern Mauern der Großstädte während der heißen Zeit. Wieweit die eben beschriebenen standardisierten Betonbauten als Ersatz für solche Datschen gedacht sind, und wieweit sie als Vorortsiedlungen an der unmittelbaren Peripherie der Städte errichtet werden, konnte ich bei der Kürze meines Aufenthalts nicht feststellen.
Wie in Lenigrad, sind auch in Moskau ganze Stadtteile mit flachgeschossiger Holzbauweise modernen Massivbauten gewichen. Eines der Hauptentwicklungsgebiete ist der Südwestbezirk Moskaus. Hier ist das Milliardenprojekt der Lomonossow-Universität entstanden. Ein Bau mit 2200 Zimmern, der auch 6000 Wohnungen für Studenten beherbergt. Im weiten Umkreis um diesen Bau, der die Stadt weithin beherrscht, wird ein großes Wohnungsprogramm ausgeführt,

das nachgerade die historische Entwicklung des Städtebaues in der UdSSR darstellt. Jeder Mikrorayon ist gegenüber seinem Vorgänger eine Verbesserung hinsichtlich der Auflokkerung, der Durchgrünung, aber auch der Architektur. Die Planungen der neuesten Wohnviertel in diesem Gebiet unterscheiden sich nur noch wenig von den westlichen.
Auf einem Gebiet ist uns dabei die UdSSR voraus: In allen größeren Städten, die wir besichtigten, hat man die Individualheizung durch Fernheizung mit Erdgas ersetzt, das Hunderte von Kilometern weit herangeführt und in großen Gasometerkomplexen gesammelt wird.
Eine durchaus moderne Konzeption zeigt auch die Projektierung des ersten Moskauer Trabanten Krjukowo mit seiner fein empfundenen Ausnutzung der topografischen Gegebenheiten.
Immer wieder konnte ich anläßlich meiner Vorträge in Moskau und Leningrad auf die enger werdende Verwandtschaft unserer städtebaulichen Ziele hinweisen. Die außerordentlich warmherzige Art, mit der man meine Darlegungen aufnahm, die überaus herzliche Begrüßung seitens meiner früheren Mitarbeiter bewiesen mir, daß, wenn uns schon politische Ideologien trennen, menschlicher Kontakt auf dem Gebiet der fachlichen Zusammenarbeit nicht nur seitens der Russen begrüßt wird, sondern ihnen geradezu erwünscht erscheint.
Allerdings mußte ich bei meinen Vorträgen das große Handicap zugeben, unter dem der westdeutsche Städtebauer zu arbeiten hat: den Mangel einer zeitgemäßen Bodenordnung.

Mechanisierung des Bauwesens

Um die Verwirklichung der gigantischen Bauprogramme sicherzustellen, hat man in der UdSSR umwälzende Maßnahmen ergriffen. Vier Umstände werden für diese Maßnahmen genannt:

1. Mangel an gelernten Arbeitskräften;
2. Knappheit an Baustoffen traditioneller Art;
3. Die Notwendigkeit, die kurze Bausaison zu strecken;
4. Der Wunsch, die Baukosten durch Massenerzeugung genormter Bauelemente zu verbilligen.

Heute bereits – so berichtete man uns – werden in einer Anzahl von Städten bis zu 70% der Wohnbauten nach mechanisierten Verfahren erzeugt. Selbst wenn dieser Prozentsatz durch rosige Brillen gesehen sein sollte, konnten wir uns bei unseren Rundfahrten in allen besichtigten Städten durch den Augenschein davon überzeugen, wie die altmodischen Baustellen mit ihren primitiven handwerklichen Prozessen moderner Kranmontage gewichen sind. Man errichtete eine große Anzahl Fabriken, in denen Bauteile in den verschiedensten Techniken vorfabriziert werden. Am wenigsten überzeugten uns vorfabrizierte Blöcke im Format 51/120/134 cm, die unter Verwendung normalformatiger Ziegel im Rüttelverfahren vermörtelt werden. Wesentlich stärker überzeugten die Baustellen, auf denen Siporex-Platten verwendet werden, und wiederum andere, die mit geschoßhohen Wandgroßplatten, mit fertig montierten Fenstern und Türen arbeiten. Decken werden als vorgespannt armierte großformatige Hohlkörperplatten erzeugt, desgleichen Treppen, Podeste und Balkonplatten. In Leningrad hatten wir Gelegenheit, unter der Führung einer technisch ausgezeichnet beschlagenen Ingenieurin ein solches Werk zu besichtigen. Es ist noch ein relativ primitives Fabrikationsverfahren, das noch zuviel Handnacharbeit erfordert. Die Montage auf den Baustellen läßt noch viel Genauigkeit zu wünschen übrig. Trotzdem kann es angesichts der gigantischen Leistung, die man auf diesem Gebiet bereits vollbracht hat, keinem Zweifel unterliegen, daß man sich allmählich zu einer befriedigenden Akkuratesse der Montage durchkämpfen wird. Bezüglich der Zeitersparnis auf der Baustelle berichtete man uns, daß man einen vierstöckigen Wohn-

block in einer Bauzeit von einem bis zwei Monaten im Rohbau hochführt.
Im allgemeinen beschränkt sich die Mechanisierung des Bauens auf den Rohbaukörper. Jedoch sahen wir auch einzelne Beispiele, bei denen fertig montierte Installationszellen mit Bad und WC vom Kran in die Bauten eingebracht wurden.
Die große Gefahr einer jeden Mechanisierung im Wohnungsbau drängt sich dem Besucher allerdings in der Sowjetunion in besonders starkem Maße auf: die trostlose Monotonie ganzer Wohnbezirke. Sie muß besonders dort deutlich in Erscheinung treten, wo es noch an einer neuzeitlichen Gliederung der Baukörper, ihrer Höhenstaffelung und ihrer Umgrünung mangelt. Nirgends hatte man den Versuch gemacht, die Farbe zur Belebung des Stadtbildes zu verwenden. Ich wies auf diesen Mangel in meinen Vorträgen hin, indem ich erfolgreiche Beispiele farbiger Belebung westdeutscher Siedlungen im Lichtbild vorführte und gleichzeitig die sowjetischen Kollegen an ihre eigene Bautradition erinnerte. Hat doch so ein bedeutender Baukünstler wie Rastrelli die Farbe stets als wesentliches Element bei seinen Bauschöpfungen berücksichtigt.

Die Architektur im »Sozrealismus«

Spricht man bei uns in Fachkreisen von den Leistungen unserer sowjetischen Kollegen während der letzten Jahrzehnte, so kann man immer wieder feststellen, wie man diese in Bausch und Bogen mit einem Lächeln abtut. Hier soll nicht versucht werden, die Geschmacklosigkeit, die unsachliche Überladung zahlreicher Wohnfassaden wie auch öffentlicher Gebäude zu beschönigen. Bauten, wie das Hotel Ukraine in Moskau, der in ähnlichen Formen gehaltene Baukörper des Innenministeriums, ein wiederum kaum zu unterscheidender Wohnhochblock und endlich die Lomonossow-Universität legen Zeugnis dafür ab, wie man, blind gegenüber der Funktion, der Versuchung unterlegen ist, durch prunkhafte Repräsentation am falschen Platz die Massen zu beeindrucken. Durchaus falsch ist es aber, wenn wir diese Kritik ohne Kenntnis des umfangreichen Bauvolumens der UdSSR verallgemeinern. Ich habe in Leningrad wie auch in Moskau und Minsk zahlreiche städtebaulich-architektonische Gruppierungen gesehen, die zwar in ihrer äußeren Form nicht unseren heutigen Idealen entsprechen, die aber bei objektiver Bewertung besser sind als manche bei uns nach dem Krieg entstandenen modernistischen Komplexe. Immerhin konnte ich bei der Aussprache mit Kollegen feststellen, daß man die Periode des »Sozrealismus« als überwunden betrachtet und sich danach sehnt, sie durch eine zeitgemäße sachliche Formsprache ersetzen zu können. In den Räumen des Architektenverbandes in Moskau, in denen ich meinen Vortrag hielt, war gerade der noch unentschiedene Wettbewerb für einen Sportpalast, der in der Nähe der Lomonossow-Universität errichtet werden soll, ausgestellt. Keiner der Entwürfe zeigte mehr eine Annäherung an die »Hochzeitskutschen-Architektur«, jene schlimmsten Auswüchse der vergangenen Epoche. Noch fehlte den meisten die lockere Freiheit der Gestaltung, aber sie waren von einfacher Klarheit der großen Formen und verzichteten auf eine billige Ornamentik. In Leningrad sahen wir das Projekt einer Schule, das sich mit besten deutschen Arbeiten auf diesem Gebiet vergleichen kann, und die Projekte der Studenten der Architektur-Hochschulen aus der jüngsten Zeit zeugen dafür, daß wir und unsere sowjetischen Kollegen bald wieder eine gemeinsame architektonische Sprache sprechen werden.

[*Bauwelt*, November bis Dezember 1964]

Ernst May
Wieder in der Sowjetunion

Professor Dr.-Ing. E. h. Ernst May, Hamburg, ist vor wenigen Wochen von einer Reise durch die Sowjetunion zurückgekehrt. Diese Reise war Bestandteil des »Deutsch-Sowjetischen Kulturaustauschs«; ihre Ergebnisse sind von besonderer Bedeutung, weil sowohl May als auch Professor Werner Hebebrand, Hamburg, Vergleiche ziehen konnten zu den Verhältnissen, die in der Sowjetunion zur Zeit ihrer eigenen Tätigkeit vor drei Jahrzehnten herrschten. Wir werden Mays Bericht in mehreren Fortsetzungen drucken. Red.

[I.]
Maßstäbe

Zu den Mitgliedern der deutschen Delegation der Rußland-Reise gehörten außer mir Architekt Dittrich, Nürnberg, Prof. Dr. h. c. Hebebrand, Hamburg, und Professor Dr. Hollatz, Essen. Unser Aufenthalt beschränkte sich auf 14 Tage; ich selbst mußte wegen einer Terminbindung bereits nach 11 Tagen zurückkehren. In der knappen zur Verfügung stehenden Zeit legten wir im Fluge 15 000 km zurück. Das bedeutet, oberflächlich betrachtet, einen Triumph moderner Verkehrstechnik. Die Schattenseite ist jedoch, daß die Geschwindigkeit heutiger Beförderungsmittel uns gerade dessen beraubt, was ein vertieftes Erleben einer solchen Reise erfordert: den langsamen Wechsel des Landschaftsbildes, der Menschen, des Klimas, der uns schrittweise auf das Neue, das Fremdartige, das uns erwartet, vorbereitet. In solchem Tempo liegt die Gefahr, daß wir uns kaum aus unserer gewohnten Alltags-Denk- und Lebensweise loszulösen vermögen und damit einen falschen Maßstab bei der Beurteilung der Dinge anlegen. Ohne Berücksichtigung der landschaftlichen, historischen, gesellschaftlichen und wirtschaftlichen Sonderheiten der bereisten Gebiete kann ein gerechtes Urteil nicht zustande kommen.

Es ist weiterhin erforderlich, vor einer Stellungnahme zu den Geschehnissen in einem Lande wie der Sowjetunion zu prüfen, inwieweit die Startbedingungen vor dem Beginn des Wettlaufes mit dem Ziele der Anpassung der Menschen an die letzten Errungenschaften von Wissenschaft, Technik und Kultur denen unseres Lebenskreises glichen. Man sollte sich auch davor hüten, vorauszusetzen, daß gewisse westliche Entwicklungsvorgänge jenseits des Eisernen Vorhanges ohne weiteres als erstrebenswert akzeptiert werden. Ich denke hierbei, um nur ein Beispiel zu nennen, an die Entwicklung der westlichen Kultur zum Gegenstandslosen, die im Osten keineswegs als verbindlich anerkannt wird.

Auch bezüglich der städtebaulichen Tendenzen des Westens hegt der Osten manche Vorbehalte, die aus den gänzlich anders gearteten gesellschaftlichen Gesichtspunkten heraus verstanden werden müssen. Wir haben uns im Westen nach dem Ende absolutistischen Herrschertums von einem repräsentativen Städtebau grundsätzlich abgewandt und planen in sogenannter freier Raumgestaltung. Demgegenüber erstrebt der Osten auch heute noch, bei aller Auflockerung, Einordnung der Bauten in einen klar erkennbaren formalen Rahmen, wobei man aber neuerdings bemüht ist, die Funktionen gesunden Wohnens mit einwandfreier Belichtung und Besonnung weitgehend zu berücksichtigen. Bei dem Versuch, nach unserer heutigen Betrachtungsweise den gegenwärtigen russischen Städtebau zu beurteilen, kämen wir zu einer einseitigen Ablehnung dieser Planungen. Dabei ist doch heute schon erkennbar, daß in den jüngsten Städtebau-Projekten der Bundesrepublik Bestrebungen deutlich erkennbar sind, anstelle einer auf Formgestaltung gänzlich verzichtenden Auflockerung mehr oder weniger geschlossene Raumbildungen einzuführen.

Lebensweise

Auch die ungeheure Anstrengung der Sowjetunion auf dem Gebiete des Erziehungs- und Bildungswesens – man wendet für die Erziehung Jugendlicher annähernd den fünffachen Betrag dessen auf, was die Bundesrepublik zur Zeit für ausreichend hält – kann nur verstanden werden, wenn man die historische Tatsache berücksichtigt, daß unter dem Zarismus Volksbildung künstlich unterdrückt wurde, Intellektuelle vielfach ohne weiteres mit Staatsfeinden identifiziert wurden, so daß der heutige Drang zur Bildung immer noch als natürliche Reaktion auf diese Unterdrückungsperiode angesehen werden muß.

Neben der Vermittlung fachlicher Kenntnisse über den heutigen Stand bzw. die Entwicklungstendenzen auf den Gebieten der Architektur und des Städtebaues erstrebt der Austausch nationaler Delegationen auch menschliche Kontakte. Für unsere Delegation ist dieses Ziel – in dem engen gegebenen Rahmen – erreicht worden. Wohin wir kamen, wurden wir außerordentlich herzlich empfangen.

Politik wurde nicht erörtert, ein jeder nahm die Weltanschauung des Partners als gegebene Tatsache hin. Die Reiseformalitäten waren makellos organisiert und an jedem Ort war für einwandfreie Unterkunft und beinahe überreichliche Verpflegung Sorge getragen.

Aus der Kürze des Besuches folgt, daß unser Einblick in die allgemeinen Lebensbedingungen der Bevölkerung nur relativ oberflächlich sein konnte. Immerhin konnten wir feststellen, daß die Menschen durchweg gediegen gekleidet und gut ernährt waren. Läden waren oft in überreichem Maße in den Wohnbauten eingebaut und boten eine gegenüber den Beobachtungen anläßlich früherer Besuche wesentlich reichere Auswahl an Waren. Luxus war allerdings nirgend wahrzunehmen. Die Menschen machen im allgemeinen einen ernsten – für unsere Begriffe zu ernsten – Eindruck. Man sieht nur wenig Heiterkeit, nicht einmal bei den Tanzveranstaltungen in den Intourist-Hotels mit ihrer westeuropäischen Vorbildern gleichenden Musikberieselung. In Baku und Taschkent waren die Straßen und Plätze im Stadtzentrum bis in die späten Abendstunden dicht belebt. Relativ beengte Wohnungsverhältnisse, das warme Klima, das Offenhalten der Läden bis in die späten Nachtstunden mögen hierfür wesentlich verantwortlich sein. In den Parks wandern Paare. Die zahlreichen Bänke in den öffentlichen Anlagen sind besetzt. Automaten spenden für wenige Kopeken Limonade und andere gekühlte Getränke. Cafés und Teestuben sind allenthalben vorhanden.

Verkehrswesen

Erhebliche Aufmerksamkeit widmeten wir den bei uns immer mehr in den Vordergrund tretenden Verkehrsproblemen. Da wir sämtliche Reisen mit dem Flugzeug zurücklegten, konnten wir uns ein einigermaßen klares Bild über die Entwicklung des Flugwesens verschaffen. Die Weiträumigkeit des Landes fördert den Flugverkehr in ganz besonderem Ausmaße, alle Kreise der Bevölkerung bedienen sich dieses Verkehrsmittels. Moskau ist mit einem Kranz von Flughäfen umgeben, die bezüglich Organisation, aber auch technischer Durchbildung einen hohen Stand zeigen. Die Flughäfen von Wnukowo, Domotjetawo und Tscheremedjowo – um nur die bedeutendsten zu erwähnen – liegen 30 bis 40 km von Moskau entfernt und sind durch ausgezeichnete Straßen mit der Hauptstadt verbunden. So führt von Tscheremedjowo eine vierspurige Autostraße zur Stadt, parallel zu ihr ein elektrischer Triebwagen, und zusätzlich plant man eine Alwegbahn-Verbindung, um den erheblichen Verkehr bewältigen zu können. An jedem Flughafen sind zahlreiche Flugzeuge der Typen Iljuschin 14 und Tjupalew 104 in Bereitschaft. Der Verkehr wird mit mathematischer Pünktlichkeit abgewickelt. In großen Maschinen gibt es Stewardessen wie bei uns. Der Service ist höchst einfach – auf kurzen Strecken ein Glas Mineralwasser. Die kleineren Maschinen werden durch Stewardessen abgefertigt, die vor dem Abflug das Flugzeug verlassen.

Vom Chaos unserer innerstädtischen Motorisierung ist wenig zu spüren. Nur in Moskau ist der Autoverkehr etwas dichter, wenn auch unbedeutend im Vergleich zu westlichen Stadtzentren. Um so erstaunlicher ist die auffällige Breite der Straßen, insbesondere der Magistralen, die gelegentlich zwischen den begrenzenden Randbauten 100 bis 200 m breit sind. Frühzeitig hat man in der UdSSR erkannt, daß nur durch den Ausbau der öffentlichen Verkehrsmittel der innerstädtische Verkehr zu bewältigen ist. Daher hat man den Ausbau zielstrebig vorangetrieben. Bei meinem ersten Aufenthalt in Rußland in den Jahren 30 bis 33 wurde an der ersten Untergrundbahn in Moskau gebaut. Der erste Zug fuhr im Jahre 1935, und seither hat die Bahn 19 Milliarden Fahrgäste befördert. Sie besitzt heute 100 km zweigleisige Strecken und 69 unterirdische Stationen und kann in 24 Stunden 3,5 Millionen Fahrgäste befördern. Die Fahrkarte kostet 5 Kopeken, sie wird von Automaten ausgegeben. Man kann mit dieser Karte jedes Ziel der Untergrundbahn erreichen und beliebig oft umsteigen. Sämtliche Untergrundstationen sind durch Rolltreppen mit den Vorhallen verbunden.

Wenn es relativ wenig Privatfahrzeuge in den Straßen gibt, so fällt dagegen die große Zahl der zu jeder Tag- und Nachtstunde verfügbaren Taxis auf. Es ist schwer vorauszusehen, inwieweit das Privatauto sich in der UdSSR durchsetzen wird.

Das Garagenproblem ist im allgemeinen noch ungelöst. In Moskau stellte man zunächst den Wagen auf der Straße ab, dann wurden Metallfertiggaragen verkauft, die sich Autobesitzer in den Innenhöfen der Wohnblöcke aufbauten, und neuerdings bilden sich Genossenschaften von Autobesitzern, die gemeinsam und oft in nicht unerheblichen Entfernungen von den Wohnbezirken Gruppengaragen errichten.
Die strengen russischen Winter veranlassen viele private Autobesitzer, ihre Wagen im Winter abzustellen, häufig bei ihrer Datsche (der Sommerwohnung in der Umgebung der Stadt).
Unsere Fragen nach den Normen für Abstellflächen in Verbindung mit der heutigen Stadtplanung wurden sehr verschiedenartig beantwortet. So rechnet man in Sumgait – einem Trabanten Bakus – auf 1000 Einwohner nur 20 bis 30 Wagen, während man in Taschkent eine Saturierung bei 10:1 erwartet.
Im übrigen ist neben den Untergrundbahnen der Großstädte der Trolleybus noch vielfach in Gebrauch. In Wolgograd (dem früheren Stalingrad) arbeitet man auf ein Verkehrsnetz hin, das die Anreisezeit für jeden Bewohner sowohl zwischen Wohnung und Arbeitsplatz als auch zu einem Erholungspark auf 20 bis 25 Minuten beschränkt.

[II.]
Wohnungsbau

Der Wohnungsbau bildet den bei weitem umfangreichsten Teil der Bautätigkeit. Immer wieder staunt man über die quantitativ außerordentlichen Leistungen, die auf diesem Gebiete erzielt wurden. 1917 hatten in Rußland nur Moskau und Leningrad über 1 000 000 Einwohner. 1962 gab es bereits acht Millionenstädte. Insgesamt wurden seit 1917 in der Sowjetunion 2870 neue Städte erbaut, von denen 27 heute schon eine Einwohnerzahl von 500 000 haben. So anerkennenswert aber die Quantität des baulichen Geschehens auch immer ist, die

Qualität läßt noch erheblich zu wünschen übrig. Dabei wird deutlich, daß in einzelnen Zweigen des Hochbaues ein hohes Maß von Vollendung festzustellen ist; offenbar weil dort die besten Kräfte tätig sind, und auch wohl die finanziellen Mittel in erheblich größerem Umfang bereitgestellt werden.

Verschiedene Bautechniken finden nebeneinander Verwendung: vom primitiven Holzbau in der Provinz angefangen über den normalen Ziegelbau bis zur Vermauerung von Silikat und Hausteinblöcken. In Baku sahen wir zahlreiche Bauten mit Steinplatten im Format 8 × 20 × 20 cm verkleidet, da am Orte und in unmittelbarer Nähe ein guter Sandstein gefunden wird. Ganz allgemein scheint sich in der UdSSR allmählich das Bauen mit vorfabrizierten Bauteilen einzubürgern. In Moskau und Leningrad umfaßt der Montagebau heute schon 50 bis 60 Prozent. Durchweg finden geschoßhohe Platten Verwendung, und zwar nach dem Camus-Verfahren; neuerdings auch nach einem Viero-Betonwalzverfahren, das Betonplatten für 1300 Wohnungen im Jahr fabriziert, wobei die einzelnen Platten mit zwei fertig einmontierten Fenstern hergestellt werden. Der Präsident des Sojus Architekturow glaubt, daß die nach dem Viero-Verfahren hergestellten Walzplatten einen so hohen Grad von Präzision besitzen, daß bei der Montage für unpräzise Arbeit kein Raum mehr bleibt. In Wolgograd hatten wir Gelegenheit, die Montage fünfstöckiger Baublöcke mit vorfabrizierten Elementen zu besichtigen. Man berichtete uns, daß zur Errichtung eines Blocks, der 80 Wohnungen aufnimmt, 16 Mann 18 Tage benötigen. Der Ausbau erfordert weitere 3½ Monate. Die Blöcke der vorgeschriebenen Art bestehen zu 50 % aus 2-Zimmerwohnungen, zu 25 % aus Einzimmerwohnungen und zu 25 % aus Dreizimmerwohnungen. Die Außenplatten sind 35 cm dick, für die Isolierschicht wird ein Leka-Material von hervorragender Qualität verwendet.

Die programmatische Vorbereitung des Wohnungsbaues geschieht an zentraler Stelle in Moskau. Die damit verbundene Schematisierung der Programme in Verbindung mit Vorfabrikation führt zu einer oft bedrückenden Einförmigkeit des Stadtbildes. Diese Monotonie droht internationalen Charakter anzunehmen, denn bei Verwendung des gleichen Fabrikationsverfahrens ist naturgemäß die äußere Gestalt der Baukörper annähernd die gleiche; Paris, Hamburg, Moskau oder Taschkent. Aber man ist sich dieser Gefahr in der UdSSR neuerdings bewußt und sucht durch größere Differenzierung nach Höhe und Länge der Blöcke, aber auch der Grundrisse, zu lebendigeren Stadtbildern zu gelangen.

Wie sehr formale Gesichtspunkte bisher den Wohnungsbau beherrschten, beweist auch die zur »Fassadenbelebung« fast allgemeine Verbreitung von Balkons. Wir sahen Tausende solcher Balkons, aber nicht einen einzigen, auf dem sich ein Mensch aufhielt! Wohl aber wurden diese gelegentlich zur Aufbewahrung von Gerümpel verwendet, was offenbar darauf zurückzuführen ist, daß in vielen Wohnbauten keine Keller eingebaut werden.

Wie man sich der technischen Mängel durchaus bewußt ist und an ihrer Beseitigung fortgesetzt arbeitet, so auch der funktionellen Nachteile unzulänglich durchgearbeiteter Grundrisse. Neuere Bauten erhalten Loggien an Stelle der unbrauchbaren Balkons und zeigen auch in der Anordnung der Räume Fortschritte.

Bauten der Gesellschaft

Im Gegensatz zu der unbefriedigenden Qualität des Wohnungsbaues verraten andere Bauten der Sowjetunion hohes technisches Können. Das bezieht sich auf die Bauten aus allerletzter Zeit: Flughäfen, Hotels, den Kulturpalast im Kreml, den Palast der Pioniere in Moskau, das Verwaltungsgebäude der Kommunistischen Partei in Taschkent und zahlreiche andere. Es bezieht sich aber auch auf manche bedeutende Bauwerke aus der Zeit des Sozialrealismus, die im Westen wie übrigens heute auch in der UdSSR, wegen ihrer architektonischen Überladenheit abgelehnt werden, die aber hinsichtlich der technischen Durcharbeitung durchaus auf der Höhe waren (Beispiele: die Lomonossow-Universität, das Innenministerium u. a.).

Wenn mit großem Eifer an einer Beseitigung der im Hochbau noch vorhandenen Mängel gearbeitet wird, so verdient hervorgehoben zu werden, daß der Förderung nicht nur des Bauwesens, sondern auch der *Städtebauwissenschaft* in der UdSSR größte Bedeutung beigemessen wird. Ein Moskauer Staatsinstitut allein betreibt mit einem Stab von 600 Mitarbeitern systematische Studienarbeit auf allen Gebieten der Stadtplanung und des Verkehrswesens!

Besucher aus dem Westen stoßen sich immer wieder sowohl bei öffentlichen Bauten wie auch bei städtebaulichen Planungen an der stark repräsentativen »Aufmachung«. Man wird hierfür aber sofort Verständnis aufbringen, wenn man sich die Mentalität der breiten Bevölkerungskreise vor Augen hält. Sie bestaunten vor der Revolution die prunkvollen Schlösser der Zaren, der Fürsten und Großgrundbesitzer und wohnten selbst in primitiven Holzhäusern, wie sie vor noch nicht allzu langer Zeit noch immer das Gros der großstädtischen Außenbezirke in der UdSSR bildeten und im ganzen Lande auch heute noch verbreitet sind. Jetzt verlangt das Volk nach sichtbaren Zeichen seiner in schweren Kämpfen errungenen Herrschaft. Daher die überladenen Prunkfassaden der Kulturpaläste, Theater, öffentlichen Institute und dergleichen, daher auch die oft jeden menschlichen Maßstab überschreitenden Grünachsen, wie z. B. die zur Universität führende Prunkanlage.

Aus dieser Denkart erklärt sich auch die uns seltsam berührende Bezeichnung von Gemeinschaftszentren als »Kulturpaläste«, »Palast der Pioniere«, »Kongreß-Palast« im Kreml usw.

[III.]
Denkmäler

In merkwürdigem Widerspruch zu der immer wieder betonten Ablehnung des Personenkultes steht auch die außerordentlich verbreitete Aufstellung von Denkmälern sowjetrussischer Führer. Das Volk möchte immer wieder allen erkennbar dokumentieren, daß es in der Lage ist, aus seinen Reihen bedeutende Persönlichkeiten herauszustellen.
Der Drang zu monumentaler Denkmalsgestaltung bemächtigt sich auch der Verehrung der Kriegshelden. Über Wolgograd wird demnächst eine 58 m hohe Kolossal-Statue der »Mutter der Freiheit« thronen. Sie wird in Beton hergestellt, während einige Teile, z. B. die Arme, vorher gegossen wurden und mittels Kran montiert werden. Sie haben über einen Meter Durchmesser! Von der Wolga führt ein monumentaler Treppenaufgang, begleitet von kleinen Säulenpavillons, hinauf über die Helden-Allee zu einem Obelisk, der die Erinnerung an im Kriege von den Engländern erschossene Kommissare wachhält. Es wäre falsch, diesen Ursprung eines repräsentativen Formalismus zu übersehen. Es ist ja noch nicht lange her, daß wir bei uns parallele Vorgänge erlebten.
Heute stoßen wir überall bei den leitenden Städtebauern auf Ablehnung eines einseitig repräsentativen Städtebaues und allenthalben bekannte man sich zur Gestaltung der Funktion.
So ist es denn auch kein Zufall, daß einer der umfangreichsten Bauten der Sowjetunion auf sozialem Gebiete, der »Palast der Pioniere«, auf jeglichen Formalismus verzichtet und eine zeitgemäße Formensprache spricht. Auf einem 54 ha großen Gelände unweit des Moskauer Stadtzentrums wurde hier

eine Baugruppe errichtet, die der Ausbildung der russischen Jugend, »der Pioniere« im Alter vom 4. bis zum 18. Lebensjahr, dient. Durch eine offene Vorhalle mit originellen Keramiken, die den Willen zu einer lebendigen Gestaltung verraten, tritt man in einen verglasten Innenraum, in dem tropische Vegetation ein Wasserbecken umrahmt. Raumfolgen schließen sich an, in denen Jugendlichen auf allen nur erdenklichen Gebieten Anregungen und Kenntnisse vermittelt werden, die sie auf das spätere Berufsleben vorbereiten. Da gibt es auch Klassen für Zeichnen und Malerei, für Plastik, für Ballett und Theater.

Landschaftspflege

Auf das stärkste wurden wir von der Kulturarbeit beeindruckt, die in der Sowjetunion mit der Begrünung ihrer Städte geleistet wird. Gedeiht bei uns das Grün nach der ersten Bodenvorbereitung und Pflanzung ohne erhebliche menschliche Eingriffe, so war in der Sowjetunion bei allen von uns besichtigten Städten das schwierige Problem zu lösen, in einer Steppenlandschaft, in der kaum ein Baum oder Strauch in freier Natur aufwächst, durch künstliche Bewässerung die Voraussetzung für das Wachstum der Pflanzen zu schaffen. In Wolgograd, in Baku, in Sumgait, in Taschkent, überall trafen wir auf ausgedehnte Grünanlagen längs der Straßen, in Parks bis zu ausgedehnten Grünbändern für Erholungs- und Sportzwecke, an der Peripherie der Städte. Über Hunderte von Kilometern wird das Wasser zum Bewässern dieser Anlagen aus den Bergen herbeigeführt und durch Schlauchleitungen in die Bewässerungsteller der Bäume geleitet. Üppig wuchern Oliven, Koniferen und Laubbäume der verschiedensten Arten als lebendiges Zeugnis einer geradezu übermenschlichen Kulturarbeit.

Im schärfsten Kontrast erstreckt sich allenthalben unmittelbar hinter dem gepflanzten Grün die öde Steppenlandschaft. In Sumgait wird die Einfahrt zur Stadt beiderseits von Bändern blühender Astern und Oleanderbüschen eingefaßt, hinter denen Oliven, Akazien und anderes Grün eine 10 bis 15 m breite Kulisse bilden. Hinter den Pflanzenstreifen scheint überall die sterile Steppenlandschaft hindurch. Das Grünband mündet in das innerstädtische Grün ein und verbreitert sich zu einer monumentalen Achse zum Meer hin. Ein über 100 m breites Grünband begleitet die Stadt in ihrer ganzen Ausdehnung nach längs der Küste des Kaspischen Meeres. Spiel- und Sportstätten sind in den Park eingebettet.

In Baku ist der Uferpark von Bootskanälen durchzogen; Springbrunnen, die in die Grünanlagen eingefügt sind, spenden Kühle.

Magnitogorsk

Das größte Erlebnis dieser Reise war für Hebebrand und für mich der Besuch von Magnitogorsk am Osthang des Urals, für das ich vor 32 Jahren die erste Stadtplanung bearbeitet habe. Ein 6stündiger Flug mit einer Zwischenlandung in Kasan brachte uns von Moskau nach Magnitogorsk. In den dreißiger Jahren reisten wir oft mit der Bahn 2½ Tage lang, mit unzähligen Halten und Aufenthalten wegen Maschinendefekten, die uns zwangen, manchmal halbe Tage lang auf die knappen Ersatzmaschinen zu warten. Diesmal glitten wir hoch über Steppe und Waldungen des Urals, bis wir unter uns an den ausgedehnten Vierecken bestellter Ackerflächen und den ersten Bauten das Nahen der Stadt erkannten. Wir landeten auf der Steppe – der Flugplatz ist erst im Bau. Wir wurden von der stellvertretenden Leiterin des Stadtplanungsamtes, Irena Nikolewna Raschkowa, und dem stellvertretenden Leiter der Stadtverwaltung empfangen und zu unserer Unterkunft gefahren, einer Villa in konventionell bürgerlichem Stil, mit allem Komfort ausgestattet, die man vor einigen Jahren für einen Besuch Nehrus erbaut hatte. Schon auf der Fahrt zur Stadt erkannten wir die hügelige Landschaft wieder, mit der wir vor über 30 Jahren so eng vertraut waren. Allerdings war die Krone der Stadt, der ehemals 600 m hohe Magnetberg, mit seinem ganz ungewöhnlich hohen Eisengehalt zusammengeschrumpft. Im Tagebau waren hier im Laufe einer Generation Millionen Tonnen Erz in den Hochöfen des Werkes zu Stahl verarbeitet worden. Hier stand eine der großen Schmieden für Hitlers Untergang.

[IV.]

Unser Gästehaus befand sich an einer Stelle, die uns wohlbekannt war; denn hier in Berioska – zu deutsch Birke, weil hier am Fuße des Magnetberges ein kleiner Birkenhain eine willkommene Oase in der öden Steppe bildet – hatten wir einst gemeinsam mit den amerikanischen Ingenieuren, die das Hochofenwerk errichteten, während ich mit der Planung der Stadt betraut war, unsere Mahlzeiten eingenommen. Schon die erste Rundfahrt war ein unvergeßliches Erlebnis; denn als wir mit der Planung begannen, lebten hier einige Tausend Menschen in primitiven unterstandartigen Erdhütten, und heute stand vor unseren Augen eine moderne Stadt mit 350 000 Einwohnern, deren weiße Mauern sich in dem 3½ km langen Ural-Stausee spiegelten.
Unvergessen sind mir die einstigen erbitterten Kämpfe um die Lage der Stadt. Man konnte sich nicht einigen, auf welchem Ufer des Ural-Flusses sie errichtet werden sollte. Vor meinem Gedächtnis taucht wieder jene Audienz auf bei dem damaligen Kommissar für Schwerindustrie, Ordjonikidse, in der ich versuchte, auf humoristische Weise eine bis dahin nicht zu erhaltene Entscheidung herbeizuführen. Höflich hatte ich den Mächtigen gebeten, die Drehscheibe auf das

Feld einzustellen, das die Lage der Stadt festlegte. Ohne mit der Wimper zu zucken, drehte er die Attrappe mit ernstestem Gesicht auf die Kehrseite, unterhielt sich mit mir noch längere Zeit über die Vor- und Nachteile der verschiedenen Lagen, um mir dann zuzusagen, die Entscheidung werde in Bälde gefällt. Ich erlebte sie damals nicht mehr.
Aber nun sah ich mit meinen Augen bestätigt, was ich gerüchtweise bereits vernommen hatte: Magnitogorsk war auf beiden Seiten des Ural-Flusses aufgebaut. Das Stahlwerk war inzwischen zur größten Schmiede der UdSSR ausgebaut worden, was zur räumlichen Einschränkung der Wohnstadt auf dem linken Uralufer führte. Dennoch fanden wir das erste Quartal, das wir geplant hatten, inzwischen eingewachsen in Grün. Wir überquerten den Ural-Stausee auf der mittleren der drei Brücken, und vor uns eröffnete sich zwischen hochgeführten Eckbauten die Magistrale, das monumental betonte Eingangstor zur Stadt.
Längs ihr waren die Mehrzahl der bedeutsamsten öffentlichen Gebäude aufgereiht, allen voran die Hochschule für Metallurgie. In vier Fakultäten, darunter auch eine für Bauwesen, werden Ingenieure herangebildet, die dann in dem Industriekombinat wissenschaftliche Arbeit in engstem Kontakt mit dem Institut leisten. Die Hochschule selbst, ein großzügiger Bau, noch aus der Zeit des Sozrealismus, ist innen relativ schlicht ausgestattet. Betritt man aber die Laboratorien, so findet man die neuesten Bestrahlungsgeräte zur Prüfung von Stahllegierungen und dergleichen. Immer wieder machte sich bemerkbar, wie man sich hier des Vordringlichen bewußt war und daher den entscheidenden Wert auf den Inhalt und nicht auf die Form legte. 3500 Studenten studieren an dieser Hochschule. Einschließlich der in Abend- und Fernkursen Studierenden sind es aber 7000. Auf 20 Studenten kommt eine Lehrkraft!
Die Stadtbaurätin gab uns einen klaren Überblick über die

Planung, die im wesentlichen von einem Leningrader Institut vorangetrieben wurde, wenn auch Einzelheiten örtlich beeinflußt wurden. Die Stadt ist für eine Erweiterung auf 420000 Einwohner geplant, wobei augenscheinlich 12 m^2 je Kopf der Bevölkerung zugrunde gelegt sind.

Eine Erhöhung der Norm auf 15 m^2 je Kopf ist vorbereitet. Die Dichte beträgt ca. 5000 m^2 Wohnfläche je ha. Die Gliederung der Stadt erfolgt hier wie überall in der UdSSR in Rayons und Mikrorayons, die jeweils ihre eigenen Zentren besitzen. Die Bauhöhe betrug in den letzten Jahren fünf Stockwerke, soll aber in Zukunft auf neun erhöht werden. Das Gros der Wohnungen besteht aus Zweizimmerwohnungen. Garagen bzw. Abstellplätze sollen an der Peripherie der Stadt vorgesehen werden. Man will die Planung alle paar Jahre revidieren, um sie den inzwischen aufgetretenen Veränderungen anzupassen.

Die Qualität der Bebauung gleicht der anderer bisher besichtigter russischer Städte. Dabei ist interessant festzustellen, daß die Stadtteile älteren Datums mit ihren relativ niedrig gehaltenen Hauszeilen ein sympathischeres Wohnklima haben als die jüngsten, mit vorfabrizierten Bauteilen ausgeführten Blöcke. Aber auch in dieser Stadt ist man im Begriffe, die Mikro-Rayons stärker zu variieren, um das Stadtbild zu beleben.

Auch in Magnitogorsk hat man sich eifrig bemüht, die Stadt zu durchgrünen. Zur Herstellung von Pflanzlöchern verwendet man besondere Maschinen. Bei einer neugebauten Schule sahen wir Schulkinder mit der Bodenbepflanzung einer Grünplanung beschäftigt.

Geschichtliche Baudenkmäler

Waren wir auf unserer Reise vornehmlich bemüht, uns mit dem jüngstem Bauschaffen vertraut zu machen, so fanden wir doch flüchtige Gelegenheit, mit geschichtlichen Baudenkmälern in Berührung zu kommen. So besichtigten wir im Zentrum von Baku Reste islamischer Baukunst hohen Ranges. In einem Museum sahen wir in ausgezeichneter, übersichtlicher Darbietung zeichnerische Darstellungen und Fotos islamischer Baukunst des frühen Mittelalters. Es handelte sich dabei um Spitzenleistungen jener Architektur, die mit farbiger Keramik verkleidet, auch heute noch einen künstlerischen Reiz orientalischer Romantik ausstrahlt. Aserbeidschan wie auch Usbekistan, und besonders wiederum die Städte Samarkand und Buchara, enthalten eine Fülle teilweise noch sehr gut erhaltener Denkmäler aus jener Zeit: zumeist islamische Moscheen und Mausoleen. Leider erlaubte unsere knappe Zeit uns nicht, diese wunderbaren Zeugen einer hohen vergangenen Kultur eingehender zu studieren.

Wie unsagbar primitiv jedoch waren die Behausungen der Bevölkerung in der Geschichtsperiode des Abklingens jener islamischen Blütezeit der Kunst. Noch heute zeigen die primitiven Altwohnungen innerhalb der Stadtmauer von Baku wie die ausgedehnten Vororte mit primitiven Lehmhütten in Taschkent, welche gewaltigen Fortschritte der Wohnungsbau in diesen Städten in sozialer und hygienischer Hinsicht gemacht hat, wenn auch, wie so oft bei uns, auf Kosten einer Romantik, von der wir in unseren unromantischen Tagen so gerne träumen, die wir dennoch wiederzubeleben nicht mehr verantworten könnten.

Anhang

Biographische Angaben zu Ernst May

Der in Frankfurt am Main am 27. Juli 1886 geborene Sohn eines Lederwarenfabrikanten Ernst May studierte 1907 bis 1913 Architektur in Darmstadt, London und München. Nachhaltigen Einfluß auf May übte sein 1910 absolviertes Praktikum bei dem von John Ruskin und William Morris inspirierten Sozialisten und Anhänger des Arts and Crafts Movement, dem Ingenieur, Architekten und Stadtplaner Raymond Unwin (1863-1940), aus, einem Pionier der Gartenstadtbewegung in England, dessen Werk »Grundlagen des Städtebaus« May mit ins Deutsche übersetzt haben soll. Sein Studium schloß May bei Theodor Fischer in München ab, dem Mitbegründer des Deutschen Werkbundes, der wesentlich zur Überwindung des Historismus in Deutschland beigetragen hatte. Im Ersten Weltkrieg gestaltete May in Rumänien und Frankreich deutsche Soldatenfriedhöfe. In Schlesien konnte May nach dem Krieg die in England gewonnenen Erfahrungen beim Siedlungsbau erstmals in größerem Maßstab umsetzen. (May war 1919-1921 Technischer Leiter der Schlesischen Landgesellschaft in Breslau und 1921-1923 Technischer Direktor der Gemeinnützigen Siedlungsgesellschaft Schlesische Heimstätte, 1923-1925 Leiter der zentralen Stelle für schlesische Flüchtlingsfürsorge in Breslau.) Die bisher am besten erforschte und gewürdigte Zeit seiner Tätigkeit sind zweifellos die Jahre 1925-1930, in denen May Stadtbaurat in Frankfurt am Main war. Als Mitbegründer der CIAM (Congrès Internationaux d'Architecture Moderne, Internationale Kongresse Moderner Architektur, 1928-1959) prägte er im Zeichen des Neuen Bauens mit seinen stadterweiternden Siedlungen die Zeitschrift *Das Neue Frankfurt*. Mit dem von ihm organisierten II. CIAM-Kongreß »Die Wohnung für das Existenzminimum« 1929 in Frankfurt am Main erlangte er internationale Anerkennung. 1930-1933 arbeitete May in der Sowjetunion. Ab 1934 arbeitete May in Ostafrika zunächst als Farmer, später dann wieder als Architekt und Stadtplaner. Nach seiner späten Rückkehr nach Deutschland 1954 wirkte er zunächst als Generalplaner des gewerkschaftseigenen Wohnungsbaukonzerns Neue Heimat in Hamburg (1954-1956) und entwarf auch später noch zahlreiche Wohnsiedlungen in Hamburg, Bremen, Braunschweig, Darmstadt und Westberlin. 1958 und 1961 wurde er Planungsbeauftragter für den Städtebau in Mainz bzw. Wiesbaden. Als Honorarprofessor lehrte er an der TU Darmstadt. Ernst May starb am 11. September 1970 im Alter von 84 Jahren in Hamburg.

Editorische Notiz

Die in diesem Band zusammengetragenen Texte stellen das Konvolut der bislang auffindbaren, zwischen Frühjahr 1930 und Ende 1933 auf deutsch bzw. russisch veröffentlichten Artikel und Aufsätze Ernst Mays dar. Der große Teil der deutschsprachigen Texte Mays wird hier nach seinem Erscheinen in den dreißiger Jahren erstmals wieder und die meisten seiner auf russisch veröffentlichten Texte überhaupt zum ersten Mal zugänglich gemacht. Die Textsammlung wird ergänzt durch interviewähnliche Berichte Dritter, in denen May maßgeblich zu Wort kommt, sowie Dokumente, die einen Eindruck seiner Arbeitssituation sowie seiner ab 1932 wachsenden politischen Distanz zur Sowjetunion vermitteln. Den Abschluß bilden zwei Aufsätze, die May nach seinen Reisen in die Sowjetunion 1959 und 1964 in der *Bauwelt* publizierte.

Alle Texte sind in der Chronologie ihres Erscheinens angeordnet, mit Ausnahme der beiden Texte »Der Bau der sozialistischen Städte hat begonnen« von L. S. und »Kusbaß« von Ernst May. Deren Reihenfolge wurde getauscht, da Mays Bericht unmittelbar das Reiseerlebnis schildert, während der auf einem Gespräch mit ihm beruhende Artikel bereits Schlußfolgerungen für die weitere Arbeit zieht.

Die Überschriften der Zeitungsdrucke folgen den Textgrundlagen, die der Dokumente wurden vom Herausgeber gebildet. Bei überlieferten Typoskripten wurden die für relevant erachteten Varianten im Stellenkommentar ausgewiesen. Kursivierungen markieren in der ersten Abteilung der veröffentlichten Aufsätze, Interviews und Reiseberichte die Hervorhebung durch Antiqualettern im Zeitungsdruck und in der Abteilung der nichtveröffentlichten Dokumente handschriftliche Zusätze im Typoskript.

Die deutschsprachigen Zeitungsdrucke werden in der zeitgenössischen Orthographie und den vielfach variierenden Schreibweisen russischer Orts- und Personennamen wiedergegeben, offenkundige Fehler wurden stillschweigend korrigiert, Eigenheiten bei der Kommasetzung jedoch zum Teil bewahrt. Die unterschiedlichen Schreibweisen von scharfem und Doppel-*s* sowie der Umlaute in den Texten wurden beibehalten, sie deuten, sofern Typoskripte die Textgrundlage bilden, auch auf die damalige Verwendung von Schreibmaschinen ohne deutsche Lettern hin.

Russischsprachige Begriffe und Namen sind im Einleitungsessay, in den übersetzten Texten sowie im Stellenkommentar (bis auf wenige Ausnahmen) wissenschaftlich transliteriert.

Die unveröffentlichten Dokumente werden unverändert wiedergegeben, eine Korrektur der Rechtschreibung hätte den Gesamteindruck unverhältnismäßig beeinträchtigt, dies betrifft insbesondere die beiden Arbeitsverträge Mays aus den Jahren 1930 und 1932 in ihren deutschen Übersetzungen, die durch eine große Anzahl von Fehlern gekennzeichnet sind. Der Herausgeber hat sich daher gegen eine Neuübersetzung der russischen Fassung entschieden, ging es doch darum, zu zeigen, worauf sich May, des Russischen zunächst gar nicht oder später nur begrenzt mächtig, anfänglich voller Zuversicht und Vertrauen eingelassen hatte. Die russischen Texte wurden von Elena Vogman und Thomas Flierl übersetzt. Eine Ausnahme bildet der Text »Zu dem Generalplanentwurf für Magnitogorsk«, der zuerst 1933 in der Zeitschrift *Sowjetische Architektur* erschienen ist. Da die russische Übersetzung strikt dem vorhandenen Typoskript Mays folgte, wurde dieses als Textgrundlage gewählt.

Dank

Der vorliegende Band entstand im Zusammenhang mit meinen Recherchen für einen Katalogbeitrag zur Ausstellung *Ernst May (1886-1970). Neue Städte auf drei Kontinenten* im Deutschen Architekturmuseum Frankfurt am Main (DAM).[1] Ich bedanke mich bei Wolfgang Voigt vom DAM und der Kuratorin der Ausstellung, Claudia Quiring, für die hervorragende Zusammenarbeit. Im steten Austausch mit Claudia Quiring konnten gemeinsam wichtige Quellen für den vorliegenden Band und die Ausstellung in Frankfurt am Main erschlossen werden. Ohne die Unterstützung der Rosa-Luxemburg-Stiftung und des DAM, die meine Forschungsreisen in die russischen Archive und in einen Teil der betreffenden Städte mitfinanzierten, wären die hier präsentierten Forschungsergebnisse nicht zustande gekommen. Eine große Bereicherung in persönlicher und wissenschaftlicher Hinsicht ist die Bekanntschaft und der wissenschaftliche Austausch mit den russischen Kollegen Mark G. Meerovič (Irkutsk), Evgenija V. Konyševa (Čeljabinsk), Irina V. Zacharova (Kemerovo), Evgenij N. Blinov (Novosibirsk), Galina A. Ptičnikova und Petr P. Olejnikov (Volgograd), Igor A. Kazus' (Moskau) und Dmitrij S. Chmel'nickij (Berlin). Ein besonderer Dank gilt dem Vorsitzenden der Ernst-May-Gesellschaft e. V., Eckhard Herrel, der als Urheberrechtsinhaber mein Projekt der Publikation der Mayschen Texte aus den Jahren 1930 bis 1933 sofort befürwortete und mit wichtigen Hinweisen unterstützte. Für Ermutigung, Anregungen und Kritik danke ich zudem Irene Albers, Dieter Feseke,

1) Vgl. Thomas Flierl, »›Vielleicht die größte Aufgabe, die je einem Architekten gestellt wurde‹. Ernst May in der Sowjetunion (1930-1933)«, in: *Ernst May 1886-1970*, herausgegeben von Claudia Quiring, Wolfgang Voigt, Peter Cachola Schmal und Eckhard Herrel, München/London/New York, Prestel 2011, S. 156-195.

Bruno Flierl, Jörg Haspel, Slawik Hedeler, Rahel Melis, Jurij Murašov und Jörn Schütrumpf, für die redaktionelle Einrichtung dieses Bandes meiner Schwester Anne Flierl.

Thomas Flierl
Berlin, im Mai 2011

Archivsiglen

AAA	Politisches Archiv des Auswärtigen Amtes, Berlin, Abt. Deutschland.
AdK	Akademie der Künste, Berlin, Baukunstarchiv: Werner-Hebebrand-Archiv.
CCA	Centre Canadien d'Architecture/Canadian Centre for Architecture, Toronto
DAM	Deutsches Architekturmuseum Frankfurt am Main, Nachlaß Ernst May.
DKA	Germanisches Nationalmuseum Nürnberg, Deutsches Kunstarchiv, Nachlaß Ernst May.
Cekombank	Центральный банк коммунального хозяйства и жилищного строительства (Zentralbank für Kommunalwirtschaft und Wohnungsbau).
GANO	Государственные архивы Нижегородской Области (Staatsarchive des Gebietes Nižnij Novgorod).
GANOVO	Государственный архив Новосибирского Области (Staatsarchiv des Gebietes Novosibirsk).
GARF	Государственный архив Российской Федерации (Staatsarchiv der Russischen Föderation, Moskau).
GAVO	Государственный архив Волгоградской Области (Staatsarchiv des Gebietes Volgograd).
gta	Archiv des Instituts für Geschichte und Theorie der Architektur der ETH Zürich.
HAA	Hamburgisches Architekturarchiv, Nachlaß Christian Borngräber.
RGAĖ	Российский государственный архив экономики (Russisches Staatsarchiv für Ökonomie, Moskau).

RGASPI Российский государственный архив социально-политической истории (Russisches Staatsarchiv der sozialpolitischen Geschichte, Moskau).

Anmerkungen

Mehrfach verwendete Begriffe und Abkürzungen

Cekombank Central'nyj bank žiliščnogo stroitel'stva i kommunal'nogo chozjajstva (Zentralbank des Wohnungsbaus und der Kommunalwirtschaft 1925-1932); akkumulierte bedeutende Mittel zur Finanzierung des Arbeiterwohnungsbaus, ab März 1930 für den Bau sozialistischer Städte (socgorod).

Gosplan Gosudarstvennyj komitet po planirovanju (Staatliches Komitee für Planung).

GPU Glavnoe političeskoe upravlenie (Staatliche politische Hauptverwaltung); 1922-1934 die politische Geheimpolizei der Sowjetunion, Nachfolgerin der Čeka (1917-1922; Außerordentliche Gesamtrussische Kommission zur Bekämpfung von Konterrevolution, Spekulation und Sabotage), ging 1934 im Volkskommissariat für Innere Angelegenheiten (NKVD) auf, wurde 1941 wieder als Volkskommissariat für Staatssicherheit abgetrennt und 1946 als Ministerium bzw. nach dem Tod Stalins 1953 als Komitee für Staatssicherheit (KGB) organisiert.

NKVD Narodnyj komissariat vnutrennich del (Volkskommissariat für Innere Angelegenheiten).

RSFSR Russische Sozialistische Föderative Sowjetrepublik (1918-1991).

Sojuzstandartžilstroj (Unions-Standart-Wohnungsbau) Vsesojuznoe gosudarstvennoe ob"edinenie po proektirovaniju, planirovke i stroitel'stvu rabočich gorodov sojuznoj promyšlennosti, zavodskomu izgotovleniju i sborke standartnych žilišč i proizvodstvu novych stroitel'nych materialov dlja standartnogo žiliščnogo stroitel'stva VSNch SSSR (Staatliche Allunionsvereinigung zur Projektierung, Planung und den Bau von Arbeiterstädten der Unionsindustrie, zur fabrikmäßigen Herstellung und Montage von Standardwohnungen und der Produktion neuer Baustoffe für den standardisierten Wohnungsbau des Obersten Volkswirtschaftsrates der UdSSR).

Standartgorpoekt (Standard-Stadt-Projekt) Gosudarstvenny trest po proektirovaniju standartnych rabočich gorodov i poselkov (Staatstrust zur Projektierung von Arbeiterstädten und -siedlungen); im September 1931 im Rahmen von Sojuzstandartžilstroj geschaffen, ab Oktober 1933 Gorstrojproekt (Städtebauprojekt).

Aufsätze, Interviews, Reiseberichte

Ernst May
Stadtplanung und neuer Wohnungsbau in Deutschland

Der Originalabdruck des Aufsatzes enthält zwanzig Abbildungen. Aus Platzgründen wurden nur jene drei Abbildungen übernommen, auf die May in seinem Text direkt Bezug nimmt.

178 *sind besondere nördliche Haustypen in Verwendung]* Gemeint sind Haustypen, die den Zugang zu den Wohnungen auf der Nordseite organisieren (z.B. Laubenganghäuser), vgl. »Alle Mehrfamilienhäuser sind derart angeordnet, daß die Sonne am Morgen die Schlafräume erhellt und in der zweiten Tageshälfte die übrigen Räume. Wenn die Bedingungen es erfordern, Häuser von Ost nach West zu bauen, wird hier der sogenannte Nordtyp eingesetzt.« (Ernst May, »Siedlungsbau. Die Erfahrungen Frankfurts«, in diesem Band S. 318)

Ernst May
Stellungnahme im Rahmen der Umfrage »Arbeiter, Politiker und Architekten über die Planung Moskaus«

In der betreffenden Ausgabe der Zeitschrift *Stroitel'stvo Moskvy* (*Der Bau Moskaus* 6, 1930) antworteten auf die Umfrage der Redaktion neben Ernst May auch zahlreiche weitere Personen (hier mit ihren dort genannten Funktionen aufgeführt): V. Kolarov (Mitglied des Präsidiums des Exekutivkomitees der Kommunistischen Internationale), Prof. Iljašenko (Wissenschaftliches Forschungsinstitut für Agrarökonomie), G. B. Puzis (Gosplan), Prof. Obrascov, S. G. Strumilin (Mitglied des Gosplan-Präsidiums der UdSSR), D.B. Rjazanov (Direktor des Marx-Engels-Instituts), Dr. S. Gurevič (Grüne Stadt – desurbanistisches Stadtprojekt für Moskau), die Genossen Agejkin, Šochin, Šabalev aus dem Sowjet des Stadtbezirks Proletarskij, die Architekten Turkus, V. Petrov, V. Krinskij, Balachin von der Gruppe Asnova (Assoziation neuer Architekten), L. Kožanyj (Allunionsrat der Wohnungskooperativen), Architekt V. Baburov (VOPRA – Allunionsgesellschaft proletarischer Architekten), Architekt N. Kolli, Architekt V. Lavrov (ARU – Assoziation revolutionärer Urbanisten), Architekt N. Sobolev (MAO – Moskauer Architekturgesellschaft), Architekt Ruchljadev. Die Zusammensetzung spiegelt die damalige Vorstellung »gesellschaftlicher Öffentlichkeit« wider, die 1930 (noch) durch eine vergleichsweise pluralistische Struktur der Architektenverbände und verschiedener städtebaulicher Positionen gekennzeichnet war. May versucht vor diesem Hintergrund zwischen den widerstreitenden Positionen zu vermitteln. Die Redaktion der Zeitschrift scheint Mays Beitrag in diesem Sinne aufgefaßt zu haben, wie die der Umfrage vorangestellte Einleitung (S. 27) verdeutlicht:

»*S. Gorni: Öffentliche Aufmerksamkeit für die Planung Moskaus*
Fragen der Stadtplanung werden in unserer Tages- und Fachpresse außerordentlich schwach reflektiert. Dabei werden inzwischen alle unsere Städte rekonstruiert und umgeplant, wobei unsere Planer häufig danach streben, der westeuropäischen Wissenschaft und Technik nicht das Beste zu entlehnen, sondern jenes Ungestaltete der europäischen und amerikanischen Praxis, welches das kapitalistische System charakterisiert. Gerade aus diesem Streben erwachsen Projekte, Moskau in ein zweites New York zu verwandeln – mit Wolkenkratzern, Untergrundbahnen, 10 Millionen Einwohnern – oder Tula in ein zweites Moskau umzuwandeln usw.
Während die westeuropäische Praxis des Städtebaus, ausgehend von sanitär-technischen und wirtschaftlichen Überlegungen, bereits auf die Notwendigkeit der Entflechtung der Städte verwiesen hat, bleiben wir sogar im Bereich des Studiums ausländischer Erfahrungen zurück und wiederholen die mißglückten Experimente des Westens.
Wir benötigen zutreffende und vollständige Informationen über den Stand

der Wissenschaft und Praxis des Städtebaus, um all das Wertvolle und Nützliche anzuwenden, um die Prinzipien und Ideen des Kapitalismus auf sowjetische Art und Weise umzuarbeiten, im Sinne unserer Wirtschaft – unserer sozialen Beziehungen.
Die Erweiterung und Rekonstruktion der Städte erfordern eine klare Antwort auf die Frage, wohin sich die Stadt (in der nächsten Übergangsperiode) entwickelt, und wenn wir jetzt speziell auf Moskau eingehen, wohin sich die Hauptstadt der Union entwickelt.
Moskau – das politische, wirtschaftliche und kulturelle Zentrum des Landes – wächst unaufhörlich und stürmisch: die Bevölkerungszunahme beträgt einhundertfünfzigtausend Menschen pro Jahr. Die Stadt ist bereits über sich selbst hinausgewachsen und hat alle natürlichen Möglichkeiten ihres weiteren Wachstums erschöpft. Die neue Bebauung hat längst die kommunalen Grenzen überschritten und unmittelbar auf die vorstädtischen Landhausgebiete übergegriffen und unterliegt keiner organisierten Regulierung, weil es keinen Plan für die Erweiterung Moskaus gibt, keinen Plan zur Verteilung des Zuwachses der Industrie, der Verwaltung und der Bevölkerung.
Vor diesem Hintergrund hat die Regierung den Beschluß über die Erarbeitung eines Generalplans der Erweiterung Moskaus gefaßt.
Die Verwaltung der Moskauer Kommunalwirtschaft (MOKCh), die mit der Rekonstruktion des bestehenden und mit der Planung des zukünftigen Moskaus beauftragt wurde, hat sich vor allem zum Ziel gesetzt, eine Antwort auf die oben gestellte Frage zu finden: Wohin entwickelt sich die Stadt im allgemeinen und die Hauptstadt im besonderen? Zu diesem Ziel wurde in der sowjetischen Gesellschaft unter Arbeitern, Politikern und Wissenschaftlern eine Umfrage zu folgenden Hauptpunkten durchgeführt:
1. Die Zukunft Moskaus als politisches, planwirtschaftliches und kulturell-wissenschaftliches Zentrum des Landes.
2. Die wirtschaftliche Bedeutung Moskaus als Industriezentrum.
3. Das Wachstum und die Verteilung der Bevölkerung. Die Organisationsprinzipien des Wohnens.
4. Das Schicksal des bestehenden (historischen) Moskau.
5. Die Organisationsprinzipien des Stadtgebiets (Zonierung, Urbanisierung, Desurbanisierung).
Im folgenden werden Antworten auf diese Umfrage abgedruckt, die der MOKCh dazu verholfen haben, die Wettbewerbsaufgabe über die Neuplanung Moskaus mit größerer Zuversicht zu erarbeiten.«

Ernst May nahm zu den Punkten 3 und 4 Stellung (bei den Antworten wurden die Fragen mit römischen Ziffern numeriert).

184 *Angora]* Älterer Name für die türkische Hauptstadt Ankara.

L.S.
Aktuelle Fragen des Städtebaus

186 *L. S.]* Hinter dem Namenskürzel verbirgt sich wahrscheinlich Lotte Schwarz (vgl. L. S., »Der Bau der sozialistischen Städte hat begonnen«, *Moskauer Rundschau* vom 29. März 1931, in diesem Band S. 264 ff.). Lotte Schwarz (1902-1984), Arzttochter, österreichisch-jüdische Journalistin, Übersetzerin, Pädagogin, studierte Nationalökonomie und Individualpsychologie bei Alfred Adler in Wien, promovierte im Fach der Ökonomie, 1926 Übersiedlung nach Moskau, wo sie im April 1929 mit ihrem Stiefvater Otto Pohl (1872-1941, Journalist, Sozialdemokrat, 1922-1927 österreichischer Gesandter in Moskau) die *Moskauer Rundschau* gründete, bei der sie den Kulturteil verantwortete. Die *Moskauer Rundschau* stellte ihr Erscheinen 1933 ein. Möglicherweise steht »L. S.« aber auch für Lou Scheper (geb. Berkenkamp, 1901-1976), Studium der Wandmalerei am Bauhaus Dessau, nach ihrer Meisterprüfung freiberuflich tätig, hielt sich zwischen 1929 und 1931 mehrfach in Moskau auf, wo ihr Mann Hinnerk Scheper (1889-1957; von 1925 bis 1933 Meister am Bauhaus Dessau, 1929-1931 beurlaubt, um in Moskau eine Beratungsstelle für Farbe in der Architektur aufzubauen und ein Entwurfsbüro für farbige Gestaltung zu leiten) tätig war und sie für die *Moskauer Rundschau* arbeitete.
186 *in Moskau mehrere Vorträge]* Vgl. den Einleitungsessay S. 48 ff.
186 *Vorsitz N. Miljutins]* Nikolaj Aleksandrovič Miljutin (1888-1942), Revolutionär, Politiker, Theoretiker und Architekt, studierte 1907-1909 Architektur in St. Petersburg, schloß sich in dieser Zeit der revolutionären Bewegung an,

war im sozialpolitischen Bereich tätig und nach der Oktoberrevolution 1917 u. a. 1921-1924 stellvertretender Volkskommissar für Soziales, 1924-1929 war er in seiner Funktion als Volkskommissar für Finanzen der RSFSR (Narkomfin) Auftraggeber des berühmten Narkomfin-Gebäudes von Moisej Ginzburg, das 1928-1930 erbaut wurde, eines der Hauptwerke des sowjetischen Konstruktivismus und der internationalen Moderne. Ab 1930 war Miljutin stellvertretender Volkskommissar für Bildung der RSFSR, im selben Jahr veröffentlichte er das städtebautheoretisch einflußreiche Buch *Socgorod* (*Die sozialistische Stadt*), 1931-1934 Redakteur der Zeitschrift *Sovetskaja Architektura* (*Sowjetische Architektur*) und ab 1935 Leiter der Kinoverwaltung der RSFSR. 1937 verlor er alle Ämter, wurde aber nicht verhaftet. 1939 wurde er zum künstlerischen Leiter des Baus des Sowjetpalastes ernannt, 1940 schloß er das Studium am Moskauer Architekturinstitut ab und wurde mit Beginn des Krieges 1941 nach Sverdlovsk (Jekaterinburg) evakuiert, wo er an seiner Dissertation arbeitete, er starb 1942 in Moskau.

186 *Hie Urbanisten – hie Desurbanisten [...] (Sabsowitsch)]*
Dem ungeregelten Wachstum Moskaus und der ungebremsten Konzentration und baulichen Verdichtung im Zentrum versuchte 1929 der Stadtplaner Prof. Šestakov mit seinem Plan für Groß-Moskau Einhalt zu gebieten, der für die Stadtregion einen Durchmesser von 100 Kilometern anpeilte. Er wurde als Plan eines Urbanisten abgelehnt, dessen Konzept sich durch nichts von irgendeiner kapitalistischen Stadt unterscheide. Angesichts der Moskauer Diskussion und insbesondere vor dem Hintergrund der mit der Industrialisierung der Sowjetunion aufgeworfenen Frage nach der zukünftigen räumlichen Verteilung der Ressourcen – und damit nach der Zukunft der bestehenden Städte und der Struktur der zu bauenden neuen Städte und Siedlungen – entbrannte 1929/30 eine Grundsatzdebatte über die Zukunft der Stadt im aufzubau-

enden Sozialismus. Theoretischer Hintergrund der Debatte waren vor allem die Äußerungen von Karl Marx, Friedrich Engels und Vladimir I. Lenin über die Aufhebung des Gegensatzes von Stadt und Land im Kommunismus. Im Sommer 1929 hatte der Ökonom Leonid M. Sabsovič (Mitarbeiter des Obersten Volkswirtschaftsrates der UdSSR, propagierte 1928/29 in einer Vielzahl von Veröffentlichungen die beschleunigte Industrialisierung des Landes und entwarf dabei gewaltige Wachstumsszenarien, Lebensdaten unbekannt) in einer Broschüre mit dem Titel *Die Stadt der Zukunft und die Organisation der sozialistischen Lebensweisen* die Auffassung vertreten, daß beim Aufbau des Sozialismus anstelle der bisherigen Städte »Ortschaften/Siedlungen [poselenija] neuen Typs« geschaffen werden müßten. Dreh- und Angelpunkt für Sabsovič war die Vergesellschaftung der Ernährung und damit der familiären Hauswirtschaft. Die Ortschaften sollten sich um große Industrie- bzw. Landwirtschaftsbetriebe gruppieren und so auf vierzig- bis einhunderttausend Einwohner bemessene »einheitliche Produktions- und Wohnkombinate« entstehen lassen, Normalform des Wohnens sollte das Kommune-Haus sein. Der einflußreiche Ökonom S. G. Strumilin erweiterte Sabsovič' Konzeption und bestimmte das Industriekombinat – als die verbindende Basis der Siedlung – zum städtischen Zentrum, zum »Fabrik-Kreml«. Gegen die Konzeption von Sabsovič und Strumilin trat im folgenden der Architekt M. A. Ochitovič auf und propagierte die Idee »Keine Stadt, sondern ein neuer Typ von Unterbringung/Ansiedlung [rasselenie]«, einer dezentralen Verteilung individueller Wohnzellen über das Territorium, die durch Autostraßen miteinander verbunden werden sollten, und bezeichnete seine Position selbst als »desurbanistisch«. Miljutins Buch *Socgorod* teilte die Kritik an der kapitalistischen Stadtentwicklung und verband die Position von Sabsovič und Strumilin mit den im Westen erarbeiteten Prinzipien der Funktionsteilung (Arbeiten, Wohnen, Verkehr, Erholung) und präferierte selbst dabei das Modell der sogenannten Bandstadt. Die schroffe Gegenüberstellung von Urbanisten und Desurbanisten verdeckt, daß die Vertreter des modernen Bauens dieser Zeit durchgehend gemäßigt desurbanistische Positionen einnahmen und sich im Ergebnis der Diskussion 1929/30 eine Annäherung der Positionen von *Socgorod* und *Socrasselenie* herausgebildet hatte. Unmittelbar nach dem Auftreten Ernst Mays in einer der Diskussionen in der Kommunistischen Akademie im Mai 1930 faßte das ZK der Kommunistischen Partei der Sowjetunion (KPdSU) noch im selben Monat seinen Beschluß »Über die Arbeit bei der Umgestaltung der Lebensweise«, in dem der alleinigen Orientierung auf die sofortige, vollständige und zwangsweise Vergesellschaftung der Lebensweise (Kommune-Haus) eine Absage erteilt und zugleich die Ausarbeitung von Bauvorschriften für Arbeitersiedlungen und Einzelwohnungen einschließlich der notwendigen kollektiven Dienstleistungseinrichtungen gefordert wird. Dies bleibt offizielle Position bis zum Juni-Plenum 1931. (Vgl. auch Mays Text »Der Bau neuer Städte in der U.d.S.S.R.« in diesem Band S. 268 ff. Im Mayschen Nachlaß befindet sich ein Exemplar von Miljutins *Socgorod* sowie eine deutsche Übersetzung des Aufsatzes von Sabsovič aus dem Jahre 1929, datiert auf den 12. Februar 1930, also lange vor Mays Ankunft in Moskau.) Sabsovič verschwand nach dem Mai 1930 aus dem öffentlichen Leben, sein weiterer Lebensweg ist nicht bekannt.

187 *J. Schneidratus]* Gemeint ist entweder Werner Schneidratus (1908-2001), deutscher Architekt, war mit seinen Eltern Oswald und Elisabeth Schneidratus Mitte der zwanziger Jahre in die Sowjetunion übergesiedelt, Mitglied des sowjetischen Architektenverbandes, leitete 1933-1935 im Rahmen der Generalrekonstruktion Moskaus das Projektierungsbüro des Moskauer Stadtbezirks Ostankino und wurde gemein-

sam mit einigen wenigen Nachwuchsarchitekten persönlich von Stalin empfangen, im Oktober 1937 verhaftet, Arbeitslager bis 1947, Verbannung bis 1954, ein Jahr später Übersiedlung in die DDR; oder aber sein Vater Oswald Schneidratus, der als Bauingenieur tätig war und am 5. Juni 1937 verhaftet und am 22. August 1937 in Moskau erschossen wurde. Elisabeth Schneidratus wurde 1937 ebenfalls verhaftet und verbrachte fünf Jahre in Lagerhaft und Verbannung, sie starb 1976 in der Sowjetunion.
188 *WZIKK]* (VCIK, *Abk. aus* Vserossijskij central'nyj ispolnitel'nyj komitet) Gesamtrussisches Exekutivkomitee; vom Gesamtrussischen Rätekongreß gewählt und höchstes gesetzgebendes, durchführendes und kontrollierendes Staatsorgan der RSFSR in den Jahren 1917-1937.
189 *Otschered]* (Očered') Warteschlange.

Ernst May
Warum ich Frankfurt verlasse
An die Redaktion der *Frankfurter Zeitung*

192 *Schlesien]* Ernst May war 1919-1921 Technischer Leiter der Schlesischen Landgesellschaft in Breslau, 1921-1923 Technischer Direktor der Gemeinnützigen Siedlungsgesellschaft Schlesische Heimstätte und Schriftleiter der Zeitschrift *Das Schlesische Heim* sowie 1923-1925 Leiter der zentralen Stelle für schlesische Flüchtlingsfürsorge in Breslau. In unterschiedlicher Position war er damit für den Aufbau und die Förderung ländlicher bzw. vorstädtischer Siedlungen in Schlesien zuständig. »Mays Siedlungsprojekte folgen mit der Gruppierung um einen gemeinschaftlichen Platz dem Leitbild der Angersiedlung, wodurch ein geschlossenes Ortsbild erzeugt wird. Um günstigen Wohnraum zu schaffen, beschäftigt er sich auch mit alternativen Bauweisen wie dem Lehmbau und Typisierungsmöglichkeiten. 1921 nimmt er am Wett-

bewerb für einen Generalbebauungsplan von Breslau teil, woraus drei Jahre später der Auftrag für einen regionalen Bebauungsplan des Landkreises Breslau resultiert, in dem er vorsieht, das bisherige radiale Stadtwachstum durch ein Konzept dezentraler Trabantensiedlungen zu ersetzen. Aufgrund dieses Planes wird May 1925 als Stadtbaurat und Leiter des Hochbau- und Siedlungsamtes nach Frankfurt berufen.« (Jan Lubitz, [Personenporträt Ernst Mays], online verfügbar unter: ⟨www.architekten-portrait.de/ernst_may⟩ [Stand: 17. Mai 2011]).

192 *Oberbürgermeister]* Ludwig Landmann (1868-1945), liberaler Kommunalpolitiker der Weimarer Republik, 1917-1924 Wirtschaftsdezernent in Frankfurt am Main, trat noch vor Amtsantritt aus der Jüdischen Gemeinde aus, seit 1918 Mitglied der Deutschen Demokratischen Partei (DDP), wurde 1924 zum Oberbürgermeister von Frankfurt am Main gewählt und prägte maßgeblich den großstädtischen Aufstieg Frankfurts in ökonomischer, sozialer und kultureller Hinsicht zur Zeit der Weimarer Republik, nach dem Wahlsieg der Nationalsozialisten im März 1933 aus dem Amt gedrängt, emigrierte 1939 in die Niederlande, woher seine Frau stammte, dort nach der deutschen Besetzung der Niederlande von Verwandten und Freunden vor der drohenden Deportation versteckt. Landmann starb im Versteck kurz vor Kriegsende am 5. März 1945. 1987 Überführung der sterblichen Überreste nach Frankfurt, Beisetzung in einem Ehrengrab auf dem Hauptfriedhof.

192 *sozial eingestellte Majorität]* DDP, SPD und das katholische Zentrum trugen als informelle Koalition die sozialreformerische liberale Kommunalpolitik Frankfurts unter ihrem Oberbürgermeister Ludwig Landmann 1924-1933. Neben Landmann war für den parteilosen Stadtbaurat Ernst May insbesondere auch der sozialdemokratische Stadtkämmerer Bruno Asch Vertrauter und Verbündeter bei der Durch-

setzung der gemeinsamen wohnungs- und stadtentwicklungspolitischen Ziele. Vgl. auch die Anmerkung zu Bruno Asch auf S. 541 f.

194 *Trabantentheorie]* Vgl. den Text von Ernst May »Stadtplanung und neuer Wohnungsbau in Deutschland« in diesem Band S. 169 ff.

Werner Friedmann
Ein deutscher Baumeister baut Städte in Rußland
Ein Interview mit dem Frankfurter Stadtrat Ernst May,
der einen Ruf von der Sowjet-Regierung erhalten hat

197 *Werner Friedmann]* Möglicherweise handelt es sich um den deutsch-jüdischen Journalisten (1909-1969), der in der Weimarer Republik als Reporter für die *Süddeutsche Sonntagspost* arbeitete. Er wurde berühmt, weil er in der Weimarer Republik einen von Adolf Hitlers Einbürgerungsversuchen in Deutschland aufdeckte. 1933 kurzzeitige Inhaftierung und Berufsverbot, 1940 zur Wehrmacht eingezogen, nach englischer Kriegsgefangenschaft ab 1945 erneut Arbeit als Journalist, 1951-1960 war Friedmann Chefredakteur der *Süddeutschen Zeitung*, 1961-1969 Herausgeber der *Abendzeitung*.

Die Arbeitspläne des Architekten Ernst May

205 *Bruno Taut in seinen beiden Vorträgen]* Nicht zu ermitteln; die erwähnte Position Tauts findet sich aber wieder in dessen Artikel »An der Arbeitsfront«, in dem er u. a. schrieb: »Ich glaube bis zu der Behauptung gehen zu können, daß in dem gegenwärtigen intensiven Aufbau der UdSSR die Berufsarbeit der Bauleute, Architekten und Ausführenden, als Einheit gesehen, die schwächste gegenüber anderen Berufen ist: ein Schwanken zwischen den Extremen des italienischen Palaststils und des letzten Modeschreis à la Corbusier, dazwi-

schen die endlose Zone nüchterner Lieblosigkeit mit seltenen Oasen, eine nicht zu überbietende Zerklüftung in Papierarbeit und praktische Bauarbeit, fast unüberwindliche Risse zwischen Auftraggebern und Architekten, zwischen Bau und Stadtplanung, kurz und gut: ein Nebeneinander und fast gar kein Miteinander ...« (Bruno Taut, »An der Arbeitsfront«, in: *Das Neue Rußland*, Jg. 7, Heft 7/8 [Dezember 1930], S. 57).
206 *Wie die Leser der Moskauer Rundschau wissen]* Vgl. den Artikel »Aktuelle Fragen des Städtebaus« von L. S. in der *Moskauer Rundschau* vom 1. Juni 1930, in diesem Band S. 186 ff.

Ernst May
Vom Neuen Frankfurt nach dem Neuen Rußland

212 *energischen Leitung eines Regierungs-Spezialkommissars Schmidt]* Jakov Pavlovič Šmidt (1897-1937), geboren in Odessa, kämpfte im Bürgerkrieg, Leiter der Torfindustrie beim Volkskommissariat für Schwerindustrie, später Chef des 1. Staatsbautrusts (Gosstroj) beim Obersten Volkswirtschaftsrat, Chef von Tekstil'stroj sowie von Novostal – zur Zeit der ersten Reise Mays nach Magnitogorsk im November 1930 war Šmidt Leiter des Baukombinates Magnitostroj (seit 1. Juni 1930). Mit der Errichtung von Sojuzstandartžilstroj im April 1931 wurde er zum Leiter der neuen umfassenden Organisation für den Wohnungsbau beim Obersten Volkswirtschaftsrat der UdSSR ernannt. Ernst May und sein ursprünglich bei der Cekombank angesiedeltes Projektierungsbüro wurden im gleichen Zeitraum in die neue Struktur integriert. Im Rang des Chefingenieurs arbeitete May mit Šmidt unmittelbar in der Leitung des neuen Trusts zusammen. Über dessen berufliche Tätigkeit nach der Auflösung von Sojuzstandartžilstroj ist nichts bekannt. Šmidt fiel Stalins *Großem Terror* zum Opfer; er wurde 1937 erschossen.
212 *Amerikanerstadt]* Wohnsiedlung der amerikanischen

Spezialisten für die Errichtung des Magnitogorsker Metallurgischen Kombinats.

Deutsche bauen in der Sowjetunion
Ernst May in Moskau

Im ersten der durch Asterisken getrennten drei Teile gibt der Verfasser wörtlich die Position Ernst Mays von Mitte November 1930 wieder (nach seiner ersten Reise nach Magnitogorsk). Im zweiten Teil kommentiert der Verfasser das Wirken Mays. Am Schluß referiert er erneut Ausführungen Mays, nun allerdings aus der Zeit seiner Ankunft in Moskau Anfang Oktober 1930 und in indirekter Rede.

214 *Der Herausgeber dieser Zeitschrift]* Erich Baron (1881-1933), deutsch-jüdischer Kommunist, Studium der Rechtswissenschaft, seit 1907 Redakteur bei der *Brandenburger Zeitung*, 1910-1919 Mitglied der Brandenburger Stadtverordnetenversammlung, ab 1918 der USPD, in der Novemberrevolution Vorsitzender des Zentralen Arbeiter- und Soldatenrates in Brandenburg an der Havel, seit 1921 Mitglied der KPD, wurde am 1. Februar 1924 Generalsekretär der von bürgerlichen Kreisen gegründeten Gesellschaft der Freunde des neuen Rußland (u. a. Paul Löbe, Ernst Rowohlt, Bruno Taut, Albert Einstein, dem Industriellen Franz Oppenheimer, Thomas und Heinrich Mann, Arnold Zweig, Oskar-Maria Graf, Egon Erwin Kisch, Erwin Piscator) und war Herausgeber und Chefredakteur der 1923-1933 erschienenen illustrierten Zeitschrift *Das Neue Rußland*, die ihr Büro in Barons Privatwohnung in Berlin-Pankow hatte. Wurde in der Nacht des Reichstagsbrands im Februar 1933 verhaftet. Nach schweren Mißhandlungen durch die SA nahm er sich im Berliner Untersuchungsgefängnis Lehrter Straße das Leben.

215 *Feier des 13. Revolutionstages]* 7. November 1930.

216 *Bruno Taut [...], dessen Ausführungen wir gleichfalls in*

diesem Hefte bringen] Gemeint ist Bruno Tauts Artikel »An der Arbeitsfront« (*Das Neue Rußland*, Jg. 7, Heft 7/8 [Dezember 1930], S. 57f.).

216 *Ernst May ist mit seinem Kollektiv in einem der zahlreichen Wohnungsneubauten provisorisch sehr gut untergebracht]* Ernst May wohnte mit seiner Familie bis zum Ende seines Moskauer Aufenthaltes unter der Adresse Bol'šoj Karetnyj Pereulok 17, Wohnung 83. Ein Teil der mitgereisten Kollegen wohnte ebenfalls im Hofgebäude dieser dreiteiligen Wohnanlage. Zum Umzug der Gruppe in eine neue »Wohnstadt« (!) kam es nicht.

216 *Gesellschaft der Freunde des neuen Rußland]* Siehe die Anmerkung zu Erich Baron S. 518.

216 *Tage der Abreise (8. Oktober 1930) in Berlin]* Hier irrt der Autor vermutlich. Das Abschlußzeugnis für May (in diesem Band S. 454) benennt als Tag der Ankunft in Moskau den 7. Oktober 1930. Auch Margarete Schütte-Lihotzky erinnerte sich an diesen Tag als Ankunftstag. Der Tag der Abreise in Berlin dürfte demzufolge der 5. Oktober 1930 gewesen sein (vgl. den Einleitungsessay S. 42).

219 *Bruno Taut in seinen Vorträgen]* Vgl. auch die Erwähnung der Vorträge Bruno Tauts in dem Artikel »Die Arbeitspläne des Architekten Ernst May« in der Moskauer Rundschau vom 26. Oktober 1930, in diesem Band S. 205.

Architekt May in Magnitogorsk

220 *»Giprogor«]* (*Abk. aus* Gosudarstvennyj institut po planirovke naselennych mest i graždanskomu proektirovaniju) Staatliches Institut zur Projektierung von Siedlungen und Zivilbauten. Das NKVD der RSFSR leitete die Kommunalwirtschaft und hatte 1930 oder 1929 (unterschiedliche Angaben bei Igor A. Kazus', *Sowjetische Architektur der 1920er Jahre. Die Organisation der Projektierung*, Moskau 2009,

S. 220, russisch bzw. Mark G. Meerovič, *Im Nahkampf der Giganten*, Archvuz 2011, russisch) zur sozialistischen Umgestaltung bestehender Städte das Gripogor geschaffen. Im Unterschied dazu unterstehen die Cekombank und ihr Projektierungsbüro mit dessen Leiter Ernst May dem Obersten Volkswirtschaftsrat der UdSSR und sollen sich mit dem Aufbau neuer Wohnstädte im Zuge der Industrialisierung beschäftigen. Die Aufgabenteilung ist aber nicht eindeutig geklärt und von Beginn an umkämpft.
220 *»Magnitostroj«]* Das Baukombinat für Magnitogorsk; der anonyme Verfasser spricht häufiger vom Magnitogorsker Metallurgischen Kombinat. Magnitostroj baute sowohl das Industriekombinat als auch die Stadt.

Ernst May
Stalingrad

Der in der *Frankfurter Zeitung* vom 24. Januar 1931 erschienene Artikel weist gegenüber dem im HAA vorhandenen Typoskript Mays (datiert auf den 17. Januar 1931) folgende Variante auf:
226f. *Sie singen Studentenlieder:]* Mit übermütiger Pointierung singen sie den Kreislauf: / Wer folgt auf die Kommunisten? / Das sind die Komsomols. / Wer folgt auf die Komsomols? / Das sind die Pioniere. / Wer folgt auf die Pioniere? / Das sind die Oktoberkinder. / Wer folgt auf die Oktoberkinder? / Das sind die Krippenkinder. / Wer füllt die Krippen? / Das sind die Komsomolinnen. / Wer hilft ihnen dabei? / Das sind die Komsomols. / Dann folgen Studentenlieder mit treffenden Charakteristiken:
225 *Stalingrad in Turkestan an der westchinesischen Grenze]* Falsche geographische Verortung der europäischen Stadt an der Volga.
226 *Komsomols]* Mitglieder des Komsomol, des Leninschen Kommunistischen Jugendverbandes der UdSSR.
227 *Stalingradstroy]* (Stalingradstroj) das Baukombinat für Stalingrad.

228 *Piatiletka]* *(Abk. für* pjatiletnyj plan*)* Fünfjahresplan; wichtigstes Koordinations- und Mobilisierungsinstrument zur Leitung der Volkswirtschaft (»Planwirtschaft«). Am 28. Mai 1929 faßte der 5. Sowjetkongreß der UdSSR den Beschluß »Über den Fünfjahresplan der Entwicklung der Volkswirtschaft (1928/29 bis 1932/33)«, mit dem die bereits 1925 beschlossene Industrialisierung der Sowjetunion tatsächlich umfassend eingeleitet wurde.

230 *der ausgesprochene Bandcharakter des Siedlungsgeländes]* Im Zeitungsdruck, im Gegensatz zum Typoskript, fälschlich »Landcharakter«. Implizite Anspielung auf die von May vorgefundene sowjetische Planung unter dem Architekten V. N. Semënov, die eine Aufteilung auf fünf Siedlungskerne vorsah und gegen die May sein eigenes Generalplanschema als Bandstadt entwickelte.

230 *Kraßno Armeisk]* (Krasnoarmejsk) Ortsbezeichnung nach der Roten Armee.

231 *Iswostschik]* (Izvozčik) Kutscher.

Ernst May
Kusbaß

246 *»Tschistka«, die Betriebsreinigung und andere hochlöbliche Institutionen des Landes]* Čistka (Säuberung), meint hier die »Reinigung« der Betriebsleitungen sowie der Kommunistischen Partei von »parteifeindlichen Elementen« in ritualisierten Versammlungen. Die »anderen hochlöblichen« Einrichtungen sind offensichtlich die GPU, d. h. der Geheimdienst, der die »Säuberungen« wenige Jahre später zum umfassenden Terror ausbaut.

248 *»Phiskultur«]* (Fizkul'tura) Körperkultur.

253 *Prokowiewsk]* Gemeint ist die Stadt Prokop'evsk.

254 *Kusbaßstroij]* (Kuzbassstroj) das Baukombinat für das Kuznecker Bassin (Kuzbass).

260 *Kraiispolkom]* (*Abk. aus* Krajnij ispolnitel'nyj komitet) Exekutivkomitee des Gebiets.

L.S.
Der Bau der sozialistischen Städte hat begonnen
Unterredung mit Architekten Ernst May

264 *L.S.]* Siehe die Anmerkung zu dem Text von L.S., »Aktuelle Fragen des Städtebaus«, in diesem Band, S. 510.
264 *Kurgan]* Gemeint ist offensichtlich Tyrgan-Prokop'evsk.

Ernst May
Der Bau neuer Städte in der U.d.S.S.R.

Wegen der Vielzahl der Abbildungen und der besonderen typographischen Gestaltung im Original (zweispaltige Anordnung mit Haupt- und Marginalspalte – die Überschriften in der Marginalspalte strukturieren den Text) wird auf die Wiedergabe der Bilder verzichtet. Die im Erstdruck neben den Text gestellten Überschriften werden eingerückt wiedergegeben. Der Vergleich des Drucktextes mit dem im DKA befindlichen Vortragstyposkript Ernst Mays (datiert auf den 5. Juni 1931) ergibt, daß im Abschnitt »Drei Wohnungskategorien« die erste Überschrift »Die 100prozentige Individualwohnung« im Erstdruck durch die herausgehobene Bildlegende »I. Individualwohnungen« doppelt erscheint, daß darüber hinaus im Erstdruck die Zwischenüberschriften »Kollektivwohnungen« und »Kommunehaus« fehlen und dort offenbar durch die Bildlegenden »II. Kollektivwohnungen« und »III. Kommunehäuser« ersetzt wurden. Die Wiedergabe der Überschriften folgt dem Typoskript.
Im Erstdruck ist dem Text folgende redaktionelle Notiz nachgestellt:

»Der Vortrag von Ernst May wird später als Broschüre durch Erich Baron, den Herausgeber der Berliner Zeitschrift ›Das neue Rußland‹ noch einmal publiziert werden mit Beiträgen über russische Architektur von Walter Gropius, Martin Wagner und Bruno Taut.«

Dieser Hinweis findet sich auch im Heft 6/7 (1930) von *Das Neue Rußland*, in dem eine gekürzte Fassung des Vortrages von Ernst May in Berlin erschien, und durch den Beitrag von Martin Wagner, »Russischer Städtebau« (S. 53-56), das Kurzstatement von Walter Gropius, »Was erhoffen wir vom russischen Städtebau« (S. 57), und Auszüge aus dem »Bericht des Präsidenten des Zentralrates der Wohnungspacht- und Baugenossenschaften der UdSSR, Beloussoff«, »Wie wohnt man in der Sowjetunion« (S. 57-61), ergänzt wurde. Der Text von Walter Gropius war offenbar als Einleitung in das geplante Buch gedacht:

»Bereits von den ersten Ergebnissen seiner [Mays] und seiner Mitarbeiter Pionierarbeit, die in diesem Buche niederlegt sind* – Grundrisse bereits im Bau befindlicher Städte –, geht eine anregende Kraft aus, die sich das Interesse aller Städtebauer auch außerhalb Rußlands erobern wird.«

Die Redaktion merkte mit Fußnote an:

»*) Es handelt sich um das von uns herausgegebene, demnächst im Ernst Rowohlt Verlag, Berlin, erscheinende Buch ›Neues Bauen in der UdSSR‹, dem wir obige Sätze als Vorabdruck entnehmen.« (S. 57, vgl. auch S. 52, dort als Buch in der »Schriftenreihe der ›Gesellschaft der Freunde des neuen Rußland‹« im Rowohlt-Verlag angekündigt.)

Vgl. auch die erneute Ankündigung der – leider nie erschienenen – Publikation im Vorspruch der Redaktion zu Mays Text »Städtebau in der Sowjetunion« (in: *Das Neue Rußland*, Februar 1932) in diesem Band S. 299.

Das Vortragstyposkript »Bau neuer Städte in der U.d.S.S.R.« (datiert auf den 5. Juni 1931) enthält u. a. folgende hervorhebenswerte Varianten gegenüber dem Druck:

270 *Was die Gesamtform der Stadt [...] vermeiden.]* Was die Gesamtform der Stadt anbetrifft, so ist man sich darüber klar, dass man die Riesenstadt, überhaupt die Grosstadt über 150-200000 Einwohner hinaus, nicht wünscht.

272 *erschwert werden]* erschwert werden. Es ist dagegen durchaus denk-

bar, dass dieser Gedanke im Zusammenhang mit der Ansiedlung der Landwirtschafts-Industrie-Arbeiter, die in der Union allmählich die Bauern verdrängen, durchgeführt werden kann, wenn auch in stark modifizierter Form.

275 *Ziel der Politik der U.d.S.S.R.]* Ziel des Kommunismus

282 *der neuen Städte enthält.]* der neuen Städte enthält. Die dort gegebenen Zahlen können durchweg als überholt gelten, aber trotzdem ist es wertvoll, festzustellen, dass in diesem ästhetische Momente stark in den Vordergrund schiebenden Werke überhaupt eine solche Aufstellung eingefügt wurde.

283 *Zimmerarbeiten]* Zimmerarbeiten. Noch vor wenigen Tagen erhielt ich einen Brief von Mart Stam, der die örtliche Bauleitung in Magnitogorsk ausübt, dass er unter den Maurern viele jüngere Mädchen habe, die nach kurzer Lehrzeit an die Arbeit gingen.

285 *stampfen zu müssen.]* stampfen zu müssen, von dessen wahrer Grösse man sich bei uns nach Worten und Schriften nur schwer einen Begriff machen kann.

285 *und Karaganda.]* und Karaganda. Als ich heute morgen in einer hiesigen Tageszeitung einen Bericht über die Ausführungen meines Freundes Poelzig gegen die Typisierung und Mechanisierung las, dachte ich, wie schnell könnte dem Manne geholfen werden, wenn ich ihn einmal 8 Tage in der U.d.S.S.R. hätte. Da ist Architektur und Städtebau nicht mehr romantische Betätigung des Spieltriebes, sondern Kampf um Leben und Tod. Wie will man mit einem Minimum von Menschen, mit einem Minimum von Material und bei Entfernungen von 10 Tausenden von Kilometern Städtebau und Wohnungsbau betreiben, ohne die selbstverständlichen Grundlagen bauproduktiven Schaffens unserer Zeit auf das ergiebigste auszunutzen. Glaubt Poelzig denn, dass Friederich der Grosse den Launen seiner Bauräte zulieb typisiert habe; ist er nicht auch davon überzeugt, dass genau die gleichen Gesichtspunkte, die den Preussenkönig nach dem siebenjährigen Kriege veranlassten, vertrottelte Bauräte (ich zitiere die Zeitung: alle Fortschritte im Geistigen sind ja nur von den frei schaffenden Architekten errungen worden!), wie Gilly und Berson, Typenpläne für städtische und ländliche Siedlungen und Wohnbauten entwerfen zu lassen?

286 *Charkow.]* Charkow. Mein früherer Frankfurter Mitarbeiter, Kaufmann, ist Leiter der örtlichen technischen Planung.

286 *Wissenschaftler unterstützen diese Arbeit.]* Wissenschaftler, darunter Wudtke, der Ihnen bekannt ist, unterstützen mich in dieser Arbeit.

287 *Betriebsleiter]* Kaufmann

287 *historische Tat]* heroische Tat

268 *Erich Baron]* Siehe die Anmerkung S. 518.

268 *Walter Gropius]* Deutscher Architekt (1883-1969), Zusammenarbeit mit Adolf Meyer (Fagus-Werk 1911 – ein früher Leitbau des Neuen Bauens), wurde auf Vorschlag Henry van de Veldes 1919 dessen Nachfolger als Direktor der Hochschule für Bildende Kunst in Weimar, gab ihr den Namen »Staatliches Bauhaus Weimar« und blieb dessen Direktor in Weimar bis 1926 und in Dessau bis 1928 (dort entwarf er das Bauhaus-Gebäude, die Meisterhäuser, die Siedlung Törten sowie das Gebäude des Arbeitsamtes), beteiligte sich 1928/29 an den Siedlungen Dammerstock (Karlsruhe) bzw. 1929/30 Siemensstadt (Berlin) und entwarf 1931/32 Kupfer-Typenhäuser in Finow bei Berlin, emigrierte 1934 nach Angriffen der Nationalsozialisten auf das Bauhaus nach England, 1937 in die USA, wo er als Professor an der Harvard University in Cambrigde tätig war und als Architekt eine Vielzahl von Bauten realisierte. So beteiligte er sich u. a. mit einem eigenen Projekt am Hansa-Viertel in Berlin (1957), entwarf das Pan-Am-Gebäude in New York (1957/58) und umriß die Grundzüge der Gropius-Stadt in Berlin-Neukölln (ab 1960).

268 *Martin Wagner]* Deutscher Stadtplaner und Architekt (1885-1957), 1918-1920 Stadtbaurat von Schöneberg (ab 1920 Berlin-Schöneberg), 1920 Mitbegründer des Verbandes sozialer Betriebe (gewerkschaftsnaher Bauhütten), den er bis 1925 leitete, seit 1924 Leiter der DEWOG (Deutsche Gesellschaft zur Förderung des Wohnungsbaus, Gemeinnützige Aktiengesellschaft Berlin-Schöneberg), koordinierte über deren Filialorganisationen die gesamte gemeinnützige Bauwirtschaft in Deutschland. Auch die Berliner Tochtergesellschaft GEHAG (Gemeinnützige Heimstätten-, Spar- und Bau-Aktiengesellschaft) stand unter Wagners Leitung (Hufeisensiedlung in Berlin-Britz zusammen mit Bruno Taut 1924-1926), 1926-1933 Stadtbaurat Berlins (weitere Siedlungen des Neuen Bauens, U-Bahn-Bau, Umgestaltung des Alexander-

platzes, Messe-Ausbau, Strandbäder am Wann- und am Müggelsee usw., Berliner Bauausstellung 1931, Ausstellung »Sonne, Luft und Haus für alle« 1932). Nach der Weltwirtschaftskrise und einem Besuch in der Sowjetunion entwikkelte Wagner planwirtschaftliche Ansätze für Berlin, verließ 1931 die SPD, wurde im März 1933 von den Nazis aus dem Amt gedrängt, aus Protest gegen den Ausschluß von Käthe Kollwitz und Heinrich Mann trat er 1933 aus der Akademie der Künste aus, nach Arbeitslosigkeit ab 1935 städtebaulicher Berater in Istanbul, 1938-1950 Professor an der Harvard University in Cambridge, wo er das Konzept der New Towns aus Nachbarschaften von je 5000 Einwohnern (1945) entwikkelte, ab 1944 Staatsbürger der USA, kurz vor seinem Tod kritisierte Wagner das im Rahmen der Internationalen Bauausstellung 1957 errichtete Hansa-Viertel als »Potemkin in Westberlin«.

268 *Bruno Taut]* Deutscher Architekt und Stadtplaner (1880-1938), Ausbildung an der Baugewerkschule in Königsberg, danach Mitarbeit bei Bruno Möhring (Berlin) bzw. Theodor Fischer (Stuttgart), gründete 1908 gemeinsam mit dem Architekten Franz Hoffmann in Berlin das Architekturbüro Taut & Hoffmann, 1913 Eintritt des jüngeren Bruders Max Taut in das Büro, 1913/14 Realisierung der Gartenstadt Berlin-Falkenberg, 1914 des Glashauses für die Kölner Werkbundausstellung, 1918/19 theoretische Aufsätze »Alpine Architektur« und »Auflösung der Städte«, Initiator des Arbeitsrates für Kunst nach der Novemberrevolution 1918, 1921 Berufung zum Stadtbaurat Magdeburgs (dort u. a. Generalsiedlungsplan), 1924-1931 Berliner Wohnsiedlungen des Neuen Bauens (heute Weltkulturerbe), 1930 Professor für Siedlungs- und Wohnungswesen an der TH Berlin-Charlottenburg, Mitglied der Akademie der Künste. Ging mit der Erwartung, Chefarchitekt der Moskauer Stadtverwaltung zu werden, 1932 nach Moskau, kehrte nach der architekturpo-

litischen Wende in der Sowjetunion im Februar 1933 enttäuscht nach Berlin zurück, wo die Nationalsozialisten ihm die Professur und die Mitgliedschaft in der Akademie der Künste entzogen, flüchtete zwei Wochen nach der Rückkehr in seine Heimat nach Japan, dort jedoch keine Bauaufträge, hielt sich mit Kunsthandwerk finanziell über Wasser, 1933-1936 Aufsätze zum Neuen Bauen, 1936 Professur für Architektur an der Akademie der Künste in Istanbul (Pläne für den Bau der Universität in Ankara und für Schulgebäude in der Türkei), 1938 Publikation des Bandes *Architekturtheorie*, gestaltete den Katafalk für den 1938 verstorbenen Atatürk, erliegt am 24. Dezember 1938 einem langjährigen Asthmaleiden.

270 *Man beruft sich hierbei auf Lenin, der sagte:]* Die von May zitierten Sätze Lenins stammen aus dessen Aufsatz »Karl Marx« von 1914. Sie sind in der deutschen Werkausgabe wie folgt übersetzt: »Der Kapitalismus zerreißt endgültig den Zusammenhang zwischen Landwirtschaft und Industrie, bereitet aber zugleich in seiner höchsten Entwicklung neue Elemente vor für die Herstellung dieses Zusammenhangs, für die Vereinigung von Industrie und Landwirtschaft auf der Grundlage der bewußten Anwendung der Wissenschaft und der Kombinierung kollektiver Arbeit, für eine neue Siedlungsweise der Menschheit (mit Abschaffung sowohl der Öde, Weltabgeschiedenheit und Barbarei der Dörfer wie auch der widernatürlichen Zusammenballung gigantischer Massen in den großen Städten).« (Wladimir Iljitsch Lenin, *Werke*, herausgegeben vom Institut für Marxismus-Leninismus beim ZK der SED, Band 21, Berlin 1968, S. 60 f.)

273 *Entwurf Miljutins]* Siehe die Anmerkung zu Miljutin S. 510.

273 *Simjonow]* Semënov, Vladimir Nikolaevič (1874-1960), russisch-sowjetischer Architekt und Stadtplaner, Hochschullehrer (1921-1930 Vchutemas/Vchutein, 1930-1941 Moskauer Architekturinstitut), arbeitete 1908-1912 in England, ab 1913

Architekt der Moskau-Kazaner Eisenbahn, 1912-1914 Realisierung der Gartenstadt bei der Station Prozorovskaja, nach 1917 viele Stadtplanungsprojekte, u. a. Konkurrent Mays bei der Planung für Stalingrad (vgl. den Einleitungsessay S. 67 ff.), Konsultant von Giprogor, 1930-1934 Chefarchitekt Moskaus, leitete die Ausarbeitung des 1935 beschlossenen »Stalinschen Generalplans der Rekonstruktion Moskaus«.
278 *Objeschidien]* (Obščežitie) Wohnheim.
281 *Tschernitschow]* Černyšev, Sergej Egorovič (1881-1963), russisch-sowjetischer Architekt, Stadtplaner und Hochschullehrer (1918-1930 Vchutemas/Vchutein, 1931-1950 Moskauer Architekturinstitut), nach der Revolution Mitarbeit in der Architekturwerkstatt des Mossovet, Konsultant der Bauorganisation Standart (1924-1926), entwarf 1926 das Gebäude des Lenin-Instituts (Parteiarchiv) in Moskau, leitete ab 1926 die Architektengruppe des Kartenverlages des NKVD, später Architekt bei Giprogor, Konkurrent Mays bei der Generalplanung für Magnitogorsk 1930 (vgl. den Einleitungsessay S. 56 ff.), Mitarbeit am Generalbebauungsplan 1935 für Moskau, Rekonstruktion und Projektierung der Gor'kij-Straße und der Leningrader Chaussee (seit 1933), 1935-1941 Chefarchitekt Moskaus, Chefarchitekt der Allunionsausstellung für Landwirtschaft 1939, 1944-1948 Vorsitzender der Verwaltung für Architekturfragen beim Moskauer Stadtsowjet, Koautor des Hauptgebäudes der Lomonossov-Universität auf den Leninbergen in Moskau (1949-1953), 1. Sekretär des Bundes der Architekten der UdSSR (1950-1955).
282 *Sownarkom]* (*Abk. aus* Sovet narodnych komissarov) Rat der Volkskommissare; die Regierung der Teilrepubliken, aber auch der UdSSR. May meint hier die Unionsregierung.
286 *Donschilstroy]* (Donžilstroj) Wohnungsbaukombinat für das Donezk-Becken.
287 *die Kongresse für Neues Bauen]* (CIAM, Congrès Internationaux d'Architecture Moderne) 1928-1959 wichtigste

Plattform der programmatischen Verständigung von Architekten und Stadtplanern, die sich dem Neuen Bauen verbunden fühlten. Als programmatisch, publizistisch und organisatorisch tätiger Generalsekretär stand den Kongressen der Kunsthistoriker Sigfried Giedion vor. Das Programm der Gründungskonferenz 1928 stellte Le Corbusier zusammen, Vorsitz führte der Schweizer Karl Moser. Den Vorsitz des Kongresses 1929 in Frankfurt am Main unter dem Thema »Die Wohnung für das Existenzminimum« hatte Ernst May inne. Der für 1933 in Moskau geplante Kongreß »Die funktionelle Stadt« kam wegen der architektur- und städtebaupolitischen Wende in der Sowjetunion nicht zustande und fand statt dessen an Bord des Schiffes Patris zwischen Marseille und Athen statt, hier beschlossen die Anwesenden die berühmte »Charta von Athen«.

Ernst May
Wieder nach dem Ural

292 *Gorsowjet]* (Gorsovet, *Abk. aus* gorodskij sovet) Stadtsowjet.

Ernst May
Städtebau in der Sowjetunion

299 *der Herausgeber dieser Zeitschrift]* Erich Baron, siehe die Anmerkung S. 518.
299 *der von uns demnächst samt diesem Nachwort und anderen Beiträgen]* Ankündigung der Publikation, siehe die Anmerkung S. 523. Interessanterweise sollte nun auch Miljutin zum Autorenkreis der geplanten Publikation gehören.
304 *im Herbst des Jahres]* Gemeint ist das Jahr 1930.

Ernst May
Siedlungsbau. Die Erfahrungen Frankfurts

Dieses von El' Lisickij gestaltete Buch *Die Architektur des modernen Westens* wurde am 5. Oktober 1931 in Satz gegeben und am 15. Juni 1932 zum Druck freigegeben. Bruno Taut notierte zum Buch von Arkin:

»Eben ein russisches Buch ›Architektur des heutigen Westens‹ erschienen. Es enthält einen Einführungsaufsatz vom Herausgeber Arkin, in dem, soweit ich verstehe, die westliche Architektur als ein Festlaufen auf einem nicht weiterführenden Wege innerhalb der kapitalistischen Bindungen angesehen wird. Im Übrigen behandelt es einzelne Architekten mit Aufsätzen über sie und Abdruck literarischer Arbeiten von ihnen; Corbusier, der sehr eingehend behandelt wird, ich mit Abdruck aus der ›Neuen Baukunst‹, ›Bauen‹ und dem Aufsatz über ›Auflösung der Städte‹ in der ›Moskauer Rundschau‹, Oud, Luçat, Wright, Gropius, Moholy-Nagy, Hilbersheimer, Neutra und – etwas mager – May. Von mir wenig Gebautes, dagegen umso mehr Geschriebenes abgedruckt. Der Aufsatz über mich ist kurz, kühl und teilweise spitz, ich habe ihn selbst mit Wörterbuch gelesen. – Zensur: selbständig, aber die Theorie Tauts ist ›Funktionalismus‹, der nicht genügt und zur Kleinbürgerlichkeit führt, große Praxis, die aber die traditionelle Grundlage nicht antastet, gute Grundrisse, kühne Versuche: Glashaus, Farben in Magdeburg, Kampf gegen die Wohnungsüberhäufung. Die ›Auflösung der Städte‹ nimmt er mir in seinem Artikel, obwohl er sie ganz abdruckt, krumm – der Aufbau der SSR beweise das Gegenteil. (Wollen wir uns in 50 Jahren sprechen.) Ich notiere mir dies, weil es u. a. ein Zeichen ist, was ich hier gelte.« (Bruno Taut, Brief Nr. 24 aus Moskau, Notiz vom 16. Dezember 1932, in: *Schönheit, Sachlichkeit und Sozialismus. Bruno Taut. Briefe aus Moskau*, herausgegeben von Barbara Kreis, Berlin 2006, S. 320)

Der tatsächlich verschämt angehangen wirkende letzte Beitrag von Ernst May in Arkins Buch geht offensichtlich auf seinen Beitrag »Stadtplanung und neuer Wohnungsbau in Deutschland« (in diesem Band S. 169 ff.) und damit auf seine im Mai 1930 gehaltenen Vorträge zu diesem Thema zurück. Ein Textvergleich zeigt jedoch, daß die Varianten keinesfalls allein auf die Übersetzung zurückzuführen sind, sondern daß der Text eigenständige Akzente setzt. So spricht May statt von »sozialer Ökonomie« nun von »sozialer Wirtschaftlichkeit« und spielt damit auf Stalins Rede vom 23. Juni 1931 über die Einführung der wirtschaftlichen Rechnungsführung (siehe Einleitungsessay S. 86ff.) an, die gänzlich anders erfolgte, als sich May noch mit seiner Rede in Berlin erhofft hatte (vgl. den Abschnitt »Städtebauliche Veranschlagung«, S. 282 in Mays Text »Der Bau neuer Städte in der U.d.S.S.R.«). Auch solche Sätze, wie »Es ist ganz und gar undenkbar, die Wohnbedürfnisse der breiten Massen der Stadtbevölkerung durch eine oder zwei Arten von Gebäuden zu befriedigen«, oder Mays ausführliche Darstellung der Gemeinschaftseinrichtungen und der kollektiven Nutzung der Hausgärten in Frankfurt, seine Bemerkung, wonach »öffentliche Parks oder Grünanlagen nicht als Ersatz einzelner Hausgärten dienen« können, sowie insbesondere seine Kritik am »verbreitete[n] Bestreben, einen allgemeinen Stil zu finden«, können als Kritik an der sowjetischen Städtebaupolitik gelesen werden.

Echo aus Rußland
Brief an die *Bauwelt*

Der Brief der Mitarbeiter von Standartgorproekt bezog sich auf den Artikel von Walther Schulz, »Planmäßiger Städtebau in der UdSSR in Theorie – und Praxis«, in: *Bauwelt*, Jg. 23, Heft 26 (30. Juni 1932), S. 633-635. Walther Schulz antwortete unmittelbar im Anschluß an den Brief aus Moskau im selben Heft, vgl. *Bauwelt*, Jg. 23, Heft 31 (4. August 1932), S. 764f.

324 *Regierungsbaumeister W. Schulz]* Walther Schulz (1891-1980), deutscher Architekt, gehörte zu den engsten Mitarbeitern Ernst Mays, die ihn auf der Reise nach Moskau im Oktober 1930 begleiteten, war in der Sowjetunion vor allem als Bauleiter tätig und kehrte als einer der ersten Rußlandfahrer wieder nach Deutschland zurück. 1935 war Schulz Bauleiter

beim Zeugamt der Luftwaffe in Göttingen, danach Leiter des Amtes für Stadtgestaltung in Göttingen, nach dem Krieg Oberbaurat in Freiburg.

326 *Schmitthenner]* Paul Schmitthenner (1884-1972), deutscher Architekt und Hochschullehrer, studierte in Karlsruhe und München Architektur, 1909-1911 Mitarbeit bei Richard Riemerschmid in München, 1911-1913 Realisierung der Gartenstadt Carlowitz bei Breslau, städtebauliche Planungen für die Gartenstädte Staaken, Plaue bei Brandenburg und Forstfeld bei Kassel, 1918 durch Paul Bonatz als Professor für Baukonstruktion und Entwerfen an die TH Stuttgart berufen. Vertreter der Stuttgarter Schule der Zwischenkriegszeit, die den Historismus verwarf, aber dennoch eine klassische, konservativ geprägte Bauweise in Anlehnung an handwerkliche Traditionen und unter Verwendung natürlicher Materialien propagierte. Vertrat vehement Gegenpositionen zur Moderne, u.a. mit der Realisierung der Kochenhofsiedlung 1933 und durch den Beitritt zur Architektenvereinigung »Der Block« 1928. 1931 Mitglied der Akademie der Künste, 1932 *Das deutsche Wohnhaus*, 1933 Eintritt in die NSDAP, galt kurze Zeit als erster Architekt des NS-Staates, lehnte dann aber angebotene Staatsämter in Berlin ab. Distanzierte sich 1941 mit seinem Vortrag »Das sanfte Gesetz in der Kunst, in Sonderheit in der Baukunst« vom vorherrschenden Monumentalismus. 1945 aus dem Staatsdienst entlassen, 1947 rehabilitiert.

326 *Bonatz]* Paul Bonatz (1877-1956), deutscher Architekt und Hochschullehrer, studierte zuerst Maschinenbau, dann Architektur in München, ab 1902 Mitarbeit im Büro von Theodor Fischer, 1906-1908 dessen Assistent an der TH Stuttgart, von 1908 bis 1943 Professor in Stuttgart. Die entscheidende Anerkennung erlangte Bonatz 1911 mit dem Entwurf zum Stuttgarter Hauptbahnhof (Realisierung bis 1927). 1926-1928 für die Neckar-Kanalisierung zuständig (Realisie-

rung bis in die dreißiger Jahre). Zahlreiche Wohn-, Geschäfts- und Kommunalbauten. Bonatz beherbergte Bruno Taut bei seiner Flucht aus Deutschland 1933 in seinem Stuttgarter Haus. Nach 1933 entwarf der parteilose Bonatz Brükken für die Reichsautobahn; Meinungsverschiedenheit mit Hitler über die Dimension des neuen Münchner Hauptbahnhofs. Verließ 1943 Deutschland und wirkte als Berater im türkischen Kulturministerium, von 1946 bis 1954 als Professor an der TU Istanbul, kehrte 1954 nach Stuttgart zurück.

Wohnungen für 1 400 000 Menschen
Der frühere Frankfurter Stadtrat May über seine russischen Pläne

Dieser Druck konnte bisher nur durch den Zeitungsausschnitt im DKA mit der handschriftlichen Notiz »Neueste Zeitung Ffm 8/8 1932« identifiziert werden.
Ernst May reagierte damit offenbar auf den hämischen Artikel des *Frankfurter Generalanzeigers* vom 18. Juni 1932 unter dem Titel »Schicksal der Frankfurter May-Expedition. Vom Baudiktator Rußlands zum kleinen Architekten in Moskau«.

Ernst May
Neuer Generalbebauungsplan für Groß-Moskau

Der Veröffentlichung in der *Bauwelt* am 22. September 1932 ging der im wesentlichen inhaltsgleiche Artikel in der *Izvestija* vom 15. Juni 1932 voraus, dort allerdings unter der Überschrift »Proletarisches Moskau – Stadt-Kollektiv«. Im DKA findet sich eine deutsche Übersetzung des Artikels aus der *Izvestija* (3 Seiten).
Die *Izvestija* stellte folgende redaktionelle Bemerkung voran:

»Das Juniplenum der Partei hat ›die Moskauer Organisationen zur Ausarbeitung eines seriösen, wissenschaftlich begründeten Plans zur weiteren Entwicklung und Bebauung Moskaus verpflichtet‹. / Entsprechend dieser Direktive wurden bei einer Reihe von Organisationen und Personen Entwürfe (Schemata) zur Planung Moskaus in Auftrag gegeben: bei der Gesellschaft proletarischer Architekten (VOPRA), der Brigade der Ing. Krasin und Obrazcov, der Brigade der Architekten Kratjuk und Poljakov, der Brigade Ernst May, bei Prof. Ladovskij, dem Architekten Hannes Meyer und dem Architekten Kurt Meyer. / Die Architektur- und Planungsverwaltung des Mossovets (APU) hat bereits (vom Standpunkt von Architektur, Komposition und Planung) die Entwürfe der Brigaden Krasin und Obrazcov, VOPRA, Kratjuk und Poljakov, Prof. Ladovskij sowie des Architekten Ernst May durchgesehen. / Wir drucken den Artikel des Architekten Ernst May, der die Idee des Entwurfes (des Schemas) seiner Brigade erläutert, die ihre Arbeit früher als alle anderen abgeschlossen hat. / Das Projekt der Brigade unter Leitung von Ernst May, Mitarbeiter: Architekten May, Hassenpflug, Hebebrand, Schmidt, Ingenieure Bertik, Lehmann, Frolov.« Vgl. Ernst May: »Proletarisches Moskau – Stadt-Kollektiv«, in: *Izvestija*, Moskau, Nr. 164 (15. Juni 1932), S. 2.

Die Vorbemerkung der Schriftleitung der *Bauwelt*, May habe für die Pläne in Moskau die Wohnzeilen »durchweg ostwestlich angeordnet«, beruht auf der fälschlichen Annahme, die horizontale Schraffierung der Satelliten stellte Häuserzeilen dar. (Eine zweite Fotografie in der *Bauwelt* zeigt dieselbe Schraffur wie die Zeichnung in der *Izvestija*.) Die Übersetzung der Begriffe »Sowchosen«, »Kolchosen« und »Gorod-Kollektiv« (siehe die Fußnoten S. 336) in der *Bauwelt* ist nicht korrekt. Sowchosen (sovchoz, *Abk. aus* sovetskoe chozjajstvo, sowjetische Wirtschaft) sind staatliche Landwirtschaftsbetriebe, Kolchosen (kolchoz, *Abk. aus* kollektivnoe chozjajstvo, Kollektivwirtschaft) genossenschaftliche Landwirtschaftsbetriebe und Gorod-Kollektiv (gorod *russ. für* Stadt) meint die Stadt als Ensemble der unterschiedlichen Kollektive (der Wohnkombinate bzw. Trabanten oder Satelliten).

Ernst May
Ferien vom Städtebau

Offensichtlich unternahm May die Reise ans Schwarze Meer im Sommer 1932. Es wird hier darauf verzichtet, alle heute gebräuchlichen geographischen Bezeichnungen aufzuführen.
339 *Stalowaja]* (Stolovaja) Speisesaal, Kantine.
339 *Otschered]* (Očered') Warteschlange.
346 *Seleonny Myce]* (Zelenyj mys) Grünes Kap.
348 *Chosrastschit]* (Chozrasčet, *Abk. aus* Chozjajstvennyj rasčet) Wirtschaftlichkeitsberechnung.
348 *nach der letzten Stalinrede]* Vermutlich ist die Rede Stalins »Neue Verhältnisse – neue Aufgaben des wirtschaftlichen Aufbaus« auf der »Beratung der Wirtschaftler« am 23. Juni 1931 gemeint. Unter Punkt VI. erörtert Stalin die wirtschaftliche Rechnungsführung.
348 *Sofchos]* Siehe die Anmerkung S. 534.
350, 354 *Adscharistan; Abchasien]* In der Sowjetunion autonome Sowjetrepubliken innerhalb der Georgischen Sozialistischen Sowjetrepublik.

Ernst May
Zu dem Generalplanentwurf für Magnitogorsk

Zuerst erschienen in der Zeitschrift *Sowjetische Architektur* (3/1933, Mai-Juni). Da sich die russische Übersetzung strikt an dem – im DKA vorhandenen – Typoskript Mays unter der Überschrift »Zu dem Generalplanentwurf von Standardgor-Projekt für Magnitogorsk« orientiert, wurde hier das Typoskript als Textgrundlage gewählt. Die Textwiedergabe folgt dem Wortlaut des Typoskriptes, Zeichensetzung und Grammatik sind stillschweigend korrigiert, die variierenden Abkürzungen (z. B. für »sozialistisch«) ausgeschrieben und »ca«

durch »ca.« ersetzt. Beibehalten wurde dagegen die durchgängige Schreibung von »ss« (bei vollständigem Fehlen von »ß«). – Die wenigen Abweichungen zwischen Typoskript und russischem Erstdruck sind im edierten Text durch Spitzklammern (⟨ ⟩) ausgewiesen.
Die Erstveröffentlichung enthielt sechs Abbildungen. Aufgrund der schlechten Qualität der Abbildungen und aus Format- und Platzgründen wird hier nur das Generalplanschema dargestellt.

361 *Wreminibauten]* Temporäre Bauten (Behelfsbauten aller Art).

362 *RKI]* (*Abk. aus* Raboče-krest'janskaja inspekcija) Arbeiter- und Bauern-Inspektion; Machtorgan zur staatlichen Kontrolle, vermutlich ist im Zusammenhang mit der Erwähnung der RKI-Mitglieder insbesondere Jan Ernestovič Rudzutak gemeint, an den sich der Chef der Cekombank Ėmmanuil Viktorovič Luganovskij auf Mays Initiative hin gewandt hatte (vgl. den Einleitungsessay S. 79).

363 *Nordosten der Stadt]* Im Druck fälschlich Nordwesten.

363 *STO]* (*Abk. aus* Sovet truda i oborony) Rat für Arbeit und Verteidigung; das höchste Staatsorgan Sowjetrußlands in der Zeit des Bürgerkriegs 1918-1920, wurde später zum wichtigsten Steuerungsorgan im Zuge der Industrialisierung. 1926-1937 war Jan Ernestovič Rudzutak sowohl stellvertretender Vorsitzender des Rates für Arbeit und Verteidigung als auch des Rates der Volkskommissare der UdSSR sowie zugleich Vorsitzender der Zentralen Parteikontrollkommission (ZPKK, 1931-1934) und Volkskommissar für die Arbeiter- und Bauern-Inspektion (ABI, 1931-1934). Er und Sergo Ordžonikidze, der Vorsitzende des Obersten Volkswirtschaftsrates von 1930 bis 1931 (1926-1930 war dieser Vorsitzender der ZPKK und Volkskommissar für die ABI sowie stellvertretender Vorsitzender des Rates der Volkskommissare), bildeten das exekutive Zentrum der sowjetischen Indu-

strialisierungspolitik. Ordžonikidze starb am 18. Februar 1937 unter bis heute ungeklärten Umständen, Rudzutak wurde am 24. Mai 1937 wegen »konterrevolutionärer trotzkistischer Tätigkeit und Spionage zugunsten Nazideutschlands« verhaftet und am 29. Juli 1938 hingerichtet.

363 *Narkomchos]* (Narkomchoz, *Abk. aus* Narodnyj komissariat žiliščno-kommunal'nogo chozjajstva) Volkskommissariat für Wohnungs- und Kommunalwirtschaft der RSFSR.

366 *Berioska]* Ortsbezeichnung nach Berjoza (Birke), Wohnort der amerikanischen Spezialisten.

368 *Stalowaja]* (Stolovaja) Speisesaal, Kantine.

369 *Wreminisiedlungen]* Temporäre Siedlung.

371 *Narkomate]* Eingedeutschte Mehrzahl von Narkomat ([*Abk. aus* Narodnyj Komissariat] Volkskommissariat [Ministerium]).

372 *Ftuse]* Eingedeutschte Mehrzahl von Vtuz (auch: Zavod-Vtuz [*Abk. aus* Vysšee Techničeskoe Učebnoe Zavedenie] Höhere technische Lehranstalt, Betriebsfachschule).

375 *Univermags]* Eingedeutschte Mehrzahl von univermag ([*Abk. aus* universal'nyj magazin] Kaufhäuser).

375 *Prodmags]* Eingedeutschte Mehrzahl von prodmag ([*Abk. aus* magazin produktov] Lebensmittelgeschäfte).

378 *⟨Vermutlich wird man wieder ergänzend Wasser aus dem Uralfluss entnehmen müssen.⟩]* Im Typoskript: »Es wird voraussichtlich auf den in … km Abstand von Magnitogorsk entfernten Kisilfluß ergänzend zurückgegriffen werden müssen.«

378 *um ⟨700⟩ km]* Das Typoskript läßt die Zahlenangaben offen.

381 *⟨Flächenbilanz […] Gesamtkosten 773⟩]* Die Tabelle wurde nach dem Typoskript und dem gedruckten Text rekonstruiert.

Das Rußland von heute
Gesehen und erzählt von Ingenieur Henel
[vermutlich Ernst May]

Die durchgängige Schreibung »UdSSR.« im Drucktext ist hier korrigiert zu »UdSSR«.

Auf die Erläuterung der verschiedenen sowjetischen Bezeichnungen wird verzichtet, da sie im Text erklärt werden.

385 *Diese Leute sind in fast allen Parteien Mitglieder]* Richtig muß es heißen: Diese Leute sind fast alle Parteimitglieder, da es zu dieser Zeit in der Sowjetunion nur eine Partei, die KPdSU, gab.

388 *Udarnick]* (Udarnik) Bestarbeiter, Aktivist.

392 *Zerobkop]* (Cerabkop, *Abk. aus* central'nyj rabočij kooperativnyj komitet pri Centrosojuz) Zentrales Komitee der Arbeiterkooperativen beim Gewerkschaftsbund, Bezeichnung für Läden der Konsumgenossenschaften.

397 *Torgsin]* (*Abk. aus* Vsesojuznoe ob"edinenie po torgovle s inostrancami) Allunionsvereinigung für den Handel mit Ausländern.

406 *(Insnab)]* (*Abk. aus* Vsesojuznaja kontora po snabženie inostrannych specialistov i rabochich) Allunionskontor zur Versorgung ausländischer Spezialisten und Arbeiter; Insnab-Läden wurden 1931 eingerichtet, aber bereits 1932 in das sogenannte Torgsin-System integriert und mit der Aufhebung der Lebensmittelkarten 1935 aufgelöst.

Dokumente

Arbeitsvertrag mit der Cekombank vom 15. Juli 1930

Der im Nachlaß Mays im DKA befindliche erste Arbeitsvertrag ist auf russisch ausgefertigt und unterschrieben. Dem Vertrag liegt eine deutsche Übersetzung bei, die hier wiedergegeben wird. Auf eine deutsche Rückübersetzung der russischen Fassung wurde verzichtet, da sich der Sinn trotz mancher Widrigkeiten – z. B. wird May nicht für die »Planung«, sondern für die »Planierung« neuer Städte angestellt (nach dem russischen Wort für Planung »planirovka«) – erschließt. Die deutsche Fassung enthält handschriftliche Veränderungen aus letzten Verhandlungen. Streichungen und Ergänzungen sind kursiv markiert.

417 *LUGANOWSKI E. V.]* Ėmmanuil Viktorovič Luganovskij (1885-1940), geboren in Odessa, jüdischer Herkunft (eigentlicher Familienname Portugejs), Mitglied der Sozialdemokratischen Arbeiterpartei Rußlands (SDAPR) seit 1902, nach der Februarrevolution 1917 Mitglied des Komitees der SDAPR in Char'kov, trat gegen die »Aprilthesen« Lenins (1917) auf und für die Vereinigung mit den Menschewiki ein, war ab Juni 1917 in der Stadtfraktion Char'kov der Bolschewiki tätig, Volkssekretär für Finanzen in der ersten ukrainischen Regierung, im Bürgerkrieg 1920 außerordentlicher bevollmächtigter Verteidigungsrat für die Versorgung der Nordfront, seit 1921 Leiter der Bauabteilung des Obersten Volkswirtschaftsrates der UdSSR, Mitglied (1922) bzw. Kandidat (1924) des Allrussischen Exekutivkomitees, seit 1925 Leiter der Zentralbank für Wohnungsbau und Kommunalwirtschaft (Cekombank), verhaftet am 16. Juli 1938, am 19. Juni 1940 zum Tode verurteilt wegen »Mitwirkung in einer

konterrevolutionären Organisation«, am 20. Juni 1940 hingerichtet.

Ernst May
Brief an Stalin vom 7. September 1931

Eine Begegnung von May mit Stalin ist nicht belegt, es spricht einiges dagegen; Stalin befand sich vom 20. August bis 5. Oktober 1931 im Urlaub, und der Name Mays findet sich nicht im Besucherbuch Stalins im Kreml, vgl. *Das Verzeichnis der von Stalin empfangenen Gäste* (1924-1953), herausgegeben von A. A. Černobaev, Moskau 2010 (russisch). Der Briefwechsel Stalins mit Kaganovič – sie standen im täglichen Austausch – gibt ebenfalls keinen Hinweis auf eine Begegnung während des Urlaubs von Stalin, vgl. *Stalin und Kaganovič, Briefwechsel 1931-1936*, Moskau 2001 (russisch).

Schwierigkeiten des Stadtbaurats May
Geheime Vermerke des Deutschen Botschafters in Moskau, Herbert von Dirksen, vom 1. und 2. Februar 1932

428 *Hannes Meier]* Gemeint ist Hannes Meyer (1889-1954), Schweizer Architekt, lernte/studierte in Basel, Berlin und England, 1916 Mitarbeit an der Siedlung Margaretenhöhe (Essen), 1917-1918 Architekt im Sektor Wohnungsfürsorge der Kruppschen Bauverwaltung, 1923 Mitherausgeber der Zeitschrift *ABC. Beiträge zum Bauen* (mit Hans Schmidt, Mart Stam und El' Lisickij), 1926 gemeinsame Firma mit Hans Wittwer, Entwürfe für die Petersschule in Basel und den Völkerbund in Genf (nicht realisiert), 1927 berief Walter Gropius Hannes Meyer zum Leiter der Architekturabteilung am Bauhaus, 1928/29 Entwurf zusammen mit Hans Wittwer für die Bundesschule des Allgemeinen Deutschen Gewerkschaftsbundes in Bernau bei Berlin, von April 1928 bis Au-

gust 1930 Direktor des Bauhauses in Dessau, fristlose Entlassung aus politischen Gründen durch den Bürgermeister von Dessau am 1. August 1930, 1930-1936 Sowjetunion (Professor an der Architekturhochschule W. A. S. I., verschiedene Projektierungstrusts wie Giprovtuz, Giprogor, Standartgorproekt), 1936 Rückkehr in die Schweiz, 1939-1949 Mexiko (u. a. Direktor des Instituts für Städtebau und Planung bis 1941, Tätigkeit für verschiedene Regierungsbehörden, Privatarchitekt), 1949 Rückkehr in die Schweiz.

Arbeitsvertrag mit Sojuzstandartžilstroj vom 5. Februar 1932
und Bestätigungsvermerk durch das Volkskommissariat
für Schwerindustrie vom 16. März 1932

Der Arbeitsvertrag wurde im Original zweispaltig auf russisch und deutsch ausgefertigt.

Sojuzstandartžilstroj
Anordnung Nr. 50 zur Ablösung Ernst Mays als
Chefingenieur vom 8. Februar 1932

441 *Gladkov]* Boris Vladimirovič wird bereits im Juni 1932 wieder abgelöst, vgl. RGAĖ 8022/1/5/206.
441 *Šmidt]* Jakov Pavlovič Šmidt (1897-1937), siehe die Anmerkung S. 517.
441 *AChU]* (*Abk. aus* Administrativno-chozjajstvennoe upravlenie) Administrative Wirtschaftsverwaltung.

Ernst und Ilse May
Brief an Ilses Mutter, Luise Hartmann, vom 26. März 1933

443 *Asch]* Bruno Asch (1890-1940), trat nach dem Ersten Weltkrieg in die SPD ein und war zunächst Wirtschaftsdezernent und dann 1923 Bürgermeister in Höchst am Rhein, von

den französischen Besatzungsbehörden wegen Widerstandes verurteilt und ausgewiesen, leitete er seine Amtsgeschäfte von Frankfurt aus, 1925-1931 Stadtkämmerer in Frankfurt am Main, 1931-1933 in derselben Funktion in Berlin. Von den Nationalsozialisten 1933 als Sozialdemokrat und Jude aus dem Amt gedrängt, emigrierte er wie Ludwig Landmann in die Niederlande und nahm sich dort beim Einmarsch der deutschen Truppen 1940 das Leben, seine Frau und seine beiden Töchter wurden deportiert und im Vernichtungslager Sobibor ermordet.

443 *Wagner, Berlin]* Siehe die Anmerkung S. 525 f.

447 *Dr. Weerts]* Hauslehrer des jüngsten Sohnes von Ernst und Ilse May in Moskau, begleitete die Familie auch nach Afrika.

447 *Willi, Lotte und Fridel [...] alle Solles]* Ilses Schwester Charlotte (Lotte) Hartmann hatte Willi Solle geheiratet, ihr gemeinsamer Sohn hieß Friedel. Das Haus, in dem sie in Brake bei Lemgo wohnten (und das noch immer im Besitz der Familie ist), hatte Ernst May 1928 entworfen.

Vermerk der Deutschen Botschaft in Moskau vom 22. Mai 1933 nach Besuch Ernst Mays und nachfolgender Briefwechsel

450 *Carl Dienstmann]* Deutscher Diplomat (1885-1962), wiederholte Tätigkeit in der Sowjetunion, in der Zeit vom 28. Januar bis 7. Juli 1933 kommissarische Beschäftigung an der deutschen Botschaft in Moskau, vor dem Überfall Deutschlands auf die Sowjetunion Generalkonsul in Leningrad (1940/41).

451 die einen ausgesprochen demonstrativen Charakter [...] trägt] Konjektur eines Schreibversehens im Typoskript: anstatt »trägt« heißt es dort »liegt«.

Sojuzstandartžilstroj
Arbeitszeugnis vom 25. Dezember 1933

454 *NKTP]* (*Abk. aus* Narodnyj komissariat tjaželoj promyšlennosti) Volkskommissariat für Schwerindustrie.
454 *»GSP«]* (*Abk. aus* Gorstrojproekt) Projektierungstrust für Städtebau; Nachfolger des Standartgorproekt.

Quellen

Aufsätze, Interviews, Reiseberichte

Ernst May, »Stadtplanung und neuer Wohnungsbau in Deutschland«, in: *Russisch-deutscher Bote für Wissenschaft und Technik. Monatliches Organ der Sowjetisch-deutschen Gesellschaft für »Kultur und Technik«*, Moskau–Berlin, Nr. 6-7 (8-9)/1930, S. 69-76 (Эрнст Май, »Планировка городов и новое жилищное строительство в Германии«, Русско-германский вестник науки и техники, ежемесячный орган советско-германского общества »Культура и техники«).

Ernst May, »Stellungnahme im Rahmen der Umfrage ›Arbeiter, Politiker und Architekten über die Planung Moskaus‹«, in: *Der Bau Moskaus*, herausgegeben vom Moskauer Sowjet der deputierten Arbeiter und Rotarmisten, Moskau, Nr. 6/1930, S. 27-31 (Эрнст Май и другие, »Рабочие, политические деятели и архитектора о планировке Москвы (анкета)«, Строительство Москвы, Московский совет рабочих и красноармейских депутатов).

L. S., »Aktuelle Fragen des Städtebaus«, in: *Moskauer Rundschau*, herausgegeben von Otto Pohl, Moskau, Jg. 2, Nr. 22 (56), 1. Juni 1930, S. [3].

Ernst May, »Warum ich Frankfurt verlasse. An die Redaktion der Frankfurter Zeitung«, in: *Frankfurter Zeitung*, Frankfurt am Main, Jg. 75, Nr. 565, 1. August 1930, Erstes Morgenblatt, S. [1].

Werner Friedmann, »Ein deutscher Baumeister baut Städte in Rußland. Ein Interview mit dem Frankfurter Stadtrat Ernst May, der einen Ruf von der Sowjet-Regierung erhalten hat«, in: *Neue Leipziger Zeitung*, Nr. 241, 29. August 1930, S. 3.

[ohne Autor], »Die Arbeitspläne des Architekten May«, in: *Moskauer Rundschau*, herausgegeben von Otto Pohl, Moskau, Jg. 2, Nr. 43 (77), 26. Oktober 1930, S. [4].

Ernst May, »Vom Neuen Frankfurt nach dem Neuen Rußland«, in: *Frankfurter Zeitung*, Jg. 75, Nr. 892, 30. November 1930, S. [1] (Reichsausgabe Nr. 891-893, S. 16).

[ohne Autor], »Deutsche bauen in der Sowjetunion. Ernst May in Moskau«, in: *Das Neue Rußland. Zeitschrift für Kultur, Wirtschaft und Literatur*, herausgegeben von der Gesellschaft der Freunde des neuen Rußland in Deutschland, Schriftleitung: Erich Baron, Berlin, Jg. 7, Heft 7/8, Dezember 1930, S. 53-55.

[ohne Autor], »Architekt May in Magnitogorsk«, in: *Moskauer Rundschau*, herausgegeben von Otto Pohl, Moskau, Jg. 2, Nr. 62 (96), 21. Dezember 1930, S. [3].

Ernst May, »Stalingrad«, in: *Frankfurter Zeitung*, Frankfurt am Main, Jg. 75, Nr. 62, 24. Januar 1931, S. [1]-2 (Reichsausgabe Nr. 61-63, S. 12 f.); »Stalingrad. Von Ernst May. Moskau, den 17. 1. 31«, Typoskript, HAA, 7 Seiten.

Ernst May, »Die sozialistische Stadt Magnitogorsk«, in: *Magnitostroj. Informationsbulletin*, Magnitogorsk, Nr. 9-12/1931, S. 39-41 (Эрнст Май, »Социалистический город Магнитогорск«, Магнитострой: информационный бюллетень).

Ernst May, »Kusbaß«, in: *Frankfurter Zeitung*, Frankfurt am Main, Jg. 75; Teil I: Nr. 385, 27. Mai 1931, S. [1]-2 (Reichsausgabe Nr. 387-389, S. 11); Teil II: Nr. 388, 28. Mai 1931, S. [1]-2 (Reichsausgabe Nr. 387-389, S. 11); Teil III: Nr. 391, 29. Mai 1931, S. [1]-2 (Reichsausgabe Nr. 390-392, S. 12).

L. S., »Der Bau der sozialistischen Städte hat begonnen. Unterredung mit Architekten Ernst May«, in: *Moskauer Rundschau*, herausgegeben von Otto Pohl, Moskau, Jg. 3, Nr. 18 (115), 29. März 1931, S. [3].

Ernst May, »Der Bau neuer Städte in der U.d.S.S.R.«, in: *Das Neue Frankfurt* [dnf]. *Internationale Monatsschrift für die Probleme kultureller Neugestaltung*, herausgegeben von Joseph Gantner, Frankfurt am Main, Jg. 5, Heft 7, Juli 1931, S. 117-135; Ernst May, »Bau neuer Städte in der U.d.S.S.R.«, Vortragsmanuskript, 5. Juni 1931, 21 Blatt, 21 Seiten, Nürnberg, DKA, NL May, Ernst, I, B-26.

Ernst May, »Wieder nach dem Ural«, in: *Frankfurter Zeitung*, Frankfurt am Main, Jg. 76, Nr. 656-657, 4. September 1931, S. [1]-2 (Reichsausgabe Nr. 656-658, S. 12).

Ernst May, »Städtebau in der Sowjetunion«, in: *Das Neue Rußland. Zeitschrift für Kultur, Wirtschaft und Literatur*, herausgegeben von der Gesellschaft der Freunde des neuen Rußland in Deutschland, Schriftleitung: Erich Baron, Berlin, Jg. 9, Heft 1/2, Februar 1932, S. 25-29.

Ernst May, »Siedlungsbau. Die Erfahrungen Frankfurts«, in: David Efimovič Arkin (Hg.), *Die Architektur des modernen Westens*, Moskau 1932, S. 166-178 (Эрнст Май, »Поселковое строительство. Опыт Франкфурта«, Давид Ефимович Аркин, Архитектура современного запада).

[ohne Autor], »Echo aus Rußland. Brief an die Bauwelt«, in: *Bauwelt. Zeitschrift für das gesamte Bauwesen*, Berlin, Jg. 23, Heft 31, 4. August 1932, S. 764.

[ohne Autor], »Wohnungen für 1 400 000 Menschen. Der frühere Stadtrat May über seine russischen Pläne«, in: *Neueste Zeitung*, Frankfurt am Main, 8. August 1932. – Der Erstdruck konnte bisher nur durch den Zeitungsausschnitt im DKA mit der handschriftlichen Notiz »Neueste Zeitung Ffm 8/8 1932« identifiziert werden, ein Exemplar der Zeitung konnte in deutschen Zeitungsarchiven bislang nicht gefunden werden.

Ernst May, »Neuer Generalbebauungsplan für Groß-Moskau«, in: *Bauwelt. Zeitschrift für das gesamte Bauwesen*, Berlin, Jg. 23, Heft 38, 22. September 1932, S. 948-949.

Ernst May, »Ferien vom Städtebau«, in: *Frankfurter Zeitung*, Frankfurt am Main, Jg. 77; Teil I: Nr. 962-964, 25. Dezember 1932, Stadt-Blatt, S. 5; Teil II: Nr. 1-3, 1. Januar 1933, Stadt-Blatt, S. 6; Teil III: Nr. 20-21, 8. Januar 1933, Stadt-Blatt, S. 6; Teil IV: Nr. 49-51, 19. Januar 1933, Stadt-Blatt, S. 4; Teil V (Schluß): Nr. 84-86, 1. Februar 1933, Stadt-Blatt, S. 2.

Ernst May, »Zu dem Generalplanentwurf von Standardgor-Projekt für Magnitogorsk, Moskau, den 12. 1. 1933«, Typoskript, Nürnberg, DKA, NL May, Ernst, I, B-12, 22 Seiten; Ernst May, »Zu dem Generalplanentwurf für Magnitogorsk«, in: *Sowjetische Architektur*, Moskau, Heft 3 (15), Mai-Juni 1933, S. 17-25 (Эрнст Май, »К проекту генерального плана Магнитогорска«, Советская Архитектура).

[vermutlich Ernst May], »Das Rußland von heute. Gesehen und erzählt von Ingenieur Henel«, in: *Neuer Görlitzer Anzeiger*, Görlitz, Jg. 57; Teil I: Nr. 231, 1. Oktober 1933,

1. Beilage, S. 1; Teil II: Nr. 232, 3. Oktober 1933, 1. Beilage, S. 1; Teil III: Nr. 233, 4. Oktober 1933, 1. Beilage, S. 1; Teil IV: Nr. 234, 5. Oktober 1933, 1. Beilage, S. 1; Teil V: Nr. 235, 6. Oktober 1933, 1. Beilage, S. 1; Teil VI (Schluß): Nr. 236, 7. Oktober 1933, 1. Beilage, S. 1.

[ohne Autor], »Drei Jahre Arbeit in der Sowjetunion. Gespräch mit dem Architekten Ernst May«, in: *Technika. Organ des Volkskommissariats für Schwerindustrie*, Moskau, 21. Dezember 1933, Nr. 117 (264), S. 2 (»Три года работы в Советском Союзе. Беседа с архитектором Эрнстом Май«, Техника, Орган Народного комиссариата тяжелой промышленности).

Dokumente

»Arbeitsvertrag mit der Cekombank vom 15. Juli 1930«, Typoskript, Nürnberg, DKA, NL May, Ernst, I, B-13, 10 Seiten (4 Seiten russisch, 6 Seiten deutsch).

»Ernst May: Brief an Stalin vom 7. September 1931«, Typoskript, RGASPI, 558/11/775/69,70 (deutsche und russische Fassung, beide unterschrieben).

»Schwierigkeiten des Stadtbaurats May. Geheime Vermerke des Deutschen Botschafters in Moskau, Herbert von Dirksen, vom 1. und 2. Februar 1932«, Typoskript, AAA, R 84016, 5 Seiten.

»Arbeitsvertrag mit Sojuzstandartžilstroj vom 5. Februar 1932 und Bestätigungsvermerk durch das Volkskommissariat für Schwerindustrie vom 16. März 1932«, Typoskript, Nürnberg, DKA, NL May, Ernst, I, B-26, 15 Seiten, russisch und deutsch.

»Sojuzstandartžilstroj: Anordnung Nr. 50 zur Ablösung Ernst Mays als Chefingenieur vom 8. Februar 1932«, Typoskript, RGAĖ, 8022/1/5/54, 1 Seite, russisch.

»Ernst und Ilse May: Brief an Ilses Mutter, Luise Hartmann, vom 26. März 1933«, Typoskript, DAM 160-902-015, 3 Blatt, 4 Seiten.

»Vermerk der Deutschen Botschaft in Moskau vom 22. Mai 1933 nach Besuch Ernst Mays und nachfolgender Briefwechsel«, Typoskript, AAA, R 83636, 4 Seiten.

»Sojuzstandartžilstroj: Arbeitszeugnis vom 25. Dezember 1933«, russisch und deutsch.

Nach 30 Jahren

Ernst May, »Städtebau und Wohnungswesen in der UdSSR nach 30 Jahren«, in: *Bauwelt*, Berlin, Jg. 51, Heft 3, 18. Januar 1960, S. 63-72.

Ernst May, »Wieder in der Sowjetunion«, in: *Bauwelt*, Berlin, Jg. 55; Teil I: Heft 47/48, 30. November 1964, S. 1312; Teil II: Heft 49, 7. Dezember 1964, S. 1356; Teil III: Heft 50, 14. Dezember, S. 1391; Teil IV (Schluß): Heft 51/52, 28. Dezember 1964, S. 1424.

Bildnachweise

Farbteil zu Beginn des Bandes (S. 11 ff.)

S. 11: Generalplan für Magnitogorsk vom 10. Januar 1932, Ausschnitt mit Behördenstempel: »Oberster Volkswirtschaftsrat der UdSSR, Standardgorproekt, Chefingenieur May, Leitender Architekt Schwagenscheidt, Projektant (unleserlich)«.

S. 12/13: Generalplan für Magnitogorsk vom 10. Januar 1932. Nur das 1. Quartal (im Bild links oben) wurde größtenteils, das davon östlich befindliche 2. Quartal nach 1933 bereits in anderer Form realisiert.

S. 14/15: Magnitogorsk: 1. Quartal (1931/32), Hauptachse, Uliza Pionerskaja, Blick nach Osten.

S. 16/17: Magnitogorsk: 1. Quartal, Schule von Wilhelm Schütte (1931/32).

S. 18/19: Magnitogorsk: 1. Quartal, dreigeschossige Wohnzeile (1932).

S. 20: Novokuzneck: Prospekt Chitarova 26a, Kindergarten Nr. 1, vermutlich ein Projekt von Margarete Schütte-Lihotzky (1931/32); Prospekt der Enthusiasten, viergeschossige Wohnzeilen (1931/32).

S. 21: Novokuzneck: Pionerskij Prospekt 12, Wäscherei, (1931/32); Prospekt Chitarova, ursprünglich einheitlich dreigeschossige Wohnzeilen (1930/31) mit Satteldächern, zum Teil schon in den 30er Jahren umdekoriert und später aufgestockt.

S. 22/23: Novokuzneck: Prospekt Kirova, ca. 1933, letzte Generation der unter May für Novokuzneck entwickelten viergeschossigen Wohnbauten (1932/33).

S. 24/25 Socgorod Avtostroj bei Nižnij Novgorod: Schule, vermutlich von Wilhelm Schütte (1932/33).

S. 26/27 Leninakan (Armenien, heute Gjumri): Wiederannäherung an die Blockstruktur, (1933/34).

S. 28/29 Orsk (Südural): dreigeschossige Wohnhäuser (1933/35), »Brigade Hans Schmidt« (mit Mart Stam, Konrad Püschel, Philipp Tolziner und Tibor Weiner).

S. 30/31 Orsk: fünfgeschossige innerstädtische Wohnzeile (1933/35), »Brigade Hans Schmidt«, Hofseite.

S. 32 Orsk: dasselbe Wohngebäude, Seitenansicht.

Nachweise

S. 11, 12/13: Akademie der Künste, Berlin, Werner-Hebebrand-Archiv (WHA-12-118) © Architekturmuseum TU Berlin.
S. 14/15, 16/17, 18/19, 28/29, 30/31, 32: Arlett Mattescheck (gefördert von VG Bild und Kunst)
S. 20,21, 22/23, 24/25, 26/27: Thomas Flierl

Thomas Flierl, *Planstädte für ein planloses Land* (S. 33 ff.)

Abb. 1, 3 (Gestaltung Peter Körner), 4, 10: © DAM
Abb. 2: Repro, *Das Neue Frankfurt* 9/1930, 1. Umschlagseite
Abb. 5-7, 11: © Regionalmuseum Magnitogorsk

Abb. 8: © Staatliches Ščusev Architekturmuseum Moskau
Abb. 9: Repro aus: *Sowjetrußland von heute* 7/1932, S. 7
Abb. 12: Galina Ptičnikova, Volgograd
Abb. 13: Repro, Miljutin: Socgorod
Abb. 14-20, © Evgenij Blinov, Novosibirsk
Abb. 21-26, © Regionalmuseum Novokuzneck
Abb. 27-28, 39, 41: DKA, Nachlaß Ernst May
Abb. 29-32, © Gor'kij Automobilwerk (GAZ), Museum, Nižni Novgorod
Abb. 33: © Museum des Metallurgischen Kombinats Magnitogorsk
Abb. 34, 36: Repro aus: *Magnitogorsk* (o. N.), 1961, S. 52, 209
Abb. 35, 38: © CCA, Toronto
Abb. 37: Privatbesitz Thomas Bayer
Abb. 40: Repro aus: *Sovetskaja Architektura* 3/1933, S. 19

Aufsätze, Interviews, Reiseberichte (S. 169 ff.)

S. 173: Reproduktion aus: *Russisch-deutscher Bote für Wissenschaft und Technik* 6-7 (8-9)/1930

Dokumente (S. 417 ff.)

S. 424: RGASPI
S. 440: RGAĖ